中国休闲农业年鉴

2020

农业农村部乡村产业发展司　主编

中　国　农　业　出　版　社
北　京

图书在版编目（CIP）数据

中国休闲农业年鉴．2020／农业农村部乡村产业发展司主编．—北京：中国农业出版社，2021.8
ISBN 978-7-109-27976-6

Ⅰ.①中…　Ⅱ.①农…　Ⅲ.①观光农业－中国－2020－年鉴　Ⅳ.①F592.3-54

中国版本图书馆CIP数据核字（2021）第038101号

中国农业出版社出版
地址：北京市朝阳区麦子店街18号楼
邮编：100125
责任编辑：程　燕
责任校对：刘丽香
印刷：北京通州皇家印刷厂
版次：2021年8月第1版
印次：2021年8月北京第1次印刷
发行：新华书店北京发行所
开本：787mm×1092mm　1/16
印张：16.75　　插页：2
字数：700千字
定价：300.00元

《中国休闲农业年鉴（2020）》
编辑委员会

《中国休闲农业年鉴（2020）》
编 辑 部

目　录

特　载

发展概况

各地概况

中国美丽休闲乡村

休闲农业经典案例

领导讲话

主要活动

特载

国务院关于促进乡村产业振兴的指导意见
全国乡村产业发展规划（2020—2025年）

国务院关于促进乡村产业振兴的指导意见

国发〔2019〕12号

摘编

优化乡村休闲旅游业。实施休闲农业和乡村旅游精品工程，建设一批设施完备、功能多样的休闲观光园区、乡村民宿、森林人家和康养基地，培育一批美丽休闲乡村、乡村旅游重点村，建设一批休闲农业示范县。（农业农村部、文化和旅游部、国家卫生健康委、国家林草局等负责）

全国乡村产业发展规划（2020—2025年）

摘编

产业兴旺是乡村振兴的重点，是解决农村一切问题的前提。乡村产业内涵丰富、类型多样，农产品加工业提升农业价值，乡村特色产业拓宽产业门类，休闲农业拓展农业功能，乡村新型服务业丰富业态类型，是提升农业、繁荣农村、富裕农民的产业。近年来，农村创新创业环境不断改善，新产业新业态大量涌现，乡村产业发展取得了积极成效。但存在产业链条较短、融合层次较浅、要素活力不足等问题，亟待加强引导、加快发展。根据《国务院关于促进乡村产业振兴的指导意见》要求，为加快发展以二三产业为重点的乡村产业，制定本规划。

规划期限2020—2025年。

第一章　规划背景

产业振兴是乡村振兴的首要任务。必须牢牢抓住机遇，顺势而为，乘势而上，加快发展乡村产业，促进乡村全面振兴。

第一节　重要意义

当前，我国即将全面建成小康社会，开启全面建设社会主义现代化国家新征程，发展乡村产业意义重大。

发展乡村产业是乡村全面振兴的重要根基。乡村振兴，产业兴旺是基础。要聚集更多资源要素，发掘更多功能价值，丰富更多业态类型，形成城乡要素顺畅流动、产业优势互补、市场有效对接格局，乡村振兴的基础才牢固。

发展乡村产业是巩固提升全面小康成果的重要支撑。全面建成小康社会后，在迈向基本实现社会主义现代化的新征程中，农村仍是重点和难点。发展乡村产业，让更多的农民就地就近就业，把产业链增值收益更多地留给农民，农村全面小康社会和脱贫攻坚成果的巩固才有基础、提升才有空间。

发展乡村产业是推进农业农村现代化的重要引擎。农业农村现代化不仅是技术装备提升和组织方式创新，更体现在构建完备的现代农业产业体系、生产体系、经营体系。发展乡村产业，将现代工业标准理念和服务业人本理念引入农业农村，推进农业规模化、标准化、集约化，纵向延长产业链条，横向拓展产业形态，助力农业强、农村美、农民富。

第二节　发展现状

党的十八大以来，农村创新创业环境不断改善，乡村产业快速发展，促进了农民就业增收和乡村繁荣发展。

乡村休闲旅游业快速发展。建设了一批休闲旅游精品景点，推介了一批休闲旅游精品线路。2019年，休闲农业接待游客32亿人次，营业收入超过8 500亿元。

第三节　机遇挑战

当前，乡村产业发展面临难得机遇。主要是：政策驱动力增强。坚持农业农村优先发展方针，加快实施乡村振兴战略，更多的资源要素向农村聚集，“新基建”改善农村信息网络等基础设施，城乡融合发展进程加快，乡村产业发展环境优化。市场驱动力增强。消费结构升级加快，城乡居民的消费需求呈现个性化、多样化、高品质化特点，休闲观光、健康养生消费渐成趋势，乡村产业发展的市场空间巨大。技术驱动力增强。世界新科技革命浪潮风起云涌，新一轮产业革命和技术革命方兴未艾，生物技术、人工智能在农业中广泛应用，5G、云计算、物联网、区块链等与农业交互联动，新产业新业态新模式不断涌现，引领乡村产业转型升级。

第二章　总体要求

第一节　指导思想

以习近平新时代中国特色社会主义思想为指导，全面贯彻党的十九大和十九届二中、三中、四中全会精神，坚持农业农村优先发展，以实施乡村振兴战略为总抓手，以一二三产业融合发展为路径，发掘乡村功能价值，强化创新引领，突出集群成链，延长产业链，提升价值链，培育发展新动能，聚焦重点产业，聚集资源要素，大力发展乡村产业，为农业农村现代化和乡村全面振兴奠定坚实基础。

第二节　基本原则

——坚持立农为农。以农业农村资源为依托，发展优势明显、特色鲜明的乡村产业。把二三产业留在乡村，把就业创业机会和产业链增值收益更多留给农民。

——坚持市场导向。充分发挥市场在资源配置中的决定性作用，激活要素、激活市场、激活主体，以乡村企业为载体，引导资源要素更多地向乡村汇聚。

——坚持融合发展。发展全产业链模式，推进一产往后延、二产两头连、三产走高端，加快农业与现代产业要素跨界配置。

——坚持绿色引领。践行绿水青山就是金山银山理念，促进生产生活生态协调发展。健全质量标准体系，培育绿色优质品牌。

——坚持创新驱动。利用现代科技进步成果，改造提升乡村产业。创新机制和业态模式，增强乡村产业发展活力。

第三节　发展目标

到 2025 年，乡村产业体系健全完备，乡村产业质量效益明显提升，乡村就业结构更加优化，产业融合发展水平显著提高，农民增收渠道持续拓宽，乡村产业发展内生动力持续增强。

——乡村休闲旅游业优化升级。农业多种功能和乡村多重价值深度发掘，业态类型不断丰富，服务水平不断提升，年接待游客人数超过 40 亿人次，经营收入超过 1.2 万亿元。

指标	2019 年	2025 年	年均增长
休闲农业年接待旅游人次（亿人次）	32	40	3.8%
休闲农业年营业收入（亿元）	8 500	12 000	5.9%

第五章　优化乡村休闲旅游业

乡村休闲旅游业是农业功能拓展、乡村价值发掘、业态类型创新的新产业，横跨一二三产业、兼容生产生活生态、融通工农城乡，发展前景广阔。

第一节　聚焦重点区域

依据自然风貌、人文环境、乡土文化等资源禀赋，建设特色鲜明、功能完备、内涵丰富的乡村休闲旅游重点区。

建设城市周边乡村休闲旅游区。依托都市农业生产生态资源和城郊区位优势，发展田园观光、农耕体验、文化休闲、科普教育、健康养生等业态，建设综合性休闲农业园区、农业主题公园、观光采摘园、垂钓园、乡村民宿和休闲农庄，满足城市居民消费需求。

建设自然风景区周边乡村休闲旅游区。依托秀美山川、湖泊河流、草原湿地等地区，在严格保护生态环境的前提下，统筹山水林田湖草系统，发展以农业生态游、农业景观游、特色农（牧、渔）业游为主的休闲农

（牧、渔）园和农（牧、渔）家乐等，以及森林人家、健康氧吧、生态体验等业态，建设特色乡村休闲旅游功能区。

建设民俗民族风情乡村休闲旅游区。发掘深厚的民族文化底蕴、欢庆的民俗节日活动、多样的民族特色美食和绚丽的民族服饰，发展民族风情游、民俗体验游、村落风光游等业态，开发民族民俗特色产品。

建设传统农区乡村休闲旅游景点。依托稻田、花海、梯田、茶园、养殖池塘、湖泊水库等大水面、海洋牧场等田园渔场风光，发展景观农业、农事体验、观光采摘、特色动植物观赏、休闲垂钓等业态，开发"后备箱""伴手礼"等旅游产品。

第二节　注重品质提升

乡村休闲旅游要坚持个性化、特色化发展方向，以农耕文化为魂、美丽田园为韵、生态农业为基、古朴村落为形、创新创意为径，开发形式多样、独具特色、个性突出的乡村休闲旅游业态和产品。

突出特色化。注重特色是乡村休闲旅游业保持持久吸引力的前提。开发特色资源，发掘农业多种功能和乡村多重价值，发展特色突出、主题鲜明的乡村休闲旅游项目。开发特色文化，发掘民族村落、古村古镇、乡土文化，发展具有历史特征、地域特点、民族特色的乡村休闲旅游项目。开发特色产品，发掘地方风味、民族特色、传统工艺等资源，创制独特、稀缺的乡村休闲旅游服务和产品。

突出差异化。乡村休闲旅游要保持持久竞争力，必须差异竞争、错位发展。把握定位差异，依据不同区位、不同资源和不同文化，发展具有城乡间、区域间、景区间主题差异的乡村休闲旅游项目。瞄准市场差异，依据各类消费群体的不同消费需求，细分目标市场，发展研学教育、田园养生、亲子体验、拓展训练等乡村休闲旅游项目。顺应老龄化社会的到来，发展民宿康养、游憩康养等乡村休闲旅游项目。彰显功能差异，依据消费者在吃住行、游购娱方面的不同需求，发展采摘园、垂钓园、农家宴、民俗村、风情街等乡村休闲旅游项目。

突出多样化。乡村休闲旅游要保持持久生命力，要走多轮驱动、多轨运行的发展之路。推进业态多样，统筹发展农家乐、休闲园区、生态园、乡村休闲旅游聚集村等业态，形成竞相发展、精彩纷呈的格局。推进模式多样，跨界配置乡村休闲旅游与文化教育、健康养生、信息技术等产业要素，发展共享农庄、康体养老、线上云游等模式。推进主体多样，引导农户、村集体经济组织、农业企业、文旅企业及社会资本等建设乡村休闲旅游项目。

第三节　打造精品工程

实施乡村休闲旅游精品工程，加强引导，加大投入，建设一批休闲旅游精品景点。

建设休闲农业重点县。以县域为单元，依托独特自然资源、文化资源，建设一批设施完备、业态丰富、功能完善，在区域、全国乃至世界有知名度和影响力的休闲农业重点县。

建设美丽休闲乡村。依托种养业、田园风光、绿水青山、村落建筑、乡土文化、民俗风情和人居环境等资源优势，建设一批天蓝、地绿、水净、安居、乐业的美丽休闲乡村，实现产村融合发展。鼓励有条件的地区依托美丽休闲乡村，建设健康养生养老基地。

建设休闲农业园区。根据休闲旅游消费升级的需要，促进休闲农业提档升级，建设一批功能齐全、布局合理、机制完善、带动力强的休闲农业精品园区，推介一批视觉美丽、体验美妙、内涵美好的乡村休闲旅游精品景点线路。引导有条件的休闲农业园建设中小学生实践教育基地。

第四节　提升服务水平

促进乡村休闲旅游高质量发展，要规范化管理、标准化服务，让消费者玩得开心、吃得放心、买得舒心。

健全标准体系。制修订乡村休闲旅游业标准，完善公共卫生安全、食品安全、服务规范等标准，促进管理服务水平提升。

完善配套设施。加强乡村休闲旅游点水、电、路、讯、网等设施建设，完善餐饮、住宿、休闲、体验、购物、停车、厕所等设施条件。开展垃圾污水等废弃物综合治理，实现资源节约、环境友好。

规范管理服务。引导和支持乡村休闲旅游经营主体加强从业人员培训，提高综合素质，规范服务流程，为消费者提供热情周到、贴心细致的服务。

专栏3　乡村休闲旅游精品工程

1. 建设休闲农业重点县。到2025年，建设300个休闲农业重点县，培育一批有知名度、有影响力的休闲农业“打卡地”。

2. 推介中国美丽休闲乡村。到2025年，推介1 500个中国美丽休闲乡村。

3. 推介乡村休闲旅游精品景点线路。到2025年，推介1 000个全国休闲农业精品景点线路。

发展概况

全国休闲农业概况

全国休闲农业概况

【基本情况】休闲农业是农业功能拓展、乡村价值发掘、业态类型创新的新产业，横跨一二三产业、兼容生产生活生态、融通工农城乡，发展前景广阔。近年来，随着消费结构升级，城乡居民对休闲旅游、健康养生等需求增加，适应这一新趋势，各地以创新的思路发掘农业多种功能和乡村多重价值，推动休闲农业和乡村旅游蓬勃发展，为乡村振兴注入新动能。2019 年，农业农村部高度重视休闲农业发展，通过强化品牌培育、加大宣传推介等措施，推动休闲农业和乡村旅游持续健康发展，为全面建成小康社会和乡村全面振兴提供有力支撑。

2019 年，我国休闲农业保持快速增长态势，在政府带动、政策推动、市场拉动、创新驱动的共同作用下，全国乡村休闲旅游接待游客 32 亿人次，营业收入超过 8 500 亿元，休闲农业主体数量稳步增加、接待规模持续扩大、服务机构加速成长，成为农业供给侧结构性改革的新动力、农村经济社会发展的新亮点、工商资本下乡兴业的新热点、农民致富增收同步创业的新渠道。2019 年，农业农村部认真贯彻落实党中央、国务院决策部署，创政策、育品牌、强管理、造氛围、树典型，提出促进休闲农业持续健康发展要做到“一个围绕，两个紧扣，三个突出，四个提升”。一个围绕：围绕发展现代农业。两个紧扣：紧扣乡村产业振兴和农民持续增收。三个突出：特色化、差异化、多样化。四个提升：提升设施水平、提升服务水平、提升管理水平、提升支持水平。指导各地在工作措施上要着力抓好六个升级：一是以规划引领促进休闲农业升级；二是以打造精品促进休闲农业升级；三是以规范管理促进休闲农业升级；四是以完善设施促进休闲农业升级；五是以丰富业态促进休闲农业升级；六是以主体培育促进休闲农业升级。

【政策创设工作】为深入贯彻落实《国务院关于促进乡村产业振兴的指导意见》，推动乡村产业发展，2020 年，农业农村部印发《全国乡村产业发展规划（2020—2025 年）》，提出要优化乡村休闲旅游业，聚焦重点区域，注重品质提升，打造精品工程，提升服务水平。农业多种功能和乡村多重价值深度发掘，业态类型不断丰富，服务水平不断提升，到 2025 年，实现年接待游客人数超过 40 亿人次，经营收入超过 1.2 万亿元。积极推动休闲农业示范县建设，将“建设一批休闲农业示范县”列入《国务院关于促进乡村产业振兴的指导意见》。组织专家赴部分省份开展调研，剖析休闲农业发展脉络、现状、趋势和存在的问题困难等，制定全国休闲农业示范县建设方案。

【打造精品品牌】为实施休闲农业和乡村旅游精品工程，树立和推介一批休闲农业和乡村旅游精品品牌。2019 年，农业农村部办公厅印发《关于开展中国美丽休闲乡村推介活动的通知》，经地方推荐、专家评审和网上公示等程序，向全社会推介 260 个中国美丽休闲乡村，为各地在传承农耕文明、展示民俗文化、保护传统民居、建设美丽田园方面提供学习借鉴。推荐的乡村具有三个方面的特点。一是产业基础扎实。休闲农业和乡村旅游已成为本村的主导产业之一，都制定了休闲农业和乡村旅游发展规划，游客中心、停车场、餐饮、住宿、网络和休闲娱乐配套设施完备。二是休闲元素丰富。以田园观光、农事体验、休闲度假等业态为基础，结合生态、文化资源禀赋，通过经营农家乐、乡村民宿、亲子活动、科普教育、拓展训练等项目，满足不同游客需求。三是联农带农紧密。村民通过开办农家乐、在休闲农业园区打工以及出租房屋和土地流转等方式获取收益。村内平均有四分之一的人口从事与休闲农业相关产业，其中，农民从业人员平均占比达八成，带动了农民就业增收。

【开展宣传推介】为提升休闲农业和乡村旅游知名度，农业农村部通过开展中国美丽乡村休闲旅游行四季推介，全年累计推介410条有文化说头、有休闲玩头、有景观看头、有养生享头、有再来念头的休闲农业和乡村旅游精品景点线路，加大宣传力度，营造了良好发展氛围。一是广泛征集景点线路。2019年2月，农业农村部办公厅印发《关于开展2019年休闲农业和乡村旅游精品推介活动的通知》，根据春、夏、秋、冬四季特点和节假日时点分布，全面收集各地精品景点线路和农事节庆活动。同时，指导有关单位启动《全国休闲农业精品地图》系列节目摄制工作。二是举办四季推介活动。分别在安徽黟县、黑龙江伊春、重庆潼南和海南琼海依次举办春、夏、秋、冬四季推介活动，通过民俗节目表演和乡土美食展示等丰富多彩的形式，现场推介21个地区37条景点线路。活动期间，各地代表考察了当地休闲农业和乡村旅游发展情况，交流了经验做法。三是强化宣传报道造势。组织人民网、新华社、央广国际在线、经济日报和中青网等主流媒体，运用新媒体新手段新方式，对推介的精品景点线路进行全方位立体式宣传。指导人民网对现场推介活动进行在线直播，在“中国休闲农业”微信公众号推出《精品推介》系列栏目，形成较为健全的报道宣传体系，报道密集有力、宣传范围广、形式多样、内容丰富，提升了休闲农业和乡村旅游精品景点线路的知名度、美誉度和影响力。

中国美丽休闲乡村推介

我国广袤乡村具有发展休闲农业和乡村旅游的优势资源。以乡村为基础，依托种养业、田园风光、绿水青山、村落建筑、乡土文化、民俗风情和人居环境等资源优势，建设天蓝、地绿、水净、安居、乐业的美丽休闲乡村，有助于促进一二三产业融合，实现农民增收致富，有助于农村人居环境改善、加强乡风文明建设和提高乡村治理水平，有助于推进农业供给侧结构性改革，为农业农村经济发展提供新动能。

为贯彻中央1号文件精神和《乡村振兴战略规划（2018—2022年）》的要求，发掘乡村多种功能和多重价值，实施休闲农业和乡村旅游精品工程，农业农村部持续开展中国美丽休闲乡村推介活动，培育一批休闲农业知名品牌，促进农业功能拓展、提升乡村内在价值、丰富农业产业类型，满足城乡居民对美好生活的向往，为各地发展休闲农业树立典范。

2019年，农业农村部继续组织开展中国美丽休闲乡村推介活动，按照“政府推荐、农民主体、社会参与”的原则，深入发掘农业农村的生态涵养、休闲观光、文化体验、健康养老等多种功能和多重价值，发现了一批视觉美丽、内涵美好、体验美妙的美丽休闲乡村，树立了特色鲜明、服务质量高、带动能力强、品牌效益明显的行业典范，也为城乡居民观光旅游、休闲度假、健康养生、体验农村生活提供了好去处。经地方推荐、专家评审和网上公示等程序，向全社会推介北京市怀柔区渤海镇六渡河村等260个村为中国美丽休闲乡村，这些乡村具有特色鲜明、休闲旅游基础设施完善、游客满意度高和示范带动作用强的特点，是发展休闲农业和乡村旅游的典型。

中国美丽乡村休闲旅游行精品景点线路推介

2019年，农业农村部进一步按照“统筹谋划、上下联动、突出特色、重点推进”的思路，根据季节特点，遴选代表性强、特色鲜明的乡村休闲旅游精品线路，先后举办四场中国美丽乡村休闲旅游行推介活动，向社会推介了410条精品线路、1 300个景点。同时，现场推介了浙江、重庆等地的37条精品景点线路。

3月，在安徽省黟县举办2019中国美丽乡村休闲旅游行（春季）推介活动，活动以“春观花”为主题，遴选推介各地以桃花、梨花、油菜花等大田作物花卉品类为主的赏花踏青春季精品线路60条、景点181个，河北、安徽等8个省（区、市）的精品线路进行了现场推介，其中河北廊坊创新方式，采用“京东大鼓”的艺术形式推介当地景点线路，成为活动亮点。7月，选择夏季气候凉爽的黑龙江省伊春市举办2019中国美丽乡村休闲旅游行（夏季）推介活动，活动以“夏纳凉”为主题，推介各地气候夏季精品旅游线路150条、景点496个，现场推介天津蓟州山乡清凉游、湖南隆回瑶族民俗游等10个省（市）的精品景点线路。10月，结合2019年中国农民丰收节主题布局，在重庆市潼南区举办2019年“千山万水赏美景”暨中国美丽乡村休闲旅游行（秋季）推介活动，突出“秋采摘”元素，与重庆潼南国际柠檬节同步举办，推出潼南太安鱼美食节、柠檬大健康产业峰会等系列活动，推介秋季精品线路100条、景点350个。12月，在海南省琼海市举办2019中国美丽乡村休闲旅游行（冬季）推介活动，以“冬农趣”为主题，发布黑龙江雪乡民俗之旅等冬季精品线路100条，海南三亚水稻国家公园精品景点273个，满足城乡居民冬季乡村休闲旅游不同需求。

开展精品景点线路推介，旨在顺应我国经济社会快速发展，消费结构升级的趋势，满足人们进入“小康＋健康”的“双康”时代的休闲需求。这些休闲农业和乡村旅游精品景点依托绿水青山和田园风光，经过创意开发和跨界融合资源要素，为人们提供望山见水忆乡愁、养颜洗肺伸懒腰、采摘体验享丰收的好去处，为农民增收、农业增效、乡村增绿、市民增乐提供好渠道；成为重要的居民消费增长极和农民收入增长点，成为促进产业兴旺有市值、生态宜居有颜值、乡风文明有气质、治理有效有“基质”、生活富裕有品质的乡村支柱产业。

全国休闲农业和乡村旅游大会

2020年9月17日，农业农村部、文化和旅游部在京召开全国休闲农业和乡村旅游大会，农业农村部部长韩长赋、文化和旅游部副部长张旭出席会议并讲话。

会议强调，要深入贯彻落实习近平总书记重要指示精神和党中央、国务院决策部署，切实提高政治站位，充分认识发展休闲农业和乡村旅游的重要性紧迫性，努力克服新冠肺炎疫情影响，紧扣乡村产业发展和农民持续增收两大目标，加快乡村休闲旅游业全面恢复和持续发展，推进产业提档升级高质量发展，为促进农民就业增收和加快农业农村现代化提供有力支撑。

会议指出，近年来，休闲农业和乡村旅游快速壮大，2019年乡村休闲旅游接待游客约32亿人次，营业收入达8 500亿元，直接带动吸纳就业人数1 200万，带动受益农户800多万户，成为“绿水青山就是金山银山”的重要实现途径和生动写照。各级农业农村部门要统筹疫情防控和产业发展，抓紧研究拿出务实管用的措施，着力提信心、保主体、稳就业、促增收，最大限度降低疫情影响，有序推进乡村旅游恢复发展。要指导建立休闲农业常态化防控工作机制，针对经营主体当前面临的突出问题，加大政策扶持，通过发放乡村休闲旅游消费券、交通补贴券等方式刺激消费，加速释放产业发展潜力。要加强宣传推介，拓展休闲农业市场空间，发挥对农民就业增收带动作用，吸纳农民灵活就业、兼业就业。

会议要求，各地要着眼高质量发展，坚持特色化、差异化、多样化、个性化发展路径，以提升设施水平、服务水平、管理水平为重点，着力促进乡村休闲旅游业转型升级，实现更高层次、更高水平发展，尽快打造成超万亿元的大产业。要科学编制农村休闲产业发展规划，优化产业布局，明确产业定位，引领产业发展。要抓好主体培育，进一步完善扶持政策，吸引更多文旅企业、农业企业等下乡投资兴业，引导农民深度参与。要实施精品工程，打造一批乡村休闲旅游精品景点和旅游线路，以点串线带面。要推进设施提档升级，加快健全完善旅游点的基础设施建设。要提升管理服务水平，修订制定一批乡村休闲旅游技术规程和服务标准，加强人才培训，促进产业持续健康发展。

各地概况

北京市
天津市
河北省
山西省
内蒙古自治区
辽宁省
吉林省
黑龙江省
上海市
江苏省
浙江省
安徽省
福建省
江西省
山东省
河南省
湖北省
湖南省
广东省
广西壮族自治区
海南省
重庆市
四川省
贵州省
云南省
西藏自治区
陕西省
甘肃省
青海省
宁夏回族自治区
新疆维吾尔自治区
新疆生产建设兵团

北 京 市

休闲农业与乡村旅游是北京都市型现代农业的重要组成部分，是实现京郊乡村产业振兴的关键之所在。立足“大城市小农业”“大京郊小城区”的市情农情，依托京郊自然生态、历史文化内涵和区位优势，北京市持续发掘农业新功能，不断提供特色鲜明、感受舒适的产品和体验，探索具有首都特色的休闲农业发展模式，2019年全市休闲农业与乡村旅游取得了明显的进展。

【基本情况】

受新版城市总体规划实施、城市副中心、大兴国际机场等重大工程项目建设的影响，近年来，北京农业呈现减量发展的趋势。2019年，全市农林牧渔业总产值281.7亿元，比上年下降5.1%。另外，叠加“大棚房”问题专项整治行动等因素，休闲农业与乡村旅游规模有所下降。截至2019年年底，全市休闲农业和乡村旅游共接待游客3 458万人次，实现收入37.6亿元。

（一）农业观光园：量减质升

2019年，全市观光园948个，同比下降16.0%；接待游客1 538万人次，同比下降17.5%；实现收入23.2亿元，同比下降12.7%。但大部分观光园注重提质升级，创新发展模式，平均每个观光园实现收入244.9万元，同比增长3.8%。全市游客人均消费150.9元，同比增长5.7%（表1）。

表1 2018—2019年北京市农业观光园基本情况

指标名称	计量单位	2019年	2018年	同比增加
观光园个数	个	948.00	1 172.00	−19.10%
接待人次	人次	15 379 957.00	18 980 000.00	−18.97%
总收入	万元	232 126.06	273 000.00	−14.97%
园均收入	万元/个	244.86	232.94	5.12%

（二）乡村民俗旅游：人均消费明显增长

2019年，全市民俗旅游实际经营乡村旅游农户7 354户，同比下降5.6%；接待游客1 920.1万人次，同比下降6.0%，但实现收入14.4亿元，同比增长11.0%；户均年收入19.6万元，同比增长17.5%；人均消费75.1元，同比增长18.0%（表2）。

表2 2018—2019年北京市乡村民俗旅游基本情况

指标名称	计量单位	2019年	2018年	同比增加
实际经营乡村旅游农户（单位）数	户	7 354.00	7 783.00	−5.56%
接待人次	人次	19 200 658.00	20 420 000.00	−5.97%
总收入	万元	144 289.95	130 000.00	10.99%
户均年收入	万元/户	19.63	16.70	17.53%
人均消费	元/人	75.15	63.66	18.04%

（三）会展农业及农事节庆：北京新名片

首都会展农业及农事节庆活动成为京郊农业文明和农村文化的展示窗口，成为农村地区产业融合的重要平台、北京休闲农业和乡村旅游的新名片。2019年，北京市开展了一系列农业节庆活动，如世界园艺博览会、北京农业嘉年华、中国农民丰收节、大兴西瓜节、平谷桃花节、海淀樱桃文化节、房山秋收节、延庆丰收节等。2019 年 4 月 29 日至 10 月 7 日，中国北京世界园艺博览会在延庆区举办，展期共 162 天，共有 110 个国家和国际组织，及我国 31 个省（自治区、直辖市）、港澳台地区在内的 120 余个非官方参展者参加，共举办3 284场活动，吸引中外观众 934 万人次前往参观。第七届北京农业嘉年华 58 天会期共接待游客 110.72 万人次，累计实现经济总收益 2.47 亿元，带动周边产业发展累计实现总收入达 2.034 亿元。

【主要做法及成效】

（一）多媒体融合，加强宣传推介

利用“北京休闲农业”“北京美丽乡村”微信公众号，开展休闲农业宣传推广、体验引导等活动。相继在五一节推出“北京休闲农业 30 个打卡地”，中秋、国庆节前推出“北京市金秋打卡地”，以及“不猫冬”京郊 43 个冬季乡村休闲项目推介，对 50 余个应季蔬菜、果品休闲观光园，近百个园区开展宣传；发布 5 条“京津冀休闲农业精品带”，得到了主流媒体的广泛传播。与北京电视台合作拍摄完成《北京精品乡村民宿调查行动》4 集电视调查片，并在北京电视台新闻频道《美丽乡村》栏目播出。通过休闲农业旅游资源“上图”，实现动态化管理。将 11 条北京市休闲农业精品线路、34 个中国美丽休闲乡村、21 个国家休闲农业与乡村旅游示范点、292 个国家级和市级星级园区、5 588个星级民俗接待户、300 家精品民宿资源信息“上图”，实现休闲农业旅游资源动态化管理、可视化显示，提升产业服务质量。

（二）多部门联动，加强政策保障

在贯彻《关于加快休闲农业和乡村旅游发展的意见》（京政农发〔2017〕30 号）的基础上，北京市农业农村局正在研究提出《北京市休闲农业“十百千万”畅游行动实施意见》《北京市休闲农业“十百千万”畅游行动建设成效评价办法（试行）》，未来 5 年，在全市实施“十百千万”畅游行动，打造“十”余条精品线路、创建“百”个美丽休闲乡村、提升“千”个精品观光采摘园、改造近“万”个民俗接待户，推动北京市休闲农业提档升级、提质增效。市农业农村局配合市文化旅游局研究出台《北京市关于促进乡村民宿发展的指导意见》，重点破解民宿管理中涉及的消防、安全、开具发票等方面问题。拟出台市民农园地方标准，提升北京市市民农园的建设与经营的规范性。

（三）多方面携手，深化品牌创建

按照《农业农村部办公厅关于开展中国美丽休闲乡村推介活动的通知》要求，北京市积极开展中国美丽休闲乡村的申报工作，怀柔区渤海镇六渡河村等 9 个村获评 2019 年中国美丽休闲乡村。截至 2019 年，北京市共有 34 个乡村获评中国美丽休闲乡村。

北京市继续进行全国休闲农业与乡村旅游企业（园区）星级创建活动。经过半年多的严格考评，评选出全国星级园区 6 家，其中五星级企业（园区）2 家，四星级企业（园区）3 家，三星级企业（园区）1 家。

组织观光园、合作社、村集体参加中国生态食品博览会，并联合推出“京彩京郊”生态食品，得到包括中央电视台在内的多家媒体密集报道。

继续开展北京国际设计周·2019 北京艺术乡村主题展，分别举行艺术乡村·兴农天力大地艺术季、意大利农场“飞利谷”创意市集、民俗达人谈民宿·乡村民宿美学沙龙、平谷镇罗营“环长城 100”国际越野赛现场展、2019 中国农民丰收节·金色北京大市集等活动。

（四）多人员参与，抓好培训指导

开展北京市乡村产业发展培训班和休闲农业与乡村旅游经营管理人员培训班，专题培训休闲农业经营主体和从业人员 298 人次。

培训班以新时期休闲农业与乡村旅游提档升级为主题，包括全市乡村休闲产业发展与展望、产业融合打造休闲农业与乡村旅游，民宿设计与经营等课程和 9 场现场教学，内容丰富实用，受到广大学员的欢迎和喜爱。

（五）多形式配合，举办多项节庆活动

根据农业农村部对北京市 2019 年中国农民丰收节庆祝活动的工作要求，指导顺义区、房山区完成“礼赞丰收 · 致敬农民 · 祝福祖国”系列庆祝活动及北京 · 房山“秋收节”系列活动、“庆丰收、齐欢庆”综合文体展演、朝阳区组织的“庆丰收、颂祖国——庆祝中华人民共和国成立 70 周年演唱大会”、丰台区开展的“让乡音永恒——北京郭庄子村第二届中国农民丰收节庆祝活动”，部分区组织了农民趣味运动会等内容，旨在推进产业融合，助力农民增收；传承京韵农耕文化、助推美丽乡村建设。

第七届北京农业嘉年华活动，以“乡村振兴、让生活更美好”为主题，共吸引来自 31 个省份的 300 余家企业参与，活动期间共接待游客 110.72 万人次，累计实现经济总收益 2.47 亿元，带动周边产业发展累计实现总收入达 2.03 亿元。带动周边草莓采摘园接待游客达 253 万人次，销售草莓 1 950 吨，实现收入 1.00 亿元。带动附近 6 个镇的民俗旅游，共接待游客 55.72 万人次，实现收入 1.03 亿元。

2019 年中国北京世界园艺博览会，以“绿色生活，美丽家园”为主题，以植物为媒介，共举办3 284场活动，吸引中外观众 934 万人次，活动进一步提高了公众的园艺欣赏水平，增进了国际文化交流，推动了中国与世界各国的联系，并在加深了解中增进互信。

【存在的主要问题】

北京休闲农业与乡村旅游仍处在快速发展期向成熟期转变的转型期，面临一些亟待解决的问题，需要引起关注。

一是专业人才极度缺乏。随着休闲农业提档升级，缺乏高素质、专业化的休闲农业经营管理人才。

二是发展信心亟须提振。受“大棚房”问题专项清理整治、新冠肺炎疫情的影响，对休闲农业与乡村旅游影响较大，大部分从业者信心受挫。

【发展建议】

（一）研究出台发展扶持政策

为鼓励休闲农业发展，提振从业者信心，研究出台《北京市休闲农业“十百千万”畅游行动实施意见》《北京市休闲农业“十百千万”畅游行动建设成效评价办法（试行）》，完成“十四五”北京市休闲农业发展规划和实施意见。加强政策统筹，整合现有资金，形成支持休闲农业发展的“组合拳”。完善休闲农业评价体系，健全运营管理机制，充分发挥支持资金的撬动作用，引入社会资本，促进资金、技术、人才等资源要素向休闲农业集聚，提升整体发展水平。

（二）持续开展宣传推介活动

多角度、多途径挖掘休闲农业亮点，有效利用电视、报纸、杂志和微信、微博、网络等各种媒体，加大宣传推介。2020 年，组织北京市休闲农业“十百千万”畅游行动现场推介活动，推介一批北京市休闲农业精品线路、美丽休闲乡村、休闲农业园区和乡村民宿。按照“春观花”“夏纳凉”“秋采摘”“冬农趣”要求，组织全国休闲农业精品景点线路推介，筛选条件成熟的区参加全国现场推介。

（三）加强精品品牌培育

统筹休闲农业资源，引导休闲农业向规范化、标准化、精品化发展。支持延庆区申报创建全国休闲农业重点区。继续加强精品品牌培育工作，在打造休闲农业精品线路的基础上，提档升级一批观光采摘园，改造提升一批民宿的接待水平，升级成为乡村民宿。创建一批“一村一景”“一村一韵”的中国美丽休闲乡村，发现推介一批“十最十乡”。

（四）加强人才支撑

依托职业院校、行业协会和产业基地，分层、分类开展休闲农业管理人员和服务人员培训，不定时开展线上经营主体培训，培养一批素质强、善经营的行业人才。鼓励文化、艺术、科技专业人员发挥优势，培养引导鼓励社会人士开展有关休闲农业的创作创业。鼓励各种专业社会团体与美丽休闲乡村、休闲农业园区开展共建，全力提升休闲农业经营管理水平。

2020 年，是全面打赢脱贫攻坚战的收官之年，是全面建成小康社会的目标实现之年，北京市将紧扣首都功能定位，围绕农村一二三产业深度融合发展，深入推进休闲农业与乡村提档升级，突出产业集群成链，致力农户增收致富，为全面建成小康社会和乡村振兴提供有力支撑。

天 津 市

【基本情况】

休闲农业作为新型产业形态和消费业态，正逐步成为天津市促进农业增效、农民增收和农村生态环境改善的重要途径，成为农业结构调整的新模式、农村经济的新增长点。市农业农村委员会认真贯彻落实农业农村部和天津市休闲农业发展的一系列政策措施，推动休闲农业与乡村旅游、农产品加工等关联产业融合发展，农业产业链进一步延伸，一二三产业实现良性互动，促进全市休闲农业进入转型升级、提质增效、持续健康发展的新常态。

【主要做法及成效】

（一）积极开展提质增效

以打造“村庄美、产业兴、农民富、环境优”的先行区和标杆区为目标，积极开展中国美丽休闲乡村创建和市级休闲农业示范园区、示范村点认定工作，其中蓟州区东山村、宝坻区小辛码头村、北辰区赵庄子村被农业农村部评为 2019 年中国美丽休闲乡村。为进一步提升农家乐服务水平，2019 年会同休闲农业协会组织培训从业人员 1 000 多人次。

（二）加大基础设施建设力度

2019 年注重提升天津市各涉农区的基础设施建设工作，以旅游特色村创建作为工作抓手，把农村的环境、道路、饮水等基础设施建设和垃圾处理、污水处理、厕所改造、农村沼气等支农工程向已经认定的休闲农业示范村（点）倾斜，优先安排。通过修建进村道路，整治村容村貌，兴建水电设施，整修农家庭院，极大地推进了农村基础设施建设，改善了村容村貌，全面提升乡村旅游档次和水平。

（三）打造特色文化旅游示范村

为贯彻落实《天津市乡村振兴战略规划（2018—2022 年）》，持续推动文化旅游示范村建设工作。2019 年，天津市创建了 5 个文化旅游村，发挥好文化旅游村的示范引领作用，以规划设计为引领，发展民宿为主题，提升改造一批农家院，创建一批民宿示范点，扶持蓟州区乡村旅游提质升级。

（四）加大全市休闲农业宣传推介力度

牵头京津冀，大力推介 5 条休闲农业精品旅游线路。成功举办了蓟州“梨园情”旅游文化节、大安坪桃花节、武清津溪桃源桃花节等一批重点旅游推介活动。利用各种媒体平台，依托乐津郊 App、“大美津郊”微信公众号、“津农宝”等信息化平台，开展线上直播和线下体验活动，均收到较好成效。

【存在的主要问题】

虽然 2019 年农业产业发展工作取得了一

定的进展，但也存在发展瓶颈。从外部环境看，需要协调相关部门，统一思想，更新观念，在盘活农村现有资源、制度创新上积极开展试验探索，逐步破解难题。从内部因素看，天津市休闲农业还存在产品档次不高，效益相对较低的问题，促进发展的体制机制需要进一步完善。

【发展建议】

继续推进天津市乡村旅游业发展，提升乡村旅游服务质量。引导行业协会在乡村旅游活动中发挥自律作用，探索把现代企业管理制度引入乡村旅游管理的新路子，增强管理的科学性和有效性。加大宣传促销，塑造乡村旅游拳头品牌。通过媒体专版发布等措施，策划推出一批乡村旅游路线，扩大乡村旅游游客人数。加大对渔阳梨园情旅游文化节、武清津溪桃源桃花节、沙窝萝卜文化旅游节、汉沽茶淀葡萄文化旅游节等以乡村旅游为主题的旅游节庆活动的支持力度，带旺乡村旅游的人气、财气。重点抓好以下几项工作。

（一）全面推进休闲农业和乡村旅游提升行动

提升市级休闲农业示范园区和示范村（点）的旅游产业功能，推出一批精品，打造一批特色亮点，使“三廊道三板块”的规划布局基本形成。继续引入“旅游＋”“生态＋”“互联网＋”等新理念，因地制宜发展休闲农庄、乡村酒店、特色民宿、房车营地、户外运动等多种业态，开发休闲度假、旅游观光、养生养老、创意农业、农耕体验等多种产品，实现道路、供电、供水、停车场、观景台、游客接待中心等配套设施整体升级。

（二）打造精品样板，提升休闲农业和乡村旅游发展水平

一是提升一批设施完善的特色旅游村点。强化休闲农业经营场所的创意设计，注重农村文化挖掘和特色民居改造，积极推进农业与文化、科技、生态、教育、旅游的融合。二是打造一批休闲农业示范园区。选择区位优势明显、资源基础良好、产品特色鲜明、市场前景广阔的农业园区，扩大规模，提升质量，提高标准，打造成为天津市休闲农业精品的示范窗口。三是继续创建中国美丽休闲乡村，依托农业农村部媒体平台，在全国范围内推介一批休闲农业和乡村旅游精品线路。四是培育一批产业融合发展的田园综合体和现代农业产业园。

（三）注重品牌塑造，提升休闲农业和乡村的知名度

开展品牌创建，以科技、创意、文化等手段提升休闲农产品的质量、档次和内涵，大力塑造“津卫乡田，乐活休闲”的整体形象，培育一批市场信誉度高、影响力大的区域公用品牌、企业品牌、产品品牌和服务品牌。实施品牌提升，对现有品牌进行升级改造，增强趣味性、体验性、知识性和独特性。强化品牌推介，通过节庆会展、主题活动、经营主体形象设计等多种方式，串联京津冀三地的休闲农业精品线路，塑造一批休闲农业的精品形象，吸引城乡居民到乡村休闲消费。鼓励通过传统媒体和网络、微信等新兴媒体宣传推介精品线路和精品点位，大力支持社群营销，扩大休闲农业和乡村旅游产业的影响力。

（四）加强公共服务，增进休闲农业和乡村旅游发展动力

强化体系建设，建立健全休闲农业公共服务体系和管理体系，引导成立各类休闲农业合作组织和行业协会，制定行业标准并督促实施，引导休闲农业有序发展和规范经营，逐步形成专业化生产、企业化管理、社会化服务的经营管理机制。强化研发服务，依托天津市区划所、南开大学等科研教育机构建立一批设计研究中心、规划中心、创意中心，为产业发展提供智力支撑。强化信息服务，启动天津休闲农业网的商务系统升级和市场化运营，按照“互联网＋休闲农业”的理念，

构建网络信息服务平台，实现网络营销、网上交易等功能；建立休闲农业与乡村旅游监测点，开展基于互联网大数据的行业运行监测分析，建立完善的监测统计系统。

河 北 省

【基本情况】

2019 年，河北省各级农业农村部门认真贯彻落实省委省政府决策部署，狠抓产业结构调整，优化产业布局，积极发挥乡村资源、生态和文化优势，推进休闲农业快速发展。据统计，全省共有7 224个休闲农业经营主体，从业人员 44.78 万人，全年休闲农业接待人数达到7 533.4 万人次，营业收入 83.5 亿元，农副产品销售收入 46.64 亿元，带动农户 39.56 万户。

【主要做法及成效】

（一）推进产业提升，打造行业品牌

围绕构建环京津休闲旅游度假圈，突出“春观花”“夏纳凉”“秋采摘”“冬农趣”主题，依托河北独特的资源优势，大力发展京津都市型休闲农业示范区，燕山、太行山生态休闲农业示范区，渤海湾蓝色生态休闲示范区，冀中南农业文化休闲示范区。重点打造 118 条休闲农业与乡村旅游精品线路，通过河北省农业农村厅官网、河北新闻网、河北日报客户端、河北休闲农业公众号等适时进行发布，扩大了品牌线路的知名度与影响力，吸引了众多游客观光游赏。

（二）坚持走出去战略，扩大品牌影响

全年河北省共向农业农村部推荐了 20 条休闲农业与乡村旅游精品线路，推荐了 13 个地点参与休闲农业与乡村旅游拍摄活动，11 项节庆活动参加休闲农业与乡村旅游农事节庆活动，廊坊、秦皇岛推荐的精品线路分别入选 2019 年中国美丽乡村休闲旅游季（春季）、2019 年中国美丽乡村休闲旅游行秋季及冬季现场推介活动，石家庄、邯郸、承德、保定、邢台和衡水等 14 条线路入选农业农村部重点推介精品线路。借助推介会的高层次平台宣传了河北省的休闲农业，同时通过交流学习，有效提升了从业人员的经营理念。

（三）实施示范引领，优化产业结构

以中国休闲乡村的评选工作为契机，着力培育区域品牌。按照生态环境优美、产业功能多元、村容景致独特、精神风貌良好的发展要求，经宣传发动、引导创建、层层筛选，骆驼湾村等 8 个乡村入选中国美丽休闲乡村。示范创建活动的开展，进一步激发了行业管理、经营者的积极性与开拓性，培育了一批生态环境优、产业优势明显、发展势头好、示范带动能力强的区域品牌。

（四）开展精准培训，助力扶贫攻坚

协助农业农村部农村社会事业发展中心在易县举办环京津 28 个贫困县农家乐（农庄）对接交流活动。活动邀请业内专家，对保定、张家口、承德市及 28 个贫困县农业农村局、精品农家乐（农庄）管理人员进行培训，提升了贫困地区休闲农业从业人员的素质，明晰了今后一个时期的发展思路。

（五）做好调查服务，夯实发展基础

按照农业农村部要求，认真组织市、县开展休闲农业监测统计、设施农业用地调查，为编制行业发展规划及设施农业用地标准打好基础。

【存在的主要问题】

一是规划指导力不足。目前，休闲农业经营主体多根据各自的喜好进行投资，大多数开展乡村旅游的地方，没有对规划做专业指导，多是自发组织、自行设计、自己建设、自主经营，存在盲目开发、重复建设、无序竞争的现象。

二是环境功能不够舒适。脏、乱、差的现象还未得到完全改善，有的乡村道路不畅，景点分散；有的游客服务中心、停车场、厕所、标牌标识、给排水、卫生防疫、垃圾处理等公共设施不配套；有的农家乐用餐环境和住宿条件较差。吃、住、行、游、购、娱不可或缺的六要素还有待进一步提升。

三是体制机制不够顺畅。休闲农业与乡村游涉及农业、林业、环保、交通、旅游等多个部门，与美丽乡村建设、社区发展、小集镇建设、农业产业结构调整息息相关，由于管理体制不健全，部门和行业之间缺乏协调联动，不能够充分调动部门、乡镇、村组和农户的积极性。

四是发展特色不够浓郁。休闲农业的形态与服务同质化比较严重，体验性消费层级较低，仍停留在农家乐、生态园、采摘园、度假村等传统消费体验层面，文化、科技、运动、创意、民俗等潜在价值挖掘不足，对外埠旅游消费人群的吸引力有待进一步加强。

【发展建议】

河北省将坚持“以农为本、政府引导、因地制宜、三效统一”的原则，按照“全省统一规划、分区协调发展、特色重点推进”的思路，将休闲农业和弘扬农耕文化、建设美丽乡村、助力脱贫攻坚有机融合，推进休闲农业健康可持续发展，力争形成规模可观、布局优化、类型丰富、特色明显、效益突出的良好格局。

山 西 省

2019 年，山西省深入贯彻中央 1 号文件和党的十九大精神，实施乡村振兴，按照省农业农村厅的总体部署，与省旅发委等部门配合，把发展休闲农业作为拓展农民增收渠道，调整农村产业结构的重要措施，积极开展工作。现将全年工作汇总如下。

【基本情况】

山西省紧跟形势，抢抓机遇，不断调整产业结构，依托当地自然生态环境和民俗文化优势，深入践行“两山”理论，休闲农业和乡村旅游营业收入预计达到 82.1 亿元，接待人数达到5 500万人次，带动农户 25 万户。

按照《山西省人民政府办公厅关于开展农林文旅康产业融合发展试点的通知》（晋政办发〔2017〕179 号）和《山西省 2018 年农村农林文旅康产业融合发展建设项目实施方案》安排，选择晋城市、太原市晋源区、大同市云冈区、朔州市右玉县、忻州市定襄县、阳泉市盂县、晋中市左权县、吕梁市方山县、长治市壶关县、临汾市襄汾县、运城市芮城县开展农村农林文旅康产业融合发展试点建设。

【主要做法及成效】

山西省坚持以农带旅、以旅兴农，文化、旅游、农业互动融合发展的思路，打造“农业+”发展模式，构建以农业为主体、生态为基础、文化为底蕴、旅游为纽带的发展格局。为组织实施好山西省 2018 年农村农林文旅康产业融合发展建设项目，省农业农村厅督促市、县两级高度重视。要求适时召开农林文旅康产业融合发展项目实施方案的制定研讨会。7 月，省政府将农林文旅康项目纳入13 710督办系统，实行周报制度。为此省农业农村厅发函，要求项目县采取得力措施，倒排工期，加快项目实施进度。省农业农村厅多次调研农林文旅康项目建设进展情况，要求完成一个项目验收一个项目、拨付一批资金。

截至 2019 年年底，1 市 10 县农村农林文旅康产业融合发展建设项目各县分为 3～4 个项目实施，审计验收进度不一，大部分已完成建设，正在验收中。

2019 年，支持 30 个休闲农业和乡村旅游示范点的经费共 300 万元，对休闲农业发展所需的公共服务进行支持。对基础设施进行提升改造，主要包括停车场、游客服务中心、标识牌、环境美化绿化、环境改善设施以及洗涤烘干设施等；加深文化挖掘，主要包括创意农产品开发、特色农产品展卖、品牌培育等；帮助各休闲企业打造自己的企业品牌。支持民宿（农家乐）50 个，共花费 150 万元，对包括基础设施建设、住宿环境改造、增加卫浴、洗涤烘干设施、餐饮和整体环境等接待设施升级提供补助。支持 10 个采摘园 50 万元，对包括安全防护设施、交通引导标识、采摘路建设、停车场建设、休闲接待区建设等提供补助。

2019 年 8 月 28—30 日，在宁夏回族自治区固原市举办了山西省创建中国美丽休闲乡村助力脱贫攻坚培训班，此次培训班是根据山西省农业农村厅全年培训计划，由乡村产业发展处举办的。各市农业农村局分管领导和休闲农业主管科室负责人、休闲农业和乡村旅游示范县中贫困县农业农村局局长、贫困县中国美丽休闲乡村村支部书记共 43 人参加此次培训。

向农业农村部推介 28 条休闲农业和乡村旅游线路作为 2019 中国美丽乡村休闲旅游精品线路。在第六届中国（山西）特色农产品交易博览会上，举行山西省休闲农业和乡村旅游精品线路、精品景点推介活动。此次活动旨在通过精品景点和线路的推介发布，助力休闲农业和乡村旅游，带动全省现代农业转型升级，推动山西省农业农村经济又好又快发展。

根据农业农村部《农业农村部办公厅关于开展中国美丽休闲乡村推介工作的通知》（农产办〔2019〕9 号）的要求，经乡村推荐，市、县级审核，山西省农业农村厅的相关专家认真评审，推荐出山西省 10 个村参选中国美丽休闲乡村。经农业农村部认定，忻州市岢岚县宋家沟村等 9 个村被评为 2019 年中国美丽休闲乡村。

继续开展山西省休闲农业和乡村旅游示范点创建工作，根据山西省农业农村厅、山西省文化旅游厅《关于申报 2019 年休闲农业和乡村旅游示范点的通知》（晋农产发〔2019〕13 号）文件精神，在各市上报推荐的基础上，组织高校、科研单位、专业站所的相关专家进行认真评审，认定了 36 家 2019 年山西省休闲农业和乡村旅游示范点。

【发展建议】

加大政府投入。向省委、省政府积极汇报，建立扶持发展休闲农业发展专项资金，加大对休闲农业基础设施建设、环境保护、信息网络建设、人才培训、宣传造势等方面的投入。

继续开展休闲农业示范创建提升工程，推动休闲农业和乡村旅游向有条件的贫困地区发展。树立全省休闲农业典型，发挥典型示范对农村一二三产业融合的指导和引领作用，营造社会关注休闲农业发展的良好氛围。在贫困地区继续开展休闲农业与乡村旅游示范县创建工作和省级休闲农业与乡村旅游示范点提升工程。开展农家乐和精品小型采摘园创建工作，通过创建活动，完善标准体系，优化发展环境。制定相关休闲农业和乡村旅游精品景区评选标准和评选办法，对评选出的示范单位进行挂牌表彰，争取资金，予以鼓励引导。同时，坚持因地制宜、突出特色，传承传统民族民俗文化的原则，组织专家为休闲农业把脉。

继续加大培训力度。进一步加大休闲农业经营业主和从业人员的培训教育工作，以行业服务规范、当地民俗风情、接待礼仪、诚信经营理念等为重点内容，采取分类别、分层次举办专业知识培训班，努力提高休闲农业经营业主和从业人员的整体素质和文化修养。

扩大宣传，引导消费。通过各种新闻媒体，及时报道休闲农业先进典型，扩大影响力，提高知名度，发挥舆论导向作用，营造休闲观光农业发展氛围。进一步宣传推介休闲农业经营企业，有效衔接供需，让消费者方便、及时、准确地获得休闲农业各种实体的地点、交通、服务等情况，指引城市居民消费。同时，适时举办或参加一些有影响力的农事节庆、节会以及农博会、农展会等活动。搭建平台，设立窗口，展示休闲观光农业风采，扩大市场占有率，推进休闲农业有序、快速、持续健康发展。

内蒙古自治区

【基本情况】

2019 年，全区休闲农牧业经营主体个数 3 681个，较 2018 年增加 2.11％；从业人数 16.86 万人，较 2018 年增加 10.34％，其中：农民从业人数 12.6 万人，较 2018 年增加了 10.24％；带动农户数 14.51 万户，较 2018 年增加了 9.26％；接待人数5 515.5万人次，较 2018 年下降了 0.58％；营业收入 754 768.16万元，较 2018 年增加 1.19％，其中：农副产品销售收入 238 943 万元，较 2018 年增加 4.0％；利润总额143 039.48万元，较 2018 年下降 4.8％；从业人员人均工资额 2.41 万元，较 2018 年增加了 6.17％。

【主要优势】

内蒙古自然资源多样化，特色明显。农田和草原交错、沙漠和戈壁延绵、山地奇骏、森林茂密、众多河流发源于山地，蜿蜒在草原农田之中，把众多湖泊串连成草原上的明珠。内蒙古的旅游资源特色鲜明，既有民族特色也有民俗特色，既有边疆特色还有生态特色，既有无公害的绿色有机食材，还有独特的蒙餐和兼跨三北的特色餐饮（西北风味、东北风味、晋北风味）。

软硬件设施日趋完善。内蒙古自治区农村牧区人居环境得到明显改善，为发展休闲农牧业奠定了坚实的基础。自《内蒙古自治区关于在全区旅游行业推进智慧旅游工作的通知》出台后，推动信息技术在休闲旅游农牧业中的广泛应用；云计算产业基地的建设为内蒙古推进智慧旅游、休闲农牧业插上了腾飞的翅膀；电信、移动、联通三大运营商投资建设的云计算数据处理中心，也将为推进智慧旅游提供便利。

发展条件逐步成熟。随着农村牧区经济结构转型升级，工商资本逐步融入现代农牧业，农畜产品加工业和农畜产品流通业迅速发展，为休闲农牧业发展注入了资金、技术、信息、人才，而生态建设、设施农业为休闲农牧业提供了许多新的旅游景点和旅游项目。

【主要做法及成效】

狠抓落实，大力推动。内蒙古自治区深入贯彻落实中央 1 号文件精神，大力推动休闲农牧业和乡村旅游业态发展，打造内蒙古自治区农村牧区休闲旅游精品，实施休闲农牧业和乡村旅游精品工程，挖掘其蕴含的草原文化、特色景观、农耕文化、乡风民俗等优质资源，培育一批“一村一景”“一村一韵”美丽休闲乡村，打造特色突出、主题鲜明的休闲农牧业和乡村旅游精品。

重点培育，宣传推广。内蒙古自治区培育了一批生态环境优、产业优势大、发展势头好、示范带动能力强的休闲农业精品企业和基地，向农业农村部推介了 6 个特色休闲旅游路线，其中呼伦贝尔市额尔古纳市和鄂尔多斯市乌审旗入选“2019 中国美丽乡村休闲旅游行（夏季）精品景点线路推介”名录。呼伦贝尔市额尔古纳市室韦村、通辽市奈曼旗青龙山镇四一村、鄂尔多斯市伊金霍洛旗乌兰木伦镇哈沙图村、兴安盟扎赉特旗好力保镇五道河子村、赤峰市宁城县小城子镇长皋村、巴彦淖尔市五原县塔尔湖镇联丰村、阿拉善盟腾格里额里斯镇乌兰哈达嘎查村、包头市土右旗沟门镇西湾村 8 个嘎查村被农业农村部评为中国休闲美丽乡村。

辽 宁 省

【基本概况】

辽宁省地处东北最南端，自然资源丰厚，沿江、沿海、沿边境，农业基础良好、田园景观优美、文化底蕴深厚、风土人情浓郁，休闲农业条件得天独厚，且正逐步成为促进农民就业增收和满足城乡居民消费需求的民生产业，成为壮大都市型农业经济和扩大内需的朝阳产业。截至 2019 年年底，全省休闲农业和乡村旅游经营主体 9 738 个，从业人员 27.25 万人，带动农户 17.93 万人，接待游客 7 400 万人次。当前，休闲农业已然成为推进全省乡村振兴的新动能。

【主要做法及成效】

（一）开展中国美丽乡村休闲旅游行精品线路精品点的推荐工作

按照农业农村部乡村产业发展司通知要求，积极组织（春、夏、秋、冬）四季精品线路和精品点的推荐工作，辽宁省推荐的 11 条精品线路和精品点全部入选全国休闲农业和乡村旅游精品线路，其中千山美丽乡村休闲旅游推介的“怡情山水　闲趣乡野”夏季旅游精品线路在全国会上进行现场推介，受到农业农村部领导的赞誉和全国参会者的一致好评。

（二）组织开展对全省休闲农业管理者和经营者的培训工作

全省培训工作分三个层面。一是组织企业参加省外培训，组织部分休闲农业企业参加全国休闲农业管理人员培训班，通过学习和培训，让企业开拓视野，提高企业的管理能力和水平；二是集中开展省内培训，省农业农村厅组织开展省内培训，结合当前全省休闲农业发展动态和机构改革后人员变动较大的情况，为推进全省休闲农业产业健康有序发展，组织开展全省休闲农业管理者和经营者培训班，通过培训、交流和现场考察，使参训者进一步提高认识，统一思想，为今后全省休闲农业发展，起到一定的推动作用；三是各地区结合本地实际情况，组织本地区相关人员参加休闲农业与乡村旅游专业知识培训，以及有关技能的培训活动。

（三）积极组织推荐中国美丽休闲乡村工作

通过单位申报，农业部门逐级筛选推荐，省农业农村厅对各地推荐村按照辽宁省制定的评分标准进行综合评审，择优向农业农村部推荐，2019 年全省共有 7 个村被农业农村部认定为中国美丽休闲乡村。

（四）积极组织企业参加全国乡村美食大赛活动

全省推荐的本溪县小小羊汤在参加由中国休闲农业与乡村旅游分会举办的全国乡村美食大赛活动中荣获中国美食大赛热菜组金奖。

（五）加大休闲农业项目建设工作

沈阳市近几年先后出台了《关于加快建设沈阳环城都市农业产业带的实施方案》《休闲农业项目管理实施细则》，以此理清项目建设方向、内容和扶持措施。每年安排专项资金扶持都市休闲农业发展。

（六）积极开展系列休闲农业与乡村旅游节庆活动

为提高全省休闲农业的影响力和公众的认知度，省农业农村厅积极引导各地根据不同季节开展各类节庆活动。春季开展桃花、樱花、杏花、梨花、油菜花、观鸟节等节庆活动，如沈阳的杏花节、沈阳盗梦空间的水稻插秧节、大连的樱花节、鞍山的千山梨花节、丹东的宽甸河口村的桃花节、丹东东港市举办的观鸟节、丹东宽甸绿江镇的油菜花节、锦州的梨花节、朝阳的杏花节等。夏季沈阳市辽中区在珍珠湖举办了荷花节，沈阳向日葵观赏节、本溪的羊汤节、丹东的海鲜节。秋季有各类采摘节、盘锦河蟹捕捞节，还有各地积极组织开展的多种形式的农民丰收节等。冬季各地有草莓采摘节，沈阳、盘锦鱼类冬捕节等各种节庆活动，如沈阳市全年举办的各类节庆活动50多个，接待游客280多万人次，实现节庆活动营业收入3亿多元。

（七）积极参加各类宣传展示展销活动

积极引导各市组织企业参加辽宁农产品博览会，通过参加各种会议，在现场采取声光电播放和模拟场景等措施对消费者进行现场宣传推介，提高企业的知名度和公众的认知度。

吉 林 省

【基本情况】

在政策推动、市场拉动、项目带动、创新驱动下，吉林省休闲农业持续发展壮大。截至2019年年底，全省休闲农业和乡村旅游接待游客4 500万人次，实现营业收入90亿元，同比增长10%以上，整个产业呈现出"发展加快、质量提升、布局优化、领域拓展"的良好态势，已成为农业旅游文化"三位一体"、生产生活生态同步改善、一二三产业深度融合的新产业、新业态、新模式。在推进乡村振兴战略方面，加快农业供给侧结构性改革、率先实现农业现代化中的作用愈发凸显。

【主要做法及成效】

（一）新业态不断成型，农业功能不断拓展

通过积极鼓励引导，在生产功能基础上，不断拓展农业新功能，发展休闲度假、文化传承、科普教育、农事体验、养生养老及健身运动等功能，休闲农业和乡村旅游新业态形成了由小到大、由点到片、由弱到强的态势，呈现出新主体竞相涌现、新功能日趋拓展的格局。全省现有休闲农业主体4 000多个，（其中农家乐3 000户，休闲农业观光园/休闲农庄900家，休闲农业融合体近100个），直接安置以农民为主的从业人员17万人次，带动农户超过8.3万户。吉林省立足资源禀赋、文化特色和产业基础，规划引导休闲农业与乡村旅游发展，重点构建"一带、一圈、两县、两区"的休闲农业发展格局。"一带"是"万昌—孤店子"温泉农业带，现已成为吉林省乃至东北重要的温泉娱乐休闲养生旅游目的地；"一圈"是环城都市休闲农业圈，打造"春踏青品鱼、夏游湖赏花，秋看红叶采鲜果、冬观雾凇住农家"的农业观光、休闲采摘特色景观；"两县"是丰满—蛟河两个国家休闲农业示范县（区），主推"四大特色"，打造"六个特色小镇"；"两区"指"北有金珠花海、南有二道采摘"两个休闲农业示范区。

（二）基础设施建设不断完善，服务水平不断提高

在规划发展、融合发展的基础上，突出强基固本，切实加强基础设施建设，努力实现生产设施、服务配套设施和基础设施的升级。长春市嘉龙集团是国家级产业化龙头企业，投资1.2亿元建设了占地50万平方米的吉地嘉禾现代有机农业示范园区，该园区是集有机水稻示范区、绿色有机果菜采摘体验区、生猪良种标准化繁育示范区、休闲旅游度假区和水稻博物馆于一体的农业综合示范区，完善了具有现代农业特点的生产、服务、基础设施。

（三）产业融合不断深化，产业功能不断增强

吉林省立足资源优势，在农业、旅游和文化之间，在乡土意境和时尚度假之间，在农村一二三产业之间搞融合创新发展，引导和支持农民采取休闲农业合作社、联合体等组织化方式发展休闲农业，鼓励和引导社会资本进入，向休闲农业输入现代理念和要素。争取政策对实施乡村一二三产业融合发展试点项目的支持，共投入项目资金4 153万元，

建设初加工设施，协调省级财政资金 500 万元，在全省 6 个县加强休闲农业基础设施建设，投入1 920万元，在全省 13 个国家级休闲农业示范县开展休闲农业融合体示范项目建设，带动休闲农业与农村产业融合发展，打造休闲农业、农产品加工销售流通和电子商务一二三产业深度融合发展的产业聚集乡村，文旅融合乡村。

（四）产业结构不断优化，产品类型不断丰富

各地依托青山绿水、田园风光、乡土文化等资源，开发休闲农庄、乡村酒店、特色民宿、自驾露营、户外运动等休闲农业和乡村旅游产品，不断丰富休闲度假、旅游观光、养生养老、创意农业、农耕体验、乡村手工艺等产业类型。例如，辽源市东辽县双福村打造“福”文化特色新村，按照脱贫、致富、示范的发展思路，以修建柳堤、河流治理、公路绿化、改水改厕等建设为基础，以百亩采摘园、国家级登山步道、油菜花海等乡村游、农家乐为重点，以扩大食用菌种植、扩建袜厂等产业为支撑，扎根福地，拓宽福路，增添福祉，现该村已经成为环境优美、花果飘香、乡风文明、村容整洁、村民富裕的美丽乡村。

（五）发展环境不断优化，发展氛围不断浓厚

休闲农业已经成为各级农业部门聚焦农业供给侧结构性改革、聚焦农村产业融合发展、聚焦农民创业增收的重要抓手。一是精心组织推动乡村旅游。结合全省农业旅游资源特点，推出“春节到农村过大年”“春季乡村踏青”“夏季农村避暑”“赏金秋、迎国庆、庆丰收”等精品线路和精品景点发布等活动，每次活动推荐 3～4 条精品线路，分别发布精品景点 95 个、134 个、55 个，71 个，满足城乡居民看山望水忆乡愁的需求。在全省 78 个四季精品的活动中，择优在全国休闲农业和乡村旅游精品发布会上推介。通过印发吉林休闲农业精品集萃、吉林休闲农业旅游图，开通吉林乡村产业公众号等多种媒介，向社会推介。二是加强示范带动作用。全省共有国家级休闲农业示范县 13 个，省级 17 个，国家级休闲农业示范点 15 个，中国最美休闲乡村 20 个，国家 3 星级以上休闲农业企业 71 户，省级 257 户（其中三星级 80 户，四星级 94 户，五星级 83 户）。三是弘扬农耕文化，注重农业重要文化遗产挖掘和保护。认真组织全省各市（州）、县（市、区）农业部门开展农业文化遗产普查和推荐活动，各级农业农村部门近几年共挖掘出 16 项农业重要文化遗产，其中，“苹果梨栽培系统”等 5 项已被农业农村部确定为“中国重要农业文化遗产”，提升了全省休闲农业的历史文化底蕴。

（六）产业特色不断形成，冰雪产业发展迅猛

按照《推进避暑休闲产业发展的“十大工程”任务清单（2018—2019）》和吉林省休闲农业和乡村旅游提档升级的发展阶段要求，充分利用季节气候特点，紧紧把握全省冰雪黄金时间，壮大冰雪产业发展。一是开展冰雪运动。全国农民冰雪项目运动会在长春市九台区庙香山温泉滑雪度假村开幕，来自全国各地的 23 支队伍，1 700名运动员参加了雪上拔河、雪球打靶、雪上拖人接力等四项比赛的角逐，同时，此 4 项比赛还有群众参与的项目。二是发展冬捕生产。全省冬捕渔业产量为 2.12 万吨，通过冬捕带动旅游，共接待游客人数 66 万人次，产值达 1.09 亿元，查干湖、月亮湖、哈尔淖、新立城等主要冬捕生产单位呈现产量、价格双稳定态势，特别是查干湖，通过开展冬捕活动，有效地拉动了周边旅游业发展。

黑龙江省

【基本情况】

近年来，黑龙江省认真贯彻农业农村部

会同14部门联合印发的《关于大力发展休闲农业的指导意见》精神和省委、省政府的部署要求，大力推进休闲农业和乡村旅游，培育农村新产业、新业态，并取得了较好成效。一是涌现一批典型。积极开展休闲乡村游精品创建活动，争创全国示范典型。全省有25个村被评为中国最美休闲乡村；12个县（市）被评为全国休闲农业和乡村旅游示范县；18个乡村旅游点被评为全国休闲农业和乡村旅游示范点。二是特色逐步凸显。引导各地立足本地资源，打造独具特色的休闲农业产品，大力发展森林、湿地、避暑养生、民俗文化、农耕体验、观光农业、乡村手工艺等主题项目，推出相应的特色旅游产品，形成独具黑龙江特色的乡村风景线。三是业态多元发展。休闲农业经营主体已由农民自发向集体组织、政府、企业、新型经营主体、社会资本多元参与的发展模式转变，形成了集品牌宣传推介、休闲采摘游乐、田间风光体验和农村文化娱乐于一体的休闲农业旅游新业态。2019年，全省休闲农业和乡村旅游经营主体数量、营业收入分别达到4 306个和42亿元。

【主要优势】

依据区位优势、资源禀赋、农业生产背景等条件，全省休闲农业发展在总体上规划为“一带四区”。

“一带”，即沿边开放合作与休闲旅游带，包括大兴安岭、黑河、伊春、鹤岗、佳木斯、双鸭山、鸡西、牡丹江8个市（地区）的18个沿边县市。充分挖掘寒地黑土、现代田园、绿色农业的文化功能和环境价值，以少数民族乡村为重点，突出北极、东极、边境、垦区、林区等地，打造一批农业观光、森林生态旅游、冰雪旅游、森林康养、运动探险、民俗文化游、红色旅游特色产业，形成一个全新快速增长的新兴产业，在全国打响龙江延边休闲游品牌。

“四区”，即东部特色农业观光区，包括佳木斯、七台河、鹤岗、双鸭山4市。充分利用三江平原拥有湿地、森林、界江、冰雪等自然景观，和赫哲族的渔猎文化（其“鱼皮衣”工艺已成为国家级非物质文化遗产）和十万转业官兵开发“北大荒”过程中形成的农垦文化、现代农业生产景观和民俗文化，要发掘具有农业特色的文化资源，并通过产业融合发展休闲农业。一是依托燕窝岛（八五三农场）、绥滨农场，发展以弘扬北大荒精神为主题的休闲农业项目；二是依托建三江管局七星农场稻田、八五八农场十里荷塘、九三农场葵花景观，发展以现代农业景观为主题的休闲农业项目；三是依托同江街津口赫哲族乡壁画小镇、饶河县四排赫哲族村的世界非物质文化遗产，发展以赫哲族民俗文化为主题的休闲农业项目；四是依托勃利县青山乡奋斗村地理标识农产品“黑甜甜”葡萄，密山市白鱼湾镇湖沿村兴凯湖大白鱼，发展以名贵农产品为主题的休闲农业。

南部塞北农业风情旅游区，包括牡丹江、鸡西两市。其充分利用张广才岭老爷岭的山地丘陵、河谷盆地、森林河流（牡丹江、乌苏里江和绥芬河三大水系）等自然资源，朝鲜民族风情、插秧节、歌舞、体育及历史遗址等民俗文化和红色旅游资源，发掘具有塞北风情特色的资源，通过产业融合发展休闲农业。一是依托宁安农场、东宁市洞庭村、虎林市石头河水库，发展以田园风光、鱼米之乡为主题的休闲农业项目；二是依托宁安市江南乡明星小镇，发展以朝鲜族民俗情趣为主题的休闲农业项目；三是依托宁安市小朱家村，发掘具有历史文化遗址的村落，发展以古村落为主题的休闲农业项目；四是依托牡丹江市威虎山九寨景区（森工总局宏声林场），发掘林海雪原威虎山剿匪故事，发展以红色文化为主题的休闲农业项目。

大城市周边康养休闲度假区，包括哈尔滨、齐齐哈尔、大庆、绥化4个市。充分利用松嫩平原拥有的土地平坦肥沃、草原辽阔、湖泊泡沼集中的自然资源，达斡尔族、蒙古族、朝鲜族、满族的物质和非物质民俗文化遗产，和农事活动的丰厚历史积淀，发掘具有康养农业特色的资源，通过产业融合发展休闲农业。一是通过香炉山、二龙山、金龙山等旅游景区拉动，依托宾县英杰温泉小镇、阿城区金龙山镇吉兴村，发展以休闲观光与养生度假为主题的休闲农业项目；二是依托哈尔滨市白鱼泡湿地公园、齐齐哈尔市铁峰区扎龙镇查罕诺村，发展以湿地景观与生态康养为主题的休闲农业项目；三是依托杜蒙县连环湖温泉、阿木塔、银沙湾，发展以蒙古风情与温泉养生为主题的休闲农业项目；四是依托方正县伊汉通乡得莫利村、大庆市大同区八井子乡永和村，发展以特色餐饮与药膳养生为主题的休闲农业；五是以甘南县兴十四村、兰西县西镇永久村、五常市新庄村、尚志市元宝村、肇东市飞跃村、齐齐哈尔梅里斯区哈拉新村、依安县新合村，发展以农事体验与美食养生为主题的休闲农业项目。

北部极地生态体验区，包括大兴安岭地区、黑河、伊春3个地市。充分利用大小兴安岭生态功能区内大界江、大森林、大冰雪等独具特色的自然风光，历史厚重与特色鲜明的鄂伦春、达斡尔、鄂温克等民族民俗文化，“三少”民族游猎游牧的兽皮服饰、桦树皮器具、驯鹿、勒勒车等文化遗产，发掘具有动感极地农业的特色资源，通过产业融合发展休闲农业。一是依托漠河县北极村风景旅游区，发展以极地风情为主题的休闲农业项目；二是依托呼玛县白银纳村，发展以探索鄂伦春文化发源地为主题的休闲农业项目；三是依托黑河市爱辉区新生鄂伦春族乡新生村，发展以“三少”民族文化遗产为主题的休闲农业项目；四是依托大兴安岭地区瑷珲镇外三道沟满族村，建设“中国北疆知青第一村”，发展以“留住乡愁”为主题的休闲农业项目。

【主要做法及成效】

黑龙江省2019年主要做了以下三个方面工作。

（一）编制休闲农业规划

提出了建设“一带四区”发展方向。“一带”即沿边开放合作与休闲旅游带；“四区”即东部特色农业观光区、南部塞北农业风情旅游区、大城市周边康养休闲度假区、北部极地生态体验区。

（二）加强精品景点推广

借助农业农村部平台，推介黑龙江省13条省内精品线路和一批“春观花”“夏纳凉”“秋采摘”“冬农趣”精品景点，举办了2019年中国美丽乡村休闲旅游行（夏季）推介活动，通过视频、PPT讲解等多种方式进行生动的现场推介，还通过现场会形式和各大媒体、电视、网络方式宣传黑龙江秀美风光。

（三）集中打造特色项目

支持各地因地制宜开展各类农村节庆活动和特色主题活动，突出培育冰雪休闲产业项目特别是冬捕项目。全省较大规模的冬捕渔场已发展到20家左右，每年冬捕活动的捕获量超过60万千克，镜泊湖、连环湖等的冬捕在全国范围内都有较高的知名度。

【存在的主要问题】

全省乡村旅游发展态势良好，但是和浙江、福建、山东等经济发达地区相比还有很大差距，存在着不可忽视的问题。

一是经营项目重复较多。黑龙江省发展休闲农业和乡村旅游产业时间不长，总体发展不平衡不充分，仍处于起步阶段。经营项目多停留在农家乐、垂钓、采摘等传统项目上，同质化较为突出，高品质、富有创意的个性化主题不多。

二是文化挖掘深度不够。一方面，相关景点在农业用具、物资开发利用、农事节庆活动挖掘上与民族文化、农耕文化融合深度不够，特色不鲜明，主题创意缺少文化内涵；另一方面，高科技手段和现代乡村风貌特色融入较为缺乏。

三是中高端产品供给缺乏。休闲旅游产品精深加工不足，休闲旅游衍生产品与地域文化、特色资源、传统技艺结合不充分，产品的本土性、艺术性缺乏等，产业链附加值不高。

四是质量弱效益不理想。由于产业投资大、周期长，部分经营主体的经济基础和发展能力较弱，投入不足，设施标准低，质量不高。加之专业化的旅游人才缺乏等问题，部分休闲农业和乡村旅游景点知名度不高，景点与景点之间距离相对较远，没有形成经典可玩的旅游线路。

【发展建议】

黑龙江省农耕文化底蕴深厚，农业物产丰富，发展休闲农业乡村游条件优越，大有可为。全省将以示范创建为引领，以点穿线，以线带面，加大工作推进力度，重点做好以下几方面工作。

第一，发展休闲项目。建设一批设施完备、功能多样的休闲观光园区、乡村民宿、农耕体验、康养基地，提升“农家乐”“农事体验”等传统业态，发展高端民宿、康养基地、摄影基地等高端业态。

第二，培育美丽乡村。培育一批“一村一景”“一村一韵”美丽休闲乡村，争创一批中国美丽休闲乡村。

第三，探索新兴业态。强化规划设计和创新创意，充分利用互联网、物联网、虚拟现实等手段，探索农业主题公园、教育农园、创意农业、新型疗养等新兴业态。

第四，加强宣传推广。省外积极组织参加全国各类休闲农业推广活动，省内引导各地组织具有地方特色的节庆活动。

第五，打造示范精品。培育一批休闲乡村游精品，重点发展哈尔滨周边休闲乡村游示范区和宁海长等精品线路、示范点。

上 海 市

休闲农业和乡村旅游是上海市都市现代农业的重要组成部分，是绿色农业多功能发展的集中体现。推动休闲农业和乡村旅游发展，对推进乡村产业融合发展、改善生产生活生态具有重要作用。近年来，上海市农业农村委员会认真贯彻落实农业农村部关于推进休闲农业和乡村旅游发展的决策部署，结合上海市实际，制定出台了相关政策措施，组织开展了多种培育创建、宣传推介等活动，同时，围绕发展瓶颈问题开展调查研究，着力推进休闲农业和乡村旅游发展，并且取得了一定成绩。现将2019年度上海市休闲农业和乡村旅游行业发展情况报告如下。

【基本情况】

（一）发展情况

2019年，全市休闲农业和乡村旅游景区（点）314个，年接待游客1 799万人次，年营业额12.31亿元（农副产品5.32亿元），实现就业岗位约2.3万个（农民就业岗位1.8万个），带动农户1.15万户。全年创建全国休闲农业和乡村旅游星级企业（园区）13个，其中五星级6个，四星级1个，三星级6个；截至年底，全市星级园区共有85家，其中五星级24家、四星级23家、三星级38家。全年创建中国美丽休闲乡村8个，截至2019年年底，全市共创建26个。

（二）发展基础

上海推动都市现代农业高质量发展，为休闲农业和乡村旅游奠定基础。未来都市现代绿色农业的高质量发展，既是对休闲农业和乡村旅游发展提出了明确要求，更是提供了坚实的发展平台和充分的展示舞台。

乡村振兴战略为休闲农业和乡村旅游提

供发展空间。上海市在贯彻落实乡村振兴战略中，明确提出实施“美丽家园、绿色田园、幸福乐园”三园建设工程，把发展休闲农业和乡村旅游作为推动乡村振兴的重要途径，为休闲农业和乡村旅游发展提供政策依据和发展保障。

城乡融合发展为休闲农业和乡村旅游注入发展动力。上海作为一个国际化大都市，对休闲农业和乡村旅游发展具有特殊的需求，满足城乡居民不断增长的消费升级需求，有利于推动本市休闲农业和乡村旅游转型升级，有利于推动工业支持农业、城市反哺农村，促进资源要素和公共服务流向乡村。

（三）发展前景

发展都市型休闲农业和乡村旅游，坚持五项原则，坚持以农为本，融合发展原则；坚持生态优先，绿色发展原则；坚持规划引领，特色发展原则；坚持政府引导，社会参与原则；坚持守住底线，防范风险原则。以“精品化、特色化、品牌化”建设为重点，以推动产业发展、农民增收、消费升级为目的，完善休闲农业和乡村旅游空间布局，构建与全球卓越城市相匹配的休闲农业和乡村旅游产业发展格局。

【主要做法】

（一）高度重视

市委市政府以及市区农业农村部门高度重视休闲农业和乡村旅游发展。近年来，先后制定出台多项政策，出台了《关于本市支持返乡下乡人员创业创新促进农村一二三产业融合发展实施意见的通知》（沪府办发〔2017〕49 号）、《关于支持本市休闲农业和乡村旅游产业发展的规划土地政策实施意见》（沪规土资乡〔2017〕725 号）、《关于促进本市乡村民宿发展的指导意见》（沪府办规〔2018〕21 号）、《关于推进本市乡村振兴做好规划土地管理工作实施意见（试行）的通知》（沪府办规〔2018〕30 号）等政策文件，支持农村一二三产业融合发展，拓展农业多种功能，推动休闲农业发展。

（二）规划引领

为加快推动上海市休闲农业和乡村旅游发展，2019 年市农业农村委、市文化旅游局、市绿化市容局和市规划自然资源局 4 部门，按照目标导向、问题导向和效果导向相结合的要求，联合研究制定了《休闲农业和乡村旅游布局规划（2018—2022 年）》（以下简称《规划》），对全市休闲农业发展目标、空间布局、产业引导、重点任务等内容予以明确。《规划》提出了“五片一带十二区”空间布局，明确通过实施休闲农业和乡村旅游精品线路提升等六大休闲农业提升行动，推动上海市休闲农业和乡村旅游高质量发展。

（三）标准先行

组建专业标准委员会，为推进休闲农业和乡村旅游发展，发挥标准的引领和规范作用。2017 年，市农委专门组建“上海市农业旅游经济协会标准化专业委员会”。2018 年，启动研究《上海市休闲农业和乡村旅游标准化体系表》；积极开展标准预研制工作。2019 年，围绕上海市休闲农业和乡村旅游标准化体系表框架内容，加快推进相关标准的预研制工作。

（四）实行试点

围绕休闲农业设施用地和项目建设规范等问题，2019 年，分别对青浦枇杷园、嘉定沥江生态园、崇明东禾九谷、雪浪湖等项目进行调研，重点协调推进试点项目设施用地、项目建设规范等问题，推动青浦、嘉定、崇明等区对休闲农业项目实施点状供地。同年 6 月，时任市委副书记尹弘同志现场调研青浦联怡枇园并召开调研座谈会，为进一步推动解决休闲农业等乡村产业发展中的相关问题。

（五）举办活动

2019 年 9 月 17 日，在上海成功举办全国首届乡村美食大赛暨海派农家菜大擂台，15个省市260多道农家菜参加比赛。10月15—16日，组织举办上海市休闲农业和乡村旅游管理和服务人员培训班，100余名一线管理人员和服务人员参加培训。另外，还组织开展全国美丽休闲乡村推荐和示范创建工作，全市共8个村评为中国美丽休闲乡村。

【主要成效】

（一）产业规模逐渐扩大

休闲农业和乡村旅游从零星分散逐渐向集群分布转变，空间布局从城市郊区和景区周边向更多适宜发展的区域拓展，集聚化、组团化、线路化态势开始形成。休闲农业和乡村旅游已成为城乡居民休闲、旅游的重要目的地，成为乡村产业的新亮点。

（二）业态类型逐渐丰富

基本形成了6种发展模式：一是农家乐型；二是休闲农庄型；三是观光农园型，主要利用特色种植、养殖业资源，开展农园观光旅游；四是农业园区型；五是生态园林型；六是民俗文化型，主要以乡村民俗、民风、民族文化等元素为特色。

（三）品牌效应逐渐形成

全市休闲农业和乡村旅游经过多年的持续推动，已形成一定的品牌效应。全市已创建全国休闲农业和乡村旅游示范县（区）3个，全国休闲农业与乡村旅游精品企业（园区）创建星级景点85个，其中五星级24个；国家A级景区9个，其中4A级旅游景区1个，3A级旅游景区8个；推介中国美丽休闲乡村26个。

（四）产业内涵逐渐拓展

由原来单纯的休闲旅游，逐步拓展到文化传承、涵养生态、农业科普等多个方面，更加注重山水林田湖等农业农村资源的保护和开发并举，充分发掘资源潜在价值。通过拓展科普教育、农事体验的功能，让人们近距离参与农业生产，了解乡村民俗；通过拓展养生养老、健身运动的功能，让城市居民到乡村居住生活，享受田园生态和农耕意境。

【存在的主要问题】

通过多年努力，上海市休闲农业和乡村旅游发展取得了一定成绩，但也存在一些突出问题。

（一）精品项目缺乏，品牌建设需提升

休闲农业和乡村旅游项目同质化现象较为普遍，多数项目都以果蔬采摘、餐饮住宿为主，且中低水平项目较多，主题农园、特色民宿、田园综合体等业态类型相对较少，挖掘农业特色和乡土记忆的休闲旅游产品相对缺乏，能够代表上海国际化大都市乡村发展水平的标杆项目更加缺少。

（二）创新融合不足，业态培育亟须加速

部分休闲农业和乡村旅游项目与农业产业融合不够密切，依靠特色农业、绿色农业、创意农业等发展休闲农业和乡村旅游的动能不足；与乡村文化的融合发展水平不够，依托发掘传统村落资源、农耕文化、民俗非遗资源等开发的休闲农业和乡村旅游项目较为缺乏；企业的经营模式和业态创新不足，与农创、文创、康养等结合度不高，休闲农业多功能、多业态和多模式培育相对滞后，不能满足大城市对休闲农业和乡村旅游多元化消费升级的需要。

（三）资源配置不充分，发展机制亟须健全

休闲农业和乡村旅游发展过程中存在设施用地缺乏、人才缺乏、资金缺乏等矛盾，同时，也存在农村集体建设用地利用效率不高、农村富余人员就业不充分、社会资本参与不广泛等问题。休闲农业和乡村旅游发展中资源配置不充分，反映出发展机制还不适应休闲农业和乡村旅游发展中面临的新情况和新要求，政府引导、市场主导的发展机制需要进一步健全和完善。

【发展建议】

（一）提升服务体系建设

统筹农村公共服务设施布局，推动休闲农业和乡村旅游公共配套服务设施建设。制定和完善休闲农业和乡村旅游的相关服务规范和标准，进一步加强宣贯和培训工作，提升本市休闲农业和乡村旅游从业人员职业素养、技能和服务水平。落实企业安全生产主体责任，健全和完善安全营运规范，切实落实各项安全措施。

（二）加强品牌建设和宣传推介

加强休闲农业和乡村旅游的品牌建设，树立品牌意识，提升品牌形象，增强品牌的影响力和竞争力。开展本市休闲农业和乡村旅游精品项目示范行动，培育一批全国休闲农业和乡村旅游精品线路、精品村、精品园、精品民宿、精品节庆。鼓励具备条件的区域集群发展休闲农业和乡村旅游，积极打造有影响力的旅游目的地。支持资源禀赋好、基础设施完善、公共服务体系健全的休闲农业和乡村旅游点申报创建星级景区等品牌。

江 苏 省

2019 年，江苏省全面贯彻落实深入推进乡村振兴战略的各项决策部署，按照江苏省现代农业高质量发展走在全国前列的要求，加快推进现代农业提质增效工程，积极拓展农业多功能，着力开发农村新产业、新业态、新模式，培育农业农村经济新动能，推动全省休闲农业持续健康发展。截至 2019 年年底，全省具有一定规模的休闲观光农业园区景点（包括农家乐）增至 1 万个以上，年接待游客量达 2.3 亿人次，综合收入超过 680 亿元，同比增长 27.1%。全省休闲农业从业人员 107 万人，其中农民 98.2 万人。

【基本情况】

2019 年，扎实推进现代农业提质增效工程，发布《现代农业提质增效工程千亿级特色产业发展规划和专项行动方案》，加快落实“江苏省休闲农业千亿级产业发展规划”，持续实施“百园千村万点”休闲农业精品行动，培育建设了 139 个市级休闲农业精品村、110 个江苏省休闲农业精品村和 107 个江苏省级主题创意农园。认真落实全国休闲农业和乡村旅游精品提升工程，建设了 9 个中国美丽休闲乡村和 62 个全国休闲农业与乡村旅游精品企业（园区），国家级品牌创建总数继续保持全国领先。开展全国休闲农业和乡村旅游精品推介活动，在农业农村部举办的中国美丽乡村休闲旅游行（四季）推介活动中，江苏省有 28 条精品线路和 93 个精品景点获全国推介，有效引导全省休闲农业经营主体完善基础设施、提升服务能力、丰富休闲内涵、创新产业开发，全力打造休闲农业和乡村旅游精品景点线路，进一步扩大江苏省休闲农业知名度和影响力，提升市场竞争力。

【主要做法及成效】

（一）强化政策落实

持续贯彻落实农业农村部等 14 部委《关于大力发展休闲农业的指导意见》和《农业农村部关于开展休闲农业和乡村旅游升级行动的通知》等文件精神，围绕国办印发的《国务院关于促进乡村产业振兴的指导意见》，研究乡村振兴中产业兴旺所面临的产业门类不全、产业链条较短、要素活力不足和质量效益不高等问题，细化完善休闲农业产业发展规划和高质量发展意见，将休闲农业千亿级产业发展规划列入省现代农业提质增效工程 8 个千亿级特色产业发展规划之一，持续培育精品品牌、强化创意开发、传承农耕文化、完善设施建设、加强公共服务、力促宣传推介。加强乡村产业发展的理论研究，与南京农业大学合作开展“江苏乡村产业发展报告”课题研究，为出台推进休闲农业发展系列政策提供决策咨询。

（二）强化品牌培育

持续开展“百园千村万点”休闲农业精品行动，2019年年初印发了《关于做好2019年休闲农业精品村和主题创意农园建设工作的通知》，组织各地引导发动发展基础好、创新动力足、带动能力强的村集体组织培育江苏省级和地市级休闲农业精品村。通过实施规划引领、政策扶持、调优结构、创意设计、目标考核等举措，截至2019年年底，全省建设了249个产业兴旺发达、村容景致优美、设施设备完善、休闲内涵丰富、管理制度规范、联结机制紧密的省市级休闲农业精品村，其中省级精品村110个，超额完成了年度建设目标任务。进一步强化休闲农业创新创意发展，着力发掘培育省级主题创意农园，充分利用各地山水林田湖草等农业农村资源，融合文化、科技、教育、体育、康养、艺术等元素，开发建设了一批主题突出、创意新颖、内涵丰富、营销活跃、机制健全的江苏省级主题创意农园，2019年，认定了107个省级主题创意农园，累计创建了300个主题创意农园，有力地推动了农村一二三产业融合发展。着力开展中国美丽休闲乡村推介和全国休闲农业与乡村旅游精品企业（园区）推介等国家级品牌建设，江苏省南京市江宁区大塘金村等9个村获得中国美丽休闲乡村推介，全省累计创建了38个中国美丽休闲乡村，示范引领全省休闲农业与美丽休闲乡村建设蓬勃发展；南京银林生态农业科技有限公司（银林生态园）等62家企业成功创建为全国休闲农业与乡村旅游星级示范企业（园区），全省累计创建了279家全国星级企业，示范带动休闲农业朝着规范化、精品化、品牌化方向发展。

（三）强化宣传推介

全省2019年重点开展全国休闲农业和乡村旅游精品推介活动，根据春夏秋冬四季特点和节假日时间点分布，组织了54条以“春观花”“夏纳凉”“秋采摘”“冬农趣”为主题的休闲农业和乡村旅游精品景点线路，参加农业农村部举办的“中国美丽乡村休闲旅游行（四季）推介活动”，全省共有28条精品线路93个精品景点获全国推介，其中“秋采摘”线路——“伊山伊水伊甸园 真情真意真灌云”的特色田园休闲游线路在重庆市潼南区活动现场进行推介，在会上展现了江苏省秋季赏景采摘休闲特色，取得良好的宣传推介效果。编排的全省四季精品线路在中国休闲农业网及其微信公众号、省电视台《走进新农村》栏目、省农委微信公众号等平台陆续进行宣传推介。2019年6月初，组织了8个获评中国美丽休闲乡村、全国休闲农业示范县和休闲农业与乡村旅游星级企业（单位）代表参加“2019年北京世园会‘江苏活动日’”江苏省休闲农业与乡村旅游宣传推介会，在北京世园会现场宣传江苏省休闲农业发展风采，为江苏省获得“世园会”各重大奖项做出了贡献。全年支持各地举办的梨花节、桃花节、樱花节、油菜花节、草莓文化节、茶叶文化节、郁金香文化节等农事节庆活动多达1 200余个，使各地休闲农业农事节庆品牌更加响亮，影响力和市场竞争力不断提升。

【发展建议】

一是推进现有政策落地见效。国家出台了《国务院关于促进乡村产业振兴的指导意见》，为贯彻落实国家政策，江苏省也出台了《省政府关于促进乡村产业振兴推动农村一二三产业融合发展走在前列的意见》，坚持乡村产业高质量发展走在前列的目标定位，按照“产业结构优、质量效益高、经营主体强、技术装备新、路径模式新”的发展思路，推进包括休闲农业等8个千亿级产业发展。全省积极协调省有关部门加大对休闲农业支持，督促各地落实各项政策措施，增强休闲农业发展动力。

二是推动农文旅深度融合发展。休闲农业发展离不开相关产业的深度融合和相关部门的合作共赢。注重加强与省文旅部门沟通协商，建立会商机制，拟于2020年联合开展“苏韵乡情”休闲农业系列活动，宣传推介江苏省休闲农业精品。进一步发掘农业生产、农村生态、农耕文化、乡村旅游、健康美食等优势资源，加快推动农业与文化、科技、旅游、康养等产业的深度融合，促进农村一二三产业融合发展，推动休闲农业提档升级。

三是推动休闲农业营销模式创新。随着经济社会发展，人们的休闲消费方式发生重大变化，今后江苏省的省内乡村游、短途自驾游、城郊假日游等将成为城市居民休闲旅游的消费常态。我们抢抓机遇，一方面，引导各经营主体完善乡村休闲旅游基础设施和服务设施，创新休闲体验项目，抓好农副业生产和农产品供给，开发创意旅游商品，为消费者提供更加丰富多彩的休闲产品。另一方面，创新营销模式，通过发放乡村休闲旅游消费券，促进城乡居民到农村休闲消费。推选一批具备会议食宿功能的休闲农业园区纳入省市会议定点政府采购名录，倡议政府部门、科研院所、企事业单位到会议定点单位召开会议，举办团建、党建活动等；引导培育一批休闲农业“学农基地”，为中小学生春秋季游学，增进“三农”知识开辟第二课堂。

四是加强部门联动政企研合作。建立农文旅联动机制，农业农村部门、文化和旅游部门组建休闲农业、乡村和旅游联席会议制度，加强规划引领，统筹安排资金、技术、人才等要素，引导更多的资源要素向休闲农业集聚，推动产业高质量发展。加强科研院所合作，依托全省相关领域专家，组建专家技术指导组，围绕休闲农业产业升级加强研究，完善标准制定，开展技术指导和技能培训。加强经营主体合作，依托各级休闲农业行业协会和相关社团组织，紧密联系和服务于全省休闲农业经营主体，推行差异化、特色化发展，提高产业发展的聚合力。

浙 江 省

习近平总书记于2005年8月在安吉县，发表了“绿水青山就是金山银山”的论断，浙江省委、省政府于2005年11月就在安吉县召开首次全省农家乐休闲旅游工作现场会，明确以发展休闲农业和农家乐为载体，率先践行总书记“两山”理论的思路。16年来，浙江省农家乐走过了从依附景区景点的餐饮型农家乐“萌芽”，到依托生态环境的度假型农家乐的发展，再到拉长农业产业链的多功能型休闲农庄的崛起，继而到融入自然修身养性型民宿的成长，并进化成突出村强民富的村庄经营型乡村旅游业的兴起，再演化成目前注重城乡融合发展的综合型休闲新业态发展的6个阶段，农家乐业态成功实现了从“点上萌芽”向“产业集群”，从“单一吃住”向“多元经营”，从“各自为战”向“抱团发展”的转型升级。

【基本情况】

2019年，浙江休闲农业共接待游客8.16亿人次，同比增长12.6%；营业收入475.4亿元，同比增长19.4%，其中直接营业收入352.5亿元，同比增长22.5%，出售农产品等收入122.8亿元，同比增长11.3%。全省累计创建省级休闲乡村58个、省级农家乐集聚村392个，星级（四、五星级）农家乐经营户（点）944家，一二三产业深度融合的省级现代农业园区54个，农旅结合紧密的省级特色农业强镇113个，新推荐“最美田园”100个，休闲农业和乡村旅游精品线路110条。

培育了农村经济新的增长点。利用农村

自然环境、人文资源和农业生产经营活动，通过美丽乡村建设等基础性投入，辅之一定的规划设计和建设，形成了一个个具有生态美、田园乐、设施全的观光、休闲、旅游、度假、养老、养生的旅游胜地。农家乐的发展，发挥了农业生产功能、农村生活功能、生态环境功能，不但促进了农村投资，更促进了农民创业增收、农业转型增效、农村经济繁荣振兴。目前，浙江省休闲乡村数已达58个，农家乐集聚村数已达到392个，休闲农业经营户2.65万户，有从业人员45万人，其中农民从业人数35.5万人，从业人员人均年工资达4.84万元，农村居民人均可支配收入达29 876元，连续19年居各省（区）第一位。

促进了城乡文明的快速融合。随着城市工作和生活节奏的加快，越来越多的城市居民向往到农村品味清幽闲适、淳朴自然的田园生活，渴望回归自然、放松身心、纾解压力；随着各类宣传推介活动的推出和农家乐经营服务水平的不断提高，越来越多的城市居民选择到农家乐休闲度假。由于大批城市居民的到来，促使现代城市文明加快在农村传播，大大增强了农村居民的文明意识、生态和环保意识、民主意识、法制观念。农民的真诚淳朴，农村的优良传统也渗入城市居民的心底。城市居民对传统农耕文化的追求和探究又进一步促进了农耕文明的充分挖掘和传承。例如，以莫干山“洋家乐”为依托，德清县周边相邻村镇已发展出以生态文化、农耕文化为主的国际化休闲度假产业。“民宿＋户外运动”“民宿＋非物质文化遗产”等多行业融合的“民宿＋”经济日趋完善，为当地经济发展带来了新机遇。

有效推进了美丽乡村建设。农家乐休闲旅游业的发展对农民素质、农村面貌和农村公共服务等提出了更高的要求，进一步促进了“千万农村劳动力培训”“千村示范万村整治”“四好公路”等工程的加快实施，带动了城市基础设施向农村延伸、城市公共服务向农村覆盖、城市文明向农村辐射，浙江省美丽乡村建设“四美三宜”的丰富内涵得到切实体现，为乡村振兴奠定了扎实的基础。

促进了资源要素流动和优化配置。乡村休闲产业的巨大市场吸引了社会资本的大量进入，促进了休闲商品、休闲时尚产业、休闲装备制造业的发展，促进了传统产业的转型和一二三产业融合发展。通过腾笼换鸟和资源共享使乡村低效资源利用率提高，农户闲置房屋得到利用，农村富余劳动力就业渠道拓宽。绍兴市推出了“闲置农房激活计划”，探索出一条闲置农房激活利用的道路，为全省乃至全国提供“绍兴样本”和“绍兴方案”。

【主要做法及成效】

（一）培育省级休闲乡村和农家乐集聚村

为做好省级休闲乡村和农家乐集聚村创建工作，浙江省农业农村厅联合省财政厅出台《2019年省级休闲乡村和农家乐集聚村创建指南》，规范创建管理，推动休闲农业和农家乐高质量发展，安排56个省级休闲乡村和67个省级农家乐集聚村建设任务，组织各类休闲农业示范创建，积极申报中国美丽休闲乡村，其中安吉县鲁家村等9个村成功入选中国美丽休闲乡村。

（二）完善和修订休闲农业相关文件

为引导浙江省休闲农业和农家乐向高层次体验型消费转型升级，浙江省农业农村厅联合浙江大学起草编制《浙江省休闲农业与农家乐规划》（以下简称《规划》），目标将浙江打造成全国休闲农业高地、国内外休闲农业和乡村旅游首选地，现《规划》已基本完成。联合浙江省标准化研究院对《农家乐服务质量规范》进行修订，提升全省农家乐的档次和品位，创品牌、创特色，促进农家乐向规范化、科学化、特色化方向发展，保障其可持续、高质量发展，充分发挥乡村旅游在扩大内需和促进消费中的作用，以及对农村经济的持续带动作用，发挥促进农业产业结构调整、农村精神风貌优化和农民增收作用，现已完成意见征求工作。起草编制《浙江省防台风应急工作指南（农家乐）》。

（三）开展多形式的宣传推介活动

浙江省始终关注农家乐的宣传和营销工作，保持各种媒体宣传和促销活动的常态化：组织开展浙江省特色农家菜大赛，并给获奖者颁发荣誉证书。联合省文化和旅游厅优选推介了110条休闲农业与乡村旅游精品线路，新推选100个“最美田园”，并组织省级新闻媒体广泛宣传。全省共举办各类农业农村节庆活动有1 377场次，各市、县（市、区）除参加省里统一组织的宣传活动外，也开展了各类节俭、务实、有效的宣传推介活动，举办了各类富有地方特色的农事节庆活动和民俗体验活动，为休闲农业增收增效发挥了积极的促进作用。

【存在的主要问题】

（一）理念落后需求，创新能力不够

尽管传统重工轻农、重城轻乡的局面被连续的农业农村政策，尤其被乡村振兴战略所扭转，但目前钱、地、人等要素在农业农村方面的投入依旧远落后于其在工业方面的投入。大部分休闲农业点强调建设，忽视经营和体验活动的策划，经营能力和经营团队的缺乏导致休闲产业可持续发展能力下降。

（二）区域品牌不响，整体形象缺乏

浙江省大多数休闲农业以家庭式“农家乐”形式存在，企业运营的大型项目较少，特色不够明显，高档次、高品位、多功能的项目较少，对游客的吸引力不强。各市虽然已有各自较为完善的品牌主题和品牌产品，但品牌较为杂乱，对应的产品体系不够明确。同时，全省层面的休闲农业品牌还未建立，急需提炼出浙江省的休闲农业品牌及形象。

（三）土地、人才、科技等要素供给短缺，制约行业发展

在土地方面，2018 年用地形势紧迫，国家提出逐步调减东部地区新增建设用地供应，并给浙江省新增建设用地计划指标 16.1 万亩，比 2017 年减少 4.2 万亩，同比减少21%。同时“增存挂钩”新机制的推行，让乡村建设土地供给更加稀缺。在人才方面，目前以全日制、自学考试和短期培训为主的3 个层次构成了浙江休闲农业人才培养体系。由于休闲农业产业形态出现的时间不长，同时，高校的专业设置受到各个方面的束缚，不能形成系统的专业人才教育平台。目前，休闲农业园区经营管理人员大多是原来从事生产、加工和营销的工作人员，对旅游业缺乏管理经验，从事旅游接待服务方面的人员，绝大多数没有接受过系统的专业教育，整体素质偏低，因此制约了休闲农业产业转型升级的进程。在科技方面，智慧农业目前处于由萌芽期向成长期迈进阶段，距离大规模商业化应用还需要时间。从生产性、商品性、营利性和组织性方面来看，由于技术装备成本高、市场不成熟、规模化和标准化程度低等原因，智慧农业尚未真正实现产业化。农业大数据现遇到两点困难：一是相关的农业数据少，农业数字化程度低；二是流通端无法产生数据。

【发展建议】

一是创新土地投入机制。完善休闲农业用地地类认定与分类管理，通过“增量一存量一流量”的盘活路径，支持休闲农业和乡村旅游发展，重点保障农村一二三产业用地。采取乡村产业项目点状供地政策，破解乡村振兴中休闲农业用地保障问题，实施对乡村产业项目点状供地政策。农用地在严格保护耕地和保护生态环境、坚持农地农用的前提下，鼓励乡村土地复合利用。

二是创新资金投入机制。鼓励利用 PPP

模式、众筹模式、“互联网+”模式、发行私募债券等方式，加大对休闲农业的金融支持。鼓励农民以资产、资金、技术等要素入股参与经营。鼓励将休闲农业经营主体列入中小企业创业贷款、扶贫开发贷款范畴，解决发展过程中的融资需求。推进财政涉农资金统筹整合使用，对有关涉农资金进行重新归并和分类，将现代农业示范区建设资金，设施农业、标准园建设和新农村建设资金，农业综合开发资金，休闲农业发展资金等有机结合，建立休闲农业基金。设立休闲农业发展财政专项资金，鼓励金融机构对信用状况好、资源优势明显的休闲农业企业或项目，适当放宽担保抵押条件，并在贷款利率上给予优惠。

三是创新人才培养机制。建立健全与休闲农业强省相适应的教育体系和培训机制，重点统筹休闲农业行政管理、休闲农业研究规划和乡村休闲农业实用人才队伍建设。进一步优化整合休闲农业教育资源，抓好休闲农业人才基地建设，建立休闲农业校企合作实训基地，成立“民宿管家学院”。实施“千名休闲农业英才计划”，面向重点院校（研究机构）遴选资助休闲农业相关领域的学科带头人和研究团队，支持开展课题研究、产业创新、行业实践服务或教学开发等项目。大力引进休闲农业创意、规划、经营、管理等高层次人才和紧缺人才。组建浙江休闲农业智库，努力建设一支数量充足、素质优良、结构合理的休闲农业人才队伍，为全省休闲农业高质量发展提供智力支撑。

四是创新发展平台机制。健全平台机制，加强省市联动的旅发大会平台建设，完善旅发大会事前、事中、事后环节机制。加快修订农家乐标准，规范休闲农业配套设施建设。高站位谋划休闲农业产品，高标准打造精品工程，建设一批浙江休闲农业发展新地标，打造一批具有特色化、品质化的休闲农业片区和热点休闲农业线路。整合利用农业产业信息化资源，建立全行业监控、监管、展示、共享平台，实现休闲农业全行业信息纵向贯通，交通、气象、公安等部门数据的横向打通，建成集产业信息资源汇总、产业运行监控监测整合、应急调度快速反应为一体的综合数字系统与平台。加强与长三角、珠三角、港澳台区域之间的互动与合作，将浙江打造成全国休闲农业和乡村旅游的首选地，逐步扩大“精耕浙江”品牌的知名度和影响力。

安　徽　省

【基本情况】

据农业农村部门统计，2019 年安徽省休闲农业和乡村旅游经营主体16 630家，较往年基本持平；综合营业收入 820 亿元，同比增长 4.2%；接待旅客人数达 2.08 亿人次，同比增长 6.12%。虽然“大棚房”整治对休闲农业发展造成一定影响，但全省休闲农业发展仍然呈现出新主体竞相涌现、新模式日渐多元、新功能日趋拓展的良好态势。

【主要做法及成效】

（一）注重规划引领

安徽省结合本地自然资源、文化资源、优势产业等，编制了休闲农业和乡村旅游发展规划，完善了休闲农业和乡村旅游政策体系，特别是在“大棚房”问题专项清理整治后，在省级出台的《关于建立完善长效监管机制促进设施农业健康发展的意见》《关于建立常态长效监管机制防止“大棚房”问题反弹的通知》等文件中将合理用地需求保障纳入支持范围。各地以相关规划、政策为引领，不断优化休闲农业布局，加强乡村旅游基础设施建设。

（二）加强主体培育

一是提升行政业务人员能力。2019 年安徽省举办了全省休闲农业和乡村旅游培训班，邀请安徽农业大学、省财政厅等相关专家，为省市县休闲农业和乡村旅游主管部门业务人员进行专业培训，内容包括休闲农业和乡村旅游概念、政策支持、休闲农业发展典型案例分析等，着力提升行政业务人员业务能力。二是加强从业经营主体培育。省农业农村厅与省人社厅联合举办了“创业江淮　未来新徽商”特训营，对企业绩效管理和目标管理，企业营销战略和品牌塑造等进行了系统培训，着力提升企业经营管理水平。三是发挥组织机构服务职能。积极指导全省休闲农业协会开展走访学习、交流座谈等工作，推动省协会利用上海农交会平台与安徽省旅行社协会、上海市旅游行业协会 3 家签订战略合作协议，在资源优化整合、乡村旅游线路跨省推荐、区域旅游资源的对接与转换、行业信息的互换发布、走访研学互动等方面加强合作交流。推动市、县建立休闲农业协会，目前，全省有 11 个市、县成立了休闲农业协会。

（三）加强要素支持

一是加大财政金融支持。近年来，安徽省不断加大对休闲农业和乡村旅游的财政扶持力度，全年安排财政资金 410 万元。二是加强配套设施建设。各地结合当地休闲农业和乡村旅游示范点建设，不断强化硬件设施配套建设，串点成线，连线成面，打造休闲农业和乡村旅游精品线路、精品片区。三是加大招商引资力度。全省各地注重有效整合和充分利用农业休闲旅游资源，积极吸引外来投资者开发建设，有力促进全省休闲农业和乡村旅游品质的整体提升。

（四）加强品牌创建

一是打造精品示范品牌。培育生态环境优、产业优势大、发展势头好、示范带动能力强的休闲农业园区，使其发挥示范带动作用，整体提升安徽休闲农业的市场影响力和美誉度。目前，全省共创建全国休闲农业和乡村旅游示范县 14 个，2019 年新认定的中国美丽休闲乡村 9 个，总数达 31 个，中国重要农业文化遗产 4 处，5 星级休闲农业和乡村旅游园区 10 个。全省认定了省级休闲农业示范县 45 个、示范园区 162 个。二是开展宣传推介。2019 中国美丽乡村休闲旅游行（春季）推介活动在黄山市黟县举办，安徽省以本次活动为契机，精心打好休闲农业和乡村旅游宣传牌；在合肥农交会休闲农业展馆，集中展示了安徽各市休闲农业发展情况及休闲农业精品线路，各市推荐的能工巧匠在展会上制作并展示了传统手工艺品，在展会期间还举办了休闲农业发展论坛、第二届“乡味江淮”农家菜评比活动，得到参观市民的广泛称赞，休闲农业展厅人头攒动，热闹非凡；在上海农交会，举办了休闲农业推介和签约专场活动，选择了相关市、县、精品园区进行了精彩推介。安徽省各地也纷纷举办特色鲜明、影响力大、公益性强的农事节庆活动，营造了休闲农业发展的良好氛围。

福 建 省

休闲农业作为乡村振兴战略的重要内涵，农村一二三产业融合发展的重要载体，转变农业发展方式的重要抓手，在传承中华农耕文明、建设美丽乡村、促进农业提质增效、推动城乡一体化、带动农民就业增收方面发挥着重要作用。近年来，福建省农业农村厅高度重视休闲农业发展，积极创新举措，着力提升休闲农业发展水平。

【基本情况】

（一）产业规模持续扩大

福建省休闲农业呈加速发展的态势，规模和档次稳步提升，产业发展初具规模，带来了明显的经济社会效益。2019 年，全省具有一定规模的休闲农业经营主体3 927家，休闲农业从业人数 11.78 万人，其中农民就业人数 10.26 万人，年接待人数5 775万人次，营业收入 84.91 亿元，其中农副产品销售收入 51.16 亿元。截至目前，全省已有全国休闲农业与乡村旅游示范县 13 个、中国美丽休闲乡村 46 个、省级休闲农业示范点 231 个、省级最美休闲乡村 61 个。

（二）产业集群开始显现

不少休闲农业项目已从零星分布向集群分布转变，向城市郊区和景区周边聚拢。福建省涌现出一批有规模、有特色的农家乐聚集村，微景观、组团式、生态化发展的规模效应也越来越凸显。休闲农业产业集群主要有集中在城市郊区，以提供食宿、游乐、采摘、购物为主的“农家乐”休闲旅游聚集区；有集中在“山清水秀人也秀、鸟语花香饭也香”的景区周边，以提供风景旅游、景观道路、宿营房屋、农事体验等为主的生态旅游聚集区；有集中在气候宜人、资源独特、农业生产集中连片区域，以田园景观为依托，提供食宿、康养、保健等服务的休闲旅游聚集区。

（三）产业类型不断增多

休闲农业逐步由最初以农民自发经营为主的农家乐，发展到以农民为主体、社会资本广泛参与的产业集群，形成了多模式推进、多产业形态打造、多要素发力的格局，具体包含农家乐、休闲农庄、度假村、休闲农业园、水乡渔村、民俗村等多种经营类型。休闲农业形成了以下几种主要产业形态：以大集团、大公司投入为主的庄园休闲度假型产业模式，如龙海龙佳生态温泉山庄；以当地政府和村民集体投入为主的山水村落型产业模式，如建宁濉溪镇高峰村；以农业龙头企业或村民合作组织投入为主的设施农业观光型产业模式，如长泰马洋溪休闲农业集中区；以一家一户投入为主的单一经济体农家院型产业模式，如惠安净峰镇惠女家园；以民间资本投入为主的文化传承与娱乐体验型产业模式，如长乐牛仔家庭农庄等。

（四）产业功能有所拓展

休闲农业不仅是吃住玩乐的产业，更是文化传承、涵养生态、农业科普的重要载体，在实践中不断拓展功能和内涵。福建省休闲农业项目设计趋向多元化发展，更加注重与特色农业、乡土文化、生态环境、美丽乡村相结合，通过资源价值的挖掘、农耕文化的传承、康养功能的开发，从单一的观光、采摘、餐饮向农事体验、展示教育、休闲度假、运动康养、科学研究等业态发展，产业功能不断拓展，形成了一些特色鲜明的休闲农业品牌，如惠安县依托崇武古城和大岞的滨海风光，其紧紧围绕“扎根大岞乡土，传播惠女文化，弘扬惠女精神”这一定位，深入挖掘开发深厚的惠女民俗文化、渔业文化，打造了独特的“惠女风情游”品牌，在市场上站稳了脚跟。

（五）产业带动效应凸显

休闲农业的发展，带动了餐饮、住宿、购物、农产品加工、交通运输、建筑和文化体验等关联产业发展，有效地推进了农村一二三产业融合发展。浦城荣华山包酒产业组团打造的“中国包酒文化博览园”，建设成为“农业＋工厂＋旅游＋文化”的旅游特色景区，游客可以体验农耕乐趣、观看包酒制作、购买系列产品，有效地实现一二三产业融合发展。休闲农业发展除带动前端产业发展外，更带动了农民就地就业创业增收。在休闲农业发展过程中，农民通过就地卖农产品、把民房变民宿农家乐、就地服务于休闲农业企业等途径有效增加了经营性收入、财产性收入和工资性收入。从抽样调查数据来看，全省各地从事休闲农业的农民人均年收入高于当地农民人均年收入 40％。

【主要做法及成效】

（一）深入开展专题调研

省委、省政府高度重视休闲农业发展，省政协将政协委员《关于构筑休闲农业创新机制，助力乡村振兴战略实施的建议》列为重点提案，由李德金副省长、王光远副主席负责督办。省农业农村厅积极配合省政协梳理调研提纲，选择不同类型调研点，开展重点提案督办调研，先后派出分管厅领导及业务负责同志陪同省政协及有关单位赴福州、泉州、三明、南平和浙江、江苏两省开展调研考察，累计实地走访 16 个县（市、区）55 个项目点。通过调查研究、学习考察，深入了解了省内外推动休闲农业创新发展的工作情况，总结借鉴各地的好经验、好做法，草拟了《构筑休闲农业创新机制，助力乡村振兴战略实施》调研报告。调研报告分析了全省休闲农业发展的现状和存在的主要问题，学习借鉴了江苏、浙江休闲农业发展的经验做法，提出了今后进一步推动休闲农业健康发展的工作措施。调研报告得到省领导的肯定批示。7 月，福建省农业农村厅还组织有关人员赴泉州、漳州等地进一步开展休闲农业调研，完成省重点课题加快推进文旅融合发展研究子课题——文旅融合背景下休闲农业转型升级发展的调研报告。通过对休闲农业广泛而深入的调研，进一步了解休闲农业发展现状，为下一步工作打下良好基础。

（二）加强行业管理服务

一是加强品牌培育。全省着力开展各类试点示范建设，2019 年福建省向农业农村部推介 8 个村庄申报中国美丽休闲乡村，均获得通过。省农业农村厅还组织了省级最美休闲乡村、省级休闲农业示范点培育工作，培育了一批省级最美休闲乡村和省级休闲农业示范点。二是开展数据监测。持续性开展休闲农业数据监测工作，在全省 84 个县（市、区）建立了数据监测点（企业）133 个，科学收集数据，每半年向农业农村部上报休闲农业发展基本数据，充分了解掌握休闲农业发展动态。三是加强技术指导。2019 年以来，邀请省农林大学、省农业科学院有关休闲农业行业专家组成专家团队，赴全省各休闲农业示范单位开展了 3 次巡回指导，推动休闲农业示范单位规范发展。四是加强人才培育。融合信息进村入户工程、高素质农民培育、农村实用人才培育等资源体系，紧贴产业、市场和农民需求，重点从青壮年农民、有志从事农业生产经营的农村高中毕业生、返乡农民工、退役士兵中选出一批高素质农民，加强休闲农业管理、服务人才队伍建设。指导休闲农业协会围绕休闲农业转型升级发展，举办了 4 期培训班，累计 200 多个经营主体参训，有效提升了休闲农业经营主体项目创意和经营管理水平。

（三）深挖农耕文化内涵

一是挖掘保护农业文化遗产。2019 年推荐 3 个农业文化系统申报第五批中国重要农业文化遗产。截至 2019 年，福建省已有 4 个中国重要农业文化遗产，其中福州茉莉花种植茶文化系统、尤溪联合梯田被评为“全球重要农业文化遗产”。另外，还有 25 个具有潜在价值的农业文化遗产通过了全国农业文化遗产普查审核并对外公布。通过农业文化遗产的挖掘保护，有效推动了全省各地休闲农业农耕文化内涵的提升。二是开展全省农耕文化主题类博物馆基础信息采集，共采集惠安县鼎模农场民俗展馆等 66 个农业文化主题类博物馆信息，由此对福建省农耕文化基本情况有了进一步的掌握。三是举办中国重要农业文化遗产巡展活动，10 月 11—21 日，在尤溪举办了为期 10 天的中国重要农业文化遗产巡展福建站活动，共展出了来自全国 28 个省（自治区、直辖市）的重要农业文化遗产 91 个，较为全面地展示了农业文化遗产在乡村振兴战略实施、农业绿色发展、产业扶贫、休闲农业发展等方面的应用。四是加强农业文化遗产宣传，推荐“福建尤溪联合梯田——中国南方山地稻作梯田系统”在中央电视台《农业气象》栏目展播。

（四）积极开展宣传推介

一是广泛开展休闲农业精品线路推介。

自2019年以来，全省已有南平武夷山市、厦门翔安等17条线路入选中国美丽乡村休闲旅游精品线路，其中，云霄“漫步云霄，品茶赏果”代表福建省参与农业农村部在重庆举办的全国休闲农业和乡村旅游精品景点线路现场推介活动。二是开展休闲农业“形象宣传”。依托福建省农业农村厅门户网站、12316农业服务热线和福建农业131云平台等信息平台，开辟休闲农业宣传专栏，分期分批推介各类休闲农业试点示范单位，推出《每周一景观》《每月一交流》《每季一发布》《每年一总结》等具体栏目。三是支持引导在全省各地依托农民丰收节等农事节庆活动，组织开展农民文艺演出、美食品鉴、农民体育赛事、休闲采摘、趣味运动会、农耕文化和民俗风情体验等系列活动，营造浓厚的休闲农业乡村旅游氛围。

（五）加强项目和金融支持

福建省农业农村厅高度重视休闲农业发展，将休闲农业纳入乡村一二三产业融合发展、农村产业兴村强县示范行动、高素质农民培育等项目的重点支持对象。2019年在永春县五里街镇等9个乡镇开展农业产业强镇示范建设，省里共发放补助资金1 705万元，支持建设休闲农业项目31个。在农业产业园、台湾农民创业园、福建农民创业园建设项目中，省里也安排了一定资金扶持发展休闲农业项目。通过项目支持，休闲农业项目基础设施、服务设施得到了进一步改善。

（六）推进闽台休闲农业交流

充分发挥位于海峡西岸的区位优势，依托海峡论坛等展会活动，积极开展海峡两岸休闲农业发展交流活动，学习借鉴中国台湾地区经验。

2019年，福建省依托省乡村休闲协会邀请50多位台湾的观光农业专家、品牌经营者来福建考察，推动福建台湾休闲农业交流合作升级发展。

【存在的主要问题】

（一）提升休闲农业规划设计水平

目前，福建省休闲农业发展层次不高，多数休闲农业项目没有明确主题定位，与各地资源和优势结合不紧密，缺少对系统的、全面的、深层次文化内涵的挖掘，普遍存在同质化现象，多以餐饮、垂钓、采摘、观赏为主，延伸产品开发不足，产品增值空间有限，深入挖掘有特色的互动体验、创意活动和精致的项目较少。同时，部分市县缺少休闲农业产业发展规划，市场无序竞争和盲目发展的现象时有发生。因此，需要加快制定省市县各级休闲农业发展规划，引导休闲农业有序发展。

（二）加大基础设施建设投入

福建省对农业农村服务于休闲农业的基础设施建设投入相对不足，休闲农业周边的乡村道路、饮水、公共厕所、垃圾污水处理、通信设施、住宿和饮食卫生等公共设施都存在不同程度的欠缺。此外，受投资者实力制约，许多休闲农业项目配套设施与服务设施建设也相对滞后，日常经营设施设备和应急管理、医疗卫生、服务功能设施不足，交通标志、景区标志和景点简介等不齐全，这些都对项目点正常、有序运营造成较大影响。

江 西 省

【基本情况】

发展休闲农业和乡村旅游是实施乡村振兴战略的重要举措。2019年，江西省农业农村厅按照“发展加快、布局优化、质量提升、领域拓展”的发展思路，开展了“春观花”“夏纳凉”“秋采摘”“冬农趣”湘赣边区旅游精品线路推介活动，并大力推进休闲农业品牌建设，培育出了一批产业特色鲜明的田园综合体，壮大了一批示范带动能力强的休闲农业龙头企业，江西省休闲农业经“大棚房”整治后得到优化提升。

【主要做法及成效】

（一）制定行业标准，打造行业品牌

为进一步规范行业发展，提升行业管理水平，推动全省休闲农业和乡村旅游发展的标准化进程，2019 年省农业农村厅制定省级休闲农业和乡村旅游行业规范标准，包括《农家乐建设规范》《休闲农庄（园）建设规范》《美丽休闲乡村建设规范》，这些规范引领全省休闲农业与乡村旅游各类经营主体良好有序发展。

（二）挖掘特色资源，推介了一批乡村旅游精品路线

2019 年 3 月，江西省开展了 2019 年休闲农业和乡村旅游精品推介活动，向农业农村部推介了 16 条休闲旅游精品线路并全部被采纳。同时，配合农业农村部做好“春观花”“夏纳凉”“秋采摘”“冬农趣”全国旅游精品线路推介活动。11 月 16 日，江西省和湖南省农业农村厅合作举办了 2019 湘赣边区农业休闲精品旅游路线推介活动。在推介活动现场，湘赣有关县区展示了湘赣两省别具特色的农业休闲旅游目的地和精品旅游景点，共推介了 7 条精品旅游线路，覆盖湘赣两省 24 个有关县区。通过优势互补、资源共享，两省充分发掘区域旅游发展潜力，共同推进湘赣边区农业休闲旅游发展。

（三）突出发展重点，打造了一批田园综合体等载体

2019 年 4 月，完成了 15 个省级田园综合体和 5 个精品园区（农庄）的创建工作，每个项目有 150 万元的经费支持，合计3 000万元，主要用于公共服务设施建设、生态环境改善、特色景观打造、创意农业建设等，旨在打造具有江西特色的休闲农业精品。同年 7 月，认定了 20 个江西省美丽休闲乡村、50 个江西省星级农家乐、10 个江西省十佳休闲农庄、10 条江西省休闲农业十大精品线路。2019 年度，中央财政农业生产发展资金中安排 600 万元经费，采取先建后补、以奖代补的形式发放，补助对象为获得 2019 年星级农家乐和十佳休闲农庄品牌的企业。

（四）充分发掘乡村价值，培育一批美丽休闲乡村

2019 年 9 月，省农业农村厅推荐了赣州市赣县区田村镇坪内村、赣州市赣县区韩坊镇樟坑村、萍乡市莲花县良坊镇田心村等 14 个行政村申报 2019 年中国美丽休闲乡村，围绕美丽乡村建设，高质量促进城乡融合，加快打造一批休闲农业精品示范村、精品风光带和特色田园乡村，推动乡村旅游提档升级，为乡村休闲旅游旅居业搭建新平台、新载体，培育新产业、新业态。根据农业农村部公布的结果，江西省宜春市宜丰县黄岗山垦殖场炎岭村等 9 个乡村入选中国美丽休闲乡村。

（五）开展人才培训，发挥区域特色丰富产业类型

2019 年 10 月，由江西和湖南两省农业农村厅合作举办了湘赣边区首届休闲农业与乡村旅游培训班。培训班以立足湘赣边区域优越的环境资源、丰富的农业资源和浓厚的红色文化底蕴，大力发展乡村休闲旅游为目的，培训人数达 200 余人，力争通过政府搭台的形式，吸引更多力量，汇聚更多资源，共同开发湘赣边农业休闲与乡村旅游资源，真正把休闲农业与乡村旅游培育成推动湘赣边合作示范区乡村振兴的新动能。

山 东 省

休闲农业是符合经济发展规律、蕴藏巨大发展潜力、助力解决“三农”问题的朝阳产业，是农业农村经济新的重要增长点。2019 年，山东省农业农村厅认真贯彻落实乡村振兴战略，将发展休闲农业作为实现乡村产业振兴的重要支撑，依托山东省富饶的农

业资源、多样的地形地貌、厚重的文化传承，大力发展休闲农业，不断完善休闲农业产业体系，大力实施产业项目带动，全省休闲农业呈现快速发展的良好局面。

【基本情况】

2019 年，全省农业投资总额1 450.36亿元，其中休闲农业投资 244.96 亿元，占农业投资总额的 16.89%，休闲农业政府扶持资金总额 47.37 亿元，占休闲农业投资总额的 19.34%。休闲农业占地面积 347.51 万亩，从事休闲农业经营主体个数 1.62 万个，销售收入 505.19 亿元，其中农副产品销售收入 164.19 亿元。休闲农业利润总额 145.16 亿元，接待人次 3.75 亿人次，休闲农业从业人数 105.11 万人，其中农民从业人数 70.65 万人，人均工资 2.86 万元，带动农户 70.06 万户，培训 36.71 万人次。2019 年，山东省共举办2 066次休闲农业相关的节庆活动。

【主要做法及成效】

山东省把发展休闲农业与乡村旅游作为转方式调结构、推进新旧动能转换和农业供给侧结构性改革的重要抓手，强化休闲农业与乡村旅游融合发展，以乡村旅游带动休闲农业发展、增加农民收入，打造快乐农业、培育幸福农民、建设美丽休闲乡村。

（一）整合资源，探索开展融合发展新模式

一是系统内部融合发展。山东省休闲农业在发展过程中注意与美丽乡村建设、田园综合体建设、特色农业建设、现代农业、生态循环农业、智慧农业等做好资源整合、融合发展文章。如济南以现代都市农业园区建设为重要平台，推进一二三产业融合发展，实现集种养加、吃住行、游购娱、教学研多功能于一体的现代农业综合体，大力发展以体验、采摘、垂钓、观光、科普教育、农耕文化、美丽乡村等为主要内容的休闲观光农业；泰安市把发展休闲农业和新农村建设结合起来，作为农村工作的重要任务和发展农业产业化的重要项目；聊城市把休闲农业公共基础设施建设纳入美丽乡村建设总体规划，借力推进农村垃圾处理、污水治理、村道硬化、河道治理、村庄绿化等环境整治建设。

二是行业之间融合发展。推动休闲农业与文化旅游行业的深度整合，通过项目带动和资源转化，农业农村部门与文化旅游部门联合打造了一批休闲农业和乡村旅游品牌。例如，潍坊青州市胡林古龙泉乡村旅游项目，由潍坊龙瑞旅游发展有限公司投资 3 亿元建设，打造休闲旅游、生态农业及红色文化教育基地，通过合作社社员入股分红、吸纳社员在合作社打工等方式，带动当地产业转型升级和农民创业就业，每年每个社员在合作社打工收入不低于2.5万元。

三是国内外文化融合发展。发挥山东文化大省特别是农耕文化资源丰富的优势，以开放的姿态和胸怀，积极与世界先进文明互鉴共享，提供丰富的文化旅游产品。德州平原县恩城镇引进德国盛堡啤酒特色小镇项目，是山东省首个集啤酒工艺、休闲娱乐、啤酒品鉴于一体的体验式旅游基地，以 240 亩* 区域封闭式打造，形成涵盖美酒、美食、音乐、娱乐 4 种不同风情的休闲体验小镇。

（二）示范创建，宣传推介推动休闲农业加快发展

一是积极开展休闲农业和乡村旅游示范创建。按照农业农村部统一部署，组织开展休闲农业和乡村旅游示范创建活动。2019 年，山东省有 8 个村被评为中国美丽休闲乡村，14 条精品线路被部里推介，1 次现场推介；联合文旅部门，组织开展省级休闲农业和乡村旅游示范创建工作，认定省级休闲农业和乡村旅游示范县 11 个、

* 亩为非法定计量单位，1 亩＝1/15 公顷。——编者注

山东省美丽休闲乡村 37 个、齐鲁美丽田园 35 个、山东省休闲农业与乡村旅游示范点 28 个、山东省休闲农业精品园区 32 个。结合休闲农业和乡村旅游示范创建、精品线路推介工作，山东省树立一批先进典型，打造一批知名休闲农业品牌。充分利用电台电视、报纸刊物、网络等媒体扩大宣传，发挥示范单位的精品带动作用，扩大休闲农业与乡村旅游的知名度和吸引力，提升山东省休闲农业和乡村旅游质量。

二是着力打造休闲农业特色农产品。大力支持各地依托当地特色农产品，实施品牌战略，推动农产品向旅游商品转化，鼓励开发具有观赏性、艺术性、实用性和地方特点的商品，打造集民俗、乡土、时尚于一体的乡村旅游商品，进一步提升休闲农业的吸引力。日照市以提升园区品牌建设为着力点，大力开展农产品品牌培育工作，2019 年，获评省级知名农产品区域公用品牌 2 个、省级农产品企业产品品牌 26 个，其中，日照绿茶成功入选中国农业品牌目录 2019 农产品区域公用品牌榜。枣庄滕州市打造了微山湖咸鸭蛋、界河马铃薯、龙阳绿萝卜、羊庄大樱桃、刘村酥梨、大坞毛芋头等优质农产品旅游品牌。枣庄台儿庄区利用良好的生态环境，发展“穆柯寨”甜桃、磨石楼土蜂蜜、黄邱地瓜、涛沟桥大米、生态咸鸭蛋等 10 多个休闲农业与乡村旅游自主品牌产品。

（三）节会驱动，深度拓展休闲农业发展空间

遵循“企业主导、政府服务、产业互动、社会参与、突出特色”的办节理念，体现资源特色、文化特色、创意特色，变静态展示为互动体验，充分发挥节庆优势，打造休闲农业新品牌。青岛休闲观光农业以节庆为驱动，走“节庆＋活动＋线路”的道路，形成了一年一度的“田横中国渔文化盛会”“北宅樱桃盛会”“张家楼国际蓝莓盛会”“大泽山葡萄盛会”等农业嘉年华活动，全年先后有桃花节、樱桃节、崂山茶节、葡萄节、祭海节、蛤蜊节、西瓜节、柿子节、采摘节等节庆活动近百个。菏泽市依托牡丹文化旅游节这一平台，辐射带动菏泽乡村旅游节庆活动。在每年牡丹文化旅游节期间，各县区竞相推出一批以木瓜文化旅游节、玫瑰旅游风情节、桃花节、单县浮龙湖文化旅游节、黄河人家乡村旅游节、水果采摘季等为代表的旅游活动，利用乡村特有的村落风情、田园风光吸引游客，激活了休闲农业及旅游发展市场，农民从中获得了实惠。潍坊市通过打造寿光蔬菜博览会、青州花博会、昌邑绿博会、寒亭萝卜节、昌乐西瓜节、临朐樱桃文化旅游节等一批在全国、全省有一定影响力的休闲农业节会，进一步丰富产品业态，在节会活动期间，推出休闲农庄、乡村酒店、特色民宿、房车营地、户外运动等乡村休闲度假产品，提高农业节会活动的创意水平和实效。

（四）加强培训，培育建设一支过硬的人才队伍

一是开展服务水平培训。组织开展休闲农业和乡村旅游人才培训行动，加强行政指导、经营管理、市场营销等培训，培育出一批积极性高、素质强、善经营的行业发展管理和经营人才。鼓励从业人员就近就地参加住宿、餐饮、服务等各种培训，增强服务意识、规范服务礼仪、提高服务技能，从而提升服务规范化和标准化水平。鼓励通过实行学历教育、技能培训、实践锻炼等多种教育培训方式提高从业者素质能力。

二是开展规范管理培训。推进产业标准化、规范化发展水平全面提升。培训经营主体提高自我管理、自我监督、自我服务的管理服务水平，加强对从业人员的诚信教育和服务考核，规范竞争行为，营造公平竞争环境。加强安全宣传教育，强化安全意识，完善预警机制，提升应急能力。

三是开展创意创特培训。为改变同质化现象，将智创、文创、农创和现代科技、创新方式和理念引入乡村，经营主体需学会讲好山东故事，促进农民从单纯卖农产品向更多“卖文化”“卖过程”“卖风情”转变。让农业有文化说头、有休闲玩头、有景观看头，实现农业物化产品和精神产品双重增值。农民不仅需要生产出优质原生态的农产品，还要将其加工成游客可品尝、可观赏、可携带的商品和工艺品，不但卖产品，也可以卖文化、卖体验和卖过程，多元化增加经营性收入。农民把农家庭院变成市民休闲的“农家乐园”和可住可租的民宿，实现空气变人气、叶子变票子，增加财产性收入。

【存在的主要问题】

（一）总体发展不平衡

休闲农业发展的不平衡，一是地区之间的不平衡，有些地区发展休闲农业的思路不够清晰，缺乏必要的指导，致使重复投资，缺少特色；二是发展层次不平衡，高中端休闲农业与乡村旅游产品和服务供给不足，基础设施建设落后，服务项目单一，经营项目同质化严重。

（二）特色不明显

由于休闲农业经营主体在自身定位上比较模糊，休闲农业项目大多停留在生态观光层面，对农业资源文化、体验、康养功能挖掘不够，休闲农业项目内容缺少特色，服务形式单一，发展层次较低，不能吸引游客。同时，因为特色不突出，项目内容同质化严重，加大了彼此之间的竞争。

（三）受季节性制约明显

因为农作物具有鲜明的季节性，休闲农业项目也具有季节性。在赏花、采摘的旺季，景点车水马龙，但在花季结束，农作物收获后，短暂的繁荣也就结束了。淡季游客稀少，从业人员闲置，严重影响休闲农业的发展和从业人员的固定性。

【发展建议】

（一）完善政策，加大支持

通过调研、分析，研究制定解决休闲农业发展瓶颈的政策、措施，推动休闲农业的发展。积极对接乡村振兴、田园综合体、美丽乡村建设等项目，让产业项目作为休闲农业发展的重要支撑。加大基础设施建设力度，鼓励更多的工商资本投入休闲农业发展，增加休闲农业活力。

（二）科学规划，合理开发

根据自身实际，进一步制定完善规划编制。认真分析本地区的区位优势、资源优势，制定休闲农业的发展方向和发展目标。划分不同休闲农业功能区，因地制宜，差异化发展。加强对休闲农业项目立项的指导，使休闲农业发展项目各具特色，各有侧重，避免重复建设，浪费资源。

（三）加强管理，提高水平

进一步提升休闲农业的组织化程度，逐步完善各级组织管理体系，提高对休闲农业的管理水平和服务水平。督促经营主体完善各项规章制度，提高基础设施建设力度，丰富服务内容，优化服务功能。加强对休闲农业经营主体和从业人员的管理与培训，提高从业人员素质，避免恶性竞争，营造休闲农业良好的发展环境。

河　南　省

在省委、省政府的正确领导和高度重视下，按照国务院、省政府关于发展现代农业、休闲农业和乡村旅游工作的总体部署和《河南省旅游产业转型升级行动方案（2017—2020 年）》中的责任分工，全省各地立足特色、发挥优势、积极探索，以发展休闲农业为载体，以促进农民就业增收为目标，强化规范管理，加大公共服务，不断提升发展内涵，初步形成了政府引导、多方参与、市场运作、农民受益的休闲农业发展格局。

【基本情况】

休闲农业是农业发展的一种新业态，是利用农业景观资源和农业生产条件，发展观光、休闲、旅游的一种新型农业生产经营形态。河南省是一个历史悠久的农业大省，农业地域辽阔，自然景观优美，农业经营类型多样，农业文化丰富，乡村民俗风情浓厚多彩，因此，河南省发展休闲农业具有优越的条件、巨大的潜力和广阔的前景。河南省休闲农业发展起步于 20 世纪 90 年代，经过近 20 年的发展，目前全省已涌现出一大批以休闲度假、观赏观光、农事参与、农耕文化、高效农业、民俗风情为主的休闲农业景点和项目。2019 年，全省休闲农业经营主体接待人数 1 亿人次左右，全年营业收入实现 480 亿元，比 2018 年增加 10%，打造了栾川潭头镇、鲁山尧山镇等 30 个特色生态旅游示范镇；卢氏豫西百草园、淅川丹江大观苑等 50 家休闲观光园区，修武一斗水村、鲁山响马河村等 150 个乡村旅游特色村；云台山云上院子、太行大峡谷听山水舍等 100 个精品民宿及 21 家河南省中医药健康旅游示范区（基地）。

【主要做法及成效】

注重政策引领，强化规划引导。各级政府坚持把发展休闲农业作为提升农业、致富农民、发展农村的一项重要抓手，在组织协调、发展规划、政策措施等方面做出了明确规定，为休闲农业发展创造了有利的政策环境。如郑州市组织编制了《郑州市休闲农业发展规划（2013—2020）》，洛阳市出台了《洛阳市人民政府关于推进休闲农业发展的意见》，商丘市下发了《商丘市人民政府办公室关于推动全市都市生态农业发展的实施意见》，新乡市出台了《关于加快发展休闲农业的意见》，驻马店市聘请农业农村部规划设计研究院制定了《驻马店市都市生态农业发展规划》等。

加大财政投入，完善基础设施。按照《河南省人民政府关于加快发展乡村旅游意见》，市县两级财政支持休闲农业发展的力度不断加大。部分市县财政每年都安排专项财政扶持资金，用于休闲农业企业改善基础设施、拓展休闲功能，开展创新创意、提升服务质量。2018 年，郑州市拿出 1 300 万元，重点支持休闲农业科普基地建设和星级企业创建工作。濮阳市华龙区财政每年列支不低于 500 万元的都市生态农业发展财政专项资金，用于都市生态农业重点园区、重点项目建设。巩义市对餐饮型农家乐每户给予 1 万元奖励，客房数在 10 间以下的食宿型农家乐每户给予 2 万元奖励，客房数在 10 间以上的食宿型农家乐每户给予 3 万元奖励。

创新发展方式，引导资本下乡。鼓励城市工商资本、民间资本采取独资、合资、合伙等多种形式参与休闲农业开发和经营。农户则以土地承包经营权、固定资产、资金、技术、劳动力等多种生产要素投资休闲农业项目。同时，推行不动产抵押、权益抵押、林权抵押、土地使用权抵押等多种形式的抵押贷款办法，为休闲农业发展提供资金支持。通过政策引导，鼓励多渠道投资，创新发展方式，休闲农业得到了健康发展。郑州市休闲农业协会积极与哈罗单车上海总部进行洽谈合作，由农庄免费提供停放场地，哈罗单车上海总部根据园区面积和运营状况，进行免费铺设单人、双人、四人三种型号的共享单车，利益共享。三门峡建成二仙坡、官道口、寺河山苹果采摘带。信阳光山县建立了司马光油茶园、东岳庙、帅洼村休闲精品观光路线。

加强宣传推介，培育知名品牌。近年来，积极与《河南日报》《大河报》《东方今报》等省内新闻媒体进行合作，连续对全省休闲农业发展情况进行宣传，并受到社会各方的一致关注，努力营造全省休闲农业良好的发展氛围。与此同时，为扩大休闲农业的吸引力和影响力，在各地举办了各类推介活动，如“美丽信阳·最美乡村——全国知名摄影家、摄影记者信阳行”主题采风，“赏春花·品春茶”活动，“美丽乡村”自驾游等。济源全域乡村旅游依托自身的山、水景观特色，充分挖掘和提炼地段中的自然环境要素，通过设计，使游客在规划区中充分感受到山水，突出山、城、水、绿交融的生态格局，从而对乡村休闲旅游留下深刻的印象。林州市坚持以农业结构调整为主线，重视山坡地、撂荒地资源开发利用，大力发展以红薯、林果为主的农业适度规模经营，着力建设具有产业优势的特色美丽乡村，努力实现农业强、农民富、农村美的目标。这些活动对全省的乡村旅游品牌打造具有积极影响，不断提高本地休闲农业的知名度和影响力。

注重业务培训，强化素质提升。每年举办1～2次全省休闲农业培训班，对全省休闲农业示范县、示范点，省辖市、直管县休闲农业工作人员，以及具有发展潜力的企业负责人进行培训，邀请国内一些知名专家进行授课，帮助企业开阔视野，理清发展思路。组织全省休闲农业管理人员到休闲农业发展较好的地区现场学习考察，学习先进经验，拓展发展思路。各地也都采取不同形式引导企业负责人换脑筋、转思路、促发展。

【存在的主要问题】

虽然河南省休闲农业发展较快，但与全国先进地区相比，发展速度及水平还有不小差距，还存在诸多阻滞发展的问题。一是规划起点不高。不少地方政府和休闲农业企业缺乏高水平、有前瞻性的发展规划，在开发建设上随意性大，产业布局不合理，忽视了整体效益、长远效益、社会效益及环境效益。二是特色不够突出。有些休闲农业主体没有把丰富的农业资源和乡村旅游紧密结合起来，基础设施不到位，还停留在“吃农家饭、住农家屋”的农家乐式低水平经营阶段，经营项目单一，缺乏特色。三是管理水平不高。从事休闲农业的人员大多来自农村，多数休闲农业从业者素质较低，缺乏专业人才，管理制度不健全，服务水平不高，难以满足不同类型的消费需求。四是基础设施薄弱。与休闲农业相配套的道路、住宿、餐饮产业等建设标准低或建设滞后。

【发展建议】

针对以上存在的问题，提出以下建议。

一是贯彻落实政策。结合河南省实际，积极与相关部门沟通协商，认真贯彻农业农村部会同国家发改委等相关部门印发的《关于积极开发农业多种功能 大力促进休闲农业发展的通知》《关于大力发展休闲农业的指导意见》，在用地、财税、金融、公共服务等方面落实相关扶持政策。

二是搞好规划布局。指导各地将都市生态农业纳入城市建设发展战略和发展规划建设中，与城镇化规划相结合，为都市生态农业发展预留一定发展空间。实施中心城市带动战略，初步设想建设“1小时都市生态农业圈”，重点发展会展农业、创意农业、设施农业等高效农业。同时，坚持大中小城市相结合，以省辖市为中心，辐射周边区县建设“半小时都市生态农业圈”，重点发展设施农业、休闲观光农业等生态农业和乡村旅游等。

三是培育知名品牌。积极做好中国美丽休闲乡村、精品园区和中国重要农业文化遗产发掘和推荐工作。培育一批经营特色化、管理规范化、服务标准化的休闲农业与乡村旅游精品点、精品休闲农庄、精品农家乐以及名优特色商品品牌、品牌企业等。加强规范管理，强化动态监管，重点培育乡村旅游著名商标和品牌，促进休闲农业向规模化、特色化、标准化、品牌化发展，提高全省休闲农业与乡村旅游业在国内外的知名度和竞争力。

四是营造发展氛围。鼓励金融机构为休闲农业与乡村旅游发展提供信贷支持。积极进行体制机制创新，探索农户以房屋、土地、果蔬园等入股的方式，发展休闲农业与乡村旅游。坚持把宣传推介作为重中之重，切实加强统筹安排，分季节、分特色，多渠道、多途径地加强宣传推介，形成上下联动、多媒体互动的宣传推介机制。

湖 北 省

【基本情况】

2019 年，湖北省认真贯彻落实中央 1 号文件精神，充分发挥农业、乡村、生态和文化资源优势，大力发展休闲农业和乡村旅游。全省加强美丽乡村建设，夯实乡村旅游发展基础；加强精品景点线路宣传推介，扩大品牌影响力，促进全省休闲农业和乡村旅游高质量发展。全省休闲农业和乡村旅游接待游客 1.27 亿人次，综合收入达 434 亿元，同比增长 15%。

【主要做法及成效】

（一）加大扶持力度，建设美丽乡村

2019 年 3 月，省委、省政府印发了《关于全面学习浙江“千万工程”经验，扎实推进美丽乡村建设的决定》，省政府每年统筹 400 亿元资金，支持1 000个示范村，4 000个整治村建设。以美丽乡村建设规划为引领，推进农村水、电、路、气、信和公共服务建设。协调推进农村宅基地管理、闲置房屋和危房改造，开发民宿旅游。推进农村厕所革命、污水治理、垃圾无害化处理、村庄绿化，改善村容村貌，打造“一村一景”“一村一韵”荆楚美丽乡村。仙桃市依托美丽乡村建设，打造了栗林嘴村、下麻村、李台村、河口村等美丽休闲乡村新热点。湖北省人民政府在仙桃市召开了现场观摩会，推广仙桃市经验，引导全省美丽乡村健康发展。武汉市出台了《武汉市乡村休闲游（赏花游）项目建设奖补办法（2019—2020年）》（武农财〔2019〕36 号），鼓励发展休闲农业和乡村旅游。大冶市印发《大冶市支持现代农业发展的奖补办法》，每年列支财政专项资金 900 万元，支持休闲农业经营主体强基固本，打造品牌。

（二）举办农事节庆活动，激活热点亮点

湖北省注重挖掘各地特色农事节庆活动，寻找乡村旅游“燃爆点”，带动农民就业增收。一是突出城郊特色，举办各种花展、花会。武汉市把赏花游作为重要抓手，围绕“赏花”做文章，先后举办了武汉消泗油菜花节、蔡甸荷文化节、云雾山杜鹃花节节会；随州市举办第三届牡丹文化旅游节、首届神农兰花文化节等。二是突出特色产业，开发农事体验游。鄂州市立足水生资源，举办采菱节，促进特色农产品销售。随州市举办“湖北·随州国际香菇产业博览会”，十堰市房县举办了“诗经黄酒文化旅游节”，大冶市举办了保安桃花节，荆门市举办了沙洋油菜花节，天门市举办“天门蒸菜节”、张港“花菜节”、皂市“桃花节”。三是突出传统节庆，举办美食购物活动。武汉市各区纷纷举办“乡村过大年”“乡村休闲美食节”，促进传统小吃销售。四是突出精准扶贫。重点围绕“四山”地区民俗文化，开发特色民俗文化节庆活动，促进精准扶贫。宣恩县伍家台村是中国美丽休闲乡村，以茶产业为基础，发展乡村旅游，举办各种茶艺展示节会，逐步唱响“昌臣”品牌，带动8 000多农户增收脱贫。

（三）开展精品线路推介，扩大品牌影响力

加强休闲农业和乡村旅游精品景点线路推介，扩大休闲农业影响，方便消费者休闲旅游出行。武汉市联手长江日报社、湖北电视台、武汉电视台、抖音、今日头条等多家媒体和平台，强力推介乡村休闲游精品线路。

传统媒体与新媒体互动，反响强烈。省农业农村厅向农业农村部推荐了武汉市乡村赏花之旅等8条精品旅游线路。南漳县“相约樱桃红、悠然见南漳”、孝南区“桃花驿赏花闲游”、英山县“四季花海·中华情园”3条线路被认定为中国春季精品乡村休闲游线路。大冶市龙凤山乡村体验游、宜都市乡村旅游精品游2条线路，被认定为夏季精品乡村休闲游线路。9月，湖北省农业农村网专题推介了28个精准扶贫休闲农业精品景点线路。黄石市精心策划的乡村文化绿色游、回归田园黄色游、富美乡村红色游、现代农业蓝色游、工农文化彩色游“五色”乡村旅游线路。仙桃市积极开发“梦里水乡”精品线路，集旅游观光、农事体验、美食购物于一体，深受旅客欢迎。潜江市积极打造“小龙虾美食之旅”，让游客畅游美景，品鉴美食。咸宁市重点打造赤壁羊楼洞青砖茶小镇等30条休闲农业旅游精品线路，深受游客欢迎。

（四）注重培育精品，促进提档升级

各地立足资源优势，积极发掘休闲农业潜力，加大投入，规范管理，强化文化创意设计，丰富文化内涵，积极创建精品名牌。黄陂区坚持规划引领、强化政策扶持，推进美丽乡村与木兰花乡景区融合发展，民宿、农家乐、土特产电商、文艺家书画院、民艺坊、非遗文化泥塑馆和木兰文化博物馆等成为“木兰花乡”的核心竞争力，带领40个贫困户成功脱贫，增加村集体收入30万元以上。湖北先秾坛生态农业有限公司位于英山县孔家坊乡，以打造国家运动员绿色食品基地、中国现代农业的新地标为终极目标，开发大别山“新文化＋新农业＋新健康”复合运营模式，创建了休闲农业知名品牌——“神峰山庄”。湖北省注重总结推广“神峰山庄”经验，促进全省休闲农业提档升级。省农业农村厅，依据《湖北省休闲农业示范点认定办法》（鄂农规〔2017〕3号），认真组织开展休闲农业和乡村旅游省级休闲农业示范点监测认定，强化标准意识、质量品牌意识。通过宣传发动、标准培训、自查整改、申报推荐、专家评审、厅党组研究等程序，认定湖北省休闲农业示范点240个，形成休闲农业精品方阵。

【存在的主要问题】

（一）公共平台缺乏，品牌推广不够

休闲农业公共服务平台缺乏，各休闲农业和乡村旅游主体往往独立发展、相互竞争，湖北省各地的休闲农业产品全面整体宣传推广不足，无法形成区域及整体合力。由于休闲农业公共服务平台缺乏，也在一定程度上形成了供需信息不对称现象，造成休闲农业产品销售困难，整体效益不高。

（二）研究机构缺乏，整体提升不足

目前，湖北省尚无休闲农业方向的专业研究机构，休闲农业产业在研究、市场调研、规划设计、品牌营销等方面的专业研究和服务不足，无法为休闲农业主体提供充分的专业指导，造成很多主体往往跟着感觉走、慢慢摸索前行，无法在不断增长、快速变化的市场面前及时反应，满足消费市场需求。

（三）建设标准缺乏，服务质量不高

休闲农业园区由于缺乏建设标准，造成部分园区功能建设不完善，园区在餐饮、住宿、娱乐、停车、安全、卫生等方面建设不规范，功能模式单一，文化含量不足，吸引力不强。一些休闲农业主体管理人员和从业者的从业规程缺乏，大多从业人员是没经过系统培训的农民，服务质量不高，导致游客引不进、留不住、难再来。

【发展建议】

（一）加强休闲农业公共服务平台建设

针对休闲农业整体曝光不足、信息不对称的问题，积极推进休闲农业公共服务平台建设，逐步打造一个集产品查询、咨询服务、知识科普、网络预定于一体的休闲农业公共服务平台，鼓励各经营主体参与休闲农业宣传推介平台建设，力争为游客提供准确、全面、优质、最新、有价值的信息和服务，不断推广平台在全省全国的知晓率和使用率，提升休闲农业产品品牌的曝光率和品牌形象，扩大市场影响。

（二）探索建立休闲农业研究机构

构思联合高校学者、行业专家、专业市场机构等人员、单位，着手建立湖北休闲农业研究机构，让专业团队提供休闲农业产业研究、市场调研、规划设计、品牌营销、人才培训、合作交流等多方面的专业支持，为经营主体提供定制化、个性化经营策略指导和政策咨询服务，打造更具特色、更有人气的休闲农业精品。加强对休闲农业市场情况、痛点难点的深入把握，为政策制定提供市场信息和决策依据，促进湖北省休闲农业的整体发展。

（三）建立湖北省休闲农业行业建设标准

按照国家已有的相关规范，结合湖北省休闲农业发展现状和现实需求，探索建立湖北省休闲农业行业规范，进一步明确细化休闲农业园区建设标准，加强整体环境、功能分区、设施建设等规范和经营者的行业指导，加大对省市级休闲农业示范点的动态管理，督导各休闲农业主体建立自身管理规范文件，加强人员培训力度，促进湖北省休闲农业服务质量和水平整体提升。

湖 南 省

2019 年，湖南省以实施休闲农业和乡村旅游精品工程为抓手，开展休闲农业集聚发展示范村和休闲农业示范农庄示范创建，大力推介休闲农业精品景点和精品旅游线路，全面推进休闲农业提质升级发展，形成了全省休闲农业与乡村旅游点、线、面同步推进的良好格局。

【基本情况】

2019 年，湖南省休闲农业经营主体达到 17 560个，从业人数 80.9 万人，实现营业收入480 亿万元，同比增长 8.9%；接待人次 2.1 亿人次，同比增长 7.1%；利润总额 61 亿万元，带动农户78.5 万户，从业人员人均工资额 2.6 万元。

【主要做法及成效】

（一）持续加强示范创建

为促进休闲农业由高速增长向高质量发展转变，推动休闲农业市场向健康有序竞争调整，发挥示范创建的引领带动作用，湖南省组织了 2019 年度休闲农业示范创建工作，下发了《2019 年度湖南省休闲农业示范创建工作方案》（湘农办乡村〔2019〕83 号），共创建休闲农业集聚村 70 个、休闲农业示范农庄 60 个。组织开展休闲农业与乡村旅游星级创建工作，2019 年，新增国家五星级休闲农庄 11 家，四星级休闲农庄 8 家；湖南省累计成功创建国家级星级农庄 220 家，其中五星级农庄 85 家；省级星级农庄1 528家，其中省五星级 412 家。推动建设一批特色产业基础良好、农旅文融合紧密、带动农民脱贫致富效果明显、能满足人们对美好生活需求的休闲农业精品。

（二）积极推动模式创新

为转变休闲农业单一的农庄经济发展模式，进一步破解休闲农业用地瓶颈问题，缓解“大棚房”对休闲农业的影响，湖南省积极探索新的发展模式，先后组织市、县管理人员和部分专家赴外省考察、学习，总结提炼出“休闲农业集聚村”新发展模式，并将该发展模式列入 2019 年示范创建的重要内容，首次创建集聚发展示范村 70 个。通过休闲农业集聚发展示范村的有效引领带动，推动湖南省休闲农业发展步入“双轮驱动”、点线面全面发展的新时代。

（三）扎实抓好宣传推介

根据《农业农村部办公厅关于开展中国美丽休闲乡村推介活动的通知》（农办产〔2019〕9号）精神，经逐级申请、审核、推荐和专家评审、厅党组会议研究，推荐了长沙县浔龙河村等9个村申报2019年中国美丽休闲乡村，并且9个村全部获批发布。根据农业农村部“春观花”“夏纳凉”“秋采摘”“冬农趣”推介活动的有关要求，湖南省遴选申报了32条精品旅游线路，其中隆回县“云上花瑶”精品旅游线路于黑龙江省伊春市举办的“夏纳凉”现场推介活动中进行现场推介。

（四）全面强化行业服务

修订完善行业标准。根据新形势下行业发展需要，对2011年制定并发布的《休闲农业庄园星级评定准则》（DB43/T 764—2011）和《休闲农业庄园建设规范》(DB43/T 763—2011）两个地方标准进行修订并发布。认真督促整治“大棚房”问题。采取组织督查组实地摸排督查等方式，对省五星级以上农庄进行地毯式清理排查，严格按照上级要求依法依规督促整治整改，并将“大棚房”问题列入休闲农业项目评审、授奖等“一票否决”内容。建立休闲农业智力支撑。遴选出了一批省内外的专家学者进入专家智库，为休闲农业从传统的“老三样”向教育、文化、康养、科普等内涵融合发展模式的转变提供智力支撑；组织智库专家开展免费巡诊活动，先后巡诊了衡阳双水湾乡村文化园、南岳红叶寨山庄、株洲悠移山庄、长沙县开慧镇等十几家农庄。

（五）合力抓好区域协作

根据湖南省委、省政府开展湘赣边区域合作示范区建设的部署安排，承担了湘赣边区合作“五个一批”——打造一批休闲农业精品旅游线路工作。组建成立了休闲农业旅游产业合作工作组；制定了《打造湘赣边农业休闲精品线路工作方案》，明确推动两省休闲农业精品旅游线路资源整合，实施湘赣边区休闲农业“一县二带多线百点”精品工程；与江西省农业农村厅签署了《湘赣边农业休闲精品旅游线路合作共建框架建议》，合作举办了首届湘赣边农业休闲旅游培训班和湘赣边区农业休闲精品旅游线路推介活动。

广 东 省

2019年，广东省深入学习贯彻习近平总书记关于“三农”重要论述精神，落实省委、省政府推进乡村振兴战略部署要求，持续投入、培强队伍、培育品牌，推进休闲农业和乡村旅游提质发展。

【基本情况】

全省累计创建全国休闲农业示范县（区）10个、示范点19个和中国美丽休闲乡村24个，省级休闲农业与乡村旅游示范镇137个、示范点347个。向全国推介精品乡村休闲线路14条，公布100条广东省乡村旅游精品线路，8个村落被农业农村部推介为中国美丽休闲乡村。年度创建省级休闲农业与乡村旅游示范镇12个、示范点50个，认定广东农业公园50个，其中4A级17个、3A级33个。广东佛山基塘农业系统、广东岭南荔枝种植系统（增城、东莞）被认定为中国重要农业文化遗产。全省休闲农业经营主体6 795个，营业收入168.52亿元，接待游客1.35亿人次，带动农户33.82万户，从业人员人均工资4.83万元。

【主要做法及成效】

（一）强化政策支撑

2019年，省政府出台《广东省民宿管理暂行办法》（广东省人民政府260号令）；省农业农村厅修订《广东省农业农村厅广东农业公园建设标准及评价指标体系》（粤农农规

〔2019〕1号）。1月，省自然资源厅、省农业农村厅发布《关于印发贯彻落实省委省政府工作部署实施乡村 振兴战略若干用地政策措施（试行）的通知》，明确提出加大乡村旅游业用地支持力度；11月，省自然资源厅、农业农村厅、文化和旅游厅联合印发《关于乡村振兴用地政策的补充意见(试行)》，强调优化乡村旅游和休闲农业用地供给，纠正“大棚房”问题专项清理整治后休闲农业和乡村旅游不敢建设、不能建设的模糊认识，强调用地统筹，鼓励按规定使用设施农用地进行休闲农业和乡村旅游项目相关设施建设。这些文件的出台，为各地用好用活土地政策服务休闲农业发展提供了支撑。各地市相应出台了促进休闲农业发展的政策措施，如珠海市制定了《特色农业发展总体规划》，中山市印发了《中山市市级农业公园认定标准（试行）》，梅州市出台了《鼓励扶持民宿发展实施意见》。

（二）夯实休闲农业发展基础

聚焦“农业＋”的定位发展休闲农业。高标准打造现代农业产业园，按照大产业、大区域、大品牌、大科技、大企业的谋划布局。近年来，广东省建设国家、省、市级现代农业产业园184个，2019年省财政继续投入25亿元建设省级现代农业产业园，高质量打造“一村一品”“一镇一业”。自2019年起，省统筹整合30亿元，连续3年扶持3 000个村、200个镇发展优势特色产业，大力建设产业强镇，形成一批主导产业突出、区域特色优势明显、市场前景较好、组织化程度较高、农民增收效果显著的专业村镇。这些项目的实施，为同步推进休闲农业发展提供了强大动力。

（三）培强业务骨干

为推进全省休闲农业与乡村旅游高质量发展，促进乡村产业兴旺，6月下旬，省农业农村厅组织举办全省休闲农业与乡村旅游业务培训，省农业农村厅党组成员、副厅长郑惠典同志出席活动，省文化和旅游厅乡村旅游业务部门负责人、各地级市农业农村局分管领导及业务部门负责人等共203人参加培训。参训人员实地参观了休闲农业精品点。培训会上，参训人员观看了全省休闲农业与乡村旅游宣传片；全国休闲农业与乡村旅游示范县、示范点和省级休闲农业与乡村旅游示范镇等典型代表做了交流发言；为2018年度全省休闲农业与乡村旅游示范镇示范点代表颁发牌匾，并为由省农业农村厅联合省文化和旅游厅指导新成立的广东省休闲农业与乡村旅游产业联盟授牌。此次培训会的举办有力推进了全省休闲农业提质发展。

（四）着力打造岭南特色优势品牌

全省继续开展休闲农业与乡村旅游示范创建和精品推介活动，培育广东休闲农业与乡村旅游品牌，省委叶贞琴常委在省农业农村厅《全省休闲农业与乡村旅游精品推介》文件上专门作出批示。省大力实施“粤菜师傅”工程，创新“粤菜师傅＋旅游”“粤菜师傅＋食材基地＋培训”模式发展乡村休闲产业，计划到2022年，全省打造1 000个乡村粤菜美食旅游点，建设100条乡村旅游美食精品线路。各地发掘稀缺资源来发展休闲农业，打造特色乡村休闲品牌，有效带动农民脱贫致富。如新会陈皮村的“产业融合园”，罗定的“稻米节”，清远的“连山雾山梯田稻香节”“连州菜心节”，连南的“稻田鱼文化节”等，既展现了本土特色文化、特色产品、特色风情，又带动了特色农产品增值和农民致富。深圳市打造首个以世界级大湾区生态文旅为驱动的主题休闲都市田园综合体——光明小镇欢乐田园，占地约5 600亩，因地制宜，打造了千亩级大尺度原野田园景观。东莞市挖掘自身名特优新农产品资源，打造“田园郊享乐”休闲农业品牌，推介一批别具产品特色、休闲条件成熟、综合功能齐备的休闲农业观光点。茂名市举办“2019年广东荔枝采购节”，宣传展示了广东省特色荔枝产业和区域品牌整体形象，提升了广东省荔枝产业的竞争力和影响力。潮州市计划 2019—2021 年每年扶持发展 10 个休闲农业和乡村旅游示范项目，每个项目给予 20 万元的补助。

【存在的主要问题】

广东省休闲农业和乡村旅游还面临一些困难和问题，主要是在布局上，存在多点开发、低层次无序开发的现象；在功能上，结构单一，特色不明显，产品雷同，同质化发展严重，文化深入挖掘和传承开发不够；在管理上，行业标准或规范缺乏，制度不健全，服务水平不高。

广西壮族自治区

【基本情况】

截至 2019 年 12 月，广西共创建国家级休闲农业与乡村旅游示范县 14 个、中国美丽休闲乡村 31 个、自治区级休闲农业与乡村旅游示范点 263 个，建立农家乐近5 500个，乡村旅游点1 300多个，规模休闲农业园 756 个。全区累计建成示范区（园、点）总数7 611个，其中自治区级 245 个，县、乡、村三级7 366个，其中有 1/3 以上园区将休闲旅游作为主要产业功能，80%的园区规划设有休闲观光设施。全年全区休闲农业接待游客超过 1 亿人次，产业总收入超过 600 亿元，从业人员超过 90 万人，带动农户数超过 50 万户。

根据自然特色、区位优势、文化底蕴、生态环境、经济发展水平和消费习惯，广西在发展农家乐、民俗村、休闲农园、休闲农庄等形式基础上，不断创新产业类型，鼓励开发乡村酒店、特色民宿、户外运动等休闲度假产品，拓展休闲农业的经济、社会、文化和生态等功能，激活了一片区域、兴起了一批产业、带富了一批百姓、建成了一方乐园；一些休闲农业旅游区引进了民族风情表演、民族美食、民族农耕文化、民族建筑文化等当地有特色的民族文化元素，丰富了休闲农业旅游区的文化内涵；地方农事节庆和旅游节庆异彩纷呈，中国·隆安“那”（稻作）文化旅游节、恭城月柿文化旅游节、横县中国国际茉莉花文化节、灵山荔枝文化节、贵港覃塘荷花节、昭平茶王节、武宣金葵花旅游节等节庆吸引了大量游客前来，成为广西休闲农业靓丽的风景线。

【主要做法及成效】

依托山清水秀的独特优势，着重做好首府南宁都市休闲农业示范区、柳州都市休闲农业示范区、桂林休闲农业国际旅游示范区，沿边民族风情特色休闲农业产业带、沿江亲水观光休闲农业产业带、滨海海洋文化休闲农业产业带、依山森林旅游生态休闲农业产业带、沿高铁（公路）特色种养休闲产业带、富硒农业休闲体验产业带、养生长寿生态休闲农业产业带“七带三区”的休闲农业聚集带（区）打造。

制作了广西休闲农业视频宣传片，在广西电视台、广西农业信息网、广西农业微信公众号以及自治区组织的农业投资合作洽谈会、农交会、农业论坛等平台上推介宣传广西休闲农业的好去处。制作完成并上线广西休闲农业电子导览图，以现代技术手段展示全区休闲农业与乡村旅游精品，向区内外提供广西休闲农业景点景区、特色农家餐饮和交通信息等资讯服务。

广西休闲农业结构不断优化，功能日益拓展。休闲农业的发展方式逐步从农民自发向各级政府规划引导发展转变；经营规模逐步从零星分布、分散经营向集群分布、集约经营转变；功能定位逐步从单一功能向休闲、教育、体验等多产业一体化经营转变；空间布局逐步从城市郊区和景区周边向更多的适宜发展区域转变；经营主体逐步从以农户经营为主向农民合作组织和社会资本共同投资经营发展转变。比如南宁市美丽南方、河池南丹县绿稻花海、玉林市五彩田园、贵港市荷田广场等示范区都实现了规模化、多功能、多产业一体化经营。

广西通过积极组织参与全国休闲农业与乡村旅游示范创建、中国美丽休闲乡村和中国美丽田园推介等系列活动，树标杆，育品牌，引领产业新发展。同时，积极组织开展广西休闲农业与乡村旅游示范创建活动，都收到了良好成效。比如桂林市通过示范带动作用，先后有14个县获得“全国休闲农业与乡村旅游示范县”称号。玉林市容县全面深入推进特色农业、乡村旅游等优势资源的开发建设，逐渐完善各项基础设施，不断增强发展后劲，全县现有休闲农业和乡村旅游点118个，形成沙田柚之旅、亲子田园采摘之旅、现代休闲农业之旅、容州兰花之旅、中医药养生休闲之旅等12条精品旅游线路，近3年，年均增长32%，被授予“全国休闲农业与乡村旅游示范县”称号。培育了马山、北流、田东、恭城、灌阳、容县、巴马等一批生态环境优、产业优势大、发展势头好、示范带动能力强的县域休闲农业与乡村旅游集聚区。打造了东兴市竹山村、三江县丹洲村、灵山县大芦村、南丹县巴平村、武宣县下莲塘村等31个天蓝、地绿、水净、安居、乐业、增收的美丽休闲乡村。创建了南宁市金穗生态园、蒙山县长坪瑶族乡长坪村、凌云茶山金字塔、合浦县小村故事乡村旅游区、宁明县花山田园等263个广西休闲农业与乡村旅游示范点。同时，广西还有龙胜龙脊梯田系统、隆安壮族“那文化”稻作文化系统、恭城月柿栽培系统入选中国重要农业文化遗产实录。

通过扶持贫困地区发展生态休闲产业，助推脱贫成效明显。柳江百朋万亩双季莲藕休闲农业基地、万亩鲁比葡萄休闲基地、荔浦砂糖橘休闲园区、忻城薰衣草庄园等拉动了近万群众脱贫致富；河池南丹歌娅思谷景区采取“公司＋合作社＋基地＋农户”的模式，年支付劳务费1 000多万元，为社区及周边群众创造就业岗位192个，共有贫困户139户569人从中获利，其中123户517人实现脱贫。

自治区党委、政府高度重视休闲农业和乡村旅游的发展，连续多年召开休闲农业产业推进大会，为各地积极拓展农业多种功能，促进农村一二三产业融合发展指明方向。自治区党委办公厅、自治区人民政府办公厅印发的《“产业富民”专项活动工作指南》，将“农旅结合休闲农业进村行动”列入自治区“十项进村行动”之一，作为促进农村产业转型升级和提质增效的重要手段全面推进。

海 南 省

2019年，为牢固树立新发展理念，落实高质量发展要求，坚持农业农村优先发展总方针，以实施乡村振兴战略为总抓手，以农业供给侧结构性改革为主线，紧紧围绕休闲农业、乡村产业融合发展，继续抓统筹、建机制、强保障，探索符合海南省实际的乡村振兴可持续发展路径。

【基本情况】

据统计，全省休闲农业主体个数430个，同比增长2.1%；直接从业人数3.05万人，同比减少14.4%；带动农户5.70万户，同比增长20.6%，间接从业人员11.9万人；休闲农业和乡村旅游接待人数达1 583.38万人次，同比减少22.8%；营业收入30.80亿元，同比减少5.8%；人均年工资3.08万元，是全省农村居民人均可支配收入的2倍，同比增长4.6%。

【主要做法及成效】

坚持以问题为导向，将休闲农业作为乡村产业振兴的重要抓手。

（一）建立政府引导与科学管控机制

一是规划引领。合理确定乡村生产空间、生活空间和生态空间三类空间的适度规模和比例结构，划定生态红线，限定开发边界。二是政策支持。省政府印发了《海南省人民政府关于鼓励存量商品住宅用地转型利用和解决有关历史遗留问题的实施意见》（琼府〔2019〕12 号）和《2019 海南省人民政府关于支持产业项目发展规划和用地保障的意见（试行）》（琼府〔2019〕13 号），并出台与财政、金融、税收、土地、产业等相关的配套政策。三是红线管控。加强土地用途和建筑风貌管控，严禁以休闲农业发展为名违法违规开发房地产或建私人庄园会所，严守生态保护和基本农田保护红线。

（二）建立一二三产业融合发展机制

一是推进信息互联。鼓励支持共享农庄建立可视化生产系统和农业物联网系统，建设全省统一的共享农庄信息化运营平台。二是推进农旅文融合发展。以农为本，建设有 170 多个试点共享农庄，其差异化、特色化的农业生产规模达 44 万亩，满足不同消费群体的个性化需求。同时，充分挖掘农业的多元属性，培育休闲观光、健康养生、文化创意等新业态，以农促旅、以旅强农、以文创树品牌。三是加快发展特色产业。实施绿色循环优质高效的特色农业促进项目，经农业农村部审查同意将 3 个市县设为实施县，中央奖补资金5 540万元（万宁市1 850万元、澄迈县1 850万元、临高县1 840万元）。实施农业产业强镇活动，经农业农村部批准，文昌市抱罗镇、乐东县佛罗镇作为 2019 年农业产业强镇实施镇，给每个镇补助中央财政资金1 000万元，合计2 000万元。

（三）建立多元化投融资机制

引进有实力、有情怀、有品位的企业参与休闲农业建设运营，用最好的资源吸引最好的投资。利用多层次资本市场进行股权融资。各类投资主体采取信用贷款、抵押贷款和担保贷款的主要方式进行债权融资，采用农产品众筹、民宿建设众筹、农产品预售等方式，创新融资模式。

（四）建立共建共享共赢，利益联结机制

采取共享经济的商业模式，实现农民变股东、农房变客房、农产品现货变期货、消费者变投资者，多方共建共享共赢。

（五）多措并举推进共享农庄有序创建

持续把共享农庄作为“美丽海南百镇千村建设”的一个重要抓手，推动农村一二三产业深度融合发展。

（六）继续推动休闲农业提档升级

配合农业农村部开展“春观花”“夏纳凉”“秋采摘”“冬农趣”推介活动，积极推荐休闲农业和乡村旅游精品线路 10 条、农事节庆活动 5 个，推荐 4 个村为中国美丽休闲乡村。继续开展全国休闲农业与乡村旅游星级创建工作，指导海南省休闲农业协会开展全国休闲农业与乡村旅游星级创建工作。继续开展共享农庄从试点创建到正式认定工作，加强共享农庄行业监管。

【存在的主要问题】

尽管海南省的休闲农业不断发展，特别是共享农庄创建取得了一定成效，但发展过程中还存在一定问题和困难，主要表现在以下几点。

（一）统筹协调工作不够完善

个别市县对共享农庄如何发展研究不多、谋划不够。部门工作合力还没形成，统筹协调研究解决问题不够。

（二）建设特色不鲜明

有些休闲农业企业功能布局不清，缺乏创意和创新，档次不高，黏合性不强。定制、认养、租赁、众筹等共建共享项目有待强化。

（三）人才资源短缺

休闲农业和乡村旅游发展需要的专业人才和劳动力仍然短缺，导致运营管理和服务质量难以提高。

（四）宣传推广力度不够

休闲农业和乡村旅游、共享农庄宣传推介手段少，可视化平台迟迟无法建立，宣传力度有待进一步加强，招商引资效益不明显。

【发展建议】

（一）建立高效运转体制机制

建立健全共享农庄建设领导机构，统筹协调建设工作，研究制定具体办法和实施方案。建立联席工作机制，定期召开专题会议，研究解决相关问题和困难。

（二）建立用地保障机制

落实好土地利用政策，优先用好存量建设用地。

（三）建设特色鲜明的共享农庄

突出地域特色，因地制宜发展产品定制型、休闲养生型、投资回报型、扶贫济困型、文化创意型共享农庄。

（四）多渠道利用好各方面资金

采用先建后补、以奖代补等多种方式支持共享农庄创建试点单位。

（五）扩大宣传推广招商活动

建立宣传推介机制，定期组织宣传推广活动。

（六）加大人才引进和培育力度

鼓励支持有知识、有能力、有情怀的企业和新农人到农村发展、创业，参与休闲农业和乡村旅游、共享农庄的建设，带动农村产业发展。

重 庆 市

【基本情况】

重庆市休闲农业和乡村旅游着力依托特色农业、自然生态、民族村居等乡村资源加快发展，在资源开发和业态丰富、要素融合和整链打造、文化传承和创意设计、品牌培育和产业升级、设施配套和服务改善、规范管理和品牌推广上实现重大跨越。大力实施一批乡村旅游项目，推出一批乡村旅游产品，打造一批乡村精品旅游线，培育一批乡村旅游市场主体，开发一批乡村旅游商品，办好一批乡村旅游节会，搭建一个乡村旅游大数据平台，建成一批乡村旅游特色景观带、特色文化带、美丽乡村带。着力推动成果转化，在发展柑橘、榨菜、茶叶、生态渔业、草食牲畜、中药材、调味品等特色产业基础上，注重延伸产业链条，促进农旅融合。截至 2019 年，重庆市已创建全国休闲农业和乡村旅游示范县 12 个、全国休闲农业和乡村旅游示范点 23 个、中国美丽休闲乡村和美丽田园 36 个；创建了 105 个市级休闲农业和乡村旅游示范乡镇、182 个市级休闲农业和乡村旅游示范村（社区）、301 个市级休闲农业和乡村旅游示范村点；重点打造了 132 条乡村休闲旅游精品线路；在全国现场推介了“橘香江岸”“武陵风情”“乡悦金秋”“冬趣年节”春、夏、秋、冬四季中国美丽乡村休闲旅游行精品路线；10 月 24 日，农业农村部在重庆潼南召开了 2019 年中国农民丰收节“千山万水赏美景”暨中国美丽乡村休闲旅游行（秋季）推介活动。2019 年，接待游客 2.18 亿人次，乡村休闲旅游业综合收入 596.7 亿元，带动农户数 60.17 万户。

【主要做法及成效】

（一）着力规划强化引领

重庆市农业农村发展“十三五”规划明确指出要把休闲农业和乡村旅游作为主导产业来抓。认真落实农业农村部促进乡村休闲旅游发展的工作要求，积极指导区县在产业发展基础上，抓好乡村休闲旅游，促进现代农业发展。2019 年 4 月，重庆市人民政府办公厅建立重庆市休闲农业和乡村旅游发展联席会议制度，并下发通知，对联席会议的主要职责和工作机制进行了明确。

（二）加大扶持促进升级

整合财政资金支持休闲农业和乡村旅游发展，优先支持休闲农业和乡村旅游基础设施和配套服务项目，优先支持乡村旅游连片发展区域。2019 年，安排财政资金3 600万元，重点支持每个区县打造 1～2 条精品线路，建设1～2 个地标项目，培育 2～3 个地域产品。

（三）加大推介做靓做强

一是抓好中国美丽乡村休闲旅游行推介活动。春季“橘香江岸”，推介了万州、涪陵、长寿、垫江、梁平、忠县、开州、云阳、奉节、巫山等地的橘香江岸盛景；夏季“武陵风情”，推介了武隆、石柱、黔江等地消夏纳凉的好去处；秋季“乡悦金秋”，推介了璧山、江津、永川、荣昌、大足、铜梁、合川、潼南等地的金秋丰收盛况；冬季“冬趣年节”，推介了涪陵、武隆、彭水、黔江、酉阳、秀山等地的冬趣年节传承。二是进行“巴渝醉美乡村”精品线路的推介。2018 年和 2019 年，相继开展“春季踏青赏花、夏季避暑纳凉、秋季收获体验、冬季民俗年节”四季旅游精品线路宣传推介活动。三是开展庆祝“中国农民丰收节”活动。2018 年和 2019 年，都在全市乡村开展了一系列“庆丰收、晒丰收、话丰收、享丰收”等喜闻乐见的活动，庆祝首届“中国农民丰收节”。

（四）强化整合搞好保障

主动加强与市级部门的联系，进一步完善机制，加大工作统筹力度，整合资源、密切配合、形成合力。一是坚持与农村重点民生工程结合，大力抓好农村撤并村通公路建设、饮水安全工程、村社便道建设、农村危房改造、行政村环境连片整治、村卫生室建设等。二是坚持与乡村旅游发展结合，推动建设优美的生态环境、整洁的村容村貌、淳朴的乡风民俗、浓郁的乡土文化，促进产村融合发展。三是坚持与转变农业发展方式结合，加快发展现代农业，促进农业可持续发展。四是坚持与生态环境保护治理相结合，大力发展生态循环农业，加强农业生态环境保护与建设，强化传统村落和农耕文化的保护与开发，保持乡村味道。

【政策措施】

2019 年 4 月，《重庆市人民政府办公厅关于建立重庆市休闲农业和乡村旅游发展联席会议制度的通知》（渝府办发〔2019〕51 号）下发，明确在重庆市建立联席会议制度，并对联席会议的主要职责和工作机制进行了明确。

2019 年 5 月，重庆市农业农村委员会、重庆市文化和旅游发展委员会印发《关于认定休闲农业和乡村旅游示范单位的通知》（渝农发〔2019〕89 号），认定沙坪坝区中梁镇等 105 个镇为“重庆市休闲农业和乡村旅游示范乡镇”，南岸区南山街道放牛村等 182 个村为“重庆市休闲农业和乡村旅游示范村（社区）”，江北区干坝村生态农业园等 301 个村点为“重庆市休闲农业和乡村旅游示范村点”。

2019 年，重庆市安排财政资金3 600万元，重点支持每个区县打造 1～2 条精品线路，建设 1～2 个地标项目，培育 2～3 个地域产品。

四 川 省

认真贯彻落实国务院《关于促进乡村产业振兴的指导意见》、四川省委省政府《关于加快建设现代农业“10＋3”产业体系推进农业大省向农业强省跨越的意见》，围绕乡村振兴战略，运用现代科技、管理要素和服务手段，改造提升传统的休闲农业和乡村旅游，培育休闲农业精品，推进休闲农业转型升级发展，逐步实现生产、经营、管理、服务现代化，使其成为培育农业农村经济发展的新动能，农民就业增收的大产业。

【基本情况】

2019 年，全省休闲农业与乡村旅游经营主体44 235个，同比增长 4.94%；综合经营性收入达1 605亿元，同比增长 5.87%，其中，休闲农业经营主体的营业收入 621.7 亿元，同比增长 12.2%；接待游客量 4.4 亿人次，同比增长 9.9%；通过从事休闲农业的农村脱贫人数有 17 万，带动 116 万户农民就业增收，同比增长 6.8%，全省从事休闲农业的农民人均增收1 700元。

【主要做法及成效】

（一）大力建设休闲农业景区

全省上下坚持以水果、茶叶、花卉等优势特色产业为基础，以科技、文化、艺术为手段，以农耕文化、巴蜀文化为灵魂，大力建设休闲农业景区，累计建成打造各类农业主题公园 600 多个，其中，2019 年认定省级示范农业主题公园 47 个，累计认定 127 个。雅安市名山区依托 35 万亩生态茶园和蒙顶山茶文化底蕴，带动发展经营主体1 100余家，2019 年实现休闲旅游收入超 40 亿元。

（二）着力打造美丽休闲乡村

按照天蓝、地绿、水净，安居、乐业、增收的建设目标，以产业扶贫和旅游扶贫为契机，结合新村建设、古村落改造、文化建设等，积极打造农业与旅游、文化、康养、教育等深入融的美丽休闲乡村。全省累计建成美丽休闲乡村1 700多个，其中，2019 年成都市蒲江明月村等 8 个村被农业农村部认定为中国美丽休闲乡村，四川省中国美丽休闲乡村总数达 33 个。

（三）加强培育休闲农业主体

积极扶持休闲农庄、星级农家乐、精品民宿等经营主体，着力改变四川省休闲农业和乡村旅游规模大、水平低，同质化、单一化严重的突出问题。重点引导家庭农场、农民合作社、农业企业转型发展休闲农庄，在土地流转、税收等政策上给予扶持。截至目前，全省休闲农业与乡村旅游经营主体 4.4 万多个，认定省级示范休闲农庄 300 个。成都市休闲农业经营主体数量达6 556个，实现营业收入 249.7 亿元，居全省之首。

（四）开展休闲农业宣介活动

组织举办了“四川美丽田园欢乐游”“四川花卉（果类）生态旅游节”和“四川省第十届乡村文化旅游节”（四季版）三大省级活动，带动全省各地举办各类特色产业节庆活动2 949个。结合四川省自然生态和产业发展，挖掘推介了 10 条休闲农业与乡村旅游精品线路，其中，有 8 条入选农业农村部休闲农业与乡村旅游精品线路。结合四川省民俗特色和节庆活动，在四川省农民丰收节上推介休闲农业精品线路 10 条，吸引游客上亿人次。编辑发行了《休闲农业》季刊，年发行量达 1.8 万册以上；通过新华社、农民日报、四川日报、四川电视台等 30 多家主流媒体和新媒体平台全方位宣传推介四川省休闲农业发展成果。

（五）强化休闲农业智力支撑

按照农业农村部开展休闲农业和乡村旅游人才培训要求，结合四川省实际，分级、分类、分批开展培训。2019 年 4 月 19 日，承办了全国贫困地区休闲农业培训班，四川省凉山、甘孜、阿坝三州贫困地区 10 名代表参训。组织阿坝、甘孜、达州、泸州等地基层干部和休闲农业经营主体参加农业农村部休闲农业管理人员培训。2019 年 7 月 26 日，在成都市组织开展了全省休闲农业专题培训班，全省 21 个市（州）、126 个县（市、区）休闲农业分管负责人参训。通过培训，增强了基层干部服务产业、指导产业的发展能力。

（六）积极争取政策支持

2019 年 9 月，四川省委省政府出台《关于加快建设现代农业“10＋3”产业体系推进农业大省向农业强省跨越的意见》（川委发〔2019〕21 号），指出积极争取将发展休闲农业、乡村旅游等新业态纳入“10+3”产业体系中，要求在省级园区内合理布局休闲农业板块，开展园区景区化建设。在园区建设资金中，安排不低于资金总额的5%，支持休闲农业基础设施、服务设施和功能设施建设。

（七）指导开展休闲农业安全生产

认真落实休闲农业安全生产属地责任和主体责任，不定期开展休闲农业安全生产检查整治活动，排查治理事故隐患，确保休闲农业的生产安全。

【存在的主要问题】

一是基础设施亟待完善。停车场、安全设施、消防设施、应急设施、医疗设施、食宿等基础设施滞后。标识标牌设置不合理，游览观光道建设不规范，景区景点打造不精致。二是发展方式较为粗放。大多数项目开发深度不够，以就餐、钓鱼、采摘为主，游客参与性不强，项目缺乏创意和特色，结构雷同，同质同构现象严重，抗经营风险能力较弱。三是服务质量有待提高。大部分休闲农业经营主体缺乏管理的相关标准，管理制度不健全、不规范，从业人员缺乏专业培训，服务水平亟待提高。受传统经营方式和管理思想的影响，基层干部和经营主体缺乏市场观念和品牌意识。

贵 州 省

在农业农村部的指导下，贵州省农业农村厅把发展休闲农业与乡村旅游作为实施乡村振兴战略下的一项重要工作内容，全面贯彻中央1号文件的决策部署，以及农业农村部14个部委下发的《关于大力发展休闲农业的指导意见》的要求，大力实施休闲农业和乡村旅游精品工程，有力推动农村一二三产业融合发展，实现了农村经济发展、农民增收的新局面。

【基本情况】

2019年，全省休闲农业与乡村旅游经营主体10 049个，比2018年同期增加3 194家；接待人数近9 764.9万人次。休闲农业经营主体实现营业收入109.2亿元，同比增长21.3%；实现利润27.7亿元。休闲农业经营主体从业人数达到23.8万人，其中农民就业人数达21.7万人，从业人员年均工资额2.31万元，带动农户19.7万户。

【主要做法及成效】

（一）深入实施休闲农业和乡村旅游精品工程，推进休闲农业和乡村旅游高质量发展

2019年，湄潭县茶旅休闲游、贵定县乡村旅游入选农业农村部发布的“休闲农业和乡村旅游春季旅游精品线路”，水城县（极贫县）海坪千户彝寨、兴义市贵州醇景区、万峰林休闲生态之旅入选农业农村部发布的“休闲农业和乡村旅游夏季精品景点线路”，贵阳市乌当区黄连少数民族村寨入选农业农村部发布的“休闲农业和乡村旅游秋季精品景点线路”。花溪区青岩镇龙井村、平坝区夏云镇小河湾村、岑巩县客楼镇下寨村、兴义市万峰林街道办事处双生村、盘州市普古彝族苗族乡舍烹村、万山区高楼坪乡青年村、纳雍县厍东关乡陶营村、平塘县者密镇平河村认证为2019年中国美丽休闲乡村。通过推介，极大地提升了贵州省休闲农业和乡村旅游的知名度和美誉度。

（二）发挥财政资金的导向引领作用，促进休闲农业发展

2019年，按照脱贫攻坚的要求，以增加农民收入、带动相关产业、扶优扶强扶特为原则，安排资金1 494.42万元，对休闲农业等项目进行贴息和补助。

（三）在农村产业革命中，推进农旅一体化发展

坚持农业种养基地、坝区按照六园一体功

能建设，促进农业园区规模化、标准化、机械化、产业化和集约化经营水平进一步提升。推进农业和旅游深度融合，打造生产标准化、经营集约化、服务标准化、功能多样化的休闲农业与乡村旅游产业带和产业群。

【存在的主要问题】

尽管贵州省休闲农业的发展取得了显著的经济效益和社会生态效益，但由于全省休闲农业的总量、规模等有限，相关的经营、管理、服务、宣传等还处于较低水平。

（一）休闲农业与文化融合度不够

休闲农业经营主体自身开发活动项目能力有限，普遍围绕“观农村景、吃农家饭、住农家屋、购农家物”开展经营活动，产品没有品位和特色。许多项目是由生产性项目改造为观光农园，项目功能单一，同质化明显，缺乏创新与特色，尤其是可供游人参与的农业生产活动和娱乐活动较少，对本地的民俗、文化内涵开发不充分。大多项目缺乏知识性、趣味性和吸引力。

（二）基础设施建设滞后

休闲农业景点基础建设投入不足，基础设施不配套，交通、电力、供水、卫生等配套设施建设滞后。如安全饮水工程缺乏，供电设施不足，安全隐患大；垃圾和污水处理不到位，产生的生活垃圾及污水影响环境；道路、停车场、洗手间等公共设施简陋；客房、餐厅等主要食宿设施条件、卫生状况有待改善；村卫生医疗条件落后，难以满足游客需求。

（三）管理水平有待提高，从业人员素质较低

一是管理滞后，制度不健全。如卫生状况不好，乱搭乱建现象严重，观光线路标志不明显。二是缺乏拥有专业知识和经过培训的休闲农业经营管理人才和服务人员。

（四）缺乏促销宣传力度

在宣传意识上，主动宣传和参加集体促销的意识和要求不强；在宣传策略上，缺乏重点突出、灵活多样、覆盖面广、辐射度大、持续时间长的促销方式；在宣传手段上，只局限在较原始的手段，没能充分发挥广播电视、报刊、互联网等现代传媒的作用。游客只对一些大型的、较成熟的休闲农业旅游点有所了解，对其他小型休闲农业旅游点的情况则知之甚少。

【发展建议】

深入贯彻落实中央1号文件、《国务院关于促进乡村产业振兴的指导意见》精神，按照农业农村部办公厅印发的《2020年乡村产业工作要点》、贵州省印发的《加快农文旅融合发展助推农业革命实施方案》《贵州省农村产业基地“六园一库”创建工作方案》要求，积极发展乡村休闲旅游，大力实施休闲农业和乡村旅游精品工程。

（一）坚持一二三产业融合发展

依托优势产业，以农业园区为载体，推动一二三产业融合发展，拓展农业功能，大力发展休闲农业和乡村旅游。一是农业种养基地、坝区按照六园一体功能建设，打造成农村一二三产业融合载体。二是促进农业园区规模化、标准化、机械化、产业化和集约化经营水平进一步提升，建成一批具有多种功能的高标准种植基地。三是推进农业和旅游的深度融合，打造生产标准化、经营集约化、服务标准化、功能多样化的休闲农业与乡村旅游产业带和产业群。

（二）坚持与扶贫攻坚相结合

引导贫困地区在发展中规范建设，突出特色，打造休闲农业与乡村旅游精品，加快推动脱贫攻坚步伐。一是充分利用贵州省独特的气候、生态环境、田园风光等优势，注重农村环境综合治理和人居环境改造。围绕农业生产过程、农民劳动生活和农村风情风貌，优化发展布局，保留乡村风貌，留住田园乡愁，形成串点成线、连

线成片的发展格局。二是加强传统村落保护、传统文化传承。挖掘农业文明，传承农耕文化，突出文化特色，加大资源整合力度，形成集农业生产、农耕体验、教育展示、美丽田园、农产品加工销售于一体的休闲农业和乡村旅游特色村。

（三）坚持精品品牌培育，提升服务水平

按照农业农村部 2020 年乡村产业工作要点，结合全省实际情况，开展休闲农业品牌创建。一是积极开展全国休闲农业重点县建设工作，创建一批资源独特、环境优良、设施完备的全国休闲农业重点县。二是建设一批设施完备、功能多样的休闲农业园区、乡村民宿、康养基地等，打造特色突出、主题鲜明的休闲农业和乡村旅游精品。创建一批中国美丽乡村，开展“最美乡创、乡艺、乡厨、乡贤、乡社、乡品、乡园、乡景、乡居”等“十最十乡”推介活动。三是继续组织各地参加农业农村部开展的 2020 年乡村休闲旅游“春观花”“夏纳凉”“秋采摘”“冬农趣”系列推介活动，推介一批全国休闲农业乡村旅游精品景点线路。四是鼓励各地因地制宜，培育农业嘉年华、休闲农业特色村镇、农事节庆等形式多样、富有特色的品牌。五是组织开展休闲农业和乡村旅游人才培训，加强行政指导、经营管理、市场营销等方面的培训，培育一批积极性高、素质强、善经营的行业发展管理和经营人才，以及服务意识强、应急能力强、接待礼仪规范的从业人员。

云 南 省

2019 年，云南省认真贯彻党中央国务院和省委省政府有关文件精神，以乡村振兴为主线，依托自身丰富的自然和人文资源，深入挖掘乡村自然风光、人文遗迹、民俗风情、历史文化、农民生活及农业生态等资源，适应自驾游、养生游、休闲游等旅游新业态发展趋势，大力发展休闲农业乡村生态游、观光游、休闲游，强化乡村旅游基础设施建设，完善旅游服务体系，丰富旅游产品，打造休闲农业和乡村旅游品牌，把休闲农业和乡村旅游作为一二三产业融合发展和乡村振兴的重要抓手，休闲农业和乡村旅游呈现旅游经济稳步增长、产业格局日趋完善、市场规模品质同步提升的良好局面。

【基本情况】

（一）发展成效显著

一是发展规模逐年增长。全省凭借得天独厚的资源优势，积极发展休闲农业，整个产业呈现出“发展加快、布局优化、质量提升、领域拓展”的良好态势。据统计，2019 年休闲农业经营主体达到10 502个，比 2018 年增 341 个；休闲农业从业人数 13.86 万人，比 2018 年增加 0.79 万人，其中，农民就业人数 11.28 万人；带动农户 33.74 万户，接待人数 8 624.46 万人次，比 2018 年增加 825.18 万人次；休闲农业营业收入 143.41 亿元，同比增长 17.65%，其中，农副产品销售收入 36.96 亿元；经营利润总额 22 亿元，从业人员劳动收入 27.72 亿元。

二是特色经济促增收。每年 2 月初到 3 月中下旬，是云南省春花盛开的时节，漫山遍野的油菜花、桃花等争奇斗艳，闻名而至的赏花客络绎不绝，以腾冲、罗平为代表的小县城一时间成为中外游客汇聚的“花花世界”。各级农业农村部门因势利导，大力发展“春花经济”，举办“罗平油菜花节”“腾冲花海节”等各种花卉节庆，引导休闲农业健康发展，有力促进了农民增收。如在“罗平油菜花节”期间，农户卖农副产品的收入每户可高达 6 万余元。

三是宣传推广见成效。2019 年云南省积极参加农业农村部组织开展的以“春赏花”“夏纳凉”“秋采摘”“冬农趣”为主题的休闲农业和乡村旅游精品推介活动。2019 年弥勒市农业农村局和石林县农业农村局代表云南省分别做了“春赏花”和“秋采摘”现场典型推介。云南省参加农业农村部在全国 4 个省开展的全国休闲农业精品地图拍摄试点工作，云南省选取了文山州广南县和玉溪市大营街进行试点，拍摄取得了良好效果，在全国进行了推广。通过这些宣传，有效地提高了云南省休闲农业和乡村旅游的知名度和美誉度。

（二）休闲农业和乡村旅游服务水平显著提高

云南省休闲农业从最初的娱乐性单一的“农家乐”逐渐向产业配套、功能多样的休闲农业和乡村旅游发展，从低水平服务向高水平服务转变。休闲农业和乡村旅游服务水平显著提高，相继开发了采摘、耕作、科教、民族文化等休闲农业体验项目，最终实现农民增收、农业增效、政府增税的发展目标。

（三）休闲特色逐步显现

各地根据自然条件和农业资源禀赋，结合人们的消费需求，加大休闲农业资源的深度开发力度，不断调整产业布局，逐渐形成了具有浓厚地方特色和农业特色的休闲农业产业发展模式。红河州元阳县爱春阿者科村等 8 个村被农业农村部授予中国美丽休闲乡村称号。另外，建设以中心城市群为依托的城市居民假日休闲娱乐、购物、农业教育等多功能休闲农业区，如昆明锦庄农业科技有限公司等，同时，春天赏花，秋天摘果等多种类型的特色休闲农区也不断涌现。

（四）带动作用不断增强

休闲农业的发展，带动了农村商贸业、交通运输业、乡村客栈等产业的繁荣，促进了农民就业增收和农业农村经济发展，脱贫效益不断增长。2019 年全省从事休闲农业的农村贫困人口 6.42 万人，通过从事休闲农业而脱贫的农村人口有 6.05 万人，比 2018 年增长 20%。全省发展较好的国家级休闲农业示范点丽江市玉水寨，带动周边 481 户农民建设种养基地2 000多亩；吸纳农民就业 115 人，人均年工资近 3 万元，比全省农民年人均收入高出近 2 万元。同时，休闲农业示范点还带动了周边农家乐、乡村客栈、乡村酒吧等服务业的发展，间接带动农民就业1 000余人（不含季节性农民工），农民人均年纯收入达 2 万余元，比全省农民年人均纯收入高出 1 万多元。

【主要做法及成效】

（一）突出政策引领，强化工作推动

一是省级层面认真贯彻党中央国务院的一系列方针政策，指导州市开展工作；二是积极鼓励支持州市出台适合本地的政策。玉溪市、曲靖市、大理州和临沧市等州市都相继出台政策，大力发展休闲农业和乡村旅游。临沧市出台《临沧市大力发展乡村旅游的意见》《临沧市乡村旅游示范村》等相关文件，有力推动了休闲农业和乡村旅游的发展。

（二）突出财政扶持，提升发展能力

省农业农村厅积极鼓励各地大力发展休闲农业和乡村旅游，具有休闲农业和乡村旅游发展优势的州市县都整合资金加大了投资力度。2019 年云南省休闲农业投资总额 103.64 亿元，比 2018 年增长 29.5%；财政扶持资金 9.27 亿元，比 2018 年增长 7.2%。例如，德宏州 2019 年全州休闲农业产业投资总额 4.13 亿元。为进一步加大休闲农业的资金扶持力度，休闲农业政府扶持资金总额达 2.25 亿元，主要用于基础设施、环境改造、宣传打造、品种引进、新技术开发、标准化管理和经营水平培训等方面。各地政策的相继出台，促进了休闲农业发展，提升了休闲农业和乡村旅游发展能力。

（三）突出示范引领，提升发展水平

按照以点带面、示范引领的思路鼓励支持各州市打造地方特色品牌，推动形成休闲农业产业区、产业带，指导县区结合“一县一业”“一镇一特”“一村一品”制定休闲农业发展规划，划定休闲农业区。大理州依托已打造形成的“景区带动型”“节庆会展型”“党支部带动型”等乡村旅游典型示范模式，积极向具备类似资源和条件的地区进行示范推广。德宏州坚持农业产业与休闲产业的融合，不断丰富和拓展休闲农业综合功能和文化内涵，重点推广休闲农业产业示范园、休闲农业示范镇、休闲农庄、休闲农家4种发展模式，提升休闲农业发展水平。

（四）突出新业态培育，大力发展“旅游＋”新产业

依托云南省丰富的自然景观和民族风情，鼓励各地大力发展休闲农业。保山市组织推介保山华大智惠农业科技园 、高黎贡山茶博园、腾冲和睦茶花村、腾冲界头油菜花4个休闲农业和乡村旅游精品景点线路，推进“农业基地”变为“旅游景区”。大理州鹤庆县新华村通过挖掘民族传统手工艺，发挥其在大理、丽江两大旅游热点目的地的优势，突出“小锤敲过一千年”的品牌，走出了“旅游＋民间传统工艺”的成功发展模式。

（五）突出人才培养，提供智力支撑

结合全省实际分级、分类、分批开展培训。省农业农村厅积极组织贫困地区参加农业农村部组织的全国贫困地区休闲农业培训班。2019年省农业农村厅组织迪庆州、怒江州休闲农业管理人员和经营主体参加农业农村部乡村产业发展司组织的全国休闲农业培训班。2019年云南省举办全省休闲农业和乡村旅游培训班及统计培训班，省农业农村厅均做开班动员和开班授课，采取课堂授课和现场教学并进的方式；全体学员在学思践悟中对休闲农业和乡村旅游有了更深层次的认识，取得了预期效果。

（六）突出品牌营销，塑造产业形象

坚持以品牌化营销为手段，鼓励支持各地多形式、多渠道开展营销推介宣传活动，着力提升产业发展影响力和竞争力。一是强化品牌培育。在积极参加农业农村部组织的中国美丽休闲乡村推介活动的同时，鼓励支持各州市培育地方品牌。二是强化节庆营销。丽江市先后举办了丽江市农民丰收节、丽江雪桃桃花节、纳西三多节、金山东元白族文化节、东巴文化旅游节等活动，吸引了大批的省内外游客，有力提升了休闲农业与乡村旅游的品牌形象。大理州举办的鹤庆奇峰梨花村梨花节、巍山马鞍梨花节、漾濞县核桃文化节、稻田养鱼首届开渔节通过“旅游＋节庆”的发展模式打造休闲农业和乡村旅游品牌。

【存在的主要问题】

（一）发展较为粗放

云南省休闲农业仍处于初级发展阶段，建设、经营管理中的随意性比较突出，没有较好的规划，没有深入研究游客需要和满意度，导致整体水平较低，配套设施缺乏，休闲农业产品仍处于质量较低、水平较低、效益较低的粗放发展状态。

（二）产品较为单一

休闲农业属专项旅游产品，能够进行综合性的开发和系统性的发展。但目前云南省休闲农业还局限在观光休闲层次，产品特性没有得到充分展示，观光型项目多，自然型项目多，农事体验的项目少，民俗文化类的项目少，康养度假型的项目少，影响了产品的吸引力。调查发现，一般休闲农业的活动项目是以吃饭、垂钓、棋牌娱乐、乡村观光等形式为主，缺乏一些体现自身特色的项目，休闲农业同质化、雷同化现象突出。

（三）集约化水平低，小散乱现象突出

云南省休闲农业主体单一，小、散、乱现象仍较为突出，特别是存在休闲农业园区、农业庄园等资金后续投入不足、品牌影响力小、推广滞后、设施不到位等情况，制约了休闲农业与乡村旅游向集约化、规

模化发展。

（四）基础设施相对较差

目前，云南省大部分休闲农业点公共交通缺乏，无法吸引大量游客前往。其他配套设施仍然满足不了游客的需要，例如停车场、洗手间、工具室、电话亭等公共设施简陋；客房、餐厅、茶楼等主要设施条件较差，卫生状况不尽如人意，很难留住游客。

西藏自治区

西藏作为世界重要的旅游目的地之一，发展休闲农业和乡村旅游具有得天独厚的优势。自治区党委和政府高度重视，西藏农牧厅认真贯彻落实，主动作为，积极配合，形成了政府主导、行业指导、属地管理、项目审批、社会参与的休闲农业与乡村旅游发展机制。目前，休闲农业和乡村旅游发展势头良好。现将有关工作开展情况汇报如下。

【基本情况】

（一）开展全国休闲农业与乡村旅游示范县、示范点创建工作

休闲农业具有拓展农业的观光休闲等功能，围绕农业生产过程、农民劳动生活和农村风情风貌，通过创意、创新、创造让游客品味农业情调、享受田园生活、体验农耕文化，促进农村一二三产业联动发展。休闲农业是新型的农业产业形态和新型的消费业态，促使大量的农区变景区、田园变公园、农产品变商品，让闲置的土地流动起来，让闲暇的时间充实起来，让富余的劳动力活跃起来，休闲农业是日益成为富裕农民、提升农业、美化乡村的战略性新兴产业。截至 2019 年，自治区经农业农村部、文化和旅游部认定的全国休闲农业与乡村旅游示范县 7 个、示范点 9 个。

（二）开展中国美丽休闲乡村推介活动

以建设美丽宜居乡村为主，推进生态文明、实现人与自然和谐发展为核心，以传承农耕文明、展示民俗文化、保护传统民居、建设美丽田园、发展休闲农业为重点，向公众推介一批天蓝、地绿、水净、安居、乐业增收的美丽休闲乡村。截至 2019 年，全区由农业农村部认定的中国美丽休闲乡村有 21 个。其中，2019 年新增的中国美丽休闲乡村有 8 个。

（三）开展中国最有魅力休闲乡村推介活动

打造西藏独有的休闲乡村，提升休闲农业的知名度和影响力。全区经农业农村部认定的中国最有魅力休闲乡村 1 个。

（四）开展生态富民工程，改善农村生产生活环境

农牧区的村容村貌和民风明显改善。开展春节·藏历新年战役、春季战役“3·28”行动、夏季战役和秋冬季战役四大村庄清洁行动，独具西藏特色的“四清两改”措施等得到了农业农村部的充分肯定。自治区开展不同海拔、不同处理工艺的“厕所革命”试点示范工作，落实资金 11 570 万元，对 57 850户实施整村推进农村户用卫生厕所改造进行奖补；统筹推进农村生活垃圾和污水治理，完成1 836个村庄规划，16 个村落入围中国传统村落名单。双湖县强巴旦真被农业农村部和中宣部评为“乡村阅读榜样”；白朗县被认定为首批全国乡村治理体系建设试点单位；“山南市措美县探索高寒地区全天候便民服务模式”被授予首批 18 个全国农村公共服务典型案例。

【主要做法及成效】

（一）促进农牧区从单纯衣食向多功能转化

通过“农业＋”文化、教育、旅游、康养等产业，催生消费体验、民宿服务、农牧业科普、乡村服务等一二三产业融合，由零星分布向集群转变，自治区涌现出一大批有

特色的“藏家乐”、休闲农庄。休闲农业与乡村旅游不仅成为国内外游客赴藏旅游的重要内容，而且还开发了农业的多重功能，成为农牧民非农就业、增收的重要形式。

（二）农业观光旅游市场体系进一步完善

通过打造休闲农业、乡村旅游示范县（点）和美丽乡村建设、改善农村人居环境等，全区实现了农牧业生产物化产品和精神产品双重增值；通过体验高原的自然特色、人文风光和民族风情，感受大美西藏、天上圣地的绝美胜景，自治区推动各地提高乡村旅游服务意识、服务质量和经营理念，初步形成了面向国内外客源市场、本地城镇居民的乡村旅游市场格局。

（三）推动高原特色的农畜产业发展和农民增收

高原特色旅游产业的发展，已经成为西藏重要的支柱产业。一方面，农牧民在发展休闲观光农业中实现了增收致富；另一方面，带动了自治区高原特色农畜产品的发展，发挥了自治区高原特色农牧业生产的资源优势和天蓝水净质优的产品优势，加快推动了农牧民脱贫致富和农牧转型升级。

【存在的主要问题】

休闲农业与乡村旅游发展迅速，在促进农村村居环境改善、拓宽农牧民就业渠道、带动增收等方面起到了积极作用，但还存在以下问题。

（一）旅游基础公共设施服务能力有待提升

在自治区政府的高度重视下，全区旅游基础设施和公共设施服务能力得到有效提升，但对于乡村旅游来说，交通基础薄弱，游客出游交通花费时间长、成本高，与快旅慢游的市场需求相矛盾，卫生、信息、金融等公共配套设施依然严重缺乏，在旅游安全保障系统方面投入少，严重制约了休闲农业和乡村旅游的规模化、标准化发展。

（二）市场发育程度低

休闲农业和乡村旅游专门市场还不成熟。目前，主要为徒步体验等特趣市场和区内市场，均为小众市场，国内大众观光市场很少关注西藏休闲农业和乡村旅游。另外，基础公共服务设施建设的社会化、市场化发育程度较低。

（三）缺乏规划引导，优势资源整合不够

政府层面缺乏相应的规划，指导、服务、扶持不够，难以适应建设“重要的世界旅游目的地”的要求。

【发展建议】

乡村旅游贴近农村、贴近农牧民，是促进农村繁荣发展、推动农牧民增收致富的重要产业。

（一）加强规划引导

按照生产、生活、生态统一，一二三产业融合的总体要求，围绕农业生产过程、农民劳动生活和农村风情风貌，遵循乡村自身发展规律，因地制宜，科学编制发展规划。挖掘农业文明，注重参与体验，突出文化特色，加大资源整合力度，形成集农业生产、农耕体验、文化娱乐、产品加工销售于一体的休闲农业点（村、园），打造生产标准化、经营集约化、服务规范化、功能多样化的休闲农业产业带和产业群。依托休闲农业点（村、园）、乡村旅游区，建设搬迁安置区，着力解决易地扶贫搬迁群众的就业脱贫问题。

（二）丰富产品业态

鼓励各地依托农村的绿水青山、田园风光、乡土文化等资源，有规划地开发休闲农庄、乡村酒店、特色民宿等乡村休闲度假产品，促进休闲农业的多样化、个性化发展。支持农民发展农（林、牧、渔）家乐，积极扶持农民发展休闲农业合作社，鼓励发展以休闲农业为核心的一二三产业融合发展的聚集村。引导和支持社会资本开发农民参与度高、受益面广的休闲旅游项目，提高产业融合的综合效益。

（三）改善基础设施

实施休闲农业和乡村旅游提升工程，扶持建设一批功能完备、特色突出、服务优良的休闲农业聚集村、休闲农业园、休闲农业合作社，着力改善休闲农业村庄道路、供水设施、Wi-Fi、停车场、厕所、垃圾污水处理、游客综合服务中心、农事景观的观光道路、乡村民俗展览馆等基础服务设施；改善休闲农业基地的种养条件，实现特色农业加速发展，村容环境净化、美化，休闲服务能力同步提升；鼓励因地制宜，兴建特色餐饮、特色民宿、购物、娱乐等配套服务设施，满足消费者的多样化需求。

（四）推动产业扶贫

对自治区资源有优势的贫困地区，要优先支持，特别是支持建档立卡贫困户发展休闲农业合作社、农家乐和小型采摘园等，重点实施建档立卡贫困村“一村一品”产业推进行动，带动贫困地区传统种养产业转型升级，促进贫困地区脱贫致富。

（五）培育知名品牌

在整合优化的基础上，重点打造点线面结合的休闲农业品牌体系。在“点”上，继续开展中国美丽休闲乡村推介活动，在全国打造一批天蓝、地绿、水净，安居、乐业、增收的中国美丽休闲乡村（镇）。在“线”上，重点开展休闲农业精品景点线路推介，吸引城乡居民到乡村休闲消费。在“面”上，继续开展全国休闲农业示范县（区）创建，着力培育一批示范带动能力强的休闲农业集聚区。自治区鼓励各地因地制宜，开展多种形式的品牌创建与推介活动，积极培育地方品牌。

陕 西 省

2019 年以来，在农业农村部乡村产业发展司的指导下，陕西省休闲农业工作认真贯彻落实农业农村部有关部署要求，以助力乡村振兴为根本遵循，以强农业、富农民、美乡村为着力点，强化组织领导，创新工作方法，夯实工作责任，保证全省休闲农业稳步有序发展。现将年度发展情况报告如下。

【基本情况】

（一）产业布局不断优化

依托特色产业发展，“农业＋”文化、旅游、教育、康养等新业态不断涌现，休闲农业内涵、外延和发展领域不断拓展，布局不断优化。全省“近城、靠景、依产、沿路”布局特征基本形成，以西安周边地区为核心，沿渭河、汉江、黄河、丹江 4 条黄金水道，南北交通干线、关中环线两条黄金干线的六大休闲农业带，与陕北黄土风情、关中农耕民俗、陕南山水风光三大板块的“一圈引领、三区联动、六带升级、多星扩散”发展格局不断凸显。

（二）内涵质量稳步提升

各地在发展中更加注重资源的稀缺性、产品的唯一性、品质的独特性，以培育特色品牌为引领，依托生态、产业、民俗等资源禀赋，进一步拓功能、延链条、促融合，休闲农业发展内涵质量稳步提升。农村特色产业小镇、田园综合体等新业态、新形态快速发展，进一步丰富了休闲农业的发展内涵。

（三）综合效益日益彰显

休闲农业发展进一步挖掘了农业内部的增长潜力，拓宽了农民创业就业渠道，开辟了农业农村发展新空间。截至 2019 年年底，全省休闲农业经营主体有 1.08 万个，从业人数 28.2 万人，其中农民就业人数 20.9 万人，带动农户 8.6 万户。全年接待游客9 966万人次，休闲农业营业收入 71 亿元，从业人员年平均劳动报酬 2.5 万元。

【主要做法及成效】

（一）抓示范创建，深化引领带动

聚力抓好示范创建，树品牌、立样板，

培育全省休闲农业发展“领头雁”。一是“国字号”品牌再添亮点。西安市蓝田县小寨镇董岭村等9个村被认定为2019年中国美丽休闲乡村，陕西省累计创建中国美丽休闲乡村34个。二是“省字头”小镇持续推进。列支专项资金，支持绥德县满堂川镇（灵宝山地苹果特色产业小镇）等12个农村特色产业小镇发展，培育乡村振兴的新载体、新样板。三是多功能农业深入发掘。精心组织开展第五批中国重要农业文化遗产申报工作，推荐临潼石榴生产系统、石泉蚕桑生产系统、汉阴凤堰古梯田稻作系统、紫阳毛尖茶生产系统申报第五批中国重要农业文化遗产。

（二）抓监管指导，优化工作机制

坚持问题导向、目标导向，进一步完善项目支持、统计监测、调查研究等工作机制，不断增强工作的针对性和实效性。一要加强项目指导。印发《2019年“一村一品”休闲农业项目实施方案》（陕农计财〔2019〕60号）和《关于公布实施2019年农村特色产业小镇项目名单的通知》（陕农计财〔2019〕79号），共列支资金4 500万元，指导各地扎实做好农村特色产业小镇建设、“一村一品”休闲农业“国字号”品牌培育，开展休闲农业文创活动。二要强化统计监测。印发《陕西省农业农村厅办公室关于进一步做好休闲农业和乡村旅游监测工作的通知》（陕农办发〔2019〕56号），组织举办全省休闲农业统计监测培训活动，从系统介绍、制度解读、现场实操方面对市、县（区）业务负责同志进行了全面培训，进一步完善工作机制。三要深入开展调研。印发《陕西省农业农村厅办公室关于开展农业产业发展项目调研的通知》（陕农办发〔2019〕276号），开展了省级农村特色产业小镇项目、“国字号”品牌建设项目调研。按照农业农村部安排部署，开展了农村产业融合用地标准调研工作，进一步摸清了全省休闲农业用地现状、特点和需求，提出了政策建议。

（三）抓公共服务，强化保障体系

一方面，强宣传造氛围。印发《陕西省农业农村厅办公室关于做好休闲农业和乡村旅游精品推介活动的通知》（陕农办发〔2019〕40号），按照“统筹谋划、上下联动、突出特色、重点推进”的思路，在品牌培育和示范创建基础上，分时段、分类别向社会发布推介一批休闲农业和乡村旅游精品。组织推荐16条精品景点线路、8个农事节庆活动、5个拍摄地点参与全国推介活动。组织太白县、留坝县分别参加中国美丽乡村休闲旅游行（夏季、秋季）推介活动。联合共青团陕西省委等部门成功举办第三届特色与休闲农业品牌推广活动。委托省广播电视台开展《秀美乡村映三秦》乡村振兴系列拍摄宣传活动。推荐咸阳市袁家村参加《中国休闲农业地图》节目拍摄，相关视频已制作播出。另一方面，抓学习促提升。组织陕西省3处中国重要农业文化遗产所在地的农业农村局相关负责人赴北京参加中国重要农业文化遗产管理培训班。组织市、县及休闲农业经营主体先后赴成都、湖州参加全国休闲农业培训班，学习当地的好做法、好经验，为产业发展提供智力支撑。

【存在的主要问题】

总体来看，自“大棚房”问题专项清理整治行动开展以来，全省休闲农业发展更加规范有序，整体势头良好，但也存在一些问题与短板。

（一）思想准备不足

各地发展存在不平衡现象。部分市县在推动工作中，思想准备不足，个别地方还有“缺位”现象，跟不上加快推进乡村产业振兴的形势要求。

（二）供给能力不足

部分休闲农业经营主体缺乏品牌意识和营销手段。整体还缺乏特色化、精细化、系列化产品，创意策划和个性化体验服务不多。

（三）保障措施不足

部分地区休闲农业公共服务设施还有待加强，从业人员大多缺少培训，服务能力和服务水平有待提高。

【发展建议】

围绕农业农村部休闲农业工作部署以及全省农业农村中心工作，以促进产业升级、增加发展动能、加快高质量发展为主线，聚焦关键环节和瓶颈问题，推动全省休闲农业进一步优化布局、丰富类型、完善功能、打造特色，努力将休闲农业培育成强农业、富农民、美乡村的重要支柱产业。

（一）加强发展指导，优化产业布局

进一步发挥好规划对产业发展的指导和引领作用。结合全省国土空间规划和农业产业“3＋X 工程实施意见”规划布局，指导各地进一步做好休闲农业发展规划与相关上位规划、产业发展规划的衔接，因地制宜编制（修订）完善发展规划，推动休闲农业合规合理、有序发展。

（二）加强品牌培育，提升供给能力

以实施休闲农业精品工程为抓手，进一步抓好全省休闲农业品牌建设，推进产业高质量发展。一是抓好新样板、新典型。按照农业农村部工作部署，加快培育一批中国美丽休闲乡村、休闲农业示范县，壮大“国字号”队伍。二是发掘新功能、新价值。大力开发田园观光、果蔬采摘、民俗体验、乡村康养、亲子研学、民宿度假等业态，打造消费新热点。三是丰富新业态、新类型。充分挖掘陕西特色产业、农事节庆、民俗文化等资源禀赋，建设一批设施完备、功能多样的休闲农园、休闲农庄、休闲乡村，打造一批宜居、宜业、宜游的农村特色产业小镇。

（三）加强公共服务，强化支撑保障

一是加强监测管理。做好休闲农业基本情况、全国休闲农业和乡村旅游示范县基本情况、休闲农业经营主体统计情况年报统计工作，同时加强省级农村特色产业小镇项目调研检查，确保全省产业发展数据明、底子清。二是加强学习培训。把“请进来、走出去”培训作为培养乡村人才的重要方式，培养一批规划设计、创意策划、市场营销方面的人才和服务接待、教育解说方面的实用人才，不断增加产业发展后劲。三是加强宣传推介。结合时间节点、产业特点和消费需求，有组织、有计划地开展全省性休闲农业宣传推介活动，推动产业品牌化发展。鼓励各地因地制宜开展形式多样的宣传推介活动。

甘 肃 省

2019 年，在农业农村部的正确指导和甘肃省委、省政府的重视支持下，甘肃省农业农村厅以习近平总书记“绿水青山就是金山银山”理论为指导，以实施乡村振兴战略、助农脱贫增收为核心，以完善政策措施、培育知名品牌为重点，加大工作力度，打造示范品牌，广泛宣传推介，全省休闲农业产业持续健康发展。

【主要做法及成效】

（一）深入贯彻落实政策措施

深入贯彻落实省直 16 个部门印发的《关于大力发展休闲农业的实施意见》等文件精神，积极与国家最新的建设用地、财税扶持、融资信贷、公共服务等政策对接，组织全省认真开展休闲农业和乡村旅游农业设施用地调研，摸清用地类型、用地途径等总体情况，查找存在的困难和问题，总结市县典型做法经验，提出科学规划布局、鼓励土地复合利用和使用存量建设用地、适当扩大用地范围和提高用地规模等政策建议，促进全省休闲农业产业进一步发展，休闲农业各项经济指标稳健增长，产业规模不断扩大。据统计，全省各类休闲农业经营主体（包括农家乐、农业示范园区、休闲农庄、休闲旅游合作社、农家乐专业村、民俗村等）8 087家，营业收入29.31 亿元，接待人数9 317万人次，分别较 2018 年增长 8.2%、11.1%和 19.4%；全省休闲农业从业人员 26 万人，较 2018 年增长 20.9%，其中农民就业 23.8 万人，带动农户 8.6 万户，分别较 2018 年增长 24%和 5.3%。

（二）培育树立示范典型

充分发挥乡村资源、生态和文化优势，发展适应城乡居民需要的休闲旅游、餐饮民宿、文化体验、健康养生、养老服务等产业。积极组织全省各地积极参加中国美丽休闲乡村、精品园区线路、星级示范创建等各类活动，打造一批功能完备、特色突出、服务优良的示范休闲农业品牌，加快休闲农业发展。甘肃省新认定了 8 个中国美丽休闲乡村，全省中国美丽休闲乡村累计达到 26 个；筹备举办了全省“一带一路”美丽乡村论坛。通过示范引领，在全省有资源和区位优势的地方，以合作社为纽带，发展农家乐、乡村民宿、采摘园等休闲农业项目，其中，农民闲置的房屋，农户的农产品，农村的剩余劳动力，都发挥了不同程度的增收作用。

（三）坚持宣传推介，营造良好氛围

围绕“春观花”“夏纳凉”“秋采摘”“冬农趣”四个主题，省农业农村厅组织全省全国休闲农业和乡村旅游示范县、中国美丽休闲乡村、中国美丽田园、全国休闲农业星级示范企业及省级休闲农业示范县、示范点等率先提交美丽乡村休闲旅游行推介活动承办方案，通过层层推荐，优中选优，共推荐上报了 12 个。景泰县和卓尼县分别参加了在黑龙江省和海南省举办的“2019 中国美丽乡村休闲旅游行（夏季、冬季）”推介活动，并且进行全国现场推荐宣传；推荐了 7 个精品景点线路，其中 6 条线路被农业农村部编入《全国精品景点线路》进行推介宣传。以上这些充分展示了甘肃省近年来培育的休闲农业精品品牌形象，引导了消费，扩大了影响。

【存在的主要问题】

一是休闲农业投入不足。由于甘肃省财政困难，工作处于起步阶段，政策不完善，各级财政在休闲农业方面投入少，基本处于自发式发展状态。二是开发深度不够。经营主体特色不明显，对乡村文化内涵挖掘不深，延伸产品开发不足。同一区域内休闲观光农业项目开发的模式雷同。三是管理人才匮乏。休闲农业和乡村旅游的经营管理人员基本都是原来从事农业生产的农村居民，对休闲农业缺乏管理经验，整体素质亟待提高。四是管理机制不健全。休闲农业和乡村旅游涉及餐饮、住宿、娱乐、交通、安全、卫生等部门，齐抓共管的机制尚未形成，游客管理方面还不规范。

【发展建议】

（一）制定落实扶持政策

根据甘肃省现代丝路寒旱农业扶持政策，引导县区制定休闲农业发展规划，把休闲农业作为实施乡村振兴战略、实现一二三产业融合发展、增加农民收入的重要途径，制定发展措施，加大扶持力度。

（二）开发休闲农业资源潜力

把休闲农业与现代农业、文化创意产业发展相结合，把美丽休闲乡村、生态文明小康村建设融为一体，建立健全休闲农业与生态旅游、生态资源保护衔接机制，推进休闲农业与田园、康养、文化、旅游、教育、互联网等产业深度融合，大力发展休闲度假、创意农业、农耕体验、乡村手工艺等农业新业态，深入推动休闲农业产业发展。

（三）加强引导和示范引领

开展休闲农业重点县创建活动，培育树立生态农庄、绿色种植业、生态养殖业、田园风光、乡土文化、民俗风情等休闲农业先进典型，探索一批“田园＋康养＋文旅”的休闲农业模式，打造一批品牌，通过示范引领，大力发展“田园＋康养＋文旅”模式的农家乐、乡村民宿、采摘园等休闲农业项目。

（四）加大培训宣传力度

充分利用报纸、电视、广播等媒体平台，广泛开展宣传，动员和组织广大农民群众投身到休闲农业开发建设中，营造休闲农业发展的良好氛围。同时，借助农业院校等机构，大力开展休闲农业人才培养和经营业主及从业人员培训，进一步提升经营人员的服务意识与服务技能，积极推动休闲农业高质量发展。

青 海 省

【基本情况】

全省共有各类休闲农业经营主体 2 334 家，从事休闲农牧业和乡村旅游的人员有 7.21 万人，其中农牧民 4.48 万人，占比近 62%；年接待游客达 1 774 万人次，实现营业收入 17.86 亿元，其中农副产品销售收入 3.58 亿元，创利润 9.29 亿元；从业人员劳动报酬 3.7 亿元（人均收入近 9 000 元），带动农牧户 4.03 万户。全省认定国家休闲农业示范县 8 个，中国美丽休闲乡村 16 个，全国休闲农业与乡村旅游示范点 15 个，中国美丽田园 3 个，省级休闲农业示范点 135 家，列入 2019 中国美丽乡村休闲旅游精品线路 9 条，青海省休闲农业的品牌效应逐步显现。

【主要做法及成效】

（一）休闲农业发展总体向好

在市场拉动、政策推动、创新驱动、政府带动下，青海省休闲农牧业发展良好，全省共有各类休闲农牧业经营主体2 210家，较 2018 年减少 3.78%，从业人数 3.32 万人，其中农民就业人数 2.6 万人，年接待游客达 1 553.35万人次，较 2018 年增长 5.31%；实现营业收入 17.84 亿元，较 2018 年增长 1.36%，其中农副产品销售收入 3.08 亿元，创利润 5.58 亿元；业人员年人均工资 2.37 万元；带动农牧户 3.48 万户，较 2018 年增长 8.41%。

（二）发展类型日趋丰富

全省各地根据自然生态、农牧业资源、区位交通、民俗文化、客源规模及市场容量等因素，探索具有浓郁地域特色的发展模式和类型，初步形成了以种植业为主的“传统农业观光型”、以城郊设施农业为主的“设施农业休闲型”、以民俗文化为主的“民俗文化体验型”、以草地畜牧业为主的“草地生态旅游型”、以旅游景点为主的“风景名胜依托型”等多种发展类型，并且逐步向主题化、产业化、区域化和专业化方向发展。

（三）品牌效应逐步显现

开展休闲农牧业示范县和示范点创建、美丽乡村和美丽田园推介活动，认定国家休闲农业示范县 8 个，中国美丽休闲乡村 16 个，全国休闲农牧业与乡村旅游示范点 15 个，中国美丽田园 3 个，省级休闲农牧业示范点 135 家。

（四）产业化经营初现端倪

青海省的休闲农业与乡村旅游方兴未艾，逐步走向正规，并向产业化方向发展。围绕推进牦牛、藏羊、青稞、粮油、果蔬、中藏药材、冷水鱼等农牧主导产业和特色优势产业，与乡村旅游深度融合，提高农牧业综合效益。在2 210家休闲农业经营主体中，合作社参与经营的有 295 家，占 13.34%；休闲农业营业收入 17.84 亿元，其中农副产品销售收入 3.08 亿元，占 17.3%；带动农户 3.48 万人，其中带动贫困户 0.78 万人，占 22.4%，通过从事休闲农业的农村脱贫人数 0.64 万人，占参与贫困户的 82%。

（五）宣传推介日益加强

越来越重视休闲农牧业与乡村旅游宣传，通过召开休闲农业现场促进会、发展座谈会和研讨会，拓宽了发展思路，以当地资源为依托，因地制宜发展休闲农业和乡村旅游。加强了与电视台、报社等新闻媒体的合作，开展了多种形式的节庆活动。2019 年，各地策划和举办了各类农事节庆、创意大赛等活动 154 次，较 2018 年增长 32.75%。休闲农业的宣传力度增强，宣传效果显现。

【存在的主要问题】

总体上看，全省休闲农牧业还处于初级发展阶段，还存在不少问题和困难，资源优势还未完全转化为产业优势和经济优势。

（一）基础和配套设施薄弱

对休闲农业投入不足，经营场所基础设施简陋，舒适度不高，娱乐性不强，吸引力不够，特别是道路建设依然滞后。在“大棚房”拆除期间，园区（休闲基地）的餐饮中心、培训室、游客体验室、休闲中心、停车场、工具房等设施被拆除，基础和配套设施更显薄弱。

（二）一二三产业融合度不高

休闲农业发展很大程度上只注重生产生活等功能的发挥，而不注重与城镇化建设的相互融合，普遍存在文化创意不够个性化，特色不突出，品牌效应不强，经营模式雷同，建设的精细化程度不高，管理不科学的现象。同时，一二三产业融合度不高，一产占比较大。休闲农牧业经营主体的季节性强，为市民提供吃住行游购娱的能力不足，影响了休闲农业经济效益的提高。

（三）管理和经营水平偏低

休闲农牧业产业经营者和从业人员文化水平偏低，缺乏系统培训，法律意识、环境保护意识、服务意识淡薄，绝大多数农（牧）家乐仍处于较低的消费服务层次，服务项目单一，经营水平不高。

宁夏回族自治区

2019 年，宁夏回族自治区认真贯彻落实农业农村部《关于大力发展休闲农业的指导意见》，以促进农民就业增收、满足居民休闲消费需求、建设美丽宜居乡村为目标，充分利用本土资源，依照宜游则游、宜旅则旅的原则，积极推动休闲农业与乡村旅游业发展，助力脱贫攻坚、乡村振兴。

【基本情况】

2019 年，自治区注重休闲农业与旅游业、种植养殖业、文化和教育、康养等产业资源深度融合，与美丽乡村、全域旅游深度融合，发展休闲特色村、合作社，促进一二三产业融合发展，推动休闲农业和乡村旅游提档升级；2019 下半年，由于受“大棚房”专项清理整治行动等影响较大，经济效益大幅下降。据不完全统计，截至 2019 年年底，全区共有经营主体 857 个，较 2018 年同比减少 6.64%；接待人次 1 041.54 万人次，较 2018 年同比减少 24.80%；营业收入为 111 488万元，较 2018 年同比减少 26.28%，其中，农副产品销售收入为50 178万元，较 2018 年同比减少 27.73%；从业人数为 1.51 万人，较 2018 年同比减少 27.40%，其中，农民就业人数为 1.32 万人，较 2018 年同比减少 26.26%；从业人员人均工资额为 2.20 万元，较 2018 年同比增加 1.85%；利润总额为 20 194.17 万元，较 2018 年同比减少 27.18%；带动农户数为 33 986 户，较 2018 年同比减少 3.21%。

【主要做法及成效】

（一）加强规划引领，优化休闲农业区域布局

在市场的需求下、政策的推动下、政府的带动下、农户的驱动下，依靠浓郁的乡土

气息、鲜明的农业特色，自治区以特色产业、休闲庄园等为重点串联起了乡村旅游景区线路，在贺兰山东麓形成以葡萄酒为主题的生态休闲群，以沙坡头、沙湖旅游区为中心的农家乐群，以石嘴山—银川—吴忠为中心的沿河沿湖“渔家乐”群，以泾源县为主的“农家乐专业村”。自治区以银川、吴忠、石嘴山、固原、中卫周边地区为核心，形成了黄河城市带和贺兰山沿线两大辐射区的“一体两翼多点”发展格局和“近城、靠景、依产（特色农业产业）、沿路”的布局特征。近年来，根据全区休闲农业及乡村旅游的发展现状和特点，自治区将对整体的规划布局做进一步的优化和调整。

（二）加强宣传推介，提升休闲农业发展活力

以全区休闲农业提升年活动为抓手，联合5个地级市休闲农业主管部门，创意举办系列休闲农业节会和品牌推介活动，组织第三届银川市农业嘉年华、“魅力吴忠、多彩利通”乡村旅游文化节、中卫市“枸杞采摘节”“硒砂瓜节”等各类节会和品牌推介活动，共180场次。配合宁夏电视台《经济报道》栏目和《宁夏日报》对自治区的休闲农业发展进行专访宣传报道。利用宁夏特色农业、生态优势，组织开展产业、生活、功能、科技、品牌、景观等方面的创意活动，力促休闲农业与文化、教育、康养、旅游等产业融合发展。借助第四届中阿博览会组织休闲农业创意精品展，促进民俗文化与休闲农业相融合，提高广大民众对休闲创意农产品的认知和参与的积极性。指导宁夏休闲农业协会组织举办“最美味农家菜”培训评选活动，推荐会员单位厨师团队参加2019中国乡村美食大赛暨海派农家菜大擂台，荣获金、银奖9个，宁夏代表团荣获组委会优秀组织奖。通过举办系列活动，扩大宁夏休闲农业和乡村旅游社会知名度和影响力，推动全区休闲农业市场健康有序发展。

（三）加强示范创建，推动休闲农业提质增效

为持续发挥示范创建引领带动作用，自治区积极组织申报国家、自治区级休闲农业和乡村旅游示范创建活动，评选自治区级示范休闲农庄42家；申报争创国家级休闲农业和乡村旅游星级企业（园区）11家，其中五星级5家、四星级6家。目前，全区累计培育创建国家级休闲农业示范县10个、示范点16个，中国美丽休闲乡村13个，中国美丽田园3个，星级企业（园区）45个。其中，哈巴湖、红柳湾山庄、五渡桥农庄、神林山庄、龙王坝村入选全国休闲农业与乡村旅游精选精品景点。中宁枸杞种植系统和灵武长枣种植系统入选国家重要农业文化遗产名录。

（四）加强人才培训，提升服务经营管理水平

近两年，自治区连续开展休闲农业行业管理人才培训工作。为全面提升管理人员综合素质和能力，促进全区休闲农业健康有序发展，针对行业行政管理人员和企业（园区）管理人员，从经营管理、市场营销等几个方面，以课堂教学、案例教学及现场教学等相结合的形式进行培训，组织参加全国休闲农业星级示范创建“内审员”培训，赴贵州省和江西省举办全区休闲农业高级职业经理人培训、吉林省全区休闲农业管理人员冬季培训，在全区开展“互观互评”观摩活动，全年共培训休闲农业经理人和管理人员260人次。通过培训达到开阔视野、更新理念，创新商业运营模式和拓展休闲功能的实效，培养一支政策水平高、业务知识精的行政管理人员和懂经营、善管理的企业经营者队伍，全面提升管理人员综合素质和能力，促进全区休闲农业健康有序发展。

（五）加强政策扶持，提供行业发展的有力保障

近年来，宁夏先后编制了《宁夏休闲农

业“十三五”发展规划》《休闲农业分类及休闲农庄分级规范》地方标准等，为加快宁夏休闲农业发展打下了有利的政策基础。2019年，在宣传推介、节庆活动举办、人才培训等多个方面予以政策扶持；展开全国休闲农业和乡村旅游监测系统工作，摸清全区休闲农庄（园区）生产经营、规划特色、基础设施、管理服务等基本情况，建立完善休闲农业数据库。

【存在的主要问题】

当前，全区休闲农业发展取得了一定成绩，但也存在一些不足，主要表现在产业总体发展不平衡不充分，中高端乡村休闲旅游产品和服务供给不足，经营项目同质化严重，管理服务规范性不足，硬件设施建设滞后，从业人员总体素质不高，文化深入挖掘和传承开发不够。

【发展建议】

宁夏将认真践行“绿水青山就是金山银山”理念，按照习近平总书记“望得见山，看得见水，记得住乡愁”的要求，大力实施乡村振兴战略，深入推进农业供给侧结构性改革，以建设美丽乡村、促进农民就业增收、满足居民休闲消费为目标，加快推进休闲农业和乡村旅游高质量发展。

（一）坚持规划引领，完善基础设施

引导休闲农业和乡村旅游公共服务设施建设，利用“厕所革命”改造提升一批乡村旅游村庄道路，改善供水、厕所、垃圾污水处理等设施；鼓励因地制宜，结合美丽乡村建设提升改造特色餐饮、特色民宿等配套服务设施，满足消费者多样化的需求。

（二）坚持资源整合，传承农耕文化

“乡村振兴，既要塑形，也要铸魂。”休闲农业及乡村旅游的发展只有将文化资源、民风民俗等结合起来，才能讲好自然和人文故事，建设有温度的美丽乡村，书写记得住的动人乡愁，提升休闲农业和乡村旅游的文化软实力和持续竞争力。引导各市、县（区）因地制宜，深度挖掘辖区内的农耕文化、饮食文化、民俗民风等资源，重视文化传承，突出乡村特色，定向培育农业观赏、农事体验、疗养度假等具有较高文化内涵的服务形式。

（三）坚持品牌培育，带动示范创建

为提高休闲农业竞争力和附加值，促进一二三产业融合，以举办中国农民丰收节、休闲农业提升年、休闲农业节会等活动为载体，引导各市、县（区）结合本区域地理条件和园区特色，策划有创意、有内容、有体验、有效应的节庆活动；组织申报全国、自治区级休闲农业和乡村旅游示范创建活动，培育一批农村一二三产业融合发展的典型。

（四）坚持部门协同，健全保障机制

争取与财政、国土自然资源等部门协调，积极探索采取以奖代补、先建后补等方式加大财政扶持力度。鼓励有条件的地方通过盘活农村闲置房屋、集体建设用地、“四荒地”、水面等资源资产发展休闲农业和乡村旅游。

（五）坚持规范管理，提升服务水平

发挥休闲农业协会、产业联盟等桥梁纽带作用，形成经营主体自我管理、自我监督、自我服务的管理服务体系。加强对已认定的休闲农业和乡村旅游示范县、星级农庄等动态管理考核，实施“高素质农民培育提质增效三年行动计划”，加大从业人员培训，提升服务的规范化和标准化水平，打造一批积极性高、素质强、善经营的行业发展管理人才和经营人才，为加快推动农业农村现代化提供有力支撑。

新疆维吾尔自治区

2019年，在新疆维吾尔自治区党委、政府的正确领导和农业农村部农村产业发展司的科学指导下，自治区农业农村厅围绕实施乡村振兴战略和旅游兴疆战略，扎实推进“七个一批促升级”专项行动，加快推进“农业＋旅游”深度融合发展。现将工作开展情况汇报如下。

【基本情况】

2019年年底，休闲观光农业各类经营组织6 635家，较2018年同期增加271家，实现营业收入37.08亿元，增长10.51%；接待游客3 242.79万人次，增长14.62%；带动农户11.22万户，增长0.02%。

（一）产业规模逐步壮大

年接待人次、从业人员、利润总额、营业收入分别较2018年增加413.68万人次、0.43万人、1.15亿元、3.53亿元，其中接待人次、从业人员增幅均达到3%以上。据不完全统计，休闲农业经营投资规模超过1 000万元的企业达到82家，年营业收入超过500万元的企业达到93家，自治区呈现出“发展加快、布局优化、质量提升、领域拓展”的良好态势。

（二）发展模式渐趋多元

在发展方式上，已从早期以农民自发发展为主向各级政府部门规划引导和农民自愿发展相结合的方式转变。在空间布局上，已从景区周边和区域中心城市近郊向生态基础条件好、交通便利的县域城市、乡镇、农村、牧区蔓延发展。在经营类型上，涌现出田园风光型、民俗风情型、农家乐型、养生度假型、农事体验型、科普教育型、古镇新村型等发展类型。在组织形式上，从农民筹资自办向政府财政资金引导，社会工商资本投资，龙头企业参股，村集体经济领办，农民专业合作社集资，家庭农场、种植养殖大户、农户广泛参与等多种经营模式转变。

（三）知名品牌加快形成

围绕“眼看、胃吃、肺吸、脑学、手玩”等全新消费需求，陆续在区域中心城市近郊和自然、人文、生态基础条件好的乡镇、农村、牧区推出一批基础设施条件优良、公共服务完善的休闲农业新场所。培育全国休闲农业与乡村旅游示范县11个、全国休闲农业与乡村旅游示范点19个、三星级示范企业（园区）171家；中国美丽田园7处；中国重要农业文化遗产4项；自治区休闲观光农业示范县26个，自治区休闲观光农业示范点258个。另外，围绕以上休闲目的地，自治区推出一批以春季郊外出行踏青赏花、夏季下乡避暑品评美食、秋季漫步农田休闲采摘为主题的精品线路。

（四）带农增收成效显著

传统的田间劳动、果蔬采摘、种植喂养、湖面捕捞、日常餐饮等农事活动，经过设计开发，打造成了休闲体验消费项目，极大地提升了农业附加值。休闲农业土地平均产值7 124元，是农业土地平均产值的3倍以上，休闲农业劳动力平均每人产值5.1万元，是从事纯农业劳动力的2.2倍。休闲农业和乡村旅游专业村有效带动周边乡镇道路、水电、排污、通信等基础设施建设，带动生产、资本、人才、技术等各项生产要素向乡村流动，催生当地农产品加工、交通运输、商贸物流、餐饮娱乐、金融服务等相关产业发展，培养了一批懂经济、会经营的新式农牧民。

（五）管理服务日益完善

经过新一轮机构改革，农业农村厅设立乡村产业发展处，行使休闲农业行政职能，保留休闲观光农业促进中心，履行休闲农业服务职能。修订完善《自治区休闲观光农业示范创建管理办法》，先后组织开展5批次示范创建活动。创新使用财政资金，将休闲观光农业纳入中央农业生产资金、自治区乡村产业发展资金扶持范围。启动开展休闲农业统计监测工作，定期发布相关指标数据，分析研判行业发展动态。将休闲观光农业培训列入自治区农牧业产业化重点龙头企业负责人培训计划。

【主要做法及成效】

（一）坚持规划引领促升级

加强同自治区文化和旅游部门沟通对接，将休闲观光农业相关内容列入《自治区康养旅游发展规划》《自治区红色旅游发展规划》《自治区生态旅游发展规划》《自治区旅游公共服务规划》，特别是将休闲观光农业“基础设施提升、美丽乡村建设、农民创新创业、产业扶贫脱贫、民俗文化发掘、人员队伍培训、宣传营销推介”七大工程相关内容列入《自治区乡村旅游发展规划》《南疆四地州旅游扶贫专项规划》重点项目。研究编制《自治区休闲农业和乡村旅游振兴工作方案》，筹备乡村产业（休闲观光农业）“十四五”发展规划编制相关工作。

（二）塑造特色魅力促升级

按照高质量发展要求，研究修订完善《新疆维吾尔自治区休闲观光农业示范创建管理办法》。在天池景区举办“新疆农产品进景区”启动仪式，在新源县组织召开自治区特色农产品旅游商品开发现场推进会，研究制定《新疆名优特农副产品开发为旅游商品奖励办法》并进行座谈讨论，将其修改完善。举办“新疆农产品进乌鲁木齐大巴扎”活动。

（三）培育精品品牌促升级

结合农业农村部2019年休闲农业和乡村旅游精品推介活动安排，印发《自治区农业农村厅办公室关于组织开展2019年休闲农业和乡村旅游精品推介活动的通知》。收集整理各地以“春观花”“夏纳凉”“秋采摘”“冬农趣”为主题的休闲农业和乡村旅游精品线路67条，其中15个县（市）的34个精品点纳入2019年中国美丽乡村休闲旅游行（春季、夏季）精品景点线路推介活动目录。根据农业农村部办公厅《关于开展中国美丽休闲乡村推介活动的通知》（农办产〔2019〕9号）要求，经基层申报、协助推荐巴州阿瓦提农场等8个乡村参与中国美丽休闲乡村推介活动，并研究制定《新疆美丽田园推介活动方案》。

（四）完善公共设施促升级

研究制定《2019年部分中央财政农业生产发展（休闲农业）资金实施方案》，推动落实1 000万元中央财政农业生产发展资金扶持休闲农业发展，在伊犁、昌吉、乌鲁木齐、吐鲁番、喀什推动实施休闲农业和乡村旅游“基础设施提档升级、精品线路宣传推介、文化遗产发掘保护、创业创新带动就业”4个项目。争取自治区乡村产业发展“支持农村一二三产业融合发展”项目，安排项目资金60万元用于支持农副产品开发为旅游商品，推动新疆农产品进景区、景点。

（五）提升服务水平促升级

指导全区农业农村部门，按照全国休闲农业监测分析系统填报要求，开展数据信息采集、录入等工作。在昌吉组织举办了为期10天的休闲农业和乡村旅游管理培训班，有50人参加。进一步修改完善《关于大力发展休闲农业和乡村旅游的实施意见（初稿）》。

（六）传承农耕文化促升级

组织吐鲁番市高昌区、哈密市伊州区、奇台县、察布查尔锡伯自治县农业农村部门的相关同志参加2019年中国重要农业文化遗产管理培训班，协助督促开展第五批中国重要农业文化遗产发掘暨全区农业文化遗产资源普查工作。争取文化和旅游部门支持，将全区农业文化资源普查列入文化遗产资源调查评估范围，将重要农业文化遗产教育和社会实践基地建设列入《丝绸之路天山廊道文化遗产保护传承利用规划纲要》重点项目库。

（七）强化产业扶贫促升级

将休闲农业助力扶贫相关内容列入《农业农村厅2019年助力脱贫攻坚行业指导、产业支持、定点帮扶三项工作方案和任务清单》《农业农村厅2019年脱贫攻坚工作方案》，组织南疆贫困地区的4名同志赴成都参加全国贫困地区休闲农业培训班，指导喀什地区推进休闲观光农业产品扶贫村试点工作。督促各地州市完成自治区旅游产业带动就业 3 年行动规划的目标任务。

【存在的主要问题】

（一）产业规模亟待做大

同全区得天独厚的农林牧资源，特别是优美的田园风光资源相比，同当前稳定红利持续释放后的旺盛的区域城镇休闲旅游需求相比，同自治区党委提出的目标任务相比，休闲农业经营主体数量偏少。散落在广袤绿洲、辽阔草原的休闲农业和乡村旅游资源潜力需要加快唤醒激活、整合开发。

（二）产业布局亟待优化

区域发展不平衡，北疆塔城，东疆哈密，南疆喀什、和田、克州的产业培育缓慢、发展滞后，其他地州市结合区域实际，因地制宜规划建设尚存在短板，低层次无序开发问题突出。在空间布局上，过多依赖景区周边和区域中心城市近郊，整合要素资源向生态基础条件好、交通便利的县域城镇、农村、牧区蔓延发展的动能乏力，引导产业由分散经营的星状分布逐步向集约、集群经营的带状、块状分布过渡的动能不足。

（三）产业结构亟待提升

同当前城镇居民多元化、情感化、订制化休闲消费需求相比，全区休闲农业和乡村旅游所能提供的服务项目功能比较单一，大多消费仍停留在餐饮、垂钓、采摘、观光和其他简单农事活动层面，同质化竞争严重，缺少文化内涵和创意设计，养生、休闲、生态、健康、科普、文化、教育等高附加值体验项目亟待开发，休闲农业经营场所基础设施建设和配套公共服务能力需要加快完善。

（四）产业环境亟待规整

在管理方面，行业标准或规范缺失，制度不健全，服务水平不高

【发展建议】

为争取农业农村部乡村产业发展司支持，加快推进全区休闲农业发展，提出以下 4 点工作建议。

（一）指导发布行业标准

参考资源禀赋相似的其他省份乡村休闲旅游的标准，指导新疆研究制定发布一系列休闲农业和乡村旅游技术规程和服务标准，用标准创响品牌、用品牌吸引资本、用资本聚集资源，提升产业的标准化、行业的规范化。休闲农业和乡村旅游聚集区，应不定期地对设施状态、安全责任、服务水平开展督促检查，保障服务规范、运营安全。

（二）加快完善基础设施

依托国家层面交通建设规划和旅游规划投入，指导新疆对接好规划和精品乡村旅游景点，加快建设一批高标准的交通基础设施，改善交通、厕所、标识标牌及其他公共服务配套设施建设。积极争取中央财政资金支持休闲农业和乡村旅游经营场所的道路、供水设施、宽带、停车场、厕所、垃圾污水处理、游客综合服务中心、餐饮住宿的洗涤消毒设施、农事景观观光道路、休闲辅助设施、乡村民俗展览馆和演艺场所等基础服务设施建设，改善休闲农业基地的种养条件，实现特色农业加速发展、村容环境净化美化和休闲服务能力同步提升。

（三）创新拓宽宣传营销

坚持政府宣传与企业推介相结合、业界推广与公众促销相结合的方式，进一步优化、整合国家层面休闲农业和乡村旅游宣传网页。指导举办“新疆人游新疆、美丽休闲乡村旅游行”系列活动，借助区域特色农事节庆活动，尤其是“中国农民丰收节”，吸引区内城镇居民下乡消费，提升农村消费活力。

新疆生产建设兵团

【基本情况】

根据《农业农村部乡村产业发展司关于

做好休闲农业和乡村旅游发展情况调查的通知》（农产综函〔2020〕1号）要求，兵团农业农村局积极组织相关师市（团场）填报休闲农业情况表，按时完成填报任务。兵团休闲农业和乡村旅游工作在农业农村部的正确指导和大力支持下，以促进就业增收、建设美丽团场、推动农业结构调整为目标，以激发消费活力、促进产业升级、实施产业脱贫为着力点，积极推介宣传精品乡村旅游线路，努力提升休闲农业品牌的知名度，开发农业多种功能，优化团场生态环境，推动兵团休闲农业和乡村旅游快速健康发展。现将2019年休闲农业发展情况总结汇报如下。

随着稳定红利持续释放，新疆旅游业整体呈现“井喷式”增长，兵团休闲农业和乡村旅游也得以快速发展。2019年，兵团休闲农业和乡村旅游从业人员约0.92万人，带动农户数0.42万户。休闲农业经营主体619个，兵团休闲农业和乡村旅游接待人数超过238万人次，年营业收入达5.1亿元。2019年新增中国美丽休闲乡村8个，全国精品休闲农业和乡村精品旅游线路2条。整个产业呈现出“发展快、领域多”的良好态势，成为兵团经济社会发展的新业态、新亮点。

【主要做法】

（一）掌握发展现状

为贯彻落实党中央、国务院决策部署，深入推动农业供给侧结构性改革，全面掌握兵团休闲农业发展现状，新疆生产建设兵团及时总结典型经验，开展兵团休闲农业情况调查。整个产业呈现出“发展加快、领域拓展”的良好态势，成为兵团经济社会发展的新业态、新亮点。

（二）培育休闲农业品牌

组织开展了中国美丽休闲乡村推荐申报工作，经农业农村部审核公布，兵团第十师185团1连、兵团第五师91团2连等8个连队荣获2019年中国美丽休闲乡村称号。

（三）加强宣传推介力度

根据农业农村部部署，组织开展了休闲农业和乡村旅游精品发布推介工作，择优遴选出一批有影响力的休闲农业和乡村旅游精品点。启动“春观花”“夏纳凉”“秋采摘”“冬农趣”系列主题宣传推介活动，为方便广大城乡居民在不同时节到各地乡村去乐享田园生活、品鉴农家美食、体验农耕乐趣、感知民俗风情、品读乡土文化，2019年发掘了第一师14团睡胡杨谷景区、第二师22团丝路公园等18个乡村旅游精品线路，择优遴选一批有影响力的休闲农业和乡村旅游精品点，其中九师161团芍药谷景区、165团云上草原游景区被农业农村部作为全国60个2019年中国美丽乡村休闲旅游行（春季）精品景点线路向全社会推介发布；165团入选全国10个2019中国美丽乡村休闲旅游行（夏季）现场推介名单，并于7月11日在黑龙江伊春市面向全国进行现场推介。

【主要成效】

（一）结合城镇化建设，提升接待能力

休闲农业与团场城镇化建设相结合，提升团场旅游产品，打造复合性乡村旅游，增强吸引力和接待能力。如第二师22团桥头堡红色旅游生态基地，桥头堡红色旅游生态基地目前总占地面积200亩，现已建成400平方米的兵团文化图片展厅及红色教育影音播放厅、480平方米的餐厅、128亩的水塘休闲垂钓、水面特色蔬菜等。游客们置身于蓝天白云下，徜徉在鲜花盛开的自然田园中，享受美食美景、体验采摘农事乐趣，在优美生态和农事劳作中收获愉悦和满足。

（二）依托休闲旅游，扩大影响力

通过新农村建设，把生态农业与农家旅

游结合起来，扩大师市和团场的知名度和影响力。12 团红色旅游教育基地以军垦红色旅游为脊柱，结合红色军垦文化和沙漠自然景观，以现有的影视基地建设项目为基础，另配有军垦文化体验、食宿、游园、真人 CS 赛场、沙漠极限运动、迷宫、亲子旅游区、徒步、骆驼骑行等元素。九师 185 团每年 5—7 月，沿着黑缎带般的达巴公路进入巴依木扎山谷景区，公路两旁的金莲花、芍药花、蔷薇花等竞相盛开，形成数十里长的花带。各地休闲农业与乡村旅游的发展不仅改善了当地的生活环境，还增加了职工的收入，提高了师市和产品的知名度，为当地经济发展做出了贡献。

（三）延长产业链，推动一二三产业融合发展

休闲农业与乡村旅游产业链条逐步拉长，不仅是把农业、农产品加工业和团场服务业紧密连接的一种新型的农业产业形态，还是连接一二三产业的纽带，要素配套逐步健全，从单纯满足“食”的农家乐，正在向满足旅游者“食、住、行、游、购、娱”等多方面需求发展。在第九师 161 团 10 连境内，海拔 1 024米，这里景色十分迷人，是塔额盆地著名的风景区和旅游胜地，被誉为“大自然的宫殿”和“芍药花的陈列馆”。这里有充足的光照、适宜的温度、肥沃的土壤，草原风景宜人，每年 4 月初野郁金香、迎春花、杜鹃花等陆续绽放，5—9 月以芍药花为主，同时可以观赏到颜色各异、姿态万千的荆棘花、蔷薇花、白鲜、广布野豌豆花等。风景区内烂漫山花，加上恬静悠然、肥沃广袤的草原，又有广阔的农耕大地、美丽的自然风光、浓郁的民族风情、得天独厚的区位优势，吸引了大量国内外游客前来旅游度假。景区深处山石环绕，绿树成荫的喀英德河谷是徒步爱好者的去处，谷内自然条件优越，拥有着天然空气氧吧之称，溪水清澈，无污染，水质洁净甘甜，清爽宜人，是休闲、避暑、旅游、观光的好去处。

【存在的主要问题】

一是经营时间较短。受农业生产的影响较大，休闲观光农业多存在较强的季节性，主要集中在夏秋两季，时间短，收益不高。

二是经营特色不明显。项目开发中对兵团红色旅游文化、民俗风情、文体体验活动等开发不足，相关配套服务设施少，项目缺少文化创新和创意。

三是基础设施滞后。受财力的影响，休闲农业基础设施、游乐设施建设整体上较为滞后，服务设施的档次水平处于粗放式开发阶段。

四是人员数量少。由于人员数量不足，疲于应对事物性工作，不能很好地开创性地开展工作。

中国美丽休闲乡村

北京市门头沟区雁翅镇淤白村
北京市密云区古北口镇河西村
北京市延庆区大庄科乡铁炉村
天津市蓟州区下营镇东山村
河北省保定市阜平县龙泉关镇骆驼湾村
河北省邢台市宁晋县贾家口镇小河庄村
山西省晋城市高平市东城街道办事处沟北村
山西省晋城市阳城县润城镇中庄村
山西省太原市迎泽区郝庄镇董家庄村
内蒙古自治区赤峰宁城县小城子镇长皋村
内蒙古自治区通辽市奈曼旗青龙山镇四一村
黑龙江省哈尔滨市宾县宾州镇友联村
黑龙江省齐齐哈尔市富裕县龙安桥镇小河东村
上海市崇明区港沿镇园艺村
上海市青浦区金泽镇莲湖村
江苏省苏州市吴江区同里镇北联村
浙江省杭州市西湖风景名胜区西湖街道龙井村
浙江省嘉兴市南湖县凤桥镇镇联丰村
浙江省金华市磐安县尖山镇乌石村
安徽省池州市贵池区梅村镇霄坑村
安徽省黄山市黟县碧阳镇南屏村
安徽省六安市金寨县油坊店乡西莲村
安徽省芜湖市南陵县烟墩镇霭里村
福建省福州市晋安区寿山乡九峰村
江西省吉安市万安县高陂镇田北画村
江西省新余市分宜县钤山镇金鸡布村
江西省宜春市宜丰县黄岗山垦殖场炎岭村
山东省青岛市城阳区夏庄街道上山色峪社区
湖北省荆州市石首市桃花山镇李花山村
湖北省随州市广水市十里街道办事处观音村
湖北省武汉市黄陂区姚集街道杜堂村
湖北省孝感市大悟县新城镇金岭村
湖南省岳阳市临湘市羊楼司镇梅池村
湖南省湘潭市韶山市韶山乡韶山村
湖南省永州市双牌县茶林镇桐子坳村
四川省成都市蒲江县甘溪镇明月村
四川省德阳市绵竹市孝德镇年画村
四川省雅安市汉源县九襄镇三强村
贵州省安顺市平坝区夏云镇小河湾村
云南省红河哈尼族彝族自治州元阳县新街镇爱春村阿者科村
云南省丽江市玉龙县白沙镇玉湖村
西藏自治区山南市琼结县拉玉乡强吉村
陕西省安康市白河县仓上镇天宝村
陕西省商洛市丹凤县武关镇毛坪村
陕西省铜川市印台红土镇周陵村
甘肃省陇南市康县阳坝镇珍爱茶山村
青海省海东市化隆县扎巴镇本康沟村
青海省西宁市湟中县上五庄镇包勒村
新疆生产建设兵团第九师团结农场 4 连
新疆生产建设兵团第九师 165 团 3 连

北京市门头沟区雁翅镇淤白村

【最佳休闲时间】 3—9月

【主导产业】 经济以林果业为主，出产核桃、香椿、杏扁等。目前正在积极打造以“天盛垂钓园”和“白瀑寺”为龙头的旅游业

【特色产品】“芳草淤白”田园一体化旅游项目

【体验项目或活动】 淤白村文化节、星火工程、消夏晚会

【情况介绍】

淤白村位于北京市门头沟区雁翅镇东北部，距109国道10千米，紧邻南雁路，地处低山沟谷阶地上，海拔530米。村域面积16.21平方千米，其中耕地面积664亩，果园面积397亩，生态林地面积25 302亩。目前，村中现有户籍人口583户，共922人，在村常住人口197户，306人左右。

淤白村的特色是党建引领，文化凝聚人心，将乡愁融入家乡建设。精准扶贫“芳草淤白”精品民宿项目将成为淤白村产业的发展方向，该项目目标是建设田园综合体，围绕村庄“四区一心一轴”的整体规划，再结合本村四大文化（红色文化、民俗文化、休闲文化、禅意文化），打造精品旅游盛宴，同时，以农村合作社为依托，壮大农村集体经济产业，使农民摆脱依靠廉价出租房屋、土地和从事低端劳动取得收入的模式，最大限度地享受旅游经济发展带来的红利。

芳草淤白资源布局为“四区一心一轴”。四区包括文化生态体验区、花卉果蔬观光采摘区、生态宜居综合功能区、天盛湖生态休闲区，一心是综合服务中心，一轴是多元旅游体验轴。游客在乡村漫步时，可寻到村落的手艺店，亲手体验制作过程，将制作体验与购物巧妙融合，促进第二产业发展；村子周边的采摘活动将带动第一产业发展。通过“芳草淤白”项目的打造，实现“一二三产业融合，三产业促二产业带一产业”的联动发展格局。

四大文化凝聚人心，一是红色文化，历史上中国共产党在北平开辟了4条秘密交通线，“北平—妙峰山—田家庄”线是其中的2号线，而淤白村则是7号交通情报联络站所在地。二是民俗文化，农历四月十五是淤白村文化节，截至2019年已经连续举办12届文化节，每年都会有固定节目“蹦蹦戏”，该戏于2007年被列入北京市非物质文化遗产。村中的蹓踏舞队曾在2013年登上北京的“春晚”舞台演出《大河之舞》。三是休闲文化，淤白村自然资源得天独厚，四面环山，有山有水。距淤白村1千米处有天盛湖，游客可以在天盛湖钓鱼游玩，淤白村是宜居的山水乡村。四是禅意文化，村中有5座小庙，村北有一座拥有900多年历史的辽代古寺，可供游人免费参观。

精品民宿项目与村集体的利益联结机制采用“基础租金＋利润分成”模式。基础租金是村集体每年的固定保障。通过利润分成有效地将企业与村集体以及村民利益捆绑在一起，建立良好和谐的共生关系。

淤白村在“两委”的带领下，积极响应政府号召，成立了“美丽乡村建设”领导小组，制定了乡规民约，近3年无群体性上访和恶性治安案件发生。在绿色低碳、生态宜居、健康舒适、和谐人文环境建设等方面成效显著。在统一规划、统一标准、统一实施中，不妥协、不将就、不气馁，踏踏实实一步一步走出自己的步伐，同时新增的岗位带动了村民增收，为淤白村低收入农户脱贫做出了贡献。

（一）绿色低碳田园建设

2012年，村内对65户村民住房进行房屋抗震节能改造，大大提高了房屋的建筑安全。2014年年底，全村各户均已完成煤改电工作。2016年，经国家发改委统一拨发资金，与煤改电工程相结合，全面完成村庄电网改造任务。2019年，参与低收入房屋改造的有32

户，统一仿明清标准建设，向美丽乡村迈进。

（二）生态宜居村庄建设

2008 年完成对 2 600 平方米的村庄道路硬化，完成白瀑寺沟农田景观改造。村庄成立环境清洁小分队，对街道及时进行保洁及垃圾清理。

（三）健康舒适生活建设

淤白村 2008 年铺设排水管道，2013 年新打机井一眼，2019 年对村内部分供水和污水管道进行改造。淤白村现有一名固定的乡村医生，其家中设立卫生室一间，可为村民提供简单就医。2018 年，村委会为 456 人办理农村合作医疗保险，全村参保率达 96%以上。

（四）和谐淳朴人文建设

一是保护传承农村历史文化。淤白村上街有古树两棵，定期安排村民进行维护；白瀑寺有辽金时期古塔一座，由寺院长期修缮维护。

二是文化体育设施建设。村内文化体育设施齐全，设有文化中心礼堂一座，图书馆一间，有效保障村民开展文娱活动，并在文化中心广场设有配套健身器材，供村民进行体育锻炼。2017 年，通过一事一议项目将垃圾山改建为群众健身广场，为村民活动提供了更加广阔的空间。

三是健全长效管护机制和制度。淤白村每年依据党的方针政策和国家法律法规，结合全村实际，为维护本村的社会秩序，在社会公共道德、村风民俗、精神文明建设等方面制定了村规民约，并以此来长期约束规范村民行为，使村民进行自我管理、自我教育、自我约束。在村庄整体规划中，统一思想做规划；在房屋改造过程中，统一建筑风格；在施工过程中，统一要求有相应资质。

通过以上努力，淤白村成为了生态环境优美、村容村貌整洁、产业特色鲜明、公共服务健全、乡土文化丰富、农民生活幸福的美丽乡村。

北京市密云区古北口镇河西村

【最佳休闲时间】 4—11 月

【主导产业】 民俗旅游业

【特色产品】 蜂蜜、无公害蔬菜

【体验项目或活动】 红色旅游路线、二八席、庙会

【情况介绍】

河西村自然环境优美，人文景观丰富，文化底蕴深厚，随着社会主义新农村建设的深入，河西村的各项事业取得了长足的发展，村民的生活水平日益提高，群众的文化生活更加丰富。

河西村位于北京市密云区古北口镇潮河西岸，四面环山，总面积 8.53 平方千米，由主村和西菜园两个自然村构成，分为 6 个村民组，共有 650 户，1 650 人。河西村原名柳林营，公元前 127 年武帝元朔二年建驻军城“奚城”，经过 680 年，由驻军城演变为村落，至今已有 2 100 多年的历史。河西村古木参天，一片葱茏，以柳树最为繁茂，村里有衙署、校场，故名“柳林营”。在河西村内，潮河如带，长城如链，山如卧虎，可将长城楼台、蜿蜒城墙、水门奇观尽收眼底，“四面环山，一水中流”成为河西村独有的自然景观。

河西村以民俗旅游业为主导产业，自 1997 年开展民俗旅游接待以来，已发展 152 户民俗接待户，其中达到市级标准的有 70 户，达到区级标准的有 102 户，有力带动了村民增收致富，2018 年民俗观光收入 1 650 万元。河西村具体有以下 3 个特色。

一是传统民俗文化。河西村民间的文化生活丰富，有历史遗传下来的隆福老会、腰鼓、戏曲（如京剧、河北梆子）等传统技艺。每逢春节、中秋节等传统节日，村委会都会组织花会表演。村内还流传着一种独特的语言，被北京称为“半拉子话”的“露八分”，是明朝末年由古北口流传至北京的，是中国

少有的民间用语。

二是特色人文景观。民间流传的七郎坟传说，在乡情展室中记录着相关的历史故事，它与明朝的水关长城、姊妹楼、清真寺、清朝的吕祖庙、万寿行宫等景观无一不彰显河西村厚重的历史感。每年吸引 11 万游客前来观光，年实现收入 1 650 万元。

三是传统地域美食。传统的二八席和小锅勃勃、驴打滚、菜团子、饺子等美食让各地游客赞不绝口。

河西村积极开展人居环境整治工作，杜绝私搭乱建、乱堆乱放，在道路两侧布置花坛、景观树，着力改善村庄环境，提升村庄整体形象。村内道路畅通、水电齐全、污水处理设施配套齐全，另外，还配备有游客中心、展览馆、医务室、停车场、公共卫生间、指引牌、无线网络等服务设施。

河西村共有 130 个姓氏，是全国唯一一个百家姓村，30%的村民由 7 个少数民族构成，分别是：张、王、李、赵姓的满族，马姓、哈姓的回族，关姓、那姓的满族，桐姓的朝鲜族，巴姓的苗族，韩姓的蒙古族和郭姓的裕固族。虽然姓氏多，但村民之间团结互助，从未出现邻里吵架的现象，河西村还获得“推进民族团结示范村”称号。村庄环境整洁、民风淳朴、邻里和谐，村民尊老爱幼，从未发生过群体上访、恶性治安案件和破坏生态环境事件及安全生产事故等。

北京市延庆区大庄科乡铁炉村

【最佳休闲时间】 5—10 月

【主导产业】 林果、林树旅游、民俗旅游

【特色产品】 红果、板栗、核桃、杏仁、柴鸡蛋、柴鸡

【体验项目或活动】 红色旅游、邻里节、丰收节、亲子旅游、团建活动、拓展训练、农事体验、水上闯关、皮划艇、步行登山

【情况介绍】

铁炉村位于北京市延庆区大庄科乡西南部，距市中心近，大秦铁路穿村而过。北与沙塘沟村相邻，东邻霹破石村，西邻西沙梁村，南与昌平区接壤。村庄面积 9 664.9 亩，果园 182 亩，耕地 14.34 亩，生态林 8 208 亩。村庄主导产业为林果产业，主要有红果、板栗、核桃、仁用杏等。该村共有 171 户、354 人，其中中共党员 31 人。

该村有丰富的历史文化资源，文化底蕴深厚。据考证，村内有冶铁遗址及大量炼铁炉渣，铁炉村因此而得名，据悉，该遗址群的发现反映了辽代接收、运用中原的生铁冶金技术的情况，是辽代向西方传播生铁冶金技术的重要环节；该村在抗日战争时期是兵家必争之地，也是平北地区最早的军地两用干部培训场所，现在遗址尚存，是开展爱国主义和革命传统教育的好去处。

村庄具体有以下 4 个特色。

一是居住环境优越，基础设施完备。铁炉村依托山区搬迁政策，新建 145 栋二层楼房，平均每栋居住面积 240 平方米，人均居住面积 80 平方米。同时，对村庄基础设施进行了全面配套改造，供排水网络覆盖全村，污水统一由污水厂处理；地源热泵集体供暖；强弱电全部入地。村内崭新的别墅群，齐备的基础设施为发展休闲民俗旅游奠定了夯实的基础。

二是自然资源优越，环境优美。铁炉村位于北京市西北部深山处，处在高低连绵的山峦之中，山水相依，如世外桃源。双秀峰（石缝山）位于该村西南部，从北侧看，一道石缝将山体分为两个部分；从南侧看，两座独立山峰合二为一，成整体山峰，远远望去，山形秀美典雅。双秀峰附近有清代建的东墩台、西墩台，是长城的守关口。双秀峰脚下还有“聚宝盆”“垫马湖”“葫芦套”等峡谷景点，引得无数游客流连忘返。

三是民风淳朴，德厚情真。铁炉村文化

底蕴深厚，经过慈孝文化、道教文化、冶铁文化、红色文化、剪纸文化等多种文化融合沉淀，形成了铁炉村独特的人文氛围。村党支部、村委会在加强新农村建设的同时，不忘村民的文化道德修养培养，积极制定村规民约，引导村民互帮互助，打造守望相助、尊老爱幼的氛围，厚德典型不断涌现。每年的9月下旬，村内会开展邻里节、丰收节等各类活动，村民会一起准备食材，一起吃饭，活动使村民之间的关系又更加亲近了。村委会还成立了30人的“丝雨爱心服务队”，在村民生病时，及时将病人送往医院；定期看望孤寡老人，帮老人理发、洗衣、打扫卫生、过节慰问；春种秋收时帮助村内留守老人和行动不便的村民干农活等，服务队活跃在村内的家家户户，角角落落，成为一道最美的人文风景线。

四是提升特色，打造休闲品牌。为了提高村民收入水平，提高旅游服务质量，打造京郊旅游品牌，铁炉村依托新农村建设成果，不断完善功能分区和村庄功能。在改善民居、基础设施配套的基础上，对双秀峰景区、炮楼遗址以及辽代冶铁遗址等优秀旅游资源进行包装、优化，借助资源招商引资。铁炉村与拓邦基地达成合作。在旺季，基地吸纳村内闲散劳动力近60人，淡季也有20余人。同时，村内制定了统一的食宿标准，统一价格，通过基地推荐介绍，旺季对营地游客分流。虽然基地正处于试运营阶段，但年接接待游客已逾10万人，带动劳动力40余人，拉动经济50万元。

天津市蓟州区下营镇东山村

【最佳休闲时间】 5—10月

【主导产业】 特色农家休闲旅游

【特色产品】 苹果、核桃、栗子、梨、桃、野生猕猴桃、鹊山鸡蛋

【体验项目或活动】 登山、垂钓、采摘、观光、旅游步道、根雕、石艺

【情况介绍】

（一）基本情况

东山村位于蓟州区下营镇中部，津围二线马营路出口东侧，历史文化悠久，自然风光优美，交通条件便利，被乡亲们称为“太阳升起的地方”。全村共有56户，人口218人，其中中共党员9人，村域面积3 465亩，“两委”班子6人，其中书记主任“一肩挑”1人，支委3人，村委2人，区派党务工作者1人。全村共有农家院54户，床位1 200张，年接待游客8万人次，实现旅游综合收入1 300万元，人均年纯收入达到4万元，集体收入10万元。

东山村是全区重点打造的5个旅游精品村之一，在发展农家旅游过程中，特别注重党建引领的强大作用，逐步探索出一条“党建＋秀美乡村”“党建＋乡村旅游”“党建＋乡村治理”的发展之路。村党支部树立“每一名党员就是一面旗帜”的理念，为每名党员量身打造了“党员微岗位”，在“为民代办、民意收集、环境包户、志愿巡逻、森林防火”等方面，发挥先锋模范作用；绵长的“家风家训”和接地气的村规民约为乡村治理营造了良好的氛围，村民自我管理、自我教育、自我约束的能力逐步提高，参加社会主义新农村建设的积极性也稳步提升。秀美东山展现了一幅生动的山水画卷，党建引领出了一条致富奔小康之路。

（二）建设经验

东山景区化项目2014年启动建设、2015年完善提升、2016年进行村容环境整治和绿化美化。以“梦想起航，乐活东山”为主题，打造以北方自然山水为基础的休闲、养生度假乡村旅游目的地，新建污水处理、垃圾处理设施，实施管线入地，对水系景观和整体环境进行全面美化、提升，构建全景式旅游格局，建成集休闲养生、食宿农家、生态观

光、果品采摘、水上娱乐、遗迹探险、户外运动为一体的旅游精品村。

一是秀美人居，长足发展。为弘扬历史人文精神和淳风美俗优良传统，倡导村民树立文明卫生新风尚，在村“两委”班子的带领下，制定并实施了公共环境清洁卫生长效制度和保洁员队伍管理制度，同时，更加注重对村民社会道德、文明意识的教育，促使本村村民增强“我爱东山”的主人翁意识，树立“环境卫生大家管”的责任感，自觉维护村庄文明形象和公共环境的清洁卫生。为此，在镇村的一道努力下，切实做到了生活垃圾户分类、村收集、镇运转。村内定期组织开展卫生评比活动，在党员、村民代表所负责的 6 个片区内，依据院内院外环境卫生优良程度，评比出 6 个“卫生标兵”户和 1 个“东山卫生标兵户”，并颁发流动红旗和清洁套装以示奖励，这不仅促进了村庄环境卫生的整洁，也在百姓心中形成了“维护环境卫生，从我做起、从小处做起”的强大共识。

二是乡风文明，铸魂发展。乡风文明是乡村振兴的有力保障。东山村在大力发展旅游产业的同时，把村风民风建设作为乡村整体发展的重要内容。经村党支部、村委会研究，决定实施“家风家训引领工程”，通过党员、群众代表入户走访、电话询问、微信群交流等形式，在全村征集家风家训，定期开展“良好家风实践户”的评比活动，结合各家各户日常表现，每个季度评出“良好家风践行户”，并颁发“小红旗”以示表彰。为有效遏制餐饮环节的“舌尖上的浪费”，村内成立了红白理事会，切实开展对移风易俗的宣传、教育和管理，有效地遏制了农村大操大办、铺张浪费、巧立名目宴请的陋习，倡导树立了“婚事新办、丧事简办、其他喜庆事宜不办”的良好文明习惯，一种移旧俗、除陋习、尚科学、倡新风的美好风尚正在形成。

三是村规民约，规范发展。为提高全体村民自我管理、自我教育、自我约束的能力，调动广大村民参加社会主义新农村建设的积极性，村“两委”立足村庄发展，因村制宜制定东山村的村规民约 37 条，包含了土地管理制度、林业生产管理制度、集体资产管理制度、村庄环境管理制度、旅游接待管理制度，计划生育管理制度等 10 个方面内容，让村民生活和村干部工作都有章可循、有据可依，“规”出了乡风文明好景象，“约”出了乡风文明新风尚。村规民约不仅写在了纸上，挂在了墙上，更融入了村民的心里。

四是振兴产业，旅游强村。实现乡村振兴、让群众富起来是“两委”班子的最终目标。为此，“两委”班子研究确定了“三步走”战略：第一步是结合村内独特资源，大力实施招商引资战略。依托东山独特的旅游资源和优质的农家旅游接待承载力，坚持“走出去，引进来”的招商理念，引进社会资本，因地制宜打造一批集休闲、娱乐、文化、康养于一体的旅游项目，努力增加村民收入和集体收入。第二步是着力提升农家旅游的水平质量，聘请专业老师为村民培训民宿设计、接待礼仪、摄影宣传等知识，组织村民到周边知名民宿实地学习运营技巧。目前，全村第一家民宿已经试运行，其他农家院的游客数量也有了较大提升。第三步是千方百计提升村集体收入，提升为民服务能力，全力推进下营镇农家院税收和外来户宅基地有偿使用政策，全村一年累计收入 11 万元，实现了村集体收入“零”的突破。

接下来，村“两委”将牢记初心使命，强化自身素质，锻炼干事能力，积极为民服务，培育文明乡风，大力推进基础设施改造提升，因地制宜打造一批具有独特风格的民宿示范点，以高度的责任感和使命感做到“新班子、新形象、新思路、新机制、新成绩”，把东山村打造成集体验乡愁、休闲养生、生态观光、果品采摘为一体的高层次旅游精品村。

河北省保定市阜平县龙泉关镇骆驼湾村

【最佳休闲时间】 5—10 月

【主导产业】 旅游、食用菌、水果

【特色产品】 香菇、苹果、桃、李子、核桃、冷水鱼

【体验项目或活动】 脱贫攻坚实践课堂、农耕文化体验（磨豆腐、垂钓、蒸馒头）、民俗手工艺体验（编筐）、民俗演艺体验（扭秧歌、大鼓、霸王鞭）、当地特色餐饮（农家柴火大锅饭）

【情况介绍】

骆驼湾村，位于阜平县龙泉关镇南部约4千米处，距阜平县城38千米，平均海拔高度1 512米。全村辖骆驼湾、瓦窑、辽道背、木桥、菜树塔、朱行塔、杨树塔、高石堂沟和藏粮沟9个自然村，共277户576人，总面积3.4万亩，其中林地面积2.2万亩，森林覆盖率64.7%，年平均气温9.6℃，现有主导产业包括食用菌、林果种植、民俗旅游等。

骆驼湾村，在古代是东接燕赵、西连三晋，聚合山水之灵气，兼得塞外遗韵和中原风骨的小村落，是清朝康熙五次西朝五台、雍正一次瞻礼、乾隆六拜圣地、嘉庆一次进香的古御道必经的小村庄。由于受地理区位影响，受山西的熏陶，骆驼湾的村民们的主要民俗表演形式有大秧歌、霸王鞭以及山西梆子，村里人人会唱、人人会演。

2012年12月30日，习近平总书记到骆驼湾村访贫问苦，在此吹响了全国精准扶贫的号角，极大地激发了骆驼湾村干部和群众的干劲，村“两委”班子健全、团结，群众奔小康信心充足，2017年年底脱贫出列。骆驼湾村成为脱贫攻坚的典型范例，也是践行乡村振兴战略的前沿阵地。

按照习近平总书记在阜平县骆驼湾村、顾家台村考察期间讲到的宜农则农、宜林则林、宜牧则牧、宜开发生态旅游则搞生态旅游的原则，2018年，阜裕公司与顾家台村、骆驼湾村的两个村委会合作成立阜平县顾家台骆驼湾旅游发展有限责任公司，公司对农户房屋进行租赁，在装修达到运营条件后由北京寒舍集团公司负责运营。

公司以每年100元/平方米的价格对骆驼湾村70户民居进行租赁，总面积6 274平方米。部分民居被打造成有太行山区特色的民宿，部分民居作为业态丰富经营，业态包含接待中心、小吃美食街（鸽子坊、阜平味道、西安味道、山西面坊、慈禧烧卖、京味轩6个档口42个品种小吃）、回家吃饭（油条、豆浆、豆腐脑、莜面饸烙、杂烩菜、阜平八大碗、红豆八宝粥、摊黄、煎饼、烤土豆等10余种阜平本地特色美食）、中华美食小吃、茶室、年画馆、豆腐坊、面食坊、土特产售卖、农家乐、唱吧、民宿、民俗技艺坊、手工艺加工坊等商业业态。

在配套设施方面，村内水电设施完备，保证24小时通有水电，市政管网供应，可负担旅游高峰期的用电，也能保证冬季空气源热泵取暖，用水为山泉水，经检测符合饮用标准。村内建有多座通信基站，4G信号强，有线电视也已普及，邮政、京东快递可直接到村。村内建有垃圾集中收集点20个，便民垃圾箱100个，固定保洁员2人，每天定时处理垃圾。

村内建有游客中心1个、停车场2个、公共厕所5个、会议室2个，村委会、民宿中均有厕所可供使用，另有茶室、凉亭、廊道等供游人休憩。

通过项目的运营，可带动当地及周边农户自发性参与村落经营业态发展，提升脱贫奔小康的自生动力及能力。目前，村庄从业人员120人，涉及2014年建档立卡贫困户49人，每人每年增加就业收入2万元。每日参观学习人员500人次，游客人群主要以北

京、保定、石家庄、天津、山西的散客及机关单位党员教育活动和企业团建为主。

河北省邢台市宁晋县贾家口镇小河庄村

【最佳休闲时间】 一年四季

【主导产业】 乡村旅游、温泉康养、现代农业、畜牧养殖、林果业、电线电缆等

【特色产品】 小河庄酒、蔬菜、哈密瓜、火龙果、木瓜、樱桃、葡萄、西瓜等

【体验项目或活动】 科普教育、农耕体验、休闲采摘、温泉康养、红色文化、国学文化、酒文化、垂钓、摄影、踏青等

【情况介绍】

小河庄村位于河北省邢台市宁晋县城东南 15 千米处，隶属于贾家口镇，全村户籍人口 1 369 户，4 302 人，耕地 6 565 亩，党员 180 人，2018 年全村工农业总产值约 80 亿元，纳税 5 000 万元，人均纯收入达 3.5 万元。小河庄村各街道已完成硬化、美化、绿化、亮化，一片片高、中、低错落有序的民居拔地而起，一幢幢楼房展现在眼前，村民服务中心、学校、幼儿园、民乐广场、党建主题公园、卫生室、生态牧场、谦德国学学校、酒厂、惠农洗浴中心应有尽有，更有规模较大的现代农业产业示范园，小河庄村名义上是村庄，实际上已成为设施配套功能齐全的特色小镇。小河庄村先后获得中国电线电缆第一庄、全国美丽宜居村庄、中国特色村、首批省创建类特色电缆小镇、河北省精品旅游示范村、省市县三级红旗党组织、河北省美丽乡村、河北省新民居建设先进村、河北省文明村、河北省平安建设先进村、河北省农业标准化示范区、河北省服务名牌等 40 多项荣誉。

小河庄村美丽休闲乡村创建工作成效明显。一是特色优势明显，小河庄村自然环境优美，生态资源丰富，种有樱桃树、薄皮核桃等果树和法国梧桐观赏树 300 余亩，各道路的绿化乔木、灌木、地被错落有致，层次分明；全村主导产业有现代农业、小河庄酒厂和农耕体验馆、科普教育馆等乡村旅游业态，产业特色突出；种植蔬菜大棚 32 个，可发展休闲采摘农业，将农业生产功能和休闲功能有机结合，一二三产业融合发展，生产、生活、生态相融合，带动当地 500 多名农民就业，增加了农民收入，旅游富农效果明显。二是服务设施完善，小河庄村建有生态餐厅、温泉康养中心、康养社区、农耕体验馆、科普教育馆、谦德国学教育基地、仿古商业一条街等基础设施，吃住行游购娱学等休闲旅游旅居等一应俱全，科普教育、农耕体验、休闲采摘、温泉康养、红色文化、国学文化、酒文化、垂钓、摄影、踏青等体验项目丰富，村容村貌整洁有序，人居环境持续提升。三是乡风民俗良好，小河庄村制定了村规民约，成立了红白理事会、道德评议会、志愿服务队、爱心公益协会、精神文明领导小组等社会组织，全村注重文化传承，民风淳朴，社会和谐，村民尊老爱幼、邻里和睦、热情好客、诚实守信，无群体性上访和恶性治安事件发生。四是品牌效应突出，小河庄村获得全国美丽宜居村庄、河北省美丽乡村、河北省精品旅游示范村、河北省创建类特色小镇等多项荣誉称号，得到了上级领导和游客的高度赞赏。作为宁晋县乡村振兴的领头雁，小河庄村大力发展休闲农业和乡村旅游，起到了示范带动作用，带动了全县乡村旅游的发展；小河庄村获评河北省高素质农民实训基地，同时还是河北经贸大学、邢台学院和宁晋县各中小学实践教育基地。

山西省晋城市高平市东城街道办事处沟北村

【最佳休闲时间】 周六日以及节假期

【主导产业】 文化、旅游、休闲娱乐、农田

花海观光

【特色产品】千彩向日葵迷宫花海、薰衣草梯田花海、3D彩绘、综合研学

【体验项目或活动】VR设备、7D影院、KTV影院、中国好声音、镜子迷宫、丛林穿越、七彩滑道、网红桥、名人蜡像馆、恐怖城堡、无动力游乐场、萌宠馆、室内游乐场、室内全溪等

【情况介绍】

沟北村坐落在高平市七佛山生态公园西麓，地处市城郊，毗连208国道和长晋高速，距离高平市区1千米，隶属于高平市东城办事处。沟北村东、南与秦庄村为邻，西与店上村相连，北与三甲镇路家山村接壤，全村共154户，总人口450余人，其中党员29人。村中有两个村民小组，11个村民代表，党员交叉兼职7人，群众代表8人；劳动力人数150人，村干部6人，党支部3人，村委3人。

2017年沟北村实现了整村搬迁，所有村民都住上了300平方米的小别墅。旧村占地面积105亩，旧窑洞56孔，老房屋378余间，旧村的房屋破旧，到处是残墙断垣，杂草丛生，交通硬件等基础设施更是落后。

乡村振兴是当前农业农村的工作重心，在东城街街道党工委、办事处的正确领导下，村党支部决定利用旧村闲置的房子、窑洞以及深厚的文化资源发展乡村旅游，变资源为资本、变村民为股民，既壮大了集体经济，又带领了村民致富。于是村党支部组织全体党员、村民代表、投资商、规划设计团队，先后赴河南莫沟村、陕西袁家村、运城水峪口村、山东中郝峪村、竹泉村等地进行学习考察，并经过大量的市场调查和多方论证，成立高平市寻梦文化旅游开发有限公司，主要发展乡村旅游，将寻梦沟北的发展思路确定为：集梦幻儿童乐园、花海康养、休闲娱乐、观光采摘、文化体验、乡村旅游于一体，力争打造4A级景区并通过国家级验收。

沟北村充分发挥区位优势、优化空间布局，最大限度地提升农、林、文、旅、康产业融合。在尊重生态红线，保护耕地和林地红线的前提下，充分梳理可实施的产业融合发展空间，形成“一园三区”的区域格局。

中区为“寻梦乐园”青少年研学基地，其内容包括明清小吃一条街、青少年研学基地、梦幻乐园整村3D彩绘、室外蹦迪、丛林穿越、室内游乐、无动力游乐场、室内全溪（高山瀑布、室内漂流、梦幻冰洞等）项目，提升了园区文化娱乐及体验的品位。

南区为“千彩向日葵花海康养园”，按照“减粮、增经、创意、高效”的要求，投资3 000万元打造占地200余亩的“千彩向日葵迷宫花海”，积极发展以休闲观光、科普示范、文化娱乐、康养等为特色的创意高效现代农业；在提高经济效益的同时，增强农业创意景观功能。

北区为“薰衣草梯田花海观光游乐园”，投资2 500万元打造高标准、高品位、多形式的水上游乐园和果蔬采摘园，还有多种形式的农家乐、农家旅馆等，引进高科技新样式的水上游乐设施，设置中年、青年、少年、儿童不同年龄段的活动项目和采摘项目，打造满足各类人群的水世界，打造城市慢生活的生态品牌。

自寻梦乐园运营以来，解决就业岗位100余个，年接待游客人数100余万人次，门票收入突破100万元，各类商家营业总额超过300万元，村民年收入人均增加2万元。2018年沟北村被评为山西省改善农村人居环境示范村、2018美丽中国“乡村景区化”建设示范旅游景区。

山西省晋城市阳城县润城镇中庄村

【最佳休闲时间】3—11月

【主导产业】农业、旅游、古村民俗

【特色产品】小米、柿子饼、柿子醋、枣花馍、八八宴席、特色小吃、民俗体验等

【体验项目或活动】 生态采摘、特种养殖观赏、古村游、明代暗道游、游乐场

【情况介绍】

中庄村位于阳城县润城镇，左邻皇城相府，右接湘峪古堡，地处沁河古堡古村落群的最核心部位，是“山西省历史文化名村”“中国传统古村落”；2013 年，是阳城县打造的全国古堡第一县试点村；2015 年 12 月，被中国古村落保护与发展专业委员会授予“中国景观村落”；2016 年 2 月，被授予“市文明村”荣誉称号，同年 5 月，被晋城市委市政府授予古村保护先进单位；2017 年，是晋城市打造的沁河流域古堡古村密集区试点村；2018 年，被市委授予先进集体，被山西省改善农村人居环境领导组办公室确立为首批“省级美丽宜居示范村”，是山西省 3A 级旅游示范村。全村辖区总面积 2.13 平方千米，共有居民 292 户，650 人，下设 3 个村民小组，村党支部共有党员 28 人。

中庄村历史悠久，人文荟萃。从唐宋建村到明清崛起的近千年时间里，这里共走出了 7 位进士、15 位举人，贡监生员达数百人之多。解放战争时期，驻扎中庄村的太岳军区被服厂供给部为革命胜利谱写了崭新的篇章。

中庄村从 2013 年至 2019 年，由村集体筹资 1.7 亿元，按规划拆除改造了部分与风貌不协调的现代建筑，租赁村民古房屋，对其进行了保护开发利用，对 60 余处古院落进行了修复。全村实施了大规模荒山绿化工程，先后造林 600 余亩，植树 30 余万株，实现了村庄周边可视山头全部绿化的目标。按照“取消三堆，清除三圈，改良厕所，跟踪绿化”的办法，对村内所有的禽畜圈进行了清理，同时平填老式旱厕 40 余个，新建合并水冲式公厕 3 处，组织了由 15 位村民组成的专业环卫队伍，实现了垃圾不落地和大街小巷隔日扫、日产垃圾天天清的环卫运作管理机制。村内道路全面实施了硬化、绿化、亮化；村民喝上了合格的自来水，做饭全部用上了煤气；对电力、通信、有线电视等杆线部分实行“入地”式处理，改善了村庄各类杆线脏乱差的现象，大大提升了村容村貌。中庄村利用本村资源优势，以“文化中庄，民俗中庄”为主题，对古民居精心打造，形成了李府棋盘老院、小姐院、粮仓院、李春茂故居、明代暗道、汤帝庙等独具地方特色的历史文化节点，再现了中庄村深厚的历史文化底蕴；充分整合“美丽乡村”建设资源，依托中庄村特有的生产生活方式、自然环境、农耕文化、民俗风情和官宅民居文化，大力发展乡村旅游；重点围绕旅游基础设施建设、旅游产品开发，不断探索建设乡村旅游服务体系，打造村民就业增收的新平台。

除了自筹和争取各级专项配套资金完善基础设施外，村庄同时还充分鼓励和引导民间资本投资乡村旅游产业，合理开发旅游资源。通过引进社会资金，村里建成了布政李府民俗体验馆，为古村落量身打造了阳城鼓书、中庄秧歌、阳城道情、传统婚俗表演等一系列的民俗类文化演艺节目（节目所有的参与者，全部都是土生土长的村民）。村民通过把以前晚上跳广场舞的时间利用起来，不仅为游客提供了感受夜文化的窗口，还通过参与晚上的节目演出实现了增收。

2018 年，中庄村乡村旅游产业共接待国内外游客 15 万人次，旅游综合收入达到 6 000万元，带动 150 多村民就业，有效促进了村民就业增收，让村民得到了真真切切的实惠，大大激发和提高了广大村民建设美好幸福家园的创造性和积极性，使中庄村的古村落保护利用和产业发展走上了良性的发展轨道。

山西省太原市迎泽区郝庄镇董家庄村

【最佳休闲时间】 一年四季

【主导产业】 生态康养休闲

【特色产品】特色餐饮、精品民宿、文化休闲、绿色康养

【体验项目或活动】餐饮住宿、户外野营、登山步道、采摘、文化体验

【情况介绍】

董家庄村位于山西省太原市迎泽区郝庄镇，村庄紧靠松小线公路（247 县道），村北与孟家井村接壤，南与里麻地沟相邻，西至小山岩村，东至小山沟村。董家庄村曾荣获 2008 年度山西省生态文明村称号，荣获 2010—2011 年山西省文明和谐村称号，荣获 2010—2011 年、2012—2013 年、2016—2017 年太原市精神文明建设委员会颁发的文明村称号，2019 年荣获太原市美丽宜居示范村称号。董家庄村距离迎泽区政府直线距离 11 千米，太原火车站直线距离 8.7 千米，松庄高速口直线距离 6.5 千米。董家庄村海拔 1 125～1 275 米，属温带大陆性季风气候，四季分明，年平均气温 9.4℃，年平均日照时数 2 340 小时，年平均降水量 451.6 毫米，全年无霜期 165 天。

全村总人口 126 人，总面积 5 370 亩，其中林地用地 4 440 亩，耕地 530 亩，建设用地 400 亩，是一个典型的山多人少、地大村小的山区村庄。近年来，在区委、区政府的正确领导下，在镇党委政府的大力支持下，董家庄村找到了一条“打生态牌、垒文化台、兴旅游业、走富裕路”的道路，正在借着乡村振兴的东风，朝着生态、休闲、康养、田园综合体的目标大踏步前进。具体做了以下 2 个方面的工作。

一是规划先行出思路。董家庄村邀请了省、市、区多方面专家进入董家庄进行实地勘察和分析研究，针对董家庄“山大坡广、临近城区”的优势，提出了“生态修复、建设绿水青山、文化搭台、打造富裕山村”的思路。

二是引进企业建项目。董家庄村村委会与山西东林盛文化发展有限公司合作，共同打造董家庄生态休闲田园综合体（森栖小镇）项目，对全村进行科学开发。森栖小镇总占地面积为 5 370 亩，分为小镇核心区、体验农庄区和富氧登山区三大区域。

小镇核心区是对董家庄旧村与两个大型废弃石料厂，即“一村两沟”进行生态恢复及治理改造而成的，主要是进行基础设施建设和生态景观配套建设。该区利用乡村古旧民宅，结合当地人文、自然景观，精心改造，完善配套设施，重点推出舒适、私密、雅致的民宿；在该区域还植入多种业态功能区，包括餐饮、会议，非遗展示及书院画舍、文创集市等，同时，也满足学校、职业教育的培训和书画家的活动交流，为创作、展示、交流、交易等提供优质平台。

体验农庄区充分利用现有地势地形、农村空间、农业自然资源和农村人文资源，将农业建设、农艺展示、农产品加工、游客参与融为一体，积极推广高效生态循环的农业模式，加强农业生态保护和修复，推动美丽乡村农业产业结构调整，加快一二三产业融合。

富氧登山区以保持山间天然路径原始现状为基础，依托山势和沿途自然风景，开辟修建出一条具有健身功能的木栈步道和砂石步道，并且还沿线布置了休息观景平台。

森栖小镇项目共分为两期建设。

目前，项目一期工程已建设完毕，2019 年 10 月进入试营业，其中小镇核心区已完成植被恢复、水系循环及景观营造，并建成 50 栋形式各样的特色民宿，可接待入住人数达 150 人，同时景区还植入了不同形式的特色餐饮、非遗项目、文创集市、书院画舍等业态的功能区。

项目二期工程现也在有条不紊地建设中。二期工程涵盖体验农庄区和富氧登山区，以及民俗街巷区、户外野营区、康养度假区、生态涵养区的改造建设，景区将建设成一个晋系风情的田园康养小镇。

森栖小镇项目带动经济谋发展。在项目建成后，年接待游客人数约 20 万人次，预计年收入 6 000 万元，可有效刺激当地消费增长，促进当地第三产业发展，增加当地财政税务收入。通过项目的实施，可带动广大群众参与到生态休闲康养田园综合体的建设中来，听取村民对项目基础设施建设的意见，并聘用村民加入项目建设及后期服务等工作，使农业经济结构再调整，促进农村富余劳动力就业，推动农村经济和农业劳动力结构调整，开拓就业渠道，创造增收模式。

内蒙古自治区赤峰宁城县小城子镇长皋村

【最佳休闲时间】5—10 月
【主导产业】林果产业、乡村旅游
【特色产品】宁城苹果 、寒红梨、梨枣
【体验项目或活动】苹果采摘、牡丹文化节、乡村旅游
【情况介绍】

（一）基本情况

小城子镇长皋村位于宁城县北部，与喀喇沁旗接壤，有 11 个自然村民组，320 户 1 199人，其中党员 55 人。全村占地面积 55 200亩，耕地面积 2 730 亩，林果面积 2 680亩，有精品采摘园 5 个，森林覆被率达 60%以上，著名的皇家陪嫁牡丹——“富贵红”就生长于此，它的雍容华贵每年吸引着大量游客前来观赏。长皋村被评为赤峰市旅游休闲园区。

（二）人居环境优美

长皋村距离镇区 9 千米，按照新农村规划设计，村组将道路规划与土地、林网、地形相结合，全村村组道路全部实现硬化，交通十分便利。村内垃圾中转站、公厕等基础设施配套齐全。近年来，结合美丽乡村建设，通过实行划片管理、定期督查、年底考核等方式，长皋村不断深化探索农村环境综合整治，并结合“美丽庭院”建设，大大提高了村民的环保意识和清洁意识，使长皋村的人居环境优美宜居。

（三）特色产业突出

自 2002 年以来，长皋村因地制宜，突出特色，结合本村实际，加大农业结构调整力度，以林果产业为主导，依托祥和林果专业合作社和一大批果树技术专家大力发展林果产业。经过几年的发展，长皋村林果种植面积已达 2 680 亩，精品采摘园有 5 个，人均年收入 2 万元，主导产业收入占农业经济总收入的 80%以上，从事林果产业种植的农户达 270 余户，占总农户数的 80%以上。目前，长皋村生产的蒙富苹果于 2015 年获得国家地理标志产品认证。

（四）品牌效应明显

长皋村充分利用“陪嫁牡丹”特有的旅游资源优势，成功举办了 2018 年、2019 年两届牡丹文化旅游节，并在旅游节期间举行了大型文艺演出，重点展示了小城子镇的地方文化。在牡丹文化节开幕式当天吸引外地游客 2 万多人，并且 CCTV2、CCTV7、人民网、内蒙古电视台、内蒙古日报等媒体对旅游节进行了大量宣传报道，向全国各地观众展示了塞外“陪嫁牡丹”的雍容华贵，提升了“陪嫁牡丹”乃至长皋村的知名度和影响力。

（五）乡风民俗良好

长皋村乡风文明，民风淳朴，村内每年会投入一定资金用于文化活动开展。通过办学习讲堂，宣传脱贫政策、传授种养技能、弘扬传统美德，使村民受益。同时，丰富草原书屋中的各类书籍，便于村民借阅；利用草原书屋平台，在暑假开展亲子读书活动。另外，结合新时代文明实践站建设，长皋村各类志愿服务做到月月有主题，月月有活动，志愿服务队员以老百姓喜闻乐见的快板、小品等表现形式讲述群众身边事，潜移默化地感染村民，汇聚正能量，塑造新风正气。

内蒙古自治区通辽市奈曼旗青龙山镇四一村

【最佳休闲时间】 5—10 月
【主导产业】 旅游业、红薯种植及深加工、小米杂粮深加工
【特色产品】 红薯
【体验项目或活动】 自驾车露营地、农家采摘园
【情况介绍】

青龙山镇四一村位于奈曼旗青龙山镇最南端，辽宁省与内蒙古自治区两省的交界处，人口 1 560 人，是自然生态好，有山有水有树林的地方，也是契丹文化的发祥地，以及草原文化、农耕文化、红山文化的汇集地。2011 年，四一村开始建设美丽休闲乡村，被自治区农牧厅旅游局评为自治区级休闲农牧业示范点；被中国汽车摩托车运动联合会评为中国四星级汽车自驾运动营地——青龙山自驾车露营地；还被评为中国房车家族最喜爱的房车露营地；青龙山镇还被誉为中国红薯之乡。四一村积极挖掘地方文化特色，打造文、体、旅、农、工、商全域旅游大融合，对地方特产红薯进行农产品深加工，如做成红薯粉条，现红薯粉条已成为通辽市地区的品牌产品。四一村通过不定期举办各种文化、体育活动，宣传四一村，吸引各界游客到四一村参观、旅游。

四一村具体做法如下："走出去、引进来"，通过镇政府、旗招商局同内蒙古腾格里溪科技有限公司签订红薯种植合同，并对红薯进行深加工，形成产业化，借用腾格里溪公司销售平台，进行销售。同时，种植特色樱桃，集中连片开发，建立温室大棚 80 栋，种植反季节樱桃，在春节期间上市。同时，将樱桃开发成旅游资源，吸引周边城市居民到此采摘，此项目带动近千农民就业，增加了农民收入。

积极帮扶八虎山庄进行旅游开发。八虎山庄在通辽市旅游位置优势明显，自然资源丰富。经过多年的打造，八虎山庄现已在通辽市旅游界小有名气，其打造了青龙山自驾车露营地，真正成为内蒙古、吉林、辽宁、黑龙江四省旅游的服务窗口单位，每年接待游客近 20 万人次。现在八虎山庄的村民务工有近 6 000 人，为村民增加收入 60 万元。

不断开展各类文体活动，提升四一村及景区的社会影响力。村里举办的孝德文化节、啤酒节、秧歌节、帐篷节、钓鱼赛、排球赛、篮球赛、博克赛、蒙古象棋赛、民俗展等活动，吸引了各地游客到村或景区观光。CCTV2《生财有道》栏目组专门报道了四一村的特色文化旅游带动地方经济的典型做法。现在每年来四一村观光旅游的人不断增加，从每年 5 万人次增至现在的 20 万人次。

四一村总人口 1 560 人，总面积 2 600 亩，农户 340 户，个体工商户 210 家，现有耕地 9 000 亩。村中搞特色种植，结合休闲旅游景点特色，打造农业综合体，建有特产街、百户百品，种植有特色红薯、小米、杂粮，建立资交易市场 1 处，奈曼旗甘薯交易市场 1 处。四一村真正体现了文、体、旅、农、工、商大融合、大发展的理念。

今后，四一村将继续挖掘地方文化特点，利用地理及人文资源特点把八虎山庄打造成中国第一个契丹文化园，使之更好地带动地方经济发展。

黑龙江省哈尔滨市宾县宾州镇友联村

【最佳休闲时间】 一年四季
【主导产业】 温泉、水世界、射击场、梦幻雪国
【特色产品】 寒地山水温泉体验，室内主题水上乐园，梦幻雪国，原生态栈道，宗教文化静音禅寺、滴水观音，仙子湖畔野趣垂钓，"乡村爱情""大村官"影视摄影基地

【体验项目或活动】寒地山水温泉体验、室内主题水上乐园、梦幻雪国、原生态栈道、仙子湖畔野趣垂钓、“乡村爱情”“大村官”影视摄影基地

【情况介绍】

友联村隶属宾县宾州镇，距省城哈尔滨市60千米，距宾县县城27千米。全村有12个自然屯，共有农户1 050户，人口4 080人，耕地13 600亩，林地530亩。自2011年以来，友联村采取“村企共建、资源置换”的办法，已累计投入资金18.6亿元，完成了景区沿线3个自然屯的整体改造开发和景区景点建设，使友联村整体面貌得到了较大改观，村民生产生活条件也得到了极大改善，村集体经济实现了又好又快发展。2018年，全村人均纯收入达到2.5万元。2014年，友联村被农业农村部、文化和旅游部命名为“全国休闲农业与乡村旅游示范点”，是哈尔滨市、黑龙江省美丽乡村示范村，境内的英杰风景区为国家3A级景区。

友联村属于革命老区，区域内文化内涵深厚，自然资源丰富，历史遗迹较多。该村旅游资源丰富，猞猁河从南到北流经全境，有砬子峰10座，最高山峰白石峰海拔361米，具有独特的东北地域的山水风光；还有改扩建的仙子湖，以及已经建成运营的寒地温泉、欢乐水世界、梦幻雪国等休闲体验馆景观资源。该村周边景区众多，南与哈尔滨市阿城区红星水库和横头山风景区接壤，西临宾西长寿山景区，东连香炉山景区和二龙山景区。友联村良好的区位优势、便捷的交通、迷人的自然风光、和谐的生态环境、强劲的开发投资建设，造就了乡村旅游得天独厚的发展优势。

友联村的发展定位是“旅游”，靠奇特风光吸人、靠温泉度假留客、靠优质服务创利、靠特色产业增效，最终实现“景区打造新亮点，新农村建设显成效，特色产业发展成规模”的发展目标。旅游资源开发建设遵循以山水资源为依托，以乡村风情为特色，以自然生态为优势，以休闲度假为功能，以打造哈尔滨东边特色景区为目的，把友联村的新农村建设与旅游资源开发和撤屯并村、农村城镇化建设有机结合，开发产业建强村，优化资源建名镇，拓展产业富农民，高标准、全方位编制规划，全力将友联村打造成集风光观赏、休闲度假、历史教育、农村新居、旅游地产、农民增收“六位一体”的乡村旅游名村。

规划建设“一村、二园、三场、四特、五治、十大奇峰和七项附属工程”。友联村乡村旅游规划面积81平方千米，主要突出历史遗迹和特色自然景观，在不改变原有地形地貌的基础上，进行改造和完善，先后修复了虎头砬子、刀切砬子、悬羊砬子、磨盘砬子的景点功能，改扩建了仙子湖、滴水观音和乐佛山景点。友联村先后规划建设了六大游览景点：一是依山傍水，养生福地——5.4万平方米的寒地山水温泉体验区；二是动感世界，狂欢海洋——5.3万平方米的室内主题水上乐园，有28米高、360度全球超级惊险刺激的环幕电影体验区；三是梦幻雪国，占地58万多平方米的童话冰雪游项目；四是曲径通幽、原生态——5.6千米的栈道登山赏景体验区；五是静音禅寺、滴水观音——宗教文化体验区；六是仙子湖畔、野趣垂钓——青山镜湖赏景区。

2019年，友联村的英杰风景区乡村旅游年接待游客200多万人次，2018年乡村旅游创收13 000万元，占全村总收入的56.5%，年均增速43.3%。

黑龙江省齐齐哈尔市富裕县龙安桥镇小河东村

【最佳休闲时间】5—10月

【主导产业】旅游业

【特色产品】大雁、雁蛋、人参、大米

【体验项目或活动】湿地旅游、温泉洗浴、采摘、特种禽类观光、民俗、水上游乐场

【情况介绍】

小河东村位于龙安桥镇南 5 千米处，辖区面积 3.5 万亩，全村辖 2 个自然屯，5 个村民小组，总户数 754 户，总人口 1 763 人，其中常住户 442 户，常住人口 949 人。自 2016 年起，小河东村被定为县级美丽乡村后，小河东村利用 1 500 万元资金打造特色旅游小镇，栽植各类树木 44 种，共 7.7 万株；栽植多年生宿根花卉 4 种，栽种面积 7 800平方米，花卉 30 万棵；新建院墙 1 500米，维修改造院墙 2 900 米，粉刷墙体30 515平方米；安装木质路灯 196 盏，垃圾箱 250 个。

龙腾生态温泉度假庄园景区位于黑龙江省齐齐哈尔市东北部富裕县龙安桥镇的小河东村，该地地处扎龙国家级自然保护区的东北部、乌裕尔河下游东岸。景区总占地面积为3 500万平方米，现已通过国家级湿地公园评审，是国家 4A 级旅游景区。小河东村是中国乡村旅游示范户、“金牌农家乐”，并已入选全国旅游扶贫示范项目。

乌裕尔河畔有优美的生态环境、独特的湿地温泉，为生态农业旅游观光、候鸟式养老度假等提供了得天独厚的条件。因此，建设龙腾温泉度假庄园项目有良好的市场基础，可为游客提供温泉洗浴、餐饮娱乐、养老度假、会议接待、观光采摘、特色养殖、特种禽类观光、湿地旅游、儿童娱乐等多种项目。度假庄园每年可接待游客 50 万人次，同时还可安排 300 多人就业，实现农村剩余劳动力就地流转。

在园区内，龙安桥国家湿地公园坐落在齐齐哈尔市富裕县龙安桥镇乌裕尔河国家级湿地保护区的边缘，地理坐标为北纬47°26′，东经 124°34′，地势北高南低，水域辽阔，乌裕尔河由东向西缓缓流过。境内有齐北铁路是北方重要的交通枢纽；公路有碾北，明海和齐林公路交汇于此，G111 高速穿境而过，交通便利。景区位于鹤城齐齐哈尔市龙安桥镇，距齐齐哈尔机场 55 千米，距大庆市 124.4 千米，距五大连池 229 千米，距哈尔滨市 270 千米，区域内公路网络四通八达，有多条国家级、省级公路及高速公路贯穿围绕。黑龙江省第一游客集散中心已建设完成，位于景区酒店北侧 100 米。龙安桥国家湿地公园紧邻扎龙国家湿地自然保护区，地处满族达斡尔族风情村、林甸湖泊沼泽湿地、水师森林公园、珰奈公园等多处国家、省市级自然保护区公园群落当中。

龙安桥国家湿地公园春有鹤鸣湖上，夏有雁飞长空，秋有鹳舞苇荡，冬有冰原游鱼，是集野生珍禽、稀有鸟类、森林、湿地、湖泊于一体的大型候鸟迁徙聚集生态旅游度假胜地。

龙安桥国家湿地公园景区占地面积 52 500亩，2014 年晋升为国家 4A 级景区，2015 年成功晋升为国家级湿地公园，注册资金 5 000 万元。这里有美丽的乌裕尔河湿地，龙泉湖、野鸭湖、天鹅湖、雁栖湖、鹤翔湖星罗棋布。这里还有美丽的丹顶鹤、东方白鹳、天鹅、大雁、野鸭等国家级保护鸟类，它们成群结队嬉戏于湖泊草原之间，让龙安桥镇变得生机勃勃。龙安桥镇的冬季，走过春的绿茵、夏的茂盛、秋的金硕，迎来的雪中湿地更加别致：“埋伏”在茫茫雪海中的塔头，恰如无数神兵，守护着乌裕尔河的安宁；凝固的湖水平坦如镜，芦苇在风中摇曳，厚厚的冰层，无垠的白雪与蓝天相辉映，景观如画、神奇美妙、恍若仙境。

龙腾庄园的康养旅游中心项目，是对湿地保护、恢复、合理利用等问题的探索，是都市老年人养老休闲的新选择，是解决民生问题“老有可养”的社会力量。在项目建成后，可带动地方第三产业的发展，解决 1 000 余人就业，还能很好地满足都市人休闲度假的需求。

龙腾温泉景区规划分为动、静两大部分。现有的温泉大厅为温泉养生区的静区，建筑面积 3 600 平方米，22 个温泉沐浴池以亚热带雨林风格为特色，是北方沐浴养生的理想场所。

龙腾温泉水世界是休闲、娱乐、健身、戏水的理想场所，是孩子们的游乐天堂。这里有惊险刺激的水滑梯和宽阔水面的造浪池，不论是孩子还是大人都能玩得不亦乐乎。在温泉的仙雾弥漫中，游客浸泡在富含有益微量元素的温泉中，健康养生。

龙腾庄园更以“能人办旅游，旅游带扶贫”模式，辐射带动贫困户增收致富，让老百姓得实惠。一是从规模经营中得实惠。公司董事长蔡喜利牵头成立绿岛种植合作社和喜利特种养殖合作社。绿岛种植合作社流转农户 750 亩土地，每亩租金 500 元，吸纳 15 家农户入合作社，通过种植绿色蔬菜、水稻等，每户每年均增收 1 920 元。喜利特种养殖合作社吸纳 10 家农户入社，养殖大雁 2 万只，每年免费为 20 户贫困户提供 500 只雁雏，以保护价收购，每户年均增收 2 000 元。二是从景区务工中得实惠。景区围绕吃、住、行、游、娱、购，开发服务员、保安、保洁、玛瑙石加工等岗位 300 余个，优先为 54 个贫困户提供就业岗位，每年人均收入 1.7 万元。

上海市崇明区港沿镇园艺村

【最佳休闲时间】一年四季

【主导产业】造型黄杨、造型罗汉松、鲜花、盆栽

【特色产品】小型黄杨盆栽、鲜切花、小型盆栽

【体验项目或活动】蔬果采摘、鲜花采摘、盆栽造型

【情况介绍】

（一）基本情况

港沿镇园艺村位于崇明岛中部偏东，村区域面积 3.1 平方千米，村总农户数为 790 户，村总人口数 1 783 人，其中党员 64 人，共有 19 个村民小组，5 个党小组。

（二）园艺特色突出

园艺村产业优势突出。一是黄杨种植历史悠久。园艺村因“园艺”而得名，资源禀赋得天独厚，有着悠久的花卉苗木种植和苗木造型历史，据县志记载，20 世纪 30 年代在此诞生的“施家花厢”崇明水仙就已远销京津和香港、南洋等地。半个多世纪以来，花卉苗木成为该村的主导产业，造型黄杨更是独树一帜，是“崇派”造型黄杨的发源地，在业界享有“瓜子黄杨之乡”的美称。目前，园艺村正在推进“崇明黄杨”国家地理标志的申请和商标注册工作。二是黄杨种植面积广。该村耕地面积 2 875 亩，黄杨种植有 1 000多亩。树龄 10 年以上的瓜子黄杨数万株，其中最长树龄超过 200 年。三是黄杨从业人员多。园艺村共 790 户，有 675 户种植黄杨树，占比超过 85%。四是黄杨销售收入高。2018 年全村造型黄杨销售收入约4 000 万元，农民人均收入达 41 588 元，高出全市平均水平 42%。另外，种植大户持有的造型黄杨价值数千万元，相信如果经过产业化、项目化运作还会翻番。

园艺村生态优势明显。一是岸绿水清、环境优美。园艺村水系发达，水资源丰富，村域内三级河道总长约 40 千米，呈江南水乡风貌。农户民宅沿河而建，枕水而居，以两层建筑为主，一户一庭院，错落有致。农田、林地依次向外延伸辐射，形成条带状。全村生产、生活、生态空间布局合理、层次分明，乡村自然肌理保持良好。全村绿化率达 35%，村域内生活垃圾实现分类减量、集中收处。园艺村年内将实现生活污水全部处理，出水达到上海市一级 A 标准。二是交通便捷，四通八达。村内主干道大港公路北接北沿公路，南抵陈海公路，距离 G40 上海和启东出入口均在 15 分钟的车程内，交通便捷。

村内有 1 条区级河道（渡港）南北贯通，4 条镇级河道东西贯通，与大港公路形成“两纵四横”布局。

（三）建设中国美丽休闲乡村的内容和目标

园艺村紧抓国家实施“乡村振兴”战略、崇明建设世界级生态岛、花博会花落崇明三大机遇，发挥黄杨产业优势，力争打造“绿水青山就是金山银山”的崇明案例。建设定位是：打响中国瓜子黄杨之乡品牌、打造上海市乡村振兴示范村、建设中国美丽休闲乡村。

具体建设内容是围绕富强、美丽、文明三个方面，全力推进精品村建设。

1. 富强园艺——打造黄杨特色产业园。

一要做大。优化“农户＋合作社＋基地”的种植经营模式，扩大本村黄杨种植面积，预计近期增种 500 亩，三五年内辐射带动周边，再扩 2 000 亩；多角度、多方位加快市场对接，扩大黄杨产业销售规模。

二要做强。通过注册商标、申请地理标志、申报黄杨造型技艺非遗项目，推进造型黄杨品牌化建设；加强育苗研究、优化栽培技术、提升造型技艺，提高黄杨整体品质；成立黄杨协会，建立黄杨研究所，搭建黄杨交易的线上线下平台，推进黄杨产业发展。

三要做深。通过产业横向拓展、纵向关联，延伸黄杨产业链。发展黄杨盆景产业，引进黄杨木雕艺术，研究黄杨药用价值，提升黄杨附加值。通过精品村打造，培育主题民宿，开展以“黄杨”为主题的乡村旅游，激活多彩园艺，塑造有灵魂、有内容、有深度的精品园艺村，实现产业融合发展。

最终，通过做大、做强、做深黄杨产业，让农民钱袋子鼓起来，实现在家门口致富。

2. 美丽园艺——打造宜居宜游大田园。

一是塑造田园乡村。全域规划美丽乡村，完善空间布局，推动“多规”融合在村一级落地实施。以黄杨产业为基础，保持园艺村田园、庭园基本形态和自然景观的延续，规划“一核三心多点、一环两带三轴”的生态空间，形成“园在村中、宅在园中”的生态园艺田园。

一核三心多点：

一核——以大港公路黄杨种植集聚区为核心，通过设点布局打造村庄产业核。

三心——建设创意展销服务中心、黄杨产业特色基地和特色农业集聚中心。其中创意展销服务中心主要以黄杨产业的展示销售和黄杨园艺研发为主，通过构建黄杨展销平台，提升黄杨品牌品质，同时延伸产业链条，增加盆景、园艺造型等产品的创新创客基地，真正做到做强、做大黄杨产业；黄杨产业特色基地主要依托现有黄杨聚集的优势和 200 年黄杨古木历史文化，整合现有黄杨种植区，做优、做精黄杨种植，同时植入现代创意和体验休闲活动，融合一二三产业，打造精品主题民宿，配套餐饮、创意商业、手工坊、休闲吧等；特色农业集聚中心主要以水稻种植、花卉大棚和蔬菜大棚为基础，整合土地资源，提升创新种植技术和种植规模，形成具有园艺特色的农业示范基地。

多点——因地制宜建设多个景观节点，包括入口景观，融合皇岸历史遗迹和大树景观，打造现代化的赵公堤岸；紫藤水居，依托现有 50 年的紫藤和住宅，打造以紫藤为主题的浪漫水居民宿；多彩黄杨，以现有黄杨造型基地为基础，引进国内外艺术造型，提升现有黄杨造型观赏度，打造多彩黄杨造型园；黄杨精品酒店，改造现有废弃仓库，打造以黄杨为主题的精品民宿群，并形成典范，引爆园艺村民宿开发；桑榆未晚，失之东隅，收之桑榆，在百年榆树和桑树之下感受乡愁的另一番意境；竹林小院，竹林、小屋、清水，营造一个静谧悠闲的住宿环境；苍古仙柏，依托村内现有的罗汉松，借鉴日本造园技艺，增加国际化元素。

一环两带三轴：

一环——在提升和改造村域道路的基础上，打造村庄特色慢行步道——大地艺术环。串联不同功能的驿站、创客工坊、花卉大棚、特色景观、精品民宿等，形成集吃住游玩于一体的慢行体验步道。

两带——形成村庄产业发展带和多元生态景观渗透带。其中村庄产业发展带，主要以大港公路为依托，分层发展村庄产业；生态景观渗透带，构建多条渗透廊道，将生态优越的渡港环境引入村庄。

三轴——打造创意生活轴、高端生活轴和水岸体验轴。其中创意生活轴以塔竖河两岸住宅生活为主，融入创意休闲活动；高端生活轴以前进河两岸高品质住宅为依托，融入现代化休闲体验活动；水岸体验轴以跃进河两岸住宅生活为主，融入民宿功能，打造水岸体验空间。

二是加强生态治理。根据崇明建设世界级生态岛“十三五”规划要求，实行严格的生态保护制度，通过理水、顺路、整田、育林，打造“水成系、路成环、田成块、林成网、宅成景”的总体格局。水成系：开展生态治水、优化活水、亮化美水。路成环：规划形成二纵五横一环的路网结构。二纵为大港公路交通和景观主轴及渡港生态交通次轴，五横为跃进河、前进路、塔竖河、战斗河、中亚路生活交通次轴，一环为贯穿各大功能区的慢行景观休闲环。田成块：实施土地整治复垦，完善农田水利设施。林成网，实施林地抚育，提升林地品质。宅成景，加强农宅风貌管控，体现中国元素、江南特色、海岛韵味。开展农村环境综合整治，实现生活垃圾四分类，落实农林废弃物集中处置，年内完成农村生活污水处理项目。通过生态保护、修复，提升了园艺村的自然环境，增强农村、农业的承载力和吸引力。

三是打造花村花宅。开展“美丽家园”整治行动，发挥传统花卉苗木种植优势，由点到线、由线向面、由户及村，把一个个庭院变成花园，连成一片，形成一户一处景、一点一幅画、一线一风景的格局。打造精致漂亮的村庄标志景观、风景如画的多彩美丽田园、静心怡人的精品园艺民宿，让精品村成为生态崇明的最靓底色。

3. 文明园艺——打造心灵文化大家园。

一是弘扬黄杨文化。提炼“朴实·坚韧·自强·创新”的“黄杨文化精髓”，挖掘黄杨历史故事，永续黄杨发展历史文脉；传承精益求精的工匠精神，使之成为镇、村发展的强大精神力量，助推乡村振兴。举办黄杨产业发展论坛，为造型黄杨技艺提升、黄杨文化发展、黄杨产业升级等出谋划策，永续黄杨发展历史文脉。传承匠人匠心精神，开展“最美黄杨人”评选，记录老工匠、老艺人的技艺，扶持培养一批青年传承人，秉承“精益求精、推陈出新”的优秀品质，使之成为助推镇、村发展的强大精神力量。弘扬黄杨文化内涵，建设黄杨文化展示馆。举办花博会，集中展示园艺村的特色园艺文化、根雕艺术；集中展示黄杨种植历史、黄杨栽培技艺和特色民俗文化，打造“黄杨文化”“黄杨精神”宣传教育基地。

二是涵育文明乡风。坚持“富口袋”与“富脑袋”并重，持续提升村民文明素质，把移风易俗、垃圾分类等纳入村规民约，推动家规家训“挂厅堂、进礼堂、驻心堂”。守好乡村古韵，继承和创新“雅俗共赏、兼容并蓄”的乡土文化。加强精神文明创建，在现有区级生态文明村的基础上，积极争创上海市文明村，大力开展文明家庭创建和星级文明户创建，以家风家训汇聚良好民风乡风。弘扬时代新风，结合村规民约，推进移风易俗，引导养成健康文明、低碳节俭的生活方式。深入开展志愿服务活动，组建“黄杨”志愿服务队，广泛开展敬老扶困、邻里互助、保护环境等各类志愿服务活动。

园艺村现已建成黄杨馆、黄杨驿站、生活驿站、咖啡馆、民宿等。

上海市青浦区金泽镇莲湖村

【最佳休闲时间】 3—5 月，9—11 月

【主导产业】 有机稻米种植、千亩莲花、红柚种植、蓝莓园、民宿、农家乐等

【特色产品】 千亩莲花、青浦红柚、蓝莓园、民宿、创客等

【体验项目或活动】 帐篷区、水上运动区、红柚采摘、蓝莓采摘、农家乐村庄

【情况介绍】

（一）基本情况

莲湖村位于上海市青浦区金泽镇莲盛社区，紧邻青西郊野公园与华为小镇等重点项目，是青西郊野公园内唯一一个行政村，与莲盛社区开发边界重叠 1.11 平方千米，与郊野公园重叠 2 平方千米。全村区域面积 4.25 平方千米，由西谢庄、东谢庄和朱舍 3 个自然村组成，共有 15 个村民小组，农户 678 户，1 748 人，其中常住人口 1 580 人。耕地面积 3 200 亩，现有产业以种植粮食、蔬菜和水产养殖为主。

该村环境优美、景色宜人、民风淳朴，江南水乡风貌突出，先后获评为区级、市级美丽乡村示范村、2017—2018 年度上海市文明村，2018 年获评全国生态文化村。2018 年 7 月，该村被确定为全市首批 9 个市级乡村振兴示范村之一。

（二）乡村振兴示范村实施情况

围绕美丽家园、绿色田园、幸福乐园“三园”建设目标，重点实施完成上报市级清单（一站二中心、智慧村庄、综合管线改造、架空线入地、景观提升改造、村庄及庭院风貌提升、公共设施改造、打造成片荷塘景色、红柚种植文旅主题公园、郊野公园水质提升、景观桥、旅游设施、帐篷活动区等设施提升项目）13 项创建任务，旨在通过完善公共服务设施、提升村庄风貌、培育发展产业，实现农民持续增收、集体经济逐步壮大的目标，提高群众的获得感和满意度。

（三）推进实效

莲湖村通过一系列美丽乡村、乡村振兴示范村建设，已逐步呈现出道路宽阔、绿化成荫、粉墙黛瓦、水清岸绿的江南水乡自然村落的传统风貌。当地百姓的人居环境、生态环境、生产生活得到明显改善和提高。莲湖村同时深入开展“清洁田园”“清洁家园”、堆物整治、庭院绿化等系列活动，并建立健全环卫保洁员队伍，推行村道、河道、环卫、绿化“四位一体”综合管护，实现村庄保洁率达 100%。经过一系列的示范村工程建设，展现在我们眼前的是一幅绿树林荫、白墙黛瓦的美丽画卷，一个焕然一新的莲湖村。

（四）未来产业发展

莲湖村以乡村振兴示范村建设为契机，利用独特的土地资源和区域优势，紧密围绕环境宜居、产业发展、弘扬传统的目标，积极拓展农业生态旅游、观光休闲旅游等各方面功能，培育农事旅游经济增长点，依托郊野公园，带动农事旅游新亮点，积极挖掘休闲农业和乡土文化，吸引更多的市民走进农村、亲近自然、感受乡土，逐步形成集旅游休闲、体验农事、居家度假为一体的观光旅游模式。莲湖村打造具有自身特色的民俗人文景观，以此吸引更多游客的到来；打造赏田园风光、处自然生态、趣农事旅游、融民风民俗的“莲湖”品牌。

江苏省苏州市吴江区同里镇北联村

【最佳休闲时间】 3—11 月

【主导产业】 优质粮油、特色水产、设施园艺、休闲观光

【特色产品】 富苏牌大米，吴江大米，依源牌铁皮石斛系列，五月田有机蔬菜、水果，福康蔬菜，润汇有机蔬果，苏禾田有机蔬菜、水果、谷物类，SUTUNG 苗木种子，水乡

丽人茶叶，永汪鱼仔特种水产鱼苗，品尚、紫晶花卉园艺

【体验项目或活动】 同里油菜花节，稻田画观赏，北联欢乐跑等，农事活动有垂钓、捕捞、采摘、种植、喂养等，农产品加工体验有绿植修剪、净菜包装、铁皮石斛种苗培育、灵芝孢子粉采收等，农村手工艺体验有扎风筝、制陶、编席、玩具制作等

【情况介绍】

（一）基本情况

北联村位于历史文化名镇同里的东北部，由黄泥兜、沐庄湖、同里湖、九里湖 4 湖环绕，常年湿润多雨，季风明显，四季分明，自然资源丰富，地理位置优越，背靠苏州，东联上海，交通便捷。全村共有 58 个村民小组，农户 1 817 户，人口 6 229 人，全村区域面积 12.83 平方千米，全村耕地面积 12 072 亩，其中粮田 4 000 亩，水产养殖 2 072 亩，果蔬及花卉苗木 6 000 亩。2018 年实现村级可支配收入 810 万元，村民人均收入 3.75 万元，比全区农民人均可支配收入高 36.9%。

2007 年，同里镇选择北联与邻近的三港、湘娄、肖甸湖等行政村，其中北联村作为核心区规划建设同里科技农业示范园。北联村立足新农村建设，大力发展现代农业，积极打造现代农业产业园。2011 年 6 月，示范园被列为省级现代农业产业园区；2015 年 1 月，示范园作为核心区成功创建国家现代农业示范区，2016 年，示范园发展水平位居全国第二位；2017 年，示范园入选江苏省现代农业产业示范园创建名单。

（二）发展美丽休闲乡村举措

第一，积极发展现代农业，产业优势明显。北联村不断完善农业基础设施及装备水平。一是抓土地流转。推进整村耕地全部流转至土地股份合作社，再由合作社发包至新型经营主体承包，实现了“土地变股权、农民变股东、有地不种地、收益靠分红”。全村入股农户 2 041 户，入股面积 8 086 亩。除设施农业和休闲观光区由企业经营外，其他土地基本由专业合作社统一经营，所有农机作业均由两个农机专业合作社统一服务。二是抓基础建设。结合万顷良田建设工程、高标准农田建设等项目，推进土地集中连片整治，动迁农户 280 户，建成田成方、路相通、沟相连、旱能浇、涝能排的高标准良田格局，高标准农田建设和鱼池标准化改造面积占比达 100%。三是抓设施装备。近两年，累计新增投入近 9 000 万元，加大农业物联网改造和高效设施建设力度，新建改建现代化设施大棚面积 850 亩，进一步提升设施区生产水平，设施园艺区设施比重达 75.2%。大力发展农机装备，北联村粮食生产从种到收实现全程机械化。

第二，加大招商引资力度，带动农民就业。用完善的基础设施、先进的生产设施和优惠的扶持政策吸引农业企业入驻，培育和引进苏州神元生物科技股份有限公司、苏州市五月田农业科技有限公司、苏州申航生态科技发展股份有限公司、苏州三港配送有限公司等农业企业 26 家，注册资金近 2 亿元，其中上市挂牌企业 2 家、省级农业龙头企业 5 家。2018 年，通过主要农业企业等产业化组织销售的农产品总额为 2.12 亿元，企业对农业生产的组织带动作用明显，有效地促进了北联村本村农民的就业和增收。

第三，繁荣农村文化，发展特色休闲观光。农村文化是我们祖先数千年以来创造的极其丰富和宝贵的文化财富，中国的乡土文化源远流长，是中华民族情感、道德传统、个性特征以及凝聚力和亲和力的载体。泽被于江南水乡文化，受益于同里古镇历史，充分挖掘农业自然资源，北联村抓住同里旅游主线，举办北联油菜花节，提升了北联知名度。北联村已连续成功举办了十一届油菜花旅游节，第一届农民丰收节，吸引了国内外众多游客和摄影爱好者，产生了良好的社会影响和经济效益。中国·同里油菜花节，已

成为一个成熟而知名的旅游品牌，受到外界的广泛关注和高度评价。为了方便游客以及发展旅游资源，北联村在洋溢港以南地区启动了投资近千万元的北联游客服务中心，2017 年，搭建了观光塔，游客可以高角度观赏油菜画和稻田画。设施区的瓜果采摘、养殖区的垂钓，丰富农产品的内涵，打造了优质乡村游，农村功能和潜力得到了进一步拓展，老百姓可从中分享建设成果，建设的旅游配套设施，提升了农村环境，为村民提供一个优美适宜的环境。

（三）进一步推动美丽乡村建设

北联村立足新农村建设，大力发展现代农业，继续推进国家级现代农业产业园建设，在此基础上，围绕吴江区提出的“五美五好”建设目标，加快“美丽乡村”建设。2007 年 9 月，北联村全面推进洋溢港自然村旧村改造工程；2013 年，在农业园区建设上投入 5 000多万元，在洋溢港美丽村庄示范点上投入 910 万元；2015 年 1 月，被列为国家级现代农业产业园核心区；2019 年 7 月，申报全国休闲农业与乡村旅游四星级精品园区，并通过专家组现场审核，符合条件。

2018 年，根据苏州市统一部署，围绕吴江区提出的“五美五好”美丽乡村建设目标，以田园风光建设为重点，积极推进洋溢港省级特色田园乡村建设，主要围绕特色产业、特色生态、特色文化，从塑造田园风光、田园建筑、田园生活这几方面开展工作。

一是整治乡村环境，彰显田园风光。统筹“河长制”“263”专项行动等工作，全面提升北联村水环境质量。洋溢港疏浚裴舍港河道有 2 000 米，其中采用块石建设生态挡墙 500 米。结合“三治”“331”、三优三保等工作，对洋溢港区域内散乱的电线路网、沟渠、道路等进行整治。建立了村道养护管理、卫生保洁、公共设施维护以及垃圾收运等制度，划分区域，责任到人，进一步提高农村环境卫生水平。开展村民房前屋后环境整治，乱搭建、乱堆放的情况得到改善，庭院环境得到进一步提升。完成区域内河道疏浚 2 000 米，整理鱼塘 350 亩，修缮田埂沟渠约 2 500 米，同时对周边的农业种植和养殖的面源污染进行治理。

二是完善配套设施，提高生活品质。近年来，逐步开展洋溢港自然村村庄综合改造。农村生活污水改造分成管网系统改造和生活污水处理设施建设两方面，总计投入资金 259.78 万元。农村生活污水改造工程于 2012 年全部完工并投入使用，出水水质达一级 B 要求，受益户有 135 户。生活污水处理设施建设，实现了对污水的集中收集处理，生活污水净化处理率达 90%。在道路改造方面，完成约村内道路“白改黑”以及亮化工程 700 米，新装路灯 80 盏。在旅游配套建设方面，2015 年启动北联游客服务中心项目建设，打造集餐饮、农产品销售和旅游服务于一体的服务中心，有效推动了园区休闲农业板块的发展。2019 年 8 月，成功完成苏州市特色田园乡村验收工作。

北联村将继续围绕乡村振兴战略发展要求，狠下功夫，积极参与同里农文旅融合发展区建设，让特色江南水乡文化更好地绽放，打造生态优、村庄美、产业特、农民富、集体强、乡风好的美丽宜居新农村。

浙江省杭州市西湖风景名胜区西湖街道龙井村

【最佳休闲时间】一年四季

【主导产业】茶叶销售、农家乐、民宿

【特色产品】西湖龙井茶

【体验项目或活动】体验工坊（采茶）、休闲吧（炒茶制作）、健康养生（徒步登山）、娱乐活动（九溪戏水等）

【情况介绍】

杭州市西湖风景名胜区西湖街道龙井村位于西湖风景名胜区西南面，四面群山环抱，林茂茶香，溪泉淙琤，景致怡人。龙井村生态环境独特、地理位置优越，是名副其实的西湖“景中村”。龙井村行政区域面积为3.18平方千米，茶园面积近1 000亩，分为10个村民小组，农户327户，人口656人，其中党员49人。2018年，村集体收入为269.12万元，人均收入38 572元。

2019年4月，赵洪祝书记在省委书记车俊的陪同下视察龙井村及御茶园，两位领导都充分肯定了龙井村及御茶园近年的发展，车俊书记重点强调：要将龙井村及御茶园作为省委省政府的重要接待窗口。浙江省省长袁家军在近期的视察中更是对龙井村及老龙井御茶园的整体发展提出了要求，并对龙井村沿路及御茶楼剖面改造提升提出了具体的指导意见。

龙井村产茶历史悠久，拥有近1 000亩的高山茶园，东临西子湖，西依五云山，南靠滔滔东去的钱塘江水，北抵插入云端的南北高峰，四周群山叠翠，云雾环绕，就如一颗镶嵌在西子湖畔的翡翠宝石。龙井村的西北面北高峰、狮子峰、天竺峰形成一道天然屏障，挡住了西北寒风的侵袭；南面为九溪，溪谷深广，直通钱塘江，春夏季的东南风易入山谷，通风通气的地理条件为龙井茶的生长提供了得天独厚的优势，这里出产的龙井茶位居“狮、龙、云、虎、梅”之首。相传乾隆皇帝4次下江南到龙井村狮峰山下的胡公庙品尝西湖龙井茶，饮后赞不绝口，并将庙前十八棵茶树封为“御茶”。

现在的龙井茶在科技的发展和茶农世世代代的努力和辛勤培育下，产量不断增加，品质日益改进。村内景观资源丰富，老龙井、十八棵御茶、宋广福院遗址、十里琅珰入口、风篁岭等景点散布其中。历史上，苏轼、苏辙、秦观等名人曾多次造访龙井村，并留下美谈。这些都为龙井茶乡增添了浓郁的文化气息，更是西湖世界文化景观遗产的重要有机组成部分。自2005年以来，龙井村通过一系列的村庄环境整治，大力发展第三产业，将以前单一式的产茶、卖茶产业打造成以茶为主的旅游休闲观光产业链。茶农利用优美环境和西湖龙井茶品牌，积极开办具有时代特征、区域特点、茶乡特色的“农家茶楼”，结束了茶农多年来单纯依靠种茶、卖茶盈利的历史，农家茶楼经营收入迅速增长，使当地茶农向富裕型小康生活迈进了一大步。龙井村紧紧依托西湖人文与自然环境，以西湖龙井茶为中心，带动茶产业、茶旅游的发展，积极推动龙井村茶文化的发展，既保护生态，又抓发展，努力实现和谐新农村建设，做好农业增效和农民增收的典范。通过近年来的不懈努力，龙井村先后被授予国家级“全国文明村”称号、省级“千年古村落”“农家乐示范村”“全国长三角城市群茶香文化体验之旅游示范点”及省级“文明村”“全面小康建设示范村”“浙江特色旅游村”等荣誉称号。

浙江省嘉兴市南湖区凤桥镇联丰村

【最佳休闲时间】3—6月，9—11月
【主导产业】水蜜桃、葡萄种植
【特色产品】水蜜桃、葡萄、葫芦烙画
【体验项目或活动】拓展营地、开心农场、水蜜桃采摘、水稻种植等农事体验
【情况介绍】

浙北水乡、南湖东畔，坐落着一座让人流连忘返的典型江南村落——嘉兴市南湖区凤桥镇联丰村，这里七沈公路、余云公路贯穿全村，村域面积7.19平方千米，有24个村民小组，农户1 136户，总人口3 848人，其中党员142人，党委下设6个党支部、12个党小组。村集体经营性收入达到200万元，人均收入29 533元。

联丰村先后获得了中国美丽乡村百家示范例、浙江省美丽乡村精品村落、浙江省农村基层党风廉政建设示范村、浙江省民主法治村、浙江省森林村庄、浙江省宜居示范村、

浙江省信息化示范村、嘉兴市文明村、嘉兴市科普示范村、嘉兴市民主法治村、嘉兴市先进基层党校等多项荣誉。

（一）以文为魂，充分发掘文化资源

联丰村，村深地古，人文荟萃，有王祥里、巢家园、阙家头、郭家堰4个古村落，历代出过不少名人学者，尤其以徐桐柏、阙鸣珂、巢鸣盛、郭世兰等名人为代表，耕读传家，绵延不绝，以这些家族为代表的乡土文化影响深远。

（二）因地制宜，彰显风雅水乡韵味

联丰村在新时代美丽乡村建设中，因地制宜，突出乡村风情、田园气息，鸡犬相闻的清晨或者夕阳西下的傍晚，散步于村庄和田野，忘却昔日烦恼；在瓜果飘香的季节，体验亲子采摘之乐；散步归来，品尝别具特色的农家土菜；约上好友，小住在清新简约的民宿里。联丰村正逐渐成为“宜居、宜业、宜游、宜养”的农民幸福生活家园、市民休闲旅游乐园。

（三）以人为本，大力发展农旅经济

联丰村在打造3A级景区村庄的过程中，注重人与景的完美结合，引导农户积极参与景区经营，发动农户开办农家乐7家，可同时接待250人就餐。联丰村邀请嘉兴壹爿文化创意有限公司参与民宿打造，共建灼华居民宿5家，床位52个；景区可满足游客的吃、住、玩，为村集体每年增加收入10万元。另外，联丰村邀请嘉兴市远景旅游公司作为顾问，为景区做专业的策划、包装、管理和运营，对农家乐和民宿采用“村民+公司”的专业化托管模式，并采用“四统一、三差异”的合作经营模式。从2018年的五一“寻美王祥里”旅游节到2019年，景区累计接待游客40万人次，实现经营收入150万元。

联丰村在实施新时代美丽乡村建设的过程中，将数字化建设运用到产业发展、村庄治理等方面，打造智慧旅游平台，其数字化建设走在了全市前列。农业产业中，联丰村的农产品网络销售风生水起，成立了电商平台，与顺丰快递携手将国家地理标志产品——凤桥水蜜桃销往全国各地。

联丰村以美丽乡村带动美丽经济，通过发展乡村旅游，带动产业发展，促进集体增收、村民致富、田园美丽，最终实现党的十九大提出的产业兴旺、生态宜居、乡风文明、治理有效、生活富裕的宏伟目标。

浙江省金华市磐安县尖山镇乌石村

【最佳休闲时间】 一年四季

【主导产业】 农业、旅游业

【特色产品】 农土特产、农家腊肉、茶叶、茭白、竹笋等

【体验项目或活动】 打麻糍、谢佛、儿童乐园、非遗演出、原味年活动等

【情况介绍】

乌石村（管头）位于磐安、天台、新昌县三县交界，也是金华市、绍兴市、台州市交界的地方，在海拔500多米的高山台地上，夏季非常凉爽，平均气温26℃左右，是避暑养生的好地方，也是中国传统村落、中国历史文化名村、全国文明村、浙江省旅游特色村。随着乡村旅游及“避暑经济”的盛行，磐安县尖山镇乌石村搭上了乡村旅游的快车，乌石村（管头）从2005年的4家农家乐，30张床位发展到现有的137家农家乐，床位超3 633张，有80%的村民从事农家乐行业，年接待游客突破70万人次，最高日接待游客4 200余人，2019年旅游综合收入达到1.6亿元，成为金华市农家乐第一村。

（一）整治持续推进，增添和美底蕴

发挥小城镇整治资源集聚作用，实施小城镇整治扩面行动。联动12个相关部门共同对乌石村（管头）开展“六乱”整治，规范乱摆摊、乱停车、乱搭建等行为。制定乌石村（管头）的村规民约，防止“治理—回

潮—再治理”的恶性循环，实现制度化、规范化、常态化管理；发挥EPC设计团队余热，完成15项乌石节点设计，填补缺失功能性空间，助推和美乡村可持续发展。

（二）引导村庄自治，焕发和美乡风

以“管头管事”为载体，通过“管事十法”，实现“平安无事”目标。十余年来，全村没有发生过一起刑事案件，没有发生过火灾、没人上访，仅发生过1起游客投诉事件。乌石村在实践中将“管头管事、平安无事”做成了一张践行新时代“枫桥经验”的金名片。推动各类长效机制向村内各条工作线延伸，挂钩村民福利，奖惩并行，促进文明制度入脑入心，夯实“六无”善治之基，实现产业美与人文美的交相辉映。

（三）文化产业并进，引领经济发展

一是推进乌石民居古村的保护与修缮工程，重塑传统的农村风水格局，擦亮乌石底色，培育乌石特色小镇基底，并积极谋划，对古民居实施集中回收，探索股份制合作开发等新思路，丰富咖啡馆、酒吧、小吃一条街、农业项目体验等新业态，以古村新业态、新民宿带动传统农家乐的转型升级。二是统筹发展传统民俗文化，拓宽文化产业发展道路，成功打造乌石小镇原味年卡通形象——小乌乌，形成形象玩偶、茶馆、酒壶等小乌乌系列产业链。三是调整空间布局，兴建农家乐文化广场和1 200平方米的智能停车场，完成水阁至乌石村2.11千米路面“白改黑”，建设东里、大山头、管头旅游休闲大道，实现尖山北部乌石传统民居风格集聚区共联共享，助推“全省农家乐第一村”的创建。

乌石村（管头）以建设乡村振兴示范区为总目标，以环境卫生整治为抓手，积极开展和美乡村创建“回头看”，有效改善村庄旅居环境，推进文明乡风再深化，全力打造一个风貌更独特、业态更多元、管理更出色、体验更丰富、效益更突出的浙江省农家乐第一村。

安徽省池州市贵池区梅村镇霄坑村

【最佳休闲时间】4—10月
【主导产业】绿茶、休闲旅游
【特色产品】霄坑村绿茶、野生山珍
【体验项目或活动】茶旅结合、峡谷徒步、农家乐、民俗度假
【情况介绍】

梅村镇霄坑村地处皖南深山区，隶属九华山山脉，距池州城区50千米，村域面积52平方千米，坐落在长约25千米的高山峡谷之中，最高海拔1 021米，平均海拔700米，森林覆盖率高达95%，自然植被保存完好，村内空气清新，景色旖旎。全村有12个村民组，农户446户，人口1 688人，有机茶园5 000亩，人均耕地仅有0.3亩，村民90%以上的收入来源于茶叶和旅游，是典型的茶叶生产专业村和休闲生态旅游村。

多年来，霄坑村一直以保护自然资源，发展茶叶经济，打造乡村旅游为目标，全面推进“美丽乡村”建设，立足生态优势，充分发挥“一村一品”特色，发展乡村休闲旅游，大力巩固村级集体经济，并取得了初步成效。霄坑村得到了各级党委政府的肯定，先后获得全国文明村、全国先进基层党组织、全国民主法治示范村、全国一村一品示范村、全国造林绿化千佳村、全国绿色小康村、全国生态旅游生态基地、全国小流域治理示范点、全国生态文化村、全国特色景观旅游名村、中国特色村、全国美丽乡村示范村等10多个国家级荣誉称号。

安徽省黄山市黟县碧阳镇南屏村

【最佳休闲时间】春季、秋季、冬季
【主导产业】休闲农业与乡村旅游
【特色产品】黑米酒、徽雕糕、黑米、植物染的服饰、汪姐火腿、土鸡、特色蔬果

【体验项目或活动】开蒙礼研学体验活动、传统手工艺—竹篾编织研学体验活动、徽州石刻研学体验活动、黑米酒酿造体验、徽雕糕制作研学体验活动、草木染研学体验活动、七约农场农事研学体验活动、地面迷宫战研学体验活动

【情况介绍】

南屏村位于县城西南5千米处，辖8个村民组，340户965人，拥有耕地1 500亩。村党总支带领全村广大党员干部依托农业、旅游和文化的资源禀赋，激活内在活力，大力发展乡村旅游，努力把南屏村建设成“宜居、宜业、宜游”，集观光、休闲、体验、旅游等于一体的美丽休闲乡村。南屏村先后被评为国家4A级景区、全国重点文物保护单位、中国历史文化名村和中国影视村。

产业特色明显。南屏村依托古村落旅游，整合村内水田、水面、茶园等资源，改造提升传统观光旅游产品，打造开蒙礼、传统手工艺——竹篾编织、徽州石刻、黑米酒酿造、徽雕糕制作、草木染、七约农场农事及地面迷宫战等一批研学体验活动，增加游客的参与性和体验性。

服务设施完善。南屏村启动美丽乡村建设，集中力量实施道路硬化、村庄绿化、庭院美化、环境净化的“四化工程”，改善村民生产生活条件；引进南薰绣楼、晴园等旅游民宿，带动发展民宿22家、饭店18家，建设停车场3处、停车位250个、旅游公厕4间、游客休憩场所8处、游客咨询服务点2处、共享汽车充电桩5套，制作导向牌、导览图、温馨提示牌100余个，设置邮箱2处，以此提升旅游服务水平。

乡风民俗良好。南屏村建立了党群服务中心、村民活动广场和农家书屋，定期组织举办电影下乡、文艺表演和广场舞比赛等特色文化活动；经常开展普法教育、卫生健康、环保政策、安全知识等进农家宣传活动；制定村规民约，倡导尊老爱幼、邻里和睦、热情好客、诚实守信等社会主义核心价值观；成立志愿者队伍，定期开展“清洁家园、保护环境、爱护南屏”活动；精心组织开展评优树模活动，评选“五好家庭”“好媳妇，好婆婆”等最美南屏人，在全村营造诚实守信感恩的文明氛围。

品牌效应突出。南屏村不仅拥有幽深的街巷、祠堂群构成的村落景观和优美的自然环境，还有几百年徽商人家兴衰、古徽州宗法制度、古徽州村落布局、风水原理的文化传承。南屏村还是《菊豆》《卧虎藏龙》《大清徽商》等30余部著名影视片的拍摄地。南屏村在全国有非常高的知名度和美誉度，国际摄影协会将南屏作为摄影创作基地，因此，南屏村吸引来很多游客研学旅游，并被黄山市评为研学旅游示范点。

安徽省六安市金寨县油坊店乡西莲村

【最佳休闲时间】一年四季

【主导产业】休闲旅游

【特色产品】莲花山黑毛猪、莲花山有机野茶、莲花山有机泡菜、莲花山高山西瓜、毛竹、霄坑村绿茶、野生山珍

【体验项目或活动】莲花山休闲旅游体验

【情况介绍】

西莲村位于大别山腹地，面积40平方千米，平均海拔600米，四环面山，因位于莲花山之西，故名“西莲村”。全村山场面积2.7万亩，耕地面积2 008亩。2016年，西莲村被安徽省列入美丽乡村建设示范村，2018年通过省级验收。近年来，西莲村大力推进美丽休闲乡村建设，并具有以下优势。一是特色优势鲜明。西莲村风景秀丽，有厚重的人文底蕴，原生态保持完好，一二三产业不断融合，暮春四月，漫山遍野的杜鹃花开，游客如织，年接待游客2万多人次。这里高山有机茶基地有2 000亩，高山有机泡菜300亩，高山黑毛猪2 000多头，并新建

了草莓育苗基地200亩。第二、第三产业协调发展，带动就业300多人。二是服务设施完善。西莲村建有旅游接待中心1处，农家乐5家，游客户外体验1处，建有文化展示处1处。村里投资了7 000多万元建成两车道柏油路；投资4 000万元使家家通了光纤，主干道路灯亮了，实现了雨污分流，村庄家家户户整洁卫生。三是村风纯朴良好。西莲村形成了独特的莲花山民间习俗，莲花花鼓伞得到发扬，莲花山民俗文化得到整理和传承。完善了村规民约，西莲村成为安徽省首批党建引领信用村试点单位。10年来，全村无群体性上访，无恶性案件，无擅自占用耕地和基本农田行为，未发生破坏生态环境事件，无安全生产事故。四是品牌效应突出。所有农产品一律生物灭虫，不打农药、不上化肥，养殖业不用混合饲料和添加剂。高山鲜茶香味醇厚，西瓜、泡菜、黑毛猪成为一些大中城市的抢手货。景区已成为金寨县油坊店乡及附近中小学夏令营的活动基地，以及六安市文联、金寨县文联的写作写生采风基地。西莲村年度绩效综合考评连续3年位居油坊店乡第一名，先后获得20多项单项奖。

安徽省芜湖市南陵县烟墩镇霭里村

【最佳休闲时间】春季、秋季

【主导产业】乡村旅游、农产品线上线下销售

【特色产品】野生葛系列产品、岑山野茶、烟栀细胞原香液、烟火墩木榨麻油、霭里八大碗、五谷年糕、金丝皇菊、霭里小哥虾酱、有机大米

【体验项目或活动】小格里森林公园徒步游、岑山登高、民俗节庆活动体验、互联乡村田园观光廊道（山下）和山野休闲康养廊道（山上）

【情况介绍】

霭里村隶属芜湖市南陵县烟墩镇，位于芜湖市最南端，地处芜湖、宣城、池州三市交界处，全村总面积29.6平方千米，人口1 226户，4 322人。村内有皖南“香格里拉”小格里省级森林公园和4个美丽乡村，是国家3A级景区、中国乡村旅游模范村、安徽省一村一品示范村（休闲类）、安徽省乡村旅游示范村、芜湖市田园综合体。

自2012年开展美丽乡村建设以来，霭里村以小格里省级森林公园为核心，先后建成大木山、仓里、桥头、格里胡4个省级美丽乡村示范点，以点串线，以线连片，大力发展休闲度假康养型的乡村旅游。近年来，霭里村通过挖掘、培育旅游资源，主办传统民俗节庆活动，培育乡村旅游产业，以景区发展带动乡村发展，走出了一条景、产、村一体化的发展之路。

为服务好美丽休闲乡村建设，霭里村注册组建了芜湖市大格里生态农业专业合作社。合作社是芜湖市创业孵化基地，盘整农村空闲房屋资源，目前吸纳了40余家农家乐和采摘园等创业实体，统一注册“霭里人家”品牌，为游客提供吃、住、行、游、购、娱等便捷服务，不仅增加了当地旅游收入，同时带动了周边群众销售农副土特产品。

依托生态旅游核心景区，注册“霭里人家”品牌，发展乡村精品客栈、民宿和餐饮，以及生态观光农庄和农旅体验等。2018年景区共接待游客20万余人次，旅游收入1 500余万元。2019年的五一小长假，景区平均每天接待游客3 000余人，4天全村累计收入102万元。

霭里村由党组织引领、集体合作社运营、农民主体参与，合作社成员统一使用“霭里人家”品牌，扩大对外推介影响力。全村以乡村振兴为目标，构建生态维育、功能联动、文化彰显、建设集约、治理一体的发展机制，依托特色种养、手工作坊、休闲娱乐进行一二三产业融合发展，壮大集体经济，增加农民收入。

福建省福州市晋安区寿山乡九峰村

【最佳休闲时间】一年四季

【主导产业】休闲旅游业

【特色产品】牛卵坨、羊奶果、黑老虎等名优特色水果，笋干、蜂蜜、地瓜粉等特色农产品

【体验项目或活动】村庄全景旅游、观光采摘项目

【情况介绍】

寿山乡九峰村位于寿山乡北部，距福州城区 18 千米，村域面积 14.85 平方千米，下辖 3 个自然村，总人口 859 人。

九峰村认真践行“绿水青山就是金山银山”理念，积极顺应人民群众对美好环境与幸福生活的新期待，找准方向，持续发力，全力缔造新时代新农村“共谋、共建、共管、共评、共享”美好环境与幸福生活的九峰样板。具体做法如下。

（一）坚持共谋共策，因“地”制“规”

一是理思路，明方向。会同设计团队，深挖细掘村庄特色乡土资源，明确“我有什么”“哪些不能做”，再确定“怎么发展”，让规划有问题导向、目标导向和效果导向。二是共谋划，同商议。对规划中间稿，组织村民 200 多人次进行集中宣讲讨论、征集意见建议，广泛听取群众意见，做到“我的家园我策划，我的家园我做主”。三是看得懂，好实施。按照先易后难，分类型、分时期细化为 24 项“项目清单”，做到群众看得懂，好实施。

（二）坚持共商共行，凝“心”聚“力”

一是强化党建引领。充分发挥基层党组织和党员干部模范带头作用，通过支部发动、党员促动、党群互动，让党员干部亮身份、明责任、做表率。二是强化内力激活。把德高望重、有充分话语权的长辈和有干劲、会干事、有号召力、责任心强的村民先发动起来，带头开展房前屋后卫生清理整治，以点扩面，凝聚合力。三是强化乡贤助力。成立“乡贤会”，让群贤毕至，广开贤路，鼓励引导在外乡贤参与家乡建设，出谋献策，公益捐资。

（三）坚持共建共管，重“治”建“制”

一是实施“厕所革命”行动。动员村民自行拆除旱厕 7 座，改造户厕 22 座，新建旅游公厕 3 座，村内通过“厕所革命”实现了旱厕拆除到位，户厕改造到位，公厕布点到位“三到位”。二是实施垃圾治理分类行动。建立垃圾分类扫码评分体系，引入垃圾分类回收积分兑换系统，购置厨余垃圾处理设备，挖好沤肥池，村内垃圾治理做到干湿、有害、可回收分类，厨余垃圾做好沤肥处理、生产有机肥处理。三是实施污水无害化处理行动。家家户户建设“三格式”化粪池；户厕污水通过污水管网连接，再收集到污水处理站；经污水站处理后的尾水排放到田间对农作物进行灌溉利用。四是实施农房整治安居行动。坚持不搞大拆大建，大力开展“裸房整治”，做到微整治、微投入；少拆旧房、少建新房；留住乡土风貌，留住难忘“乡愁”的“两微、两少、两留”。五是实施村容村貌整治行动。制定“你拆除整理，我绿化美化”措施，做到拆除整理一家，跟进绿化美化一家。对参与美丽庭院创建的村民，根据实际给予奖励 100～500 元的花卉、绿植。六是建立健全管护管控机制。修订《村规民约》，使垃圾分类、家禽圈养、爱青山、护绿水等成为村民日常行为准则。健全完善公厕长制、河长制、路长制等各项工作制度，使公厕有人扫、河道有人看、公路有人清。

（四）坚持共创共享，统“资”兴“业”

一是用好资源。对村内资源进行全面盘查，科学规划，动员广大村民返乡创业、就业，大力发展自驾游、农家乐、特色民宿等业态。二是盘活资产。实施村经济合作社股份制改革，在集体股份中创新预留激励股，并将股权收益分配方式与村民（股东）是否遵守村规民约、支持村庄经济社会发展等相

关指标挂钩，进行“红利”分配。三是吸引资本。鼓励引导村民以土地折价入股和现金入股的形式，投资建成山区特色水果种植园。积极探索宅基地退出、流转和有偿使用改革，腾挪空闲宅基地、农房等资源，在村经合社旗下设立旅游开发公司，对接国开行福建省分行吸引金融资本参与村庄建设发展。

（五）坚持共评共议，补“短”强“弱”

一是工作共评。建立村“两委”干部、经合社理事会、监事会成员和公厕长、河长、路长年度工作“德、能、勤、绩、廉”的群众评价考核机制。二是大事共议。建立村内宅基地分配、对外签订合作协议以及重大投资、重大资金使用等重大事项共议机制。三是意见共集。开辟广开言路、广纳谏言渠道，由专人收集微信工作群、意见建议箱以及在每季度组织召开的意见建议收集会上群众提出的建议意见，并整理成册，及时研究解决、解答回复。

江西省吉安市万安县高陂镇田北画村

【最佳休闲时间】春季、秋季

【主导产业】农产品观光采摘业、文化创意产业、餐饮服务业、休闲旅游业

【特色产品】农民画衍生产品、竹编

【体验项目或活动】儿童涂鸦大世界、8D影院、果蔬采摘

【情况介绍】

田北画村位于万安县高陂镇，紧临105国道，距大广高速互通口4千米，距泰和火车站、井冈山机场40千米，交通区位优越。田北画村是2013年县委、县政府投入3 000多万元，结合美丽乡村建设、文化产业、休闲旅游产业，打造的以农产品观光采摘业、农民画文化创意产业、餐饮服务业、休闲旅游业为主的综合性景区。

田北画村占地1 200亩，一期600亩工程，含农民画院、丹青湖、笔洗湖、知画湖、书画长廊、园林步行桥、牌坊、念庵亭、停车广场、社区活动中心、农家乐、农民画作者住宅、蔬果采摘园等众多景点和基础设施建设子项目，现已全部完工。另外，村庄还打造了60亩休闲观光QQ农场，30亩“干部学用技术”基地，400亩黄秋葵花海观赏、体验采摘园。丹青湖蔬果种植合作社顺利揭牌，该合作社是由全体村民以土地和资金入股，个别专业人员以技术入股成立的。合作社按照“一园九区”规划和“一年四季有花有果”及“可采摘、可摄影”理念建设蔬果采摘园，有30个大棚、50亩微滴灌溉系统等，一期设施已完成建设，葡萄、西瓜、辣椒、茄子等蔬果丰收上市，成为万安县闻名的模范合作社和蔬果种植基地。全村紧抓“吃、住、行、游、购、娱”旅游六要素，结合当地独特的客家建筑、饮食、民俗，开发了农民画艺术体验、民俗文化表演等一批旅游产业项目，引导农户新建和改造民宿33栋，开办农家乐16家，创设了竹编培训生产基地，引进了“农村e邮”和“农村淘宝”，让农民画及其衍生产品、农副土特产品触“网”销销。田北画村的绿色产业优势有利于推动产业结构调整，为构建更加绿色、更加低碳的产业体系打下基础。田北画村接待条件充足，餐位数有1 210个，床位数有314个。

田北画村有着600多年的悠久历史，人文自然资源丰富，民俗文化源远流长，保留着传统的书法和中国画艺术，坚守传承几百年的宗祠传统和文韵，现有保护完好的郭氏宗祠南溪堂和“理学正宗”罗氏宗祠嘉会堂。田北画村自然环境优美，空气质量优良，村内有古枫、古樟、古柿、古榕、古柏等近百株，与丹青湖、笔洗湖、知画湖三大景观湖交相辉映，错落有致；村后的田北岭森林茂密，林业文化资源优势突出，牛峰寺禅意悠

然，远眺赣江犹如白练。2014 年、2015 年和 2017 年的全国农民画展在村里成功举办，获奖作品陈列在丹青湖上的农民画院内。2018 年 3 月，万安县首届油菜花节在田北农民画村成功举办，当日旅游接待人数达 15 000 人次。

田北画村二期 600 亩工程建设项目立足地域性、前沿化、时尚性，遵循以“生态农业”为主导，以“科普教育”为乐趣，以“农业体验、休闲度假”为主题，以“展销科普、采摘民宿、生态餐厅、农业展示、摄影基地”等为内容，现已完工，并投入使用。村庄因地制宜，打造自然朴野，健康生态的农业科技示范园区。

田北画村结合区域特色，来观光旅游的游客日益增长，每年接待游客数量达 60 万人次，年营业收入达 2 900 万元，实现利润 1 276.4万元，带动就业 155 人，其中本地农民从业人数 124 人，从业农民年均收入达 21 000元，大大提高了农民收入，带动了地区经济发展，创造了良好的经济效益和社会效益。

江西省新余市分宜县钤山镇金鸡布村

【最佳休闲时间】凌晨 5 点至晚上 12 点

【主导产业】捕鱼、茶叶、草皮、漂流、民宿、农家乐、油茶育苗基地

【特色产品】莲子、莲藕、果冻橙等特色农产品

【体验项目或活动】水上漂流、农家乐、民宿

【情况介绍】

金鸡布村地处分宜县钤山镇最北端，距镇政府驻地 2 千米，是分宜县进南乡的第一个村，距县城 16 千米，全村辖 5 个自然村，分别是金鸡布、北府、大岭背、枫树下、荷树下，共 9 个村民小组，全村 305 户，1 057 人，其中贫困户 19 户 48 人，现有党员 54 人，耕地面积 1 526 亩，山地面积3 700亩。金鸡布村自然环境优美，乡风淳朴。分安公路、分文铁路贯穿该村，大岗山河、松山河汇入新址河，途径全村，流入钤阳湖。村集体企业有水力发电站 1 座，年发电量近 40 万度，2017 年年底建成光伏发电站 1 座，年发电量近 6 万度。

2016 年引进浙商种植金桥绿、咏春黄茶叶 450 余亩。2019 年春季，种植金白 2 号白茶 200 余亩，壮大产业发展，带动贫困户脱贫。2018 年，引进财荣草业种植草皮 600 余亩、高产油茶苗木 30 余亩，2018 年 4 月 29 日，金鸡布村成功举办分宜县第三届乡村文化旅游节，为当地的民俗农家乐、旅游产品带来了很大的收益，增添了丰富的资源。2019 年 4 月 27 日，毽协在金鸡布村成功举办江西毽球邀请赛及分宜县金鸡布村产业扶贫交流会暨茶文化旅游产品推介会。另外，金鸡布村还引进了江西景怡康园、民宿旅游开发有限公司开发水上漂流，发展莲子、莲藕、果冻橙的种植，以及发展传统的捕捞渔业队。这些产业对当地经济的发展起到了举足轻重的作用，为脱贫攻坚带来了希望。

据史书记载，在西汉新朝期间，有一只金鸡因为金鸡布村风景宜人，百姓淳朴善良，故在村里的枧里庄园筑巢穴，自此枧里庄园开始兴盛，造就了一名财主。此财主为人精明、狡猾，对待贫苦百姓尖酸刻薄，使百姓生活贫困潦倒，苦不堪言。该财主育有一女，女儿天生丽质，并与村里一年轻小伙子相恋，但财主因为嫌弃对方家境不好，不同意两人的婚事，且百般刁难男方，还威胁男方说如果不离开他女儿，他将让整个村子的百姓吃不饱、穿不暖，男方因此不得不放弃两人的感情。金鸡听闻此事，化作商人，带领村民做生意，村民的生意越做越大，但财主因为不讲诚信，生意日渐惨淡，家境慢慢败落，而两位年轻人最终也走到了一起。当人们纷纷感恩这位“商人”时，他却不见了，又悄

悄变回了金鸡，后来人们为了纪念和感恩金鸡，将村子取名金鸡布。

金鸡布村地处分宜县城南面，这里不仅是物华天宝、人杰地灵的沃土，还是一片风起云涌、英雄辈出的红土地。在晚洪武十八年（公园1384年）黄子澄赶京会试，殿试途中，住在金鸡布庙的赵氏表哥家，后他成为明朝宰相，历代县城有黄子澄太常忠臣祠、表臣祠纪念馆等。在近代史中，1926年12月，分宜县最早的中国共产党组织是由赵挺秀、彭挺生和金鸡布村的胡发云成立的中共分宜县模范小学党小组，由赵挺秀担任组长。可见，老一辈革命家都在分宜县城战斗工作过。

江西省宜春市宜丰县黄岗山垦殖场炎岭村

【最佳休闲时间】一年四季

【主导产业】水果种植、有机养殖与种植

【特色产品】杨梅、猕猴桃、火龙果、草莓、葡萄、八月炸、黄桃、龙虾、橘子、桑葚果、有机稻蛙、菌中皇后竹荪

【体验项目或活动】四季水果自由采摘、自由垂钓、民宿、农家乐、花海赏游、研学基地、文化产业园

【情况介绍】

炎岭村位于宜丰县城西部，是江西省“一村一品”示范村，现辖12个村民小组、10个自然村，总人口1 186人，364户，中共党员37人，全境面积11 850亩，山林面积7 600亩，山林覆盖率90%，耕地面积2 491亩，水面面积380亩，有18座山塘水库，小（Ⅱ）型水库1座，区位优势明显，距县城9千米，宜万公路穿村而过。自2017年8月开始实施“美丽乡村”建设以来，炎岭村立足自身功能定位、区位优势和资源特点，以建设“田园梦乡、七彩炎岭”为主题，推进炎岭“美丽乡村”建设，“宜居、宜业、宜游”的田园综合体炎岭初显成效。炎岭村荣获宜春市新农村建设十佳秀美村庄冠军、江西省4A级乡村旅游点、江西省十佳“醉美乡村”之锦秀村、江西省“一村一品”示范村、第二届中国美丽乡村百佳范例、第六届江西省文明村镇的荣誉。另外，炎岭村的村史馆入选江西省第五批村史馆。

高位推进宜居炎岭。以“展现乡愁”为思路，“保护乡村原有风貌和原有形态”为根本，按照4A级乡村旅游标准，突出以村部为主轴，以“公路沿线、沿产业带、沿人文古迹”为核心，连线成片实施“七改三网”建设，做强美丽乡村品牌效应。在全面建成“竹海听茶馆、民宿农家乐”等房屋立面改造、村部及古樟四个广场、青年创客基地、村史馆等一期项目建设的基础上，2018年又继续完成了村史民俗馆、廊道游园、茶馆会堂、农家乐特色民宿项目、游客中心、停车场、旅游公厕、七彩和党建广场等旅游项目建设。切实加强了农村综合环境整治，设立了垃圾分类中心，建立垃圾兑换银行，户户门前配备分类垃圾桶，该村的人居环境整治、垃圾分类走在了全市前列；对核心景观区进行庭院式栅栏风格的绿化美化，推进危旧房改造、“厕所革命”、宅基地改革、高标准农田建设等项目建设，共拆除各类杂棚58间，面积近万平方米；引导老百姓建设“美丽庭院”，完成了260户房屋立面改造，配套改厕204户；加速沥青、水泥、青石板、碎石和木竹栈道等路面建设，实施“道路黑化、入户硬化、荷塘栈道景观化”建设，硬化、黑化道路总长5.8千米。

高位推进宜业炎岭。美丽乡村建设的核心就是要有业态、能富民，炎岭有优越的区域环境、丰富的山水田园优势。近年来，炎岭村始终把培植发展特色富民产业作为美丽乡村建设的灵魂，引导各类民间资金注入产业发展，促进发展新业态，开发建成了全县最大规模的有机杨梅、猕猴桃、草莓、火龙

果、葡萄等水果种植基地。同时，炎岭村进一步推进林果产业的扩规上档，引进开发更多种养殖品种，再拓展新建 2 000 亩八月炸、宁海白枇杷、“红美人”橘子的种植和稻鱼、稻虾、稻蛙生态养殖，完善跟进配套设施，建立水果冷藏存储中心和集散交易市场，保证果蔬品质和新鲜度。全村更新经营理念，建立青年创客中心，通过全县最大的“竹乡飘飘”电商服务平台，使炎岭的特色水果等优质农产品上线销售，走出炎岭、奔赴全国各地。

高位推进宜游炎岭。借势乡村休闲旅游，助推美丽乡村建设升级，炎岭村致力于建成“乡村度假型、农业观光型、城郊休闲型、采摘体验型”的宜游炎岭。具体来说，就是突出“同建共享”理念，通过发展乡村旅游来促进农业转型升级的新业态，推进生产、生活、生态“三生”融合。在产业发展上，通过招商方式，引进旅游开发联合体，采取股份制形式合力经营，以“公司＋合作社＋农户”股份制经营方式，炎岭村联合浙江良中控股有限公司与村集体共创的宜丰县良中田园综合体开发有限公司，统一经营旅游产业，按照规划实施好环村骑行赛道、百亩荷花观赏园、千亩猕猴桃、有机杨梅采摘园、雅典饮茶楼馆等旅游项目建设。与此同时，村里还将引导各类民间资金以不同方式参与美丽乡村建设，共同开发兴建休闲民宿和家庭农庄，让“吃、住、行、游、购、娱”等旅游要素在美丽乡村建设中得以充分体现，打造安居乐业的美丽家园。

山东省青岛市城阳区夏庄街道上山色峪社区

【最佳休闲时间】 3—10 月

【主导产业】 樱桃种植、中华蜜蜂养殖、中草药种植、民宿

【特色产品】 樱桃、蜂蜜

【体验项目或活动】 樱桃采摘、民宿

【情况介绍】

山色峪社区位于城阳区夏庄街道东部山区，崂山西麓，崂山水库上游，属崂山余脉，山清水秀、林茂果丰。社区现有居民 174 户，460 人，全社区土地面积 4 500 余亩。社区依托乡村振兴战略部署，大力开展美丽休闲乡村建设，分别从抓组织建设、抓产业发展、抓文化提升、抓人才引进、抓生态建设 5 个着力点出发，打造有力量、有活力、有底蕴、有能量、有颜值的美丽休闲新农村。

（一）抓党建，凝聚高效治理战斗力

上山色峪社区党支部充分发挥“当家人”“领头羊”的引领作用，完成党支部标准化、规范化建设，“三会一课”、社区干部述职会、民主评议党员活动等党建工作高效推进，不断强化基层党组织领导作用。线下线上同步发力，内外兼修，传承红色基因。一方面，充分利用灯塔——党建在线青岛 E 支部平台，学习党建经验，宣传党群活动，深化互联网＋党建发展模式；另一方面，新建高标准的党群服务中心，成立上山色峪社区新时代文明实践站，为宣传党的主张，贯彻党的决定，开展党群活动，不断提升党员干部和群众的政策理论水平和社会实践能力，夯实党建阵地，为社区美丽休闲乡村建设，打造坚强的组织堡垒。

（二）抓产业，激活产业兴旺创造力

产业兴旺是乡村发展和美丽休闲乡村建设的根基。上山色峪社区牢固树立“绿水青山就是金山银山”的发展理念，依托自然资源优势，不断丰富产业结构，延长产业链。

一是“三社一园”，做强“樱桃文章”。社区依托“齐鲁樱桃第一谷”的自然资源优势，先后成立青岛山色红樱桃专业合作社、青岛市上山色峪旅游专业合作社、青岛城阳区上山色峪社区股份合作社及现代农业采摘示范园。社区内现有樱桃 4 万余株，杏 1.5 万余株，并引入蓝莓、猕猴桃等水果，及东

北老虎牙、刺五加等林下经济作物，林果资源丰富。为满足日益丰富的旅游需求，陆续开发大桃行景区、小桃行景区和卧牛山景区3个景区，打造垛石头、苍鹰崮、磨眼石等旅游景点。16年来，“山色峪樱桃山会”已成为岛城著名旅游品牌，上山色峪社区也逐渐成长为岛城近郊游的新兴热门地点。2018年，社区接待游客6.5万余人次，带动社区人均收入增长1 500余元。

二是“蜂”“芪”云涌，打造朝阳产业。社区在樱桃之外再破题，瞄准“保护”与“发展”的契合点，充分利用得天独厚的花海资源，在2019年引进中华蜂养殖项目，建设中华蜜蜂养殖技术试验与示范基地，现已引进优良中华蜂种蜂200箱，预计每年能带动集体增收20余万元，人均收入增长1 000元左右。社区将成立中华蜂养殖合作社，规模化养蜂，做大做强甜蜜产业。同时，咬定青山，与吉林省白城市普济中草药种植有限公司合作，将其丰富的中草药种植、培育、营销经验“移栽”上山色峪并达成合格药材收购协议，形成产业闭环，兜底群众收益。目前，社区已种植价值20万元的黄芪和防风种子，预计亩产干货300～350千克，每亩纯收入在3 000元左右，这对于拥有3 000亩山林的上山色峪来说，拥有巨大的发展前景。社区将成立黄芪、防风专业合作社，负责基地建设、技术培训与指导等全链服务，用3年时间，建成“公司＋社区＋农户”的产业发展模式，带动社区集体和居民持续增收。

三是“且听风吟”，延长文旅产业。为满足社区旅游市场的需求，2019年樱桃山会举办前夕，社区租用居民闲置的房屋，并进行统一的设计和规划，在社区内打造了“且听风吟——上山色峪社区民俗客栈”，现已完成两所客栈并推向市场，客栈能满足20余人同时入住。社区将根据游客反响及市场需求继续投入资金，扩大客栈规模。“且听风吟——上山色峪社区民俗客栈”的成功打造，不仅能够带动社区集体和社区居民的收入，还将成为上山色峪社区旅游产业和美丽休闲乡村建设靓丽的新名片。

（三）抓文化，涵养乡风文明感染力

上山色峪社区主动推进移风易俗，培育淳朴民风、良好家风、文明乡风。

一是设置家风牌，营造清正氛围。上山色峪社区深刻认识到家庭的文明进步关系到整个社会文明程度的提高，为此，创新开展“扬家风、立家规、传家训”文明实践活动。通过向全社区征集、网络搜集等方式整理汇总家规家训100余条，由社区居民自行制定或选择自家的家规家训，由社区统一制作防腐木门牌，安装在居民门口。目前，上山色峪社区全部居民门口都挂上了乡村特色浓郁、设计精致雅观的家风门牌，这不仅督促社区居民要时时刻刻谨记自己的家规家训，也使社区居民之间主动进行相互监督、相互督促，为社区的发展营造民风淳朴、风清气正的氛围。

二是建设村史馆，留住乡村记忆。在社区西部打造一个以社区历史、生产体验、社区旅游产品介绍及中华蜂养殖为主题的上山色峪社区村史馆。一方面，将社区的历史故事、风土人情、自然风貌、时代发展等制作成图文并茂的展板，并且摆放上具有历史印迹的老物件，让居民及游客充分感受社区的发展印记，体验传统生产生活方式。另一方面，设置专门区域，用于介绍社区旅游产品，着重展示中华蜂的保护、养殖、产业等内容，吸引更多人力、资源推动中华蜂产业链不断延长深入社区在传承文化，留住乡愁的同时，发展产业，规划未来。

三是开展美丽庭院评选，建设美丽家园。社区根据城阳区“阳光家园·美丽庭院”建设要求，由社区妇联牵头，在社区内开展美丽庭院评选活动。

四是组建志愿队伍，开展文明实践活动，社区成立新时代文明实践站，通过春节、五

一、七一、重阳节、十一等传统节日，组织志愿者开展文艺演出，慰问社区老年群体和贫困家庭，另外，还组织卫生清洁、包饺子、理发义诊等志愿活动。同时，成立广场舞协会、书画协会、台球协会、登山协会等多支文体队伍，经常性的组织开展文艺演出、趣味运动会、棋牌比赛等群众活动，丰富居民生活，拉近居民距离，凝聚社区建设向心力。

（四）抓人才，激活社区发展内生力

人才是乡村发展的源头活水。社区通过丰富产业、引进项目等方式，增加社区内部就业岗位，鼓励就近用工，争取人才回流，推动社区发展。2017 年，社区与山东新华锦长生养老运营有限公司合作，开设青岛城阳新华锦樱桃谷养老公寓，建设老年食堂，实施田园式家庭养老，不仅为老年群体提供了优质的养老环境，还解决了社区 4 050位居民就业问题。同时，鼓励社区居民回家种植果树、中草药，养殖中华蜂，让更多的居民回到社区，建设社区。2019 年，上山色峪社区被认定为第三批省级“四型就业社区”。

（五）抓生态，增强宜居建设向心力

良好的生态环境是乡村的宝贵财富。上山色峪社区以美丽乡村建设为契机，累计争取投入资金 1 000 余万元，用于补齐农村环境改善和基础设施建设短板。实施节水灌溉水源工程，修建塘坝 4 座，蓄水量达到 2 万余立方米，并将早年间依山间水塘而建的 8 000立方米的南泥湾塘坝进行整修提升，增建中式围栏、木制小桥、“葫芦峪桃行亭”，这样不仅解决了山区灌溉难题，还成为吸引钓鱼爱好者的新景致。实施深井饮用工程，自来水管网铺设入户，保障社区居民用水。修建和硬化果园周边道路，方便果园管理和游客采摘。河道两岸和主要道路安装防腐木护栏 2 200 余米，保障居民与游客的出行安全。房屋墙面喷涂 6 000 余平方米，文化上墙 530 余平方米，社区整体环境显著提升，居民生产生活更加便利。2018 年，CCTV7《美丽乡村行》节目对社区的优美景致、风土人情、特色美食等进行了宣传推广，社区知名度不断提升，吸引了更多游客与资源。

通过多年的努力，上山色峪社区先后获得城阳区敬老模范社区、青岛市美丽休闲乡村、山东省旅游特色村、山东省文明社区、城阳区阳光社区、夏庄街道阳光党组织、美丽乡村建设先进单位和山东省四型就业社区等荣誉称号。

湖北省荆州市石首市桃花山镇李花山村

【最佳休闲时间】 3—10 月

【主导产业】 民宿、农家乐、林果、虾稻

【特色产品】 土鸡蛋、血红桃、皱皮柑、李子、竹笋等

【体验项目或活动】 春季赏花、山顶观景、夏季水上乐园激情体验、秋季采摘、观枫叶等

【情况介绍】

李花山村位于石首市桃花山省级风景名胜区的核心区，紧邻鹿角峰，依伴三菱湖，与湖南省接壤。村域总面积 11.5 平方千米，辖 21 个村民小组，785 户 3 539 人；耕地面积3 923亩，山林面积 8 000 亩，水域面积 7 000亩。全村充分利用山水资源优势，围绕“旅游兴村，产业富民”的理念，紧紧抓住“以旅游业带动新农村建设”这根主线不放松，大力发展生态旅游农业。2018 年，全村总收入 5 600 万元，人均纯收入 16 000 元。李花山村以争创“美丽乡村”为目标，坚持以人为本，以培养有理想、有文化、有纪律的社会主义公民，提高村民的思想素质、科学文明素质和健康素质为主要任务，坚持重在建设、贵在坚持、注重实效、多办实事，让村民在创建中得到更多的实惠，

吸引广大村民积极参与创建活动，营造最佳的人居环境，促进物质文明、精神文明、生态文明与政治文明协调发展，促进全村各项工作全面协调发展。

（一）主要特点及做法

一是加强组织领导，强化工作责任。为了确保美丽乡村创建工作的顺利进行，加强对创建工作的领导，形成工作有人抓、有人管、有人办的良好氛围。李花山村及时召开“两委”会，成立了由村总支部书记罗昭彦同志任组长，村“两委”班子成员为组员的领导小组，全面负责该项工作的组织、协调、管理，结合本村实际，认真分析，讨论制订了工作计划，部署并落实专人负责，做到目标明确、责任落实，年初有计划、年终有落实，通过抓项目、抓结合来求发展。根据计划将各项工作进行分解落实，确保美丽乡村创建工作的圆满完成。

二是广泛宣传发动，形成创建氛围。美丽乡村创建活动涉及家家户户，单凭村班子几个人的力量是不能达到目标的。因此，全村全力做好宣传动员工作，大力提高农民群众的认识水平，让全体村民都参与到创建工作中来。不断加大宣传力度，充分调动群众自主参与的积极性，召开班子会议、党员会议、村民代表大会和美丽乡村创建动员大会。村干部采取上门走访的方式到农户家中做思想工作，使得创建工作在党员干部中和广大农民中扎根；发放宣传资料，利用有线广播、张贴宣传标语、美丽乡村板报等形式向全体村民传播美丽乡村理念，形成良好的创建氛围。这些工作的开展，不但发动了群众，而且还激发了群众参与美丽乡村创建活动的热情，有力地推动了创建活动进程。

三是强化思想教育，提高文明素质。抓好思想教育，是推进农村精神文明建设的关键。由于农村经济利益分散化、多元化、地方化和个人化，一些农民特别是青年农民集体主义观念和道德责任感淡化，拜金主义和利己主义滋长，艰苦创业精神和传统美德低下。据此，我们坚持“治贫先治愚，扶贫先扶志”的指导思想，着力从解决广大农民的精神动力入手，指导农民进市场，奔小康；坚持进行爱国主义、集体主义、社会主义教育，积极引导市场，正确处理国家、集体和个人三者的关系，处理好眼前利益与长远利益的关系，激励村民爱家乡、爱集体，为发展集体经济，改变村貌做出贡献。

四是常抓道德建设，树立文明村风。首先，把村民道德建设当作一项大事来抓，建设了道德教育“灯箱一条街”，印制了道德建设标语，进一步推动了创建美丽乡村工作不断向广度和深度发展。工作中，村里抓制度，强化外在约束。制定符合村情、民情的《村规民约》和《评选文明农户、“五好家庭”标准》，并发放到了各家各户，要求每人认真学习，遵照执行，以此来不断规范村民们的言行举止，引导广大村民争做“四有”新人。其次，抓载体，提高活动质量。积极探索文明建设的有效载体，精心举办开展了“十星级文明户”“五好家庭”“好婆婆”“好媳妇”等一些村民喜闻乐见、各具特色的活动，使村民在自我教育、自我评价中享受到精神文明建设的成果，从而大大调动了广大村民参与“美丽乡村”建设的积极性。再次，抓风气，推进移风易俗。村里规定婚丧嫁娶不得大操大办、不得赌博酗酒、不得参与迷信活动、不得涉嫌违法犯罪，发现有违规现象要及时向村委会报告，并且村领导班子成员以签名的方式向全村人民承诺，带头遵守有关规定，争做移风易俗的带头人，形成一个崇尚科学、文明、健康、向上的良好社会风气。最后抓依法治村，保持社会稳定。为提高干部群众的法律素质，一方面在全村深入开展普法教育活动，引导村民自觉做到学法、用法、遵法、守法；另一方面，坚持依法进行选举、突出决策、实行监督、搞好测评，认真落实“依法建制、以制治村”等制度，大大提高广大村民参政议政的能力，使广大群众充分享受应有的权利。

五是开展文化兴村，丰富文化生活。充分发挥工、青、妇职能部门作用，开展丰富多彩的文化生活，提升群众的精神境界，促进乡风文明。在三八节时，村妇联组织开展了拔河比赛，妇女同志积极响应，踊跃参加，拔河场上一片欢声笑语，热闹非凡。在村妇联的带动下，各小组还组建了女子舞蹈队，展现了李花山村妇女健康向上的精神。另外，工会组织开展困难职工送温暖活动，青年积极响应国家号召，报名参军。

六是多方筹措资金，抓好项目建设。近几年通过招商引资、争取国家项目支持、群众投劳、资源置换等方式，全村累计投入3 720余万元，狠抓基础设施项目和经济发展项目建设。具体做了如下工作。

编制了全村建设发展和环境保护规划。依托资源优势，规划成“一纵一心二片五区”格局。一纵，即为主干道路九五路，纵贯全境；一心，即为以李花山村委会为中心的经济文化中心；二片，即九五路以北三菱湖景区，九五路以南李花山景区；五区，即红军树革命烈士纪念园、仙人洞度假村、三菱湖水上休闲中心、易龙湾民俗文化村、李花山庄景区。

硬化、扩宽道路12.3千米，解决行路难问题。

改造旧水库3座，硬化沟渠4 000米，解决了群众饮用水和农业灌溉问题。饮用水卫生合格率达100%。

改厕、改圈，建沼气池450户，解决人畜粪便污染问题。规模化禽畜养殖废弃物综合利用率达85%，农作物秸秆综合利用率达90%，清洁能源普及率达93%。

垃圾采取户分类、组收集、村转运的方式，解决生活垃圾不落地集中收集、定时清运、无害化处理问题。生活垃圾定点清运率100%，无害化处理率95%；生活污水处理率85%。

发展旅游经济，建设3个大型度假村和农家乐休闲农庄45家。每年接待游客80万人次，旅游收入600万元。

发展生态农业，栽种楠竹100亩，皱皮柑500亩，散养土鸡2万只，植树造林1.1万株。全村绿化覆盖率69.5%，无公害、绿色、有机农产品基地82%。农药化肥平均施用量低于全市平均水平，农田土壤有机质含量高于全市平均水平。

（二）主要成效

村民的整体素质有了较大提高，村民的环保意识明显增强，人们的精神面貌也焕然一新，一些根深蒂固的陋习正在被农民所摒弃，一些符合时代要求，反映社会进步的思想观念和行为习惯正在被农民所接受。

人居环境有了明显变化，村庄更绿了、河流更清了、环境更美了，全村呈现出优美整洁的村容村貌。

促进了全村的经济发展，提高了村民的生活质量，提升了生态文明，丰富了群众文化生活，村民的整体素质和生活质量都得到了普遍提高。村党委积极反映村民的愿望，体现村民的利益，受到全村农民的欢迎。

通过“美丽乡村”创建活动，李花山村的整体实力有了进一步加强，村容村貌有了很大的改善，党群、干群关系更加密切。今后，我们将继续下功夫做好探索，完善工作，在上级党委、政府的领导下，上下一心、步调一致，不断发展壮大村集体经济，努力提高农民生产生活水平，为李花山村创造一个更加灿烂的明天。

湖北省随州市广水市十里街道办事处观音村

【最佳休闲时间】3—10月

【主导产业】乡村休闲旅游、特色果林种植、农业观光采摘

【特色产品】观光、采摘、拓展、生产体验、户外、垂钓

【体验项目或活动】游客田间耕作、水库垂钓、户外、月季观光、果园文艺演奏、采摘、学生拓展活动、家庭亲子活动

【情况介绍】

观音村位于广水市十里街道办事处东北部、中华山脚下。全村面积 7.8 平方千米，辖 10 个村民小组、15 个自然湾，总人口 1 702人。观音村历史悠久，人杰地灵，文化底蕴深厚，有着众多的历史人文和自然景观。村子区位优越，交通便捷。北枕国家级森林公园中华山，毗邻马都司生态新城，距广水中心城区 6 千米，距武汉天河机场和武汉港仅 1 小时车程。这里山川秀美，生态美好，风景秀丽，气候温和，森林覆盖率达 67.5%，有“绿色养生休闲地，游山玩水鸣观音”之称。村中资源丰富，基础设施完善，村内有重稀土矿产资源和丰富野生动植物，全村水电路通讯全覆盖。观音村经济发展，开明开放。观音村有农业产业化企业 1 家，农民专业合作社 9 个，农家乐 10 余家，形成乡村旅游、民宿、果林、水产等六大产业，建立花卉、果桃、油茶、生态苗木四大基地 2 000余亩，年接待游客 50 万人次以上，是闻名遐迩的花园式美丽休闲乡村。近年来，观音村先后被表彰为湖北省文明村、绿色示范村、宜居村庄，随州市绿色家园示范村和广水市新农村建设示范村。该村的银波水产养殖合作社、宝利种植合作社分别被农业农村部和湖北省供销社授予全国精品休闲渔业示范基地、全国休闲渔业主题公园和湖北省优秀合作社示范社等殊荣。

观音村着力贯彻落实《国务院关于促进乡村产业振兴的指导意见》，强力实施休闲农业和乡村旅游精品工程，以“五美”建设为目标，在视觉美丽、内涵美好、体验美妙等方面进行了有益的探索，并已取得了一些初步成效。

规划引领，着力打造美丽休闲乡村建设载体。近年来，观音村始终如一突出美丽休闲乡村建设，按照“一湾一景”的设计思路，集中打造集垂钓娱乐、餐饮养生、花海观赏、有机农业、徒步运动“五园”于一体的综合性美丽休闲乡村基地。基地先后规划建设停车场 1 处、生态大门 1 座、客服中心 1 处，2018 年又投资了 70 万元与三峡大学设计院签订协议，按美丽休闲乡村要求，编制了《观音村 2018—2033 年十五年规划》，并对神怡生态园景区、黄金梨产业园、桃园水库、鹰嘴小溪的建设做了详细规划。坚持规划设计优先，明确了观音村今后的建设规划，为今后美丽休闲乡村建设包括产业发展、基础建设、品牌包装、村庄整治、民俗餐饮、人文挖掘等方面指明了方向，找到了依据，明确了内容，一经实施，将有效提升建设品位。

产业引领，着力拓展美丽休闲乡村建设渠道。观音村始终坚持发展为要，以神怡生态园有限公司为龙头，以 9 个农民专业合作社为基础，利用美丽休闲乡村建设平台为广大农民带来实惠。一要做强“四大基地”。围绕农业产业发展，坚持示范带动。目前，村中已建成300 亩特种苗木基地，1 100 亩胭脂红桃、黄金梨果林基地，年出栏 2 000 头生猪养殖基地和生态甲鱼养殖基地，基地就业人数有 300 多人，户均增收在 2 万元以上。二要做实“三大产业”。围绕休闲农业，立足建设乡村旅游、果林苗木、民宿餐饮三大板块，仅在此从业电商小贩达 30 多人，农民开办农家乐 10 家，就业达 60 多人，户均增收 3 万元以上。三要做活“两大活动”。围绕“精准灭荒”，开展荒山绿化，大兴植树造林，现已绿化荒山 600 亩。通湾道路植树 1.5 万株，湾前屋后栽桂花、广玉兰、红叶石楠等近 12 万株。目前，观音村季季是景，天天有景，处处为景。

设计引领，着力培育美丽休闲乡村建设品牌。观音村始终坚持不懈注重品牌建设，

让村庄美起来，突出生态旅游。全村累计投资 5 000 万元，推进村湾布局聚散结合、疏密有致、高低错落、融入自然。村里集中栽观赏月季 200 余亩，点缀樱花、桂花、紫薇、蜡梅观赏树 70 万株，日最高峰接待游客超万余人次。观音村已成为以“花”为品牌的美丽乡村。

让村庄强起来，突出服务产业。秉承“发展为先，服务至上”的理念，加强旅游服务及体验配套服务。村子投资建成的徽派客服中心，可以一次为 300 多名游客提供餐饮服务。探索发展“前院＋后院”民俗服务和“一分地＋一起耕”田园生活体验服务，深度挖掘特色民俗活动，吸引市民在城里赚钱，在乡村留宿。每年市区各大学校会组织学生到观音村参加农业学习实践，另外，还有以家庭为单位的亲子活动，让观音村热闹非凡。

让村庄富起来，突出特色基地。观音村引导发展种植、养殖、旅游等农民合作社 9 个，大户 40 多户，按照绿色发展要求，发展木本油料、花卉苗木等林下经济，建成优质桃、精品油茶、黄金梨基地 1 700 亩，苗圃基地 2 处，生态鱼和甲鱼基地 5 处。通过特色种养，每年可实现产值 2 000 万元以上。神怡生态园有限公司拓展网上销售业务，胭脂红、黄桃等在网上销售与果园采摘体验的销售比例为 6∶4。

观音村充分利用自身优势，结合生产、生态、生活资源，努力践行“人、地、钱”资源整合，一二三产业融合，呈现出物质文明、政治文明、精神文明、社会文明、生态文明程度同步提升态势，使该村近几年无群体性上访和恶性治安案件发生，无擅自占用耕地和基本农田行为，未发生破坏生态环境事件，未发生安全生产事故。2018 年观音村实现生产总值 1 800 万元，村集体收入 8 万元，农民人均线性收入 1.1 万元，同比增长 11%、54%、65%，分别比 2015 年增长 13%、60%、67%，高于十里街道办事处乃至广水市平均水平 2 个百分点以上。

湖北省武汉市黄陂区姚集街道杜堂村

【最佳休闲时间】 3—6 月，9—11 月

【主导产业】 乡村休闲旅游

【特色产品】 蜂蜜、葛粉、茶叶

【体验项目或活动】 木兰花乡（郁金香、绣球花、醉蝶花）赏花节、木兰花乡新春庙会、25 项免费游乐项目

【情况介绍】

黄陂区姚集街道杜堂村位于黄陂区北部，国家 5A 级黄陂区木兰生态旅游区中轴北端，省级黄土公路（黄陂木兰大道）纵贯全村。全村有 13 个自然湾、11 个村民小组、471 户 1 748 人（其中贫困户 40 户，贫困人口 110 人），村域面积 3.8 平方千米（其中耕地 1 058亩、山林面积 1 279 亩、水面 135 亩）。

杜堂村党支部坚持“农旅结合”“村景一体”的发展理念，通过区域党委引领，打造村企联建的新模式，实现“党建互促、发展互助、乡村振兴”。一是发挥区域党委的引领聚合作用。为推进景区与乡村一体化发展，在姚家集街道党工委的领导下，将杜堂村、景区企业和周边村联合建立区域化综合党委，由街党工委班子成员任区域综合党委书记，企业负责人葛天才为区域综合党委副书记，通过党委会定期议事，共商景区、村级大小事务，推进景区、村庄携手发展、共同进步。二是创新“村景三联”共赢模式。任命景区企业负责人葛天才为杜堂村第一书记，探索“发展联动、活动联办、人才联培”的三联模式，即“景区发展＋村集体经济发展＋农民增收”三方发展联动；“服务游客＋服务群众”的活动联办；企业人才与村“两委”干部联培。目前，村集体利用“三资”估价入股，与景区公司共同成立了乡村旅游合作社，2017 年村集体经济收入达 20 万元，2018 年有望突破 30 万元（其中 2016 年，村集体经济收入不足 10 万

元）。村民用“闲置房＋宅基地”估价入股，由合作社统一经营发展农家乐、民宿等产业，每户平均年收入净增 4 万元以上。三是打造“红色三乡”服务驿站。设置“红色三乡”服务驿站，供下乡市民和外地游客休息，并提供“三乡工程”、全域旅游等政策咨询，引领党员示范户领头创办市民下乡共享厨房和农村电商平台，逐步把党员群众服务中心打造成“红色三乡”的服务中心。

2014 年，杜堂村引回本村能人武汉万中集团公司董事长葛天才回村投资建设美丽乡村、打造旅游景区，先后投资 3.6 亿元，对该村 5 个自然湾 257 户实施美丽乡村建设。近年来，公司先后流转该村及邻村土地近 7 000亩，用于建设木兰花乡景区，并且已于 2017 年 3 月 29 日实现开园营业。由公司牵头，带领 113 户村民成立杜堂村旅游专业合作社，通过评估，村民空闲农房按 1 600 元/平方米的价格入股合作社，公司再统一对房屋进行统一设计、统一装修、统一管理，由合作社招商市民下乡投资创业，经营农家乐、民宿、文创产品等。农户按照入股 10%的保底方式进行分红，上不封顶，这样既保障了村民的合理收入，同时也保证了市民下乡的经营环境。目前，杜堂村已成功签约葛家湾空闲农房 77 套，还有一批正在商谈中。除了 12 家民宿、8 家农家乐、1 家土特产电商、1 所画社、1 家乡村振兴大课堂、1 所木兰文化博物馆外，如今的杜堂村还吸引到了卓尔书店等领头企业入驻花乡投资，为乡村振兴贡献力量，直接带动村民每户年均增收 4 万元，带领 40 个贫困户成功脱贫。

湖北省孝感市大悟县新城镇金岭村

【最佳休闲时间】 3—6 月，9—12 月
【主导产业】 乡村旅游、特色手工业
【特色产品】 颜氏家酒、金岭香米、金岭干菜、金岭卤味鸡、木质工艺品
【体验项目或活动】 特色民宿体验、农村土罐品尝、射击体验、运动健身、休闲垂钓
【情况介绍】

金岭村位于开国大将徐海东故里——大悟县新城镇东北部，村域面积 10.5 平方千米，辖 13 个村民小组，总人口 545 户 1 922 人。近年来，金岭村按照建设“鄂北民居特色小镇、大别山区乡村名片”总目标，充分发掘红色文化、绿色资源、古色民居，大力发展种植养殖、农产品加工、特色手工业和乡村旅游等绿色产业，探索创办“村党组织领导的、与市场精准对接的、以实现共同富裕为目标的”新型集体经济组织——人民公司，形成党组织领导下的“人民公司＋股份合作＋自主经营”的可持续发展道路，使一个曾经荒芜凋敝的小山村蝶变成美丽宜居的幸福家园。村集体经济收入由“空壳村”增加到 2018 年的 528 万元，村民人均可支配收入从 2015 年的 7 120 元增加到 2018 年的 11 375元。金岭村先后获评全国文明村、全国乡村旅游重点村、全省美丽乡村建设典型示范村、首批特色文化村和十佳最美乡村。全国驻村帮扶工作座谈会及“互联网＋”社会扶贫工作现场观摩暨培训班相继将金岭村作为现场参观点。

突出乡村治理，强化组织建设。坚持自治、法治、德治相结合，构建和完善乡村治理体系。一是优化基层治理结构。实行村“两委”班子成员与集体经济组织（人民公司）董事会、经理层、监事会交叉任职、深度融合，把党的全面领导嵌入人民公司治理的各环节。二是突出文化引领。弘扬“中原突围”精神，传承“颜氏家训”文化，建设孝文化长廊，定期组织文艺演出，运用群众喜闻乐见的方式宣传党的政策，弘扬社会主义核心价值观，重塑村民文化自信。三是培育文明乡风。开办“农民夜校”，创建“正气银行”“爱心超市”，实施“积分改变习惯、勤劳改变生活”，教育引导群众“要幸福就要奋斗”。

突出资源利用，做足产业文章。深度挖掘红色文化、绿色资源、古色民居，以乡村旅游为引擎培育壮大农、旅、养、学融合发展的产业体系。一是大力推进农业供给侧结构性改革。以乡村旅游为产业引擎，组织开展市场经济、实用技术、电商物流等专题培训，深入挖掘民间传统手艺，按照“前店后厂、店厂一体”的生产经营模式，组织开发特色旅游和地方美食产品。二是大力推进文旅融合发展。分期分批整湾回购闲置老房，组织动员群众以房屋入股集体，对原有房屋整体采用“手术式”改造，还原鄂北建筑风格修旧如旧，注重乡土味道，保留乡村风貌。完善颜回书院传统文化体验区等“一心三区”配套功能设施，提升“田园故里、乡约金岭”生态文化旅游品牌效应。三是大力拓展消费扶贫。创建并注册“金岭”农产品品牌，拓展以购代捐、消费扶贫，与百步亭社区建立长效供销机制，推动金岭农产品进学校、进企业、进社区。2018 年，全村农产品销售收入达 86 万元。

突出制度创新，促进共同富裕。在党组织领导下，建立“人民公司＋股份合作＋自主经营”的体制机制，通过党组织领导致富、人民公司率领致富、股份合作带领致富、自主经营引领致富。2018 年，金岭村集体经济纯收入达 110.2 万元，人民公司面向金岭及周边村提供就业岗位 62 个，临时用工3 000多人次，发放工资 155 万元。同时，以金岭脱贫攻坚实践探索为引领，成立乡村振兴示范区，推行“基层党建、乡村治理、集体经济、项目建设、帮扶带动”一体化运行管理，辐射带动周边村农户开办农家乐、家庭旅馆 26 家，手工作坊 12 个，带动家庭增收 340 多万元。

湖南省岳阳市临湘市羊楼司镇梅池村

【最佳休闲时间】 3—10 月

【主导产业】 旅游业、林业、楠竹产业、餐饮、民宿、养殖

【特色产品】 楠竹、竹器、竹笋、石蛙、蜂蜜、茶叶、杨梅、九月黄、猕猴桃、黄精、腊肉、腊鱼、刁子鱼、葛粉、红薯粉、米酒、干菜等

【体验项目或活动】 非遗嗡琴戏体验、瑶文化体验、溯溪、采摘、民宿、康养、茶马古道、千年银杏、万亩樱花园、篝火等

【情况介绍】

临湘市羊楼司镇梅池村于 2016 年 5 月由原梅池村和四合村合并而成，地处全国文物保护区、龙窖山省级风景名胜区、瑶胞故里——瑶族早期“千家峒”龙窖山腹地，海拔 1 600 多米，全村依山傍水，因有“梅花初吐香，池养化龙鱼”的美丽传说而得名。全村现有 7 个村小组，346 户 1 089 人，总面积 27.4 平方千米。

（一）特色优势明显

梅池村平均海拔 800 多米，全村依山傍水，属于亚热带季风气候，年平均气温 16.5℃，无霜期 259 天，降水量 1 469.1 毫米。全村总面积 27.4 平方千米，山林面积 4 万余亩，村域森林覆盖率达 98%，是个天然氧吧，有着良好的自然生态环境和独特的人文环境。梅池村因历史及地理等原因，过去一直无人识，旅游发展是从无到有逐步发展壮大的，至今已形成领导重视、全民参与、村民逐年有增收的良好局面。

梅池村目前已有旅游产业、林业、生态养殖三大特色支柱产业，其中旅游产业年接待游客 15 万人次，年创旅游收入 2 000 多万元；指导村民种植蔬菜采摘园 30 亩，规划种植高山贡茶 1 000 亩，成立梅池石蛙养殖合作社，并吸引农户 120 家参与野生石蛙养殖。目前，旅游基础设施基本齐全。

梅池村的旅游产业资源优势。梅池村龙窖山峰刺青天，五马奔槽震山川；溪流淙淙千家坪，雷劈刀削鹰咀渊；向天狮，老龙潭，倒挂金钩猫洗脸；雷师岭，畲家山，仙人对

弈桂竹源；白云寺，青石寨，关门石内建家园；乌鸦尖，马颈巅，千家瑶寨惊世现。梅池村风光绮丽，生态环境良好，目前还处于半封闭状态，维持在千家峒初始阶段的态势，深藏着极其少见、极为珍贵的瑶族先民的文化遗产。另外，村里还有九重堰、三仙洗药潭、仙女散花潭、鸳鸯瀑、三江口、白果庵、三仙坦、剪刀岔、箭杆山等自然景观，以及金猫扑鼠、向天雄狮、蕲蛇盘印、龙阙、仙人脚印与蜈蚣钳等风景胜地，这些构成了湖南山水的封面，湘北旅游的胜地。2006 年，梅池村被湖南省人民政府公布为省级风景名胜区；2019 年，被评为湖南省八大避暑胜地。

梅池村的瑶文化资源优势。宋代《岳阳甲志》记载："龙窖山在巴陵北，山实峻极，上有雷洞若、石门之洞，山徭居之，自耕而食，自织而衣。"2000 年 9 月，中国（广西）瑶学会及 50 多名瑶学专家认定龙窖山是秦汉时期保存最原始的早期千家峒，是瑶族先民祖居地，是瑶族的发源地，是全球 300 万瑶胞梦寐以求的精神家园。瑶族先民在龙窖山生活期间，留下了丰富的石文化遗址遗迹，现遗存的有石屋、石门、石桥、石洞、石寨、石梯田、石神台等 52 处，共 500 多座。2002 年，湖南省人民政府公布"龙窖山遗址"为省级文物保护单位；2009 年，"龙窖山遗址"成功申报为全国重点文物保护单位。

梅池村的药材、动植物资源优势。龙窖山地区药材资源丰富，历史上就有江南"天然药库"的美誉。这里的药物种类繁多，据调查，计有草本、木本、藤本、真菌等野生药材约 110 类 1 700 多种。止血藤、盘龙参、车前草、田七随处可见，青牛胆、金樱子、鱼腥草遍山都是。贵重药材有"人参、党参、太子参，黄檗、黄芪与黄连，田七、天麻和白术，树舌、贝母、八角莲"，药用动物有蛤蚧、油蛙、蕲蛇等。

龙窖山地区是明朝著名医药学家李时珍采集药物和研究药物学的重要基地。他为编写《本草纲目》，足迹踏遍药姑山，采集了大量的药物标本。

2014 年，武汉中南民族大学授予梅池村中草药研究基地、瑶文化研究基地。

梅池村的民居民俗文化资源优势。梅池瑶族村地处龙窖山腹地，该村居民"早吃挂灯饭、晚用山门关"，都是"日出而作、日落而息、山地耕地、林地狩猎、养猪养羊、采药伐木"的传统瑶族先民的生产生活模式。梅池村居住的村寨大多是石板街、青砖瓦房、彩绘门楼，建筑形体大体可分为三间重平列和天井门楼结构两种，这些特色民居外部与山体环境协调统一，内部干净整洁，冬暖夏凉，非常适合居住。该村村落依山傍水而建，各个村寨风格不同。

梅池村的茶文化资源优势。《隆庆·岳州府志》记载："龙窖山茶味厚于巴陵岁贡十六斤"。明代洪武二十四年（公元 1391 年）龙窖山茶就成为了贡茶，名噪一时。

在龙窖山考古调查的过程中，考古队在梅池老屋湾新发现一处百年古茶园，大的茶树有 3.5 米高，树茎围长 25 厘米，小的茶树也有 1 米多高。整个古茶园面积约 300 亩，茶园下面约 200 米便是古塘至羊楼洞的茶马古道。

梅池村的红色文化资源优势。在革命战争年代，这里曾是湘鄂红军医院的所在地。1932 年，红军十六师师长徐彦刚、团长赵琪带领农民赤卫队，在药姑山区同国民党十九师浴血奋战，在该山大港冲、栗树坡建立红军医院，后秘密迁至楠竹沟。那时候，医药设备十分落后，在极其艰苦的环境下，红军医务人员利用该山得天独厚的自然条件，抢救了一批批红军指战员和地方干部群众，为新中国的诞生做出了不可磨灭的贡献。

梅池村的楠竹林业资源优势。梅池村山林面积 4 万余亩，村域森林覆盖率达 98%，其中楠竹种植面积 8 000 亩，梅池村所在羊楼司镇素有“竹乡”“茶乡”之美誉。竹编、竹燠、竹雕、竹刻等五大系列产品赏心悦目，享誉海内外，目前竹业从业人员达 200 余人。经羊楼司竹器企业加工，发展竹产品六大系列，480 多个品种。竹产品畅销国内 20 余省市，出口日本、韩国和东南亚地区。人凭借竹业纯收入达到 3 388 元，成为湖南第一楠竹大镇、中国竹器之乡和全国森林绿化佳镇。

梅池村的文化遗存优势。国家级非物质文化遗产保护名录——“嗡琴戏”。“嗡琴戏”起源于龙窖山地区，是根据祭祀音乐、山歌、民歌及地花鼓综合而成的地方戏剧种，因使用山中楠竹制成的胡琴，发出“嗡嗡声”而得名，湖北通城、崇阳称为提琴戏。“嗡琴戏”在龙源广为流唱，是龙窖山瑶族先民及土著汉族人民最喜爱的音乐。2011 年，“嗡琴戏”列入国家级非物质文化遗产保护名录。梅池村通过组建梅池嗡琴戏剧团，挖掘和传承国家非物质文化遗产——嗡琴戏，每年演出近 300 场次，辐射湘、鄂、赣边区，并多次应邀参赛，每年演出收入近 100 万元。

梅池村的水资源优势。梅池村水资源丰富，因山林覆盖面积广，所以保持了完好的水质。目前，梅池村已成立龙窖山天然山泉水厂，充分利用自然资源开发龙窖山泉水，并远销中南地区。

（二）服务设施完善

梅池村水、电、路、通信、网络等基础设施完善，通村公路硬化率达 100%，自来水集中供水率达 100%，生活饮用水卫生达标率达 100%，供电保证率达 100%，有线电视入户率达 100%，互联网入组率达 100%；公共厕所设置合理，卫生保洁到位；道路路灯亮灯率达 100%；村容整洁卫生，村民住房美观实用，开展“三清”（清污、清障、清垃圾）“五改”（改水、改厕、改路、改圈、改房）工作到位。村域排污供气、科教文卫等基础设施齐全；金融商务、园林绿化、休闲广场、乡村大舞台、图书阅览室、卫生室、五星级旅游厕所、景区标识牌、景区导视系统等公共服务设施完善，达到“生态宜居、休闲宜游、产业宜兴”的目标。梅池村充分利用良好的基础设施和特有的资源优势，通过村民自愿入股组建梅池村旅游发展有限公司，将村民闲置房开发成富有梅池特色的精品民宿，2019 年已规范建设 75 户民宿，乡村农庄 8 家（其中五星级农庄 1 家）。如今，发生了日新月异的变化，一个“生态环境更加优美，村组风貌特色更加鲜明，传统特色文化更加彰显，产业发展势头更加强劲”充满活力的美丽梅池发展起来了，并正逐步实现成为一个“机制活、产业优、百姓富、生态美”的美丽休闲村庄。

（三）乡风民俗良好

梅池村制定了乡规民约，先后出台了《梅池村乡规民约》《村级卫生管理办法》《梅池村文明公约》《梅池村关于生态保护管理办法》等相关村规民约，倡导农耕文明，地方民俗文化得以传承发展，村落民风淳朴，社会和谐；村民尊老爱幼、邻里和睦、热情好客、诚实守信。近 3 年，全村无群体性上访和恶性治安案件发生，无擅自占用耕地和基本农田行为，未发生破坏生态环境的事件，未发生安全生产事故，无一家生态污染企业。梅池村先后得到上级政府多次表彰并多次接受媒体报道。

（四）品牌效应突出

梅池村的群众收入稳步增长，生活水平不断提高，先后被评为全国重点文物保护单位、国家生态文明村、湖南省首批特色旅游名村、省级风景名胜区、省级生态环保村、省级卫生村、湖南省涉外参观点、湖南省秀美村庄、湖南省历史文化名村、湖南省五好党支部、湖南省法治文明村、岳阳市十佳秀美村庄、岳阳市新农村建设示范村等。其中，梅池山庄荣获省级四星级生态农庄，梅池村“嗡琴戏”荣获湖南省非物质文化遗产，梅池村戏剧团荣获湖南省百佳剧团。另外，梅池村先后被武汉中南大学授予中草药研究基地、瑶文化研究基地等。梅池村先后被国家级、省市级相关媒体争相报道，各级及社会各界知名人士先后前来考察学习、休闲度假，是临湘市一张旅游观光、休闲度假的名片。

近年来，全村通过村委党员带头示范带动村民发展致富，经过全体村民努力，在各级政府部门的指导下，梅池村仅旅游产业就带动了 600 多人就业，300 多户村民致富，2018 年统计人均年收入增长 8 000 多元，村集体可支配收入达到 80 多万元，在羊楼司镇乃至临湘市经济排名都名列前茅。

湖南省湘潭市韶山市韶山乡韶山村

【最佳休闲时间】 一年四季

【主导产业】 红色旅游、绿色休闲及其附属产品

【特色产品】 毛主席系列纪念品、毛家美食、毛氏特产、祖田米、韶峰茶、韶山村矿泉水

【体验项目或活动】 铜像景区、故居景区、滴水洞景区、纪念园景区、黑石寨景区、红色旅游休闲区

【情况介绍】

韶山，因舜帝南巡至此演奏韶乐“引凤来仪”而得名，更因孕育了一代伟人毛泽东而蜚声中外。韶山村，于 2016 年 3 月由原韶山、韶源和韶北 3 个自然村合并而成，全村村域面积 16.8 平方千米。韶山村全域处于韶山冲核心景区，东起城郊马颈坳，南接华润村铁皮青狮塘，西连大坪韶峰黄田坳，北至景区黑石寨，北环线穿村而过，南环线直达村内现有的 45 个村民小组，共 1 355 户，农业人口 4 685 人。

韶山村认真贯彻落实党的十八大、十九大精神，大力推进乡村振兴事业，美丽休闲乡村建设成果成效突出。

（一）特色优势明显

韶山村全域处于韶山风景名胜区核心景区，这里自然环境优美，生态资源丰富，村落原生态保持完整。这里产业特色突出，生产、生态、生活资源得以整合，农业生产功能与休闲功能有机结合，一二三产业加快融合，人、地、钱资源开始整合，就地吸纳农民创业、就业容量大，乡村休闲旅游旅居业联农带农成效显著。

自新中国成立 70 年以来，韶山村在党的领导下，奋发作为，锐意进取，尤其是改革开放以来，韶山村抢抓改革新机遇，以建设好主席家乡为己任。在村庄发展过程中，村里注重建设与保护并重，形成了人与自然和谐共处，相得益彰的村落格局。

现在，村里迷人的村景令人陶醉。“绿树村边合，青山郭外斜”，村里迈步，徜徉旷野，整个韶山村俨然是一个孟浩然笔下美丽的故人庄。村子四周苍山环抱，四季常青，村道两厢绿植青翠，庭院美丽，错落有致。高标准的生森林覆盖率和高水平的环境绿化，让韶山村赢得了“天然氧吧”的美誉。为了使村民和游客有一个更好的休闲空间，2019 年，村内又累计完成了 20 多千米的景区慢行道和韶河风光带建设。清晨，村民自发在各个广场跳舞做操，音乐悠扬；傍晚，村民在慢行道风光带散步休闲，呼声相应。

村内产业主要是旅游业，村内有毛泽东同志故居景区、毛泽东同志铜像景区、滴水洞景区、毛泽东纪念园景区、韶峰景区、黑石寨景区、红色旅游休闲区等重要景观景点，每年带动 2 000 万人次来此旅游。依靠旅游产业，村内发展了毛主席系列纪念品、毛家食品、毛氏特产、祖田米、韶峰茶、韶山村矿泉水等旅游产品的生产或销售产业。村民和村集体经济收入 70% 以上来自旅游产业。

村里还坚持发展以水稻种植为主的农业产业，辅以其他经济作物种植。农民合作社生产较为活跃，有无花果种植基地、湘莲种

植基地、祖田米种植基地、黄桃种植基地、板栗种植基地、杨梅基地等优质农产品种植基地，均可与乡村旅游和观光休闲相结合，提高村庄经济效益和社会效益。

毛主席故居前有 20 多亩水田，是由韶山毛氏开派祖先毛太华祖祖辈辈传下来的。毛主席少年时代，曾亲手耕种过这片水田。如今，这片水田生产的大米，开发出了祖田米特色产品。祖田米目前已成为韶山的特色旅游产品之一，深受广大来韶游客喜爱，2009 年 10 月 1 日，湖南卫视在庆祝中华人民共和国成立 60 周年之际，对此做了专题报道，2013 年还被网上供销社评为湖南一地三绝产品之一。

全村有 2 000 多亩水田，通过冬种油菜，夏种水稻，产生了良好的经济效益。村里通过在田野上修建旅游慢行道和沿河风光带，与村内火爆的旅游产业互相依托、相互结合，使游客在田间地头观光游览，又能产生良好的社会效益。

通过资源整合，产业融合，村民大多在本村创业就业，村里外出务工人员、留守空巢人员相对较少，乡村休闲旅游旅居业联农带农成效显著。

（二）服务设施完善

全村注重服务设施的建设与完善，已经形成了吃、住、行、游、购、娱、学等休闲旅居要素统一协调的格局，餐饮、住宿、体验、康养、文化展示等基础设施功能齐全，配置合理。

村域内不但有国宾馆韶山宾馆，还有全国著名品牌毛家饭店，更有众多村民合理利用自家闲置农房村舍，发展乡村特色民居、精品民宿以及个体餐饮店等。同时，村里还有特别支部历史陈列馆、乡贤馆、法制广场、文化广场、欢乐农场、思想学堂、便民大堂等功能齐全的文化展示设施，使来韶游客在吃、住、行、学习、休闲、养生等方面都能得到较好的服务。

历年来，全村注重加强人居环境整治工作，同时也加大了资金投入，使村民的环境卫生意识、资源保护意识得到了较大提高。

村内生态环境良好，森林资源丰富，森林面积超过 930 公顷，百年以上树龄的古树超过 800 株，全村森林覆盖率达 78%以上，境内自然植被属亚热带常绿阔叶林和针叶林，有樟科、松科、壳斗科、冬青科、山茶科、蔷薇科、芸香科等，共 60 多科、280 多种，乔木高大，灌木苍翠，古木参天，是种类齐全、品种繁多的野生动植物的天堂。韶河、青年水库、勤俭水库等湿地保护良好，成为村内美丽自然景观。

农业生态保护力度大。自 2016 年以来，在村内成功实施了禁燃禁放政策，以往巨量燃放的烟花鞭炮，焚烧纸钱、香烛纪念毛主席的系列活动，被成功改成鲜花祭拜的绿色环保方式。村内注重绿色环保生态发展，2017 年全村开展了畜禽退养措施，农户猪羊等大型牲畜养殖产业完全退出，现村中已无 10 头以上的生猪养殖户。同时，村内实施厕所革命、雨污分流等系列工作，绝大部分厨卫污水并入村内污水管网，与城市污水管网并网，排入城市污水处理系统。

为强化村民生态环境保护意识和行为，村上制定了《村规民约》，对生态环境保护、人居环境治理进行了强力规约，村民们的环境治理已经逐步变成了自觉行为。

完善的服务设施，优美的乡村环境，浓郁的红色文化，优质的旅游服务，使来韶游客能够体验到“高兴而来，满意而归”的感觉。

（三）乡风民俗良好

村上已制定了内容全面、可操作性强的《村规民约》，不论是农耕文明、民俗文化的传承发展，还是村风民风、村级事务管理，都在《村规民约》里有明确的规定；村民之间尊老爱幼、邻里和睦、尊师重教、热情好客、诚实守信。

村内无群体性上访事件和恶性治安案件发生，无擅自占用耕地和基本农田行为，未发生破坏生态环境事件，未发生森林火灾以及其他安全生产事故。

由于乡风民俗良好，韶山村村内文化繁荣，一直良性发展。村里不但注重韶乐、韶山山歌、韶山传奇故事的传承与发展，同时，又结合村民日常生产生活，组织开展各种大型的文化体育活动。2019 年，村内相继成功举办了首届韶山村农民运动会、首届韶山村美食文化节两场大型文化活动，不但极大地丰富了村民的文化生活，还空前调动了村民团结向上的激情，而且在社会上产生了很大的积极反响。当前，村民们又组织了一个百人合唱团，正在持续练习，备战湘潭市“庆祝新中国成立 70 周年”歌唱祖国的赛事。在这一方红色热土上，活跃的乡村文化，良好的乡风民俗，令人振奋，这是韶山村乡村振兴事业的保证。

（四）品牌效应突出

韶山村因为是伟大领袖毛主席诞生的地方，是中国共产党人初心和使命的摇篮，其知名度极高，其红色旅游资源优势具有不可替代性。70 年来，来这里瞻仰参观的人们络绎不绝，而且与日俱增，上至国家领导人、外国元首，下至黎民百姓、国际友人，他们来这里瞻仰毛主席故居，来这里感受伟人情怀，来这里领略迷人风光，来这里接受心灵的洗礼，无不舒心而来，满载而归。自 2003 年以来，这里每年 12 月 26 日，以纪念毛主席诞辰为主旨的“万人健身长跑”“万人同唱《东方红》”“万人同吃福寿面”系列纪念活动，已经成了一种民俗，也成了一种品牌。

党的十八大以来，韶山的红色旅游更是发展迅速。如今，村内红色旅游和绿色观光齐头并进，已经形成了以红色培训、政商活动、研学旅游、乡村休闲为主的美誉度高和游客满意度高的知名旅游品牌。缅怀毛主席，建设新韶山，韶山人民正在为打造“世界知名旅游目的地”而努力奋斗。

湖南省永州市双牌县茶林镇桐子坳村

【最佳休闲时间】 9—12 月

【主导产业】 乡村旅游

【特色产品】 古银杏林

【体验项目或活动】 特色民俗体验、银杏黄金甲观赏、“杏好遇见你”相亲活动、“最美粉黛佳人”摄影大赛

【情况介绍】

（一）基本情况

桐子坳村位于双牌县茶林镇南部，总面积 14.1 平方千米，其中林地面积 1 274.2 公顷，水田 432 亩（现已流转稻田 278 亩），旱土 80 亩。桐子坳村辖 6 个村民小组，138 户，总人口 581 人，其中党员 32 名。桐子坳村交通便捷，区位优势明显，距镇政府约 5 千米，距双牌县城 30 千米。永连公路和二广高速贯穿全村，距二广高速路口 1.5 千米。境内拥有原始银杏林（古银杏树 218 棵）、天子山次原始森林等旅游资源，素有中国银杏第一村、永州秋天最美村庄等美誉。近年来，在省、市、县各级领导和部门的关心支持下，依托资源优势，科学规划，扎实推进乡村振兴建设的各项工作，并取得了显著效果，该村先后荣获湖南省级特色旅游名村、湖南省级民主法制示范村、美丽中国城市乡村、国家 3A 级景区、永州市宜居村庄、永州市文明村和全国生态文化村等光荣称号。全村依托旅游发展，大力兴建农家乐、民宿，销售土特产，实现村民景区务工等，使全村的人均可支配收入达到 7 800 元，桐子坳村于 2016 年实现整村脱贫。

（二）生态优美、特色明显

桐子坳村按照“乡村面貌景观化、农事生活旅游化、乡风民俗产品化、农副产品商品化”的要求，依托良好的自然生态、田园风光、民居村落、民俗文化等优势资源，着力打造生态观光、休闲度假、康体养生等多

种类型的乡村旅游产品，实现农旅产业融合，重点创建了桐子坳古银杏村落等乡村旅游区，构建农旅融合旅游圈，打响了独具魅力的农旅融合产业发展的旅游名片。桐子坳村认真研判落实村庄规划，确保了发展思路，因地制宜，完成了桐子坳村4A级景区规划，天子山溯溪等旅游项目多点开花。村内集体土地确权颁证、三资清理工作全面完成，农村集体经济发展稳步推进。2018年桐子坳村集体经济收入近40万元，"公司＋基地＋农户""公司＋合作社＋基地""合作社＋基地＋农户"的模式得到了全面发展。

（三）功能完善、服务优良

自2019年以来，桐子坳村以"强化管理升级服务匹配4A水平"为抓手，通过强化党建提水平，全方位振兴促发展，建机制巩固脱贫成果等措施，围绕打造"岭南生态明星村"这一目标，全面升级服务水平，让生态名村更有"灵气"。一是不断加强基础设施建设。景区停车场、公共厕所、休息区、医疗室等基础设施功能不断完善。二是成立合作协会，提升景区吃住服务水平。由村委会牵头，成立餐饮、民宿协会，整合全村16家农家乐、农庄资源，以统一的方式服务游客。从客源端统筹协作，引进县旅建投公司等专业性旅游经营企业，提升游客体验。三是完善劳务协作管理。统一由村里的劳务协作委员会，进行劳动力的调配和管理，适时加强劳动技术培训，让制度管理有效推进。四是不断规范景区从业人员的行为素质，积极接受反馈意见，着力加强素质培养，进一步完善应急管理机制，使村内服务水平得到大力提升。

（四）民风淳朴、百姓和善

一是表彰评比让乡风文明更"鲜明"。桐子坳村积极推行"十星农户""十星文明户""十佳卫生家庭户""优秀村民组长""优秀村民""最美好婆婆""最美好儿媳""最美孝心少年"等一系列表彰评比活动，通过表彰评比、公开亮相，全村上下形成了比学赶超的良好氛围。二是集体分红作铺垫，文明档案更"实在"。对全村所有农户开展乡风文明式档案管理，截至2019年，全村共建立文明档案户96户，村委会对全村村规民约的执行情况实行台账式管理，每月登记，每月公示，年终将得分分值与村里的集体经济分配紧密挂钩，以确保村规民约得以有效执行。三是红黑板上的故事让宣传工作更"直白"。村委会设置了一块红黑板，让全村的好事都能够及时传播到村里的各个角落。这样既弘扬了正能量，又树立了新时代的榜样力量，让全村"人文社会"更加和谐、更加可亲。桐子坳村历来民风淳朴、社会和谐，未发生一起群体性上访和恶性治安案件，无擅自占用耕地和基本农田行为，未发生破坏生态环境事件，未发生安全生产事故。

（五）名誉渐高、品牌突出

依托古银杏林群落的优势，融合天子山原始次森林、高山瀑布等独特景观，如今的桐子坳村，村内环境干净整洁，一排排古香古色的农家乐展现出了新农村、新面貌。作为茶林镇的"明星村"，桐子坳村树立起了茶林全域旅游的形象，形成了双牌旅游的"桥头堡"品牌，每年固定在桐子坳村的古银杏村落内拍摄秋天银杏黄金甲的美图，由此吸引了一批批游客前来拍照留念。桐子坳村接连推出的"最美粉黛佳人"摄影大赛以及大型的"杏好遇见你、乡约桐子坳"相亲活动，提升了桐子坳景区的知名度和桐子坳银杏果品牌的影响力，"岭南生态明星村"的名号正逐步打响。

四川省成都市蒲江县甘溪镇明月村

【最佳休闲时间】一年四季

【主导产业】茶叶、雷竹、陶瓷

【特色产品】陶瓷、草木染、白酒、果酒、雷竹笋

【体验项目或活动】 手工制陶、蓝染、篆刻、农事体验

【情况介绍】

明月村位于唐宋茶马古驿蒲江县甘溪镇，地处邛崃、名山、蒲江三市县的交汇处，距离成都 90 千米，辖区面积 6.78 平方千米，属于浅丘地带，全村森林覆盖率达 46.2%，耕地面积 3 689 亩，辖 15 个村民小组，727 户，2 266 人。村内生态环境优美，具有独特的资源禀赋，陶艺文化底蕴深厚，自古以来，明月村就是民用陶瓷的重要生产区，其中明月窑有 300 多年的连续烧造历史。

为加快建设美丽休闲乡村，明月村始终坚持做好以下几点。

第一，以融合发展，助推产业振兴。坚定“竹海茶山明月窑”发展思路，发展与资源环境、生态相协调的生态农业，深化农商文旅融合发展，探索“农创＋文创”的发展模式，促进农业产业增收。一是打造“茶山竹海”特色农业，全域推广土壤改良和绿色防控，建成有机茶叶基地 2 000 余亩，建成雷竹园区 6 000 余亩。“茶山竹海”既是明月村的特色景观又是村民的收入来源，同时也是良好的生态本底。二是大力引进和发展文创产业，已引入蜀山窑、明月轩篆刻艺术博物馆、呆住堂艺术酒店等文创项目 46 个，多元化的文创产业集群塑造了明月村文艺乡村的新形态，带来了人气和商机。三是大力发展旅游产业，依托“茶山竹海”“明月窑”等特色资源，成立明月村乡村旅游合作社，推出农事体验、自然教育、制陶和草木染体验等项目，引导村民发展创业项目 30 余个。明月村打造出集家庭农场、林盘民宿、农事体验、研学课堂于一体的旅游新业态，开发了明月茶、明月果、明月笋、明月染、明月陶等系列明月造旅游商品，实行线上线下同步销售，产品附加值显著提升。2018 年，明月村接待游客 23 万人次，实现旅游收入约 3 000万元。

第二，以绿色发展，助推生态振兴。“绿水青山就是金山银山”，坚持“生态优先、绿色发展”理念，深化农村人居环境整治，建设生态宜居新家园。一是按照“景观化、可进入、可参与”和“原生态＋新风尚”理念，加强对茶山、竹海、松林等生态本底的保护与发展；注重保护马尾松林以及凉山渠、明月渠水系特征；推进景观梳理、绿道建设、旅游厕所、农户风貌整治以及院落美化；先后实施院落改造和川西林盘整治项目 20 余个，持续改善乡村环境。明月村建成2 300余平方米的文化广场、旅游接待中心，以及 8.8 千米的旅游环线、7.7 千米绿道，8 个生态停车场，6 个旅游厕所，进一步提升明月村旅游承载能力，不断创造满足人民群众美好生活需求的消费场景和生活场景。二是推进农村环境治理“三大革命”，构建群众动员、投入保障、长效治理“三大机制”；实施人居环境整治“七改七化”；构建生活垃圾“户分类、村收集、镇转运、县处理”模式，引入奥北环保组织垃圾回收，建立市场化作业、企业化运营、全程化监管机制；全村自来水覆盖率、天然气入户率均达 95%以上，生活垃圾无害化处理达 99.3%，生活污水达标排放达 90%，光网实现全覆盖，极大地改善了群众生活环境。

第三，以传承弘扬，助推文化振兴。深挖邛窑历史文化特质，将明月窑陶艺列入非物质文化遗产保护名录，引进陶艺制作、蓝染手工艺、篆刻博物馆等文创项目 46 个，走“文创＋”的文化振兴之路。一是打造“明月村”文化品牌。连续举办 8 届春笋艺术节（2012—2019）、3 届“月是故乡明”中秋诗歌音乐会（2016—2018）等品牌文化活动。文化艺术的熏陶让村庄焕发新活力，使村民对“明月村”品牌有了更多的认同感、获得感和幸福感，明月村成了名副其实的理想村。二是实施文艺进乡村行动。常态化开展摄影分享会、民谣音乐会、皮影戏、端午古琴诗

会、竖琴田园音乐会等文化活动；打造了《明月甘溪》等原创歌舞作品，出版发行新老村民共同创作的诗集《明月集》；明月讲堂、明月夜校定期开展特色培训讲座，开阔了村民的发展思路，激发了村民的文化自信。三是健全文化阵地，培育特色队伍。创新设置明月书馆、明月画室、陶艺博物馆、书画展览室等公共文化空间，实施“音乐种子计划”“明月文舍”等项目，为村里的青年、儿童以及其他艺术爱好者们开展免费书法、绘画、古琴、声乐、舞蹈、诵读等课程。孵化培育明月之花歌舞队、明月古琴社、明月诗社、民谣乐队等特色队伍。四是展示乡村文化自信。积极组织新老村民代表参加“成都创意设计周”（第三届、第四届）、成都国际都市现代农业博览会（第五届、第六届）、“北京遇见明月村”798 跨年文创展（2016—2017）、2018 中国苏州文创产业博览会暨苏州创意设计周等品牌展会活动 30 余场。另外，明月村赴摩洛哥、韩国、日本进行文化展示和交流。明月村成了名副其实的理想村，也因此成了广为人知的网红村。

第四，以外引内培，助推人才振兴。按照“外因＋内培”的人才战略，明月村通过聚集文创产业、提档升级新村面貌和配套招才引智政策，不断提升对全国文创人才的吸引力。一是“外引”新村民，为乡村注入生机与活力。以“安居、乐业、家园”的生活理念与共创、共享幸福美丽新乡村的愿景，吸引了 100 余名有影响力、有创造力、有情怀的艺术家和文化创客入驻，并成为新村民入村进行创作、创业和生活，新村民包括国家工美行业艺术大师李清，服装设计师、主持人宁远，水立方中方总设计师赵晓钧，美国注册建筑设计师施国平等，这些新村民带来了资金、理念、品牌、资源和新的生活方式，带动了明月村产业、文化的快速发展。二是“内培”原住民，激发乡村发展的内生动力。邀请新村民及全国具有影响力的乡建研究者与实践者来明月村进行产业、技术、文化方面的培训，每年开展明月讲堂不少于 12 期、明月夜校不少于 12 期。截至 2019 年年底，先后开展各类培训活动 260 余期，年培训约 1.5 万人次，培育了 9 名职业农业经理人，吸引 150 余名村民返乡创业就业，大学生返乡创业青黛工作室、门前椿宿等项目已投入运营，并呈现出较好的发展态势。明月村成立了乡村旅游合作社，带动发展餐饮、民宿、手工体验等乡村旅游创业项目 30 个。通过新村民的示范带动和新老村民的互动融合，新村民成了发展文创产业、提高村民素质、促进乡风和谐的新引领。

四川省德阳市绵竹市孝德镇年画村

【最佳休闲时间】一年四季

【主导产业】传统年画及年画文创产品的制作与销售

【特色产品】手绘传统年画《迎春图》，年画茶具“福由心造”，手绘桌旗、餐垫、靠垫“布艺居家系列”，绣品靠垫“花开半夏”，手绘木艺“梳房闺宝”“年画丝绸多用鼠标垫”，手绘年画《小镜框年画》《红底吉祥童子图》《传统年画系列》《册页系列》《年画真丝丝巾》《年画晴雨伞》，创新年画《风调雨顺》，刺绣版《迎春图》，剑南烧坊——陶版小烧，陶版年画——汉瓦系列，香包挂件

【体验项目或活动】年画制作

【情况介绍】

中国绵竹市孝德镇年画村是国家 4A 级旅游景区，全村总面积 7.5 平方千米，下设 26 个组，总人口 6 193 人。年画村是国家级非物质文化遗产——绵竹年画的发源地，也是绵竹古城遗址所在地，还是中国古代二十四孝之一——涌泉跃鲤的诞生地，是著名的德孝文化之乡。依托深厚的历史文化底蕴和特色鲜明的文化内涵，结合乡村旅游产业发

展，年画村已经成为一处以绵竹年画技艺传承、保护、推广、宣传，绵竹年画文创产品生产，绵竹年画研学体验，绵竹年画艺术培训，绵竹年画主题度假等项目为核心吸引物的民族民俗文化旅游示范区。

2011 年，年画村被成功创建为国家 4A 级旅游景区。2011 年 11 月，年画村成功创建“四川省文化产业示范基地”；2015 年 8 月，被国家旅游局（现更名为文化和旅游部）评为中国乡村旅游模范村；2017 年 3 月，被评为四川省乡村旅游创客示范基地；2017 年 12 月，被四川省林业厅评为生态文明教育基地；2019 年 7 月，入选全国首批乡村旅游重点村。按照定程序、立规矩的思路，景区管委会进一步健全管理体制机制，随着逐渐增加的自驾游，年画村现已成为四川乃至全国知名的年画基地和短途休闲旅游度假目的地。

通过多年发展，年画村已形成一主线、两重点、三片区的游览格局，即以年画大道为游览主线（沿线分布景区有万福广场、集中点新农村建设、轩辕年画展示馆、年画街坊及乡遇画里·文创社区等景观景点），以餐饮接待和年画展示馆、年画街坊等年画聚集点的年画传承、创新、销售、体验为重点，形成川西民居、荷塘月色农业观光和年画欣赏、研学体验的三大参观游玩片区。随着乡村振兴战略的实施，年画村在绵竹年画文化的基础上深入挖掘年俗文化，毗邻主景区的中华年俗村景点应运而生，与年画村主景区相互辉映、相得益彰，陀螺、剪纸等传统手工艺术也得到了进一步的挖掘和传承。2019 年，年画村根据绵竹年画传承和保护的需要，整合资源、引进人才，打造了乡遇画里·文创社区，以年画文化推动文农旅融合发展，组织开展年画节、年画文化科普教育、特色花展等各类民俗文化旅游活动，与年画村主景区、年俗村形成一个完整的以绵竹年画为核心的“年”文化村落。

利用国家级非物质文化遗产——绵竹年画，年画村在村内建设完成了占地 70 余亩的年画街坊，占地 15 亩的年画展示馆，全村拥有绵竹年画国家级代表性传承人陈兴才、绵竹年画博物馆馆长胡光葵、陶版年画艺术大师林代辉及明清家具博物馆等艺术家的创意工作室。村里建设具有观赏性的 500 余亩葵花园、60 亩荷塘、120 亩桃园和梨园，可以为游客提供乡村旅游农产品。毗邻一旁的年俗村景区内，水月荷塘、迎春图、年雕塑、时雨桥、闹春屏、元宵广场等极具年味儿的年俗景点引人入胜。景区通过举办葵花节、菊展、郁金香展、荷花展、紫荆花展等节庆活动，每周末开展歌舞比赛、钓鱼比赛、自行车骑游、年画体验等活动，做到四季有主题，月月有活动。同时，年画村还发掘传统饮食文化，形成了土灶烧鸡、牛排火锅等 30 余种特色菜品，其中王二烧鸡、殷牛排等餐饮品牌已具有区域性影响力。截至 2019 年，景区有乡村旅游接待单位 80 余家，专业合作社 2 家，年画创意加工企业 15 家，民宿 20 家、客房 420 间，区域餐饮接待企业能同时为 2 000 位游客提供就餐服务。

景区共开发 200 多种旅游商品，包括以绵竹年画为主题元素的邮政旅游纪念品、特色陶版年画酒、仕女图、刺绣等旅游产品。近年来，结合年画文化，开发了具有年画文创元素的年画布包、年画绢扇、年画太阳伞、年画抱枕等工艺类产品，有效地实现了非物质文化遗产向文化旅游商品的转变。品种丰富的年画服、配饰等产品，深受国内外游客的喜爱，截至 2018 年，年画文创产品销售额达 4 000 余万元。

四川省雅安市汉源县九襄镇三强村

【最佳休闲时间】 3—10 月

【主导产业】 金花梨、黑樱桃、黄牛肉

【特色产品】 金花梨、黑樱桃、黄牛肉

【体验项目或活动】赏花观景、农事采摘

【情况介绍】

（一）基本情况

三强村位于九襄镇东侧，雅西高速九襄出口连接线旁，距高速出口 2 千米，交通便捷；身处“花海果乡”国家 4A 级旅游景区的核心位置，区位优势明显。三强村辖区面积 2.9 平方千米，耕地面积 650 亩，全村林木覆盖率 75%，辖 5 个村民小组，现有农户 350 户，1 360 人。近年来，三强村以新农村建设为抓手，依托特色农业和“花海果乡”景区，借助乡村旅游的东风，走出了一条产业服务于旅游，旅游带动产业发展的绿色之路。农旅结合有效带动了经济发展。2018 年，农村居民人均可支配收入 26 726 元。三强村被评为国家 4A 级景区、四川省城乡环境综合治理环境优美示范村庄、省级四好村、四川省乡村旅游精品村寨、四川百强名村、省级幸福美丽新村、省级绿化示范村；花海果乡景区被评为“四川省十大最美花卉观赏地”和四川省首届 100 个最美观景拍摄点。

（二）优美的生态环境

三强村位于“花海果乡”国家 4A 级旅游景区的核心位置，村中太阳能微动力污水处理系统、阳光堆肥场、太阳能路灯等基础设施配套齐全。通过“抓点、带线、促面”不断深化农村环境综合整治，“以奖促治”大大提高了村民的环保意识和清洁意识，三强村形成了“户分类、村收集、镇转运、县处理”的生活垃圾分类处理模式，切实改善了农村环境质量。

（三）多元的产业功能

三强村的人均耕地面积不足 1 亩，依靠传统农业的种植模式，显然很难实现脱贫致富的目标。在有限的耕地上，如何创造更大的经济价值呢？三强村在这条路上不断摸索，终于走出了一条独具特色的产业发展之路。

一是发展立体农业。壮大特色农业产业基地，推行水稻大蒜轮作、粮菜果立体种植的高效耕作模式。汉源县地理环境较优越，适宜水果种植，可采取多样种植的模式，这样受价格影响较小。三强村立足于自身特点，结合市场需求，在果树品种的更新上，下了很大功夫。自 2012 年起，三强村引进了黑樱桃，黑樱桃耐储放，而且口感更好，含糖量达 28%左右，很受消费者喜爱，于是村里建立了示范片，并且免费给果农提供种植技术辅导，村上的黑樱桃现已逐渐发展起来了。三强村的水果，从每年 4 月底樱桃上市，5 月枇杷、杏子，一直到 11 月梨子罢市，半年多的时间都有水果采摘，这样既减轻了劳动强度，又方便了广大游客前来采摘。

二是发展乡村旅游。将单一节庆短时农家观光休闲发展为四季风情农家体验度假，打造“春天是花园、夏天是林园、秋天是果园、冬天是庄园”的四季农业景观公园，让游客“春赏花”“夏避暑”“秋品果”“冬沐阳”，吃有黄牛肉、住有乡村酒店、游有农业景观区、玩有水果采摘园、购有特产小超市。通过旅游协会，三强村把汉源花椒、坛子肉、大樱桃等土特产品打造成精美礼品，满足游客的购物需求，实现产品和市场的无缝对接。全村现有 350 户，1 360 人融入旅游产业中，其中发展“花香农居”等旅游接待户 25 户、农家乐 26 户、黄牛肉特色餐馆 13 家。

三是特色餐饮黄牛肉。随着旅游业的发展，客流量的增加，当地的特色美食——黄牛肉，也迎来了蓬勃发展的春天。三强村现有黄牛肉特色餐馆十几家，在游客休闲娱乐的同时，为游客带来麻辣美味的舌尖享受。黄牛肉既然是特色美食，那就要保证它的特色，汉源县设立了专门的定点屠宰场，送来的牛都需要进行全面的检查，确保肉质的安全。为了保证黄牛肉的质量，商家在泥巴山修建了养殖场，请人放养黄牛，并且杜绝喂养饲料，立志用原生态、最优质的黄牛肉，打响三强村特色美食的名头。

四是会节宣传推介。依托特色农业产业，

以“花果为媒”举办“梨花节”“品果节”，大力发展乡村旅游，促进农旅一体。村里已连续8年举办“梨花生态旅游节”“品果旅游节”等活动。通过组织参观学习、培训经营管理，增强村民的接待能力和餐饮服务能力。现在村中吃、住、餐饮每次可接待2 000余人，有600多名劳动力投入餐饮服务。

（四）独特的村容景致

在村容景致规划编制和实施的过程中，尊重群众首创精神和意愿，充分调动群众按照规划建房的积极性；由村民代表组成规划监督委员会，对违反规划建房的农户进行处理；以大规模梨与蒜薹产业为资源基础，以乡村文化为主要内涵，以错落有致的层层梯田为基地，以散落其间的民居为依托，通过山地景观打造、民居风貌整治，将三强村规划建设成以梨文化体验为主题的“花海果乡、大美田园”。

整合灾后重建、省级新农村成片推进示范县、扶贫整村推进等项目，采取统规自建方式，成立农户自建委员会，统筹协调建房，严格按照规划设计打造“花香农居”，以点带面，引领新村建设，建成占地19亩的新村聚居点1个，安置农户21户，97人。按照新村与田园浑然一体的目标，把聚居点建成前庭后院、瓜果飘香的“花香农居”旅游接待村，打造汉源产业旅游环线和百里花果长廊的重要起点。将耕作道打造成漫游道，配置休憩亭、厕所，安装指示牌，保留“黄墙、青瓦、白椽、晒台”建筑风格，全村改造旧村落农户286户。

（五）良好的精神风貌

三强村不但重视经济发展、环境保护，更注重文化繁荣、花香农居建设，按照村规民约，每年开展丰富多彩的“五好家庭”“最美家庭”“洁净美家庭”等评选活动；每年开展广场舞比赛1次、篮球比赛1次、科普宣传1次等活动。通过每年的梨花节，将当地的坛子肉等土特产品带到全国各地。

三强村将继续按照“林业景观化、景观生态化、生态效益化”的发展思路，以产业发展和产业环线建设为统领，全方位推进农村基础设施建设、特色产业发展、人居环境整治、文化元素挖掘、新兴业态培育，加快建设全域新村，把田园变公园、新村变景区、产品变商品，实现“家家有果园，户户有新居，人人有笑脸”，让生态优势成为经济优势，高位推进三强村的建设。

贵州省安顺市平坝区夏云镇小河湾村

【最佳休闲时间】3—10月
【主导产业】旅游业、农业
【特色产品】百人长桌宴、苗族风情表演、地方特色餐饮
【体验项目或活动】特色民宿体验、农耕文化体验
【情况介绍】

黔中最美乡村——小河湾村，是一个苗族聚集的村庄，三面环水，每道河湾风光各异，因文殊河的九道河湾、九道景而得名。世代居住在这里的苗族同胞勤劳质朴，热情好客，能歌善舞。

小河湾村始建于清朝时期，距今有200多年的历史，全村共有38户、124人，共有房屋66栋，占地约18 000平方米，均为砖木结构的老式房屋，现有耕地600余亩，主要以传统的无公害生态农业为主。

（一）基本情况

1. 地理位置。小河湾位于平坝区夏云镇境内，与贵安新区直管区高峰镇黄猫村毗邻，距贵阳市34千米，距安顺市48千米。小河湾村三面环水，秀丽多情的文殊河绕过大半个村子，赋予了这个苗家村落钟灵毓秀之气，文殊河在这里形成了九道美丽的河湾，每道河湾风光各异，素有“九道河湾九道景”之说。世代居住在这里的苗族同胞勤劳质朴、热情好客、能歌善舞。

2. 人口情况。全村共 8 个自然村寨，17 个村民小组，1 个党总支、2 个支部；主要居住苗、汉等民族，全村总户数为 1 233 户，总人口为 4 588 人，其中党员 83 人，少数民族人口约占总人口 37%，耕地面积 3 451 亩。

3. 主要成就。平坝区人民政府自 2015 年投入打造小河湾村以来，小河湾村先后被评为贵州十佳美丽乡村——最具投资潜力乡村、省级美丽乡村示范点、全省舞蹈创作培训基地、中国十佳小康村、贵州省特色民族村寨、中国十佳产业兴旺村；小河湾村 2016 年被评为省级“四在农家”美丽乡村示范点；2018 年接连喜报，12 月 2 日，在“河南首届美丽乡村财富论坛”中荣获“中国十佳产业兴旺村”称号，12 月 21 日，被评为“国家 4A 级旅游景区”。

自 2015 年小河湾村对外开放以来，中央政治局委员、重庆市委书记（时任贵州省委书记）陈敏尔，阿里巴巴总裁马云、泰国公主诗琳通等相继到访。

（二）主要做法与成效

1. 发展定位。小河湾美丽乡村旅游景区以乡村旅游为基础，以田园综合体作为发展定位，多层次打造集休闲、旅游、民俗文化体验等为一体的旅游景区，建设富有平坝传统特色的“宜居、宜业、宜游”省内首个田园综合体。小河湾村充分发挥平坝作为“西部黄金通道，黔中文化走廊”和贵安新区核心区的区位优势，全力打响乡村旅游脱贫攻坚战。在发展定位上，小河湾村被作为平坝区乡村旅游示范点，贵阳旅游休闲“后花园”重点进行规划和打造。

2. 发展模式。小河湾是由政府引导、村集体协作、企业主体运营、市场化运作模式进行管理的。安顺颐居美丽乡村科技有限公司负责小河湾村的运营管理维护和旅游推广；村集体通过土地流转、农民入股的方式参与小河湾村的运营。

平坝区依托“四在农家·美丽乡村”建设，秉承“道法自然”的理念，不推山、不填河、不砍树，保留了小河湾村的传统民俗风情和田园风光，将河道、绿地、广场、木栈道、沿河观光石凳等有机衔接，发展乡村休闲旅游。

3. 带动经济社会发展。在社会效益方面：小河湾村从 2014 年开始做好美丽乡村基础改造，至今成为新兴景区，距离平坝万亩樱花林仅 3 千米。在发展定位上，把小河湾村作为平坝区乡村旅游示范点、贵阳旅游休闲“后花园”，重点进行规划和打造。前来小河湾村的游客络绎不绝，截至 2018 年 11 月，小河湾景区游客量已达 40 万人次。随着游客量逐年上升，使村民不仅得到了实惠，更带动了当地观光农业、体验农业、旅游产业的发展，使村庄乡村旅游服务不断提升。

小河湾村自打造至今，先后荣获贵州十佳美丽乡村——最具投资潜力乡村、省级美丽乡村示范点、全省舞蹈创作培训基地、中国十佳小康村、贵州省特色民族村寨、中国美丽乡村“中国十佳产业兴旺村”等称号。小河湾村自建设以来，不仅取得了质的飞跃，还对周边村寨的经济和产业都起到了很大的带动作用。

在经济效益方面：为使村庄更加亮丽，更方便村民和游客生活，景区内安装太阳能路灯 299 盏，实现全村主要街道覆盖；建设组道路 5.1 千米，全村 8 个自然村寨道路全部完成建设；为群众生产更便捷，建设机耕道 8.5 千米，提高生产效率。

建设联户路 19 700 平方米、庭院硬化 6 700平方米、断头路 2 400 平方米、破损路面修复 3 000 平方米，全村联户路和庭院全部硬化，老百姓户户受益；完成老鸡场饮水管网改造、张家庄人饮水工程建设，小河湾村户户通上自来水，饮水有保障；自 2014 年以来，完成 69 户危房改造，解决群众住房安全，消除贫困。

为丰富群众文化生活，修建了小河湾映

月广场、卜山文化活动广场1 200平方米、桥上活动场1 700平方米、贺家小山活动场所2 000平方米；完成小河湾村全区域村庄整治，美化村庄环境，提升群众获得感；为保护和改善环境，修建两座生活污水处理站，投入180万元完成老机场背后河水流域治理项目。

投入28万元扶贫资金用于30亩小龙虾养殖、15亩鱼塘产业扶贫项目，项目现已顺利完成。通过流转土地、务工等带动10户贫困户，40人增加收入。采用“合作社＋养殖大户＋农户”的模式，链接16户贫困户，每户分红683元，并对未脱贫的5户进行二次分红，每户分红500元，项目完成报账279 990元，2019年实现盈利。

投入90万元扶贫资金用于300亩吴茱萸种植项目，采用“合作社＋公司＋农户”的模式，链接35户贫困户，每户分红683元。项目完成报账50万元，因种植面积不足（完成280亩）及基础用房未建设，剩余40万元为拨付。因吴茱萸种植要3年后才能挂果，2019年未实现盈利。

投入50万元扶贫资金用于250亩葛根种植项目，采用“合作社＋合作社＋农户”的模式，链接47户贫困户，每户分红683元。该项目完成报账30万元，因种植面积不足（只完成190亩），剩余20万元为拨付。因葛根还未收割，2019年未实现盈利。

此外，小河湾村九丰农业观光园一期投入生产，周边的夏云工业园、羊昌工业园、贵安新区产业园及周边企业逐渐成熟，小河湾美丽乡村景区、小山农业观光园打造升级，为小河湾村的村民提供了就近务工的机会。

4. 带动村民增收情况。2014年，小河湾村还是一个人均年收入不足4 000元的省级二类贫困村（全村贫困户101户，贫困人口383人）。2015年年初，区委、区政府按照“基础先行、景村一体、全民共享”的理念，探索出“党建引领，文旅结合，农旅一体，绿色发展”的精准脱贫之路。同年3月，以小河湾为示范点开展建设，整个建设工程充分体现了“平坝速度”，一是建设快，小河湾美丽乡村建设从立项开工到竣工迎客，仅用了6个月时间；二是变化快，在不到一年的时间里，小河湾村民从农民变成了老板，民居变成了旅店餐厅；三是脱贫快，2015年全村年人均纯收入达到8 300元，其中小河湾组年人均纯收入12 000元。小河湾村的人均纯收入较2014年增长了2倍，小河湾村实现全部脱贫。

云南省红河州元阳县
爱春阿者科村

【最佳休闲时间】5—10月
【主导产业】旅游业
【特色产品】旅游体验活动定制
【体验项目或活动】生态徒步、梯田捉鱼、户外野餐、识草药、采野花、摘野草、草编、织布、纺线、染布、踩石碓、迷你长街宴、哈尼家宴、火塘烧烤、拜访非遗、村落讲解、环保卫士
【情况介绍】

（一）基本情况

阿者科村地处云南省红河哈尼梯田世界文化遗产核心区内，是中国红河哈尼梯田文化景观世界遗产的5个申遗重点村落之一，海拔1 880米，全村共64户，479人，是典型的哈尼族传统村落，现仍保存着最完好的蘑菇房建筑景观。

（二）乡村建设

1. 做法与经验。一个模式。全村实行内源式村集体企业主导的开发模式，公司组织村民整治村庄，经营旅游接待，公司收入归全村所有。公司通过良好的利益机制，引导和调动村民参与旅游的积极性，强化遗产保护的责任意识。

两方参与。中山大学保继刚教授团队派出技术人员（以研究生为主），协同县政府指派的青年干部，共同驻村领导村民成立阿者科旅游公司，两方并不涉及任何利益分成，所有收支均由全村监督。阿者科计划预计用3年实现，属非营利性公益援助项目，计划前期启动资金由当地政府筹集，不要求村集体公司以后偿还，驻村研究生经费补贴由保继刚教授团队负责。

三个目标。全村集体在本地精英干部与外部技术援助人员的带动下，积极参与农业文化遗产保护、旅游开发和脱贫攻坚三项事业。驻村团队领导村民参与经营村庄，注重村民能力与意识培养，最终实现村民自治。村里计划前期相关管理规则将以村规民约的形式，约束全村村民。

四条底线。一是不租不售不破坏。公司成立后不再允许村民出租、出售或者破坏传统民居，违者视为自动放弃公司分红权。二是不引进社会资本。公司不接受任何外来社会资本投入，孵育本地村民自主创业就业。三是不放任本村农户无序经营。公司将对村内旅游经营业态实行总体规划与管理，严控商业化，力保村落原真性。四是不破坏传统。公司所有旅游产品开发均要以传统村落保护为首要前提，恢复传统生产生活设施，主打预约式精品旅游接待，发展深度体验式旅游。

2. 成效及影响。实实在在的村貌改观。在项目实行之前，游客可以自由进出村寨，留下大量白色垃圾无人清扫，村里卫生脏乱差。公司成立后，一方面雇佣村民常规打扫，另一方面，规范游客行为，因此村内卫生环境有了很大的改观。此外，项目还顺利完成公厕改建、水渠疏通、房屋室内宜居化改造等工作，村庄人居环境相比之前得到了大幅度改善。

真金白银的分红收入。2019年3月8日，是喜庆的哈尼族昂玛突节，同时也是举行阿者科第一次旅游分红大会的好日子。在驻村团队的指导下，全村经过一个月的经营，阿者科旅游公司获得总收入155 700元。按照《阿者科计划分红规则》，运营总收入扣除运营成本，余下收入三七开，三成归村集体旅游公司，七成归村民，属村民部分的分红，再依据4部分执行，即传统民居分红40%、梯田分红30%、居住分红20%、户籍分红10%。

经过计算，此次村民总分红金额为86 974.3元。根据村民分红细则执行，全村有44户获得1 600元，有1户获得1 280元，有16户获得960元，还有3户获得640元。

2019年8月20日，举行了阿者科第二次旅游分红大会。在驻村技术人员的指导下，阿者科全村村民参与到团队精品接待服务中，截至分红前夕，共计接待团队活动20余次，其中，每次活动成本中约70%回馈至本村村民。

2019年，哈尼梯田文化旅游模式带动示范效应明显，每年约有2万人次入阿者科村参观游览。据元阳县提供的数据显示，2013—2018年，元阳全县共接待旅游人数1 322.04万人次，旅游收入200.57亿元，旅游人数及收入呈逐年增长趋势。

潜移默化的内生动力。村民分红细则旨在鼓励村民保护蘑菇房传统民居，保育阿者科村旅游核心吸引物；鼓励村民继续种田，保护梯田景观；鼓励村民继续居住在村里，保留阿者科原住民的核心人文景观；鼓励村民保留村籍，为村集体事务出钱出力。中山大学阿者科计划实施后，村民对游客热情了，越来越积极地参与旅游接待，项目已为村民创造了10个就业岗位，均为建档立卡贫困户。2019年有3户人家选择留在了村里，不再外出打工，34岁的高烟苗就是其中之一，前几年他还选择外出打工，如今因村里开始发展旅游，高烟苗和妻子都成了元阳县陌上乡村旅游开发有限责任公司的工作人员，夫妻俩每月能有3 500元的收入，除此之外，他们家还开起了农家乐。

逐渐提升的旅游体验。公司负责修缮了织布机、石磨等传统生产工具与设施，一方面，满足村民日常生产生活需要，另一方面，作为游客体验活动设施。公司通过将传统工具设施旅游产品化，实现传统技艺的传承与保护，传统焕发新生机。通过专业旅游策划，公司开设了一系列主题性体验活动，主要包括农事体验、织染布艺体验、野菜采摘、哈尼家访等活动。公司对外实行预约制，带动村民承接精品旅游团，游客可以在村内开展活动，深度体验哈尼的村寨文化。

此外，在公司成立前，个别村民会跟游客索要拍照费用，甚至会有小孩子缠着游客要零钱，使游客感到不愉快。在公司成立后，进行规范化运作，统一收取参观费用，村民有了正规收入，自行收费行为明显减少，对游客的态度也发生了改变，由原来的反感转变成现在的热情接待。

云南省丽江市玉龙县白沙镇玉湖村

【最佳休闲时间】 5—10 月
【主导产业】 乡村生态观光旅游
【特色产品】 玉湖农民旅游专业合作社
【体验项目或活动】 骑马观光游、游览纳西古村落、乡村民宿、农家乐
【情况介绍】

（一）基本情况

云南省丽江市玉龙纳西族自治县白沙镇玉湖村委会距镇人民政府所在地 8 千米，距市区 18 千米，位于玉龙雪山脚下的缓坡地带。全村分为上村、下村和文华村 3 个自然村，9 个村民小组，392 个农户，1 581 人，村民均为纳西族，村党总支下设 3 个党支部，有 122 名党员。村野、田畴与玉龙雪山紧紧相连，景色优美。这里植被保护较好，古树四处可见，植被覆盖率达 65%以上。

玉湖村是丽江市纳西民族传统文化保护区，当地保留有纳西族的许多神话传说，这里传统文化底蕴丰厚，许多传统典型的生产、生活习俗得到了较完整保留。这里是纳西族木氏土司早期的居住地之一，木土司在此建有府邸，玉湖村还有养鹿场、人工湖、洛克故居、仙迹崖黑白古战场、巨坚寺遗址等名胜古迹。

玉湖村民居建筑群独具特色。建材以冷杉、铁杉、松树为主要材料，顶为方形挂瓦和条形挂瓦，墙体的基石用较大的冰川石砌成。房屋结构大致有两种形式，一种是蛮楼，另一种是七厦楼，前后屋顶沿板相接处都挂有一块鱼状木板，一为房屋装饰，二为象征年年有余。村中建房习俗保存较好，有择向、选材、建新房、竖立木骨架等仪式。

妇女服饰主要由围腰、七星披肩、领褂、长衫、裤子或裙子组成。“羊皮披”是民族服饰的主要标记。男子多穿黑色圆领对襟上衣，下穿宽脚裤。老人用黑布包头，青年用白布或花布包头。男子腰间系有用羊皮缝制的羊皮兜肚，外面有花纹图案装饰，用来放零散之物。现在纳西族男子的服装跟汉族差不多。

玉湖村现存民间文学蕴藏量丰富。关于玉湖村的神话传说有《龙女树》《黑白之战》《通天路》《仙迹崖》《棺材的来源》等。民歌内容广泛、形式多样、旋律古朴、节奏多变，有民间小调，如《蜂花相会》《鱼水相会》和儿歌《放风歌》《月亮歌》《牧童歌》等，可以对唱，也可以独唱。音乐最具特色的为《白沙细乐》，纳西语叫“崩石细里”，是白沙纳西族世代相传的一部大型古典乐曲，全曲共 12 章，现存器乐 7 章，另有伴舞清唱，全曲曲调古朴，风格统一，结构奇巧，哀婉动人，对生离死别的情感具有很强的表现力。《白沙细乐》以器乐演奏为主，同时也有歌伴舞，属纳西族古老的风俗性音乐。演奏《白沙细乐》的乐器有琵琶、箫、笛子、三弦、二胡、古筝、口弦等，舞蹈主要有谷期蹉、哦热热、阿哩哩、喂默达等。传统体育主要是为了强身健体及节庆的比赛和表演，主要

有打跳、荡秋千、足球和从外引进的地掷球、门球、篮球和老年健身舞等。玉湖村每个村民小组都有自己的民族打跳队和老年组织，也有以整个村委会为单位的玉湖细乐队、玉湖老年文化传承队，每逢节日都会组织演出丰富多彩的文艺节目。

（二）产业发展情况

2004 年，新一届“两委”班子换届以后，玉湖村根据自身实际情况，积极引领全村民众，调整产业结构，成立了以党组织为核心，党员为主体的玉湖村旅游专业合作社，以“资源共有、利益共享、人人参与、户户受益”为指导思想，开展全民参与的生态观光旅游服务，找到了一条“党支部+合作社”的发展致富新路子。按照“资源共有、利益共享、人人参与、户户受益”的模式，成立了玉湖旅游开发合作社，制定了《合作社章程》，在兴办合作社的过程中，把发挥党员作用和发展旅游业有机结合起来，把党的建设融入合作社开发的各个环节，特别把一些优秀的支部党员安排到合作社工作，并实行党员挂牌上岗，划分党员责任区，在票务中心设立“党员服务窗口”，开展不让游客花一分冤枉钱、不让群众干一天受气活、不让干部管一本糊涂账的“三不让”服务承诺。

在旅游内容上，重点开发了以“沿着洛克足迹、走进玉龙雪山”为主题的骑马徒步生态观光旅游。在规范管理上，由合作社统一调度和安排，群众以户为单位，按照马匹编号，轮流参与。在利益分配上，采取村民代表会议决议，把总票价收入按照适当的比例，划分为旅游服务促销费、服务马匹所得、管理人员工资、办公经费、集体基础设施建设基金、教育基金、特困救济金和年度农民分红款 8 部分统一安排，并进行每季度公示一次。在服务保障上，开设了游客休息室、服务热线、投诉电话、游客服务满意度测评等。

在各级党委、政府的关心和支持下，玉湖村发生了翻天覆地的变化，经济得到了长足的发展，全村经济收入从 2003 年的 234 万元增加到现在的 1 600 万元，旅游总收入从 2003 年的 18 万元增加到现在的 1 000 万元，村民人均纯收入从 2003 年的 937 元增加到现在的 8 520 元。玉湖村已经形成了以玉湖旅游合作社为主，以村民自发参与的旅游客栈、旅游餐饮、旅游购物为辅的旅游产业格局，全村参与旅游服务人员近 400 人，牵马服务人员每年人均收入近 3 万元，其他客栈、餐饮、旅游购物每年接待人数 5 万人次，收入达到 80 余万元。2018 年，全村共接待海内外游客 86 360 人次，旅游收入超过1 000万元，适度规模经营比例达 85%。全村有村民 392 户，其中参与合作社、经营农家乐、农家客栈、旅游运输服务的有 331 户，占比达 85%，高于周边村民收入 22%。2018 年，玉湖村农民人均可支配收入 8 500 元，附近文海村 2018 年人均收入 5 700 元，新善村 2018 年人均收入 6 600 元。玉湖村 2018 年农村经济总产值 1 596.75 万元，第三产业收入 1 020万元，占比达 64%，其中，旅游合作社服务收入 500 万元，农家乐、乡村民宿收入 380 万元，旅游运输服务业收入 140 万元。

（三）基础设施建设情况

玉湖村按照“生产发展、生活宽裕、乡风文明，村容整洁、管理民主”的社会主义新农村成果的具体体现，切实加强村内基础设施建设，在各级党委、政府的大力支持下，在总支的引领下，村庄主要道路畅通，通市内公交车，村民去市区只需花 1 元钱，出行十分方便。村内主次干道均为水泥弹石路，并且已建成环村道路；户户有干净的自来水，实现人畜饮水安全；村容村貌整洁卫生，乡风文明，村内垃圾统一清运率达 100%；生活排污系统建设规划已完成，已建成规划工程量的 40%左右，实现了 220 户农户的生活污水收集处理。玉湖村将积极争取建设资金，实现污水收集处理全覆盖。玉湖村是丽江市的水源地，为了保护水源地的生态环境，村子2017年实施了生活污水收集处理建设工程，建成了一个生物净化处理池，覆盖4个村民小组。2018年，玉湖村向省财政厅申请了500万元的“四位一体”建设项目，对玉湖村的停车场进行提升改造，对村内不协调建筑进行改造，建设环村马道，进行村亮化工程，极大地提升了玉湖村基础设施硬件水平。

玉湖村在教育、医疗、文化、卫生事业建设方面也做出了积极努力。目前，玉湖村小学在校学生为92人，初高中在校学生36人，大学在校学生17人。从2007年起，村里设立了教育保障基金，每年由村委会出资1.3万元，对小学师生给予教育奖励补助，还建立了大学生奖励机制（每年考上大学的玉湖籍学生，一本奖励1 000元、一本以下奖励600元），通过多年努力，玉湖村形成了良好的教育教学氛围，改善了教学条件；村里积极争取各方资金，先后实施了校内绿化、图书室、电脑室、活动场所、师生宿舍的改善，顺利通过了国家“两基”验收，教育质量在全镇名列前茅。玉湖村作为少数民族地区，今后的教育还要着重于本民族文化的保护与传承，培养民族文化专业教师，并从小学阶段开始开设民族文化课程。在医疗卫生方面，全村建有卫生室，配备了2名乡村医生，极大地改善了老百姓看病难、看病贵的问题，全村村民实现100%的农村合作医疗参保率，95%的农村新型养老保险参保率，极大地改善了民生。近10年来，玉湖村无群体性上访事件发生；近3年来，无重大治安案件。玉湖村荣获国家民主法治示范村、省级文明村。

在上级党委、政府的关心支持下，通过切实加强支部班子建设，依托“党支部＋合作社＋公司＋农户”发展旅游业，使玉湖群众收入增加了，村容变化了，社会文明和谐了，民族更团结了，村“三委”班子的发展意识增强了，带领群众发展经济，构建和谐社会的能力和水平也提高了，特别是形成了发挥党总支战斗堡垒作用和党员先锋模范作用的长效机制。玉湖村的巨大变化，深刻说明“党强就是民幸，人才就是钱财，思路就是出路”，全村群众都说“玉湖村能有今天，能有这么大的变化，主要是靠了党总支的带领，也相信在党总支的带领下，玉湖村将全面建成社会主义新农村，迎来玉湖村更加美好的明天”。

（四）产业发展思路和目标

玉湖村的发展将按照习近平新时代乡村振兴战略的指导思想，严格奉行“绿水青山就是金山银山”的发展理念，着力发展最具纳西古村落与纳西民族文化的乡村旅游，努力营造低碳环保的发展模式。2020年，玉湖村力争建成以乡村旅游为主、种养殖产业为辅的新时期纳西古村落。预计到2030年，玉湖村将着力打造集乡村文化旅游、观光农业、生态养殖、康体养老、夏令营、生态农庄、高端民宿、影视拍摄等为一体发展的新农村，为新时期农村产业发展走出玉湖村自己的新道路。近年来，由于实施乡村旅游化经营，提高旅游服务质量，玉湖村在各方面得到大幅度提升，游客满意度达到98%以上。

现在的玉湖村，经济发展，社会和谐。玉湖村先后被收入“中国传统村落名录”，被评为中国宜居村庄、省市级纳西族传统文化保护区、云南省首批旅游特色村、云南省民族团结示范村、省级文明村、省市基层党建示范点，以及国家级、省级民主法治示范村。

西藏自治区山南市琼结县
拉玉乡强吉村

【最佳休闲时间】 7—12月

【主导产业】 无

【特色产品】 强钦青稞酒

【体验项目或活动】 强钦庄园、强钦林卡

【情况介绍】

强吉村地处藏源吐蕃故都——山南市琼结县境内，距县城 12 千米，距山南市所在地乃东区 26 千米，平均海拔 3 800 米。强吉村辖 3 个自然村，全村共有 180 户，748 人，是以农业为主，牧业为辅的行政村。强吉村 2015 年被评为自治区级生态村，2018 年被评为自治区第五届文明村镇，同年被住房和城乡建设部评为第五届中国传统村落。另外，强吉村还是农牧区人居环境整治行动琼结县示范村之一。

强吉村具有丰富的历史文化旅游资源，文化底蕴丰厚，这里有自治区级文物保护单位强钦庄园，该庄园是西藏地区封建农奴时期中小型贵族庄园的典型样式，2016 年，村里争取到文物部门的项目，投入 821 万元对其进行还原修复。

强吉村还有得天独厚的青稞酒文化。根据史料记载，文成公主远嫁吐蕃后，随松赞干布回到琼结，文成公主用当地生产的青稞和清凉的溪水煮酒，酿制成入口甘甜的青稞酒。自此，人们纷纷效仿文成公主酿制青稞美酒，为了纪念文成公主，后人把村名命名为“强钦”，至今已有 1 300 多年的历史，强钦青稞酒的酿造具有很好的文化底蕴，是强吉村发展农牧产业的良好资源。

为利用好强吉村的文化旅游资源，打造独具特色的强钦青稞酒文化，2016 年 7 月，村里成功注册了“强钦青稞酒”品牌商标，举办了主题为“人间仙境，醉美强钦”的首届“拉玉强吉村青稞酒文化节”，向各地游客展示了强吉村独特的历史文化、自然景观和田园风光，让这座有着“青稞酒故乡”之称的古村落，再现了其美丽醉人的一面。2016 年 9 月，成立了强钦青稞酒酿制专业合作社，吸收贫困户家庭 25 户，投资 26 万元（其中贫困户融资 7.3 万元），合作社主要从事青稞酒酿制、加工销售工作。2019 年，合作社转型注册公司，现正在衔接项目，争取带动全村经济的发展。

在强吉村中央有一处树林茂密，古木参天的林卡，这便是强钦林卡。民主改革以前，是强钦庄园贵族们夏季休闲娱乐的重要场所，现在是村民们举办集中活动的场所。根据村里的老人讲述，在林卡中的古树至少也有 400 多年的历史。2018 年，村里争取到旅游部门的 1 000 万元林卡基础设施项目，搭建了游客集散中心、停车场等重要设置。

为有效促进群众增收，拓展群众就业渠道，拟计划以“强钦庄园”为载体，以“强钦林卡”为依托，以“强钦青稞酒”为品牌，打造集强钦庄园、强钦林卡、强钦青稞酒为一体的乡村观光旅游。截至 2019 年，除了上述两个大项目，还在强吉村新建 2 处农家乐，开设家庭旅馆 12 家。自 2016 年起，每年的 6—7 月会在强钦林卡中举行村级“强钦”青稞酒文化节。

强吉村山美、景美、人更美。勇跳雅鲁藏布江舍身救人的英雄人物仁增便出生、成长和工作在强吉村。仁增同志荣登了“中国好人榜”，荣获了全国道德模范提名奖、自治区级见义勇为先进个人、感动山南人物等荣誉。

陕西省安康市白河县仓上镇天宝村

【最佳休闲时间】 4—10 月

【主导产业】 旅游，生猪养殖、乌鸡养殖、土鸡养殖，油葵、美国紫薇等特色种植业

【特色产品】 乌鸡蛋、土鸡蛋、葵花油、甘蔗酒

【体验项目或活动】 网红摇摆桥、光影艺术长廊、三苦展览馆、5D 影院、美食一条街、户外拓展基地、民宿体验、开心菜园、水果采摘等农耕体验

【情况介绍】

（一）基本情况

天宝村位于白河县仓上镇，属仓上镇西

北部，东与槐枰村相邻，西与农庄村相连，南与裴家村相接，旬阳县蜀河镇南部与罗家坡接壤。全村辖 9 个村民小组，472 户，1 892人，全村总面积 11.4 平方千米，现有耕地 1 656 亩，退耕还林 2 509.4 亩。2018 年总收入 6 880 万元，其中农业收入4 134万元，人均纯收入 11 317 元。白河县后高山区，距县城 70 千米，距仓上镇 10 千米，村内大树星罗棋布、山林苍翠浓郁、风光秀丽、景色宜人；人文景观独具特色，民风古朴厚道，文明纯正。村里处处可以领略到奇山异水的灵秀和神韵，时时可以感受到历史长河积淀的深厚文化底蕴。天宝村党支部、村委会积极向镇党委政府和上级主管部门争取村容村貌改善、基础设施提升、美丽乡村建设等项目，镇政府结合国家主体功能区开发等政策规定，把“产业＋文化＋旅游”作为新的发展定位，在上级批准建设了该项目后，镇党委政府主要领导任组长，镇党委班子成员负责该项目的组织实施和监管协调等具体工作。坚持镇村主导、社会参与、企业实施、全面监督的措施，在项目申报上，镇村积极争取，得到了省市县的审批和支持；在项目实施上，分项目、分阶段落实实施主体；在项目监管上，镇村分工负责，定期查看、定向公开；在项目验收上，多方参与、共同评定。

（二）主要做法

陕西省天宝现代农业园区 2008 年开始建设，2010 年 8 月，该园区被白河县委县政府确定为统筹城乡发展区域示范点，由白河县兴达农业综合开发公司承建。公司通过与农户签订了 30 年土地使用权合同获得土地综合利用权，进行土地集约化经营，共流转土地 2 000 亩，林地 4 000 亩。园区已累计投资 1.5 亿元，新修石砍梯地 2 000 余亩，修建园区道路 20 余千米，配套建设了裴家社区 3.5 万平方米，修建养殖场房 12 000 平方米、展馆2 000平方米、培训中心 5 000 平方米、游客服务中心 7 000 平方米，栽种核桃 10 万株，杉木 60 万株，银杏、紫薇、木瓜等园林苗木培育 100 万株，年养殖猪、羊、牛、鸡等 3 万头（只），建设茶园 200 亩，年种植杂粮蔬菜等 500 余亩。园区按照“企业化经营、公司化生产”的方式，立足当前、着眼长远，着力推进项目区域化、品种市场化、数量专业化、产品品牌化，探索山区现代农业发展的路子。天宝村把山上农户迁移到山下建设农村社区，土地流转给企业建成农业园区，通过企业用工解决农民稳定收入来源问题，通过 10 年的实践，天宝村取得了成功的经验，探索出“山上建园区、山下建社区、农民变工人”的天宝模式，实现了移民搬迁与产业配套，工商资本与农业资源融合，项目建设与企业经营对接，有效地破解了“钱从哪里来、人往哪里去、土地怎么办”三大难题，对于引领白河县现代农业发展起到了很好的示范带动作用，也被全省乃至全国山区县广泛推广和运用。2011 年，天宝园区被安康市政府命名为“市级精品园”；2012 年，被省政府命名为“省级示范园”；2013 年，被省水保厅确定为“水保示范园”并申报国家园区；2016 年，被省财政厅授予“一事一议财政奖补建设美丽乡村”示范试点村，同年，被授予“陕西省水利风景区”，兴达农业公司被命名为“省级龙头企业”；2017 年，园区被确定为 3A 级旅游景区，现正在创建 4A 级旅游景区。

（三）主要成效

通过开展美丽乡村建设，天宝村进一步提升了建设幸福和谐天宝的发展思路，按照乡村振兴的“产业兴旺、生态宜居、乡风文明、治理有效、生活富裕”总体要求，加快推进了“生态宜居”“生态环境”“生态经济”“生态文化”四大工程建设，以陕西省天宝现代农业园区为核心，建设以“大地艺术、梯彩天宝”为主题的美丽乡村，做到以点带面、稳步推进，建成生态农业、生态旅游、生态文化特色乡村，打造成“宜居、宜游”的村居、安居乐业的美丽乡村。

（四）建设经验

天宝村坚持规划先行，因地制宜，把休闲乡村建设规划与经济社会发展规划、农业和旅游业发展规划、文化特色产业相衔接，有序推进，做到开发与保护相结合。一是坚持可持续发展。坚持以人为本，始终把农民群众的利益放在首位，广泛发动群众参与，整合社会力量，尊重农民群众的意愿，引导农民大力发展生态经济、自觉保护生态环境、加快建设生态家园。二是坚持保护为重。结合村情实际，突出重点，注重挖掘传统农耕、人居等文化丰富的生态理念，在开发中保护、保护中建设，初步形成了“一村一品、一村一景、一村一产业、一村一特色”，彰显美丽休闲乡村特色，高标准打造乡村旅游目的地。三是坚持生态优先。遵循自然发展规律，切实保护农村生态环境，展示农村农业生态特色，围绕农村生态经济、生态人居、生态环境和生态文化，发展生态特色农业，打造大公园。四是坚持整合力量。建设美丽休闲乡村与幸福村居工程，将发展乡村旅游、农民住房改造、生态村庄建设等有机结合，通过项目带动、整合资源，合力推进工程建设。认真分析，结合本村的特点，抓好产业示范点建设，合理确定建设目标，分步实施，以点带面，实现一二三产业融合发展。

（五）示范带动

天宝村现有一个省级现代农业园区和1个县级现代农业园区。园区带领村民养殖生猪、乌鸡、土鸡，种植茶叶、核桃、油葵、小杂粮、特色经济林等，开展食用油、小杂粮、甜杆酒等农产品加工建设。通过多年的经验探索，只有建设现代农业园区，把养殖、种植、加工、销售、农业旅游、餐饮服务融为一体，实现一二三产业融合发展，才能带动广大村民共同增收致富。白河县天宝现代农业园区，围绕国家“脱贫攻坚”和“乡村振兴”战略方针，按照“党支部＋企业＋贫困户”的发展方针，在发展建设中积极吸纳村民，特别是贫困户家庭成员来园区务工，引导村民进入园区自主创业，为他们提供政策支持和技术培训，将贫困户家庭的土地流转入股，带动村民共同发展。园区每日可接纳120人住宿和400人就餐，为村民提供了近300个工作岗位，累计带动贫困户160户、780人。广大农户及贫困群众可参与园区现代农业养殖、种植、加工、销售、旅游、餐饮等产业，实现年人均收入达15 000元以上。

陕西省商洛市丹凤县武关镇毛坪村

【最佳休闲时间】 4—6月

【主导产业】 茶叶

【特色产品】 绿茶、红茶

【体验项目或活动】 采茶、茶博园观光、茶博馆参观、村史馆参观、秦岭兰苑参观、茶室品茗、高山茶园观光

【情况介绍】

毛坪村位于关中四塞之一的武关镇，距丹凤县城42千米，行政面积9.67平方千米，林地面积10 896亩，耕地面积700亩，全村辖6个村民小组，242户，1 021人，建档立卡贫困户80户，269人，群众主要收入来源为茶叶和劳务产业。全村地貌呈U型，分属毛坪沟、石门沟两条山沟。近年来，毛坪村在产业兴旺、生态宜居、乡风文明、治理有效、生活富裕等方面取得了长足进展，成为全县乡村振兴的典型示范村，也是全县美丽乡村的典范。

丹凤县将毛坪村等10个村作为美丽乡村示范村进行重点打造。县级领导积极策划，决定走产业化经营之路，通过园区承载带动，做大做强茶产业，打造“中国最北”茶叶基地，聚合技术、信息、资金等要素，启动实施农业产业示范园项目，用工业化的理念打造生产、加工、销售等一体化的“茶产业航

母”，形成一二三产业融合发展新格局，为群众脱贫致富搭平台。

完成美丽乡村规划建设。聘请专业规划公司，对全村的布局进行科学规划，形成了“一心三轴四区”的毛坪美丽乡村规划，即：以村集体集中服务店为中心，与北面高山岩茶体验轴、中间茶文化主题景观轴、南面原乡风情景观轴，形成“花”茶观光区、“林”茶休闲区、“田”茶文化区、“禅”茶感悟区。截至2019年，各功能区基本建成，形成了以茶文化为核心的“三轴”和以茶田为景观的“四区”，建成了茶乡毛坪美丽乡村示范村。

茶产业根基筑牢。毛坪村通过绿色生态综合防控等技术，不断提升茶园科技管理水平，发展标准化茶园800亩，高山岩茶4 500亩，茶叶品种有龙井43、白茶、黄茶、陕青茶，茶叶专业合作社3家，生产线3条，开发有茗茶、红茶等5类、12个品种，注册茶叶商标4个，茶叶年产量50吨左右，年产值1 000余万元。

一二三产业融合全面发展。在6千米的通村绿道沿线点缀布茶亭、茶廊等茶业态10处，布置景观小品、游憩设施20余组，新增农家乐5个、农家宾馆8个。因地制宜，发展双孢菇大棚8个，与陕西佳亿德公司合作种植黄金果猕猴桃80亩，由陕西上运石生物科技公司引进优质兰花品种，开发兰花资源，建设兰花馆，开发高端的兰花茶。深度挖掘茶文化，建成丹凤特色茶博馆、茶博园，推出私人定制小罐茶和“我在毛坪有块茶”茶园认领产品，游茶园、品好茗、赏兰花、醉田园，茶乡毛坪生态游日益火热。

生态文明整体推进。大力挖掘和弘扬不等不靠的毛坪精神，对村史馆和文化广场进行提升，广泛开展“美丽乡村·文明家园”创建活动，积极实施农村环境连片整治项目，全面开展“六堆”清理。全村配备了移动式垃圾箱和垃圾清运车辆，实施了河道清理和山体生态修复，按照陕南民居传统建筑风格，改造民居143户。现在的毛坪村雾霭笼罩、层林尽染、绿水环绕、黛瓦白墙，处处呈现出一幅生态、和谐、美丽的山水田园风光新画卷。

陕西省铜川市印台红土镇周陵村

【最佳休闲时间】 4—11月

【主导产业】 樱桃、苹果种植，蛋鸡养殖，农家乐，旅游休闲

【特色产品】 周陵大樱桃、春雷鸡蛋

【体验项目或活动】 樱桃采摘、农家休闲、周边鬼谷子庙道教文化游、陈炉古镇陶瓷游、郭秀明故居红色游、金锁石林观光游、周陵园区生态观光游

【情况介绍】

周陵村位于铜川市印台区政府以东7千米处，辖8个村民小组，全村365户1 368人，国道342（原305省道）穿村而过，交通便捷。全村现有耕地4 320亩，其中樱桃1 700亩、苹果1 000亩，以种植樱桃苹果、蛋鸡养殖、农家乐、休闲观光、采摘游为主导产业，全村经济快速发展。村内主干道、小组巷道全部硬化，自来水、电力设施、通信信号达到全覆盖，村内设有标准卫生室。作为省委组织部的帮扶联系点，周陵村的组织建设、经济建设、制度建设、文化建设以及美丽乡村建设均取得了显著的成绩。

强化产业支撑。乡村发展离不开产业的支撑，周陵村地处渭北旱地，坡地向阳，日照时间长，年平均降水量570毫米左右，尤其适合樱桃种植。针对这一优势，村“两委”确定了全村发展樱桃主导产业。一是积极组织村干部、村民到樱桃产业发展较好的陈坪村进行实地考察，学习陈坪村先进经验，筑牢群众发展樱桃产业的信心和决心。二是与周陵园区三联公司联合对群众进行技术培训，大力开展樱桃栽植。截至2019年，全村已栽植樱桃1 700多亩，现樱桃已经成为周陵村

的特色产品，年均销售数量在 14 万千克左右，年均销售额近 300 万元，有效带动了当地群众增收。

强化基础设施建设。在全村的发展中，周陵村始终把村组基础设施建设作为头等大事来抓，积极争取中省区市各级支持，完善全村水电路等设施。目前，全村道路全部硬化，自来水铺设、农网入户达 100%，全村实施了亮化美化工程，修建了樱桃广场、健身广场、文化广场、远教广场、百姓大舞台、公共厕所等，建成了康复理疗室 1 座，群众的生产生活环境得到了显著改善。

强化精神文明建设。周陵村通过宣传栏和宣传单广泛开展社会主义核心价值观教育，文化室、广播室、图书室等宣传阵地有专人负责；党的农村政策、基本国策和公益公德等宣传内容常换常新；家风家训、善行义举榜常总结，有新发现及时表扬。通过与帮扶单位开展慰问困难家庭和老年人等活动，推进全村的社会公德教育和家庭美德教育。通过开展文明家庭评比、“孝老爱亲、好媳妇好公婆”表彰、“一强四好”脱贫示范户评选、举办“农民夜校”等活动，使尊老爱幼、家庭和睦、邻里团结蔚然成风，积极倡导移风易俗，开展节约行动，引导村民杜绝婚丧事大操大办，树立新村风、新村尚，利用手绘墙大力宣传孝道文化，使全村尊老爱幼氛围日渐浓厚。2019 年，周陵村晋升为全国文明村。

强化设施管理。“周陵是我家，建设靠大家”。在加快村组基础设施建设的同时，村委会加强各类实施管理，始终按照抓好村庄整治，做到道路硬化、卫生洁化、污水净化、村庄绿化、村容美化、路灯亮化和设施齐全的“六化一全”工作，加强村庄整治长效管理。充分发动群众的力量，对村中不文明、不合法的行为及时进行监督制止，不允许超载车辆上路、不允许破坏绿化带，增强村民的主人翁责任感，主动维护全村环境，减少治理成本，形成“周陵是我家，卫生靠大家”的理念。

周陵村将紧紧围绕乡村振兴战略，把基础设施完善和乡村振兴战略紧密结合，本着“环境改变人”的原则，以改善全村人居环境为切入点，以建设中国美丽休闲乡村为目标，统一规划、合理布局、综合开发、配套建设、全力推进，不断完善全村人居环境，不断提升群众幸福生活指数。

甘肃省陇南市康县阳坝镇珍爱茶山村

【最佳休闲时间】 一年四季

【主导产业】 旅游、特色农产品种植、加工、销售

【特色产品】 茶叶、天麻、木耳、香菇、蜂蜜、蓝莓

【体验项目或活动】 特色美食、篝火晚会、露天 KTV、自驾车（自行车）环游老街、垂钓

【情况介绍】

珍爱茶山村共有党员 81 人。珍爱茶山村基层组织建设以习近平新时代中国特色社会主义思想为指导，大力加强政治思想、干部队伍、基层组织、党风廉政各方面建设，注重在致富带头人和青年人中发展党员，建立健全一套行之有效的制度，并坚持在实践中落实，保证制度的正常运行。

珍爱茶山村位于阳坝镇区，现有住户 921 户、2 168 人，林地 10 520 亩，茶园 2 000 余亩。全村主要收入以茶叶、天麻为主。境内气候温暖湿润，雨量光照充足，年均降水量 800 毫米，平均海拔 750 米。珍爱茶山村利用其处于镇区的区位优势，以打造“阳坝后花园”为建设目标，在美丽休闲乡村建设中，从改善农村居住环境，提高村民生活质量出发，坚持把民俗文化与生态旅游开发、产业发展相结合，大力发展以农家客栈、农家乐等乡村旅游服务业为主的第三产业，将村庄建成了一个生态旅游型的美丽休闲

家园。

（一）特色优势明显

珍爱茶山村以“望得见山、看得见水，记得住乡愁”美丽乡村为依托，全力打造“田园风光，茶园景区”特色旅游品牌，坚持“茶园既景点、茶区既景区、运动既度假、休闲既养生”的建设目标，打造康南地区集乡村田园观光、休闲度假、民俗体验、农特产品加工展示销售等产业链为一体的乡村旅游景区。民宿建设以休闲、旅游、购物、度假为定位，建筑风格以川北“明清风格、灰墙青瓦”为特征，悬山式砖混结构，小青瓦坡屋面，采用“下店上寝”式的结构布局，一楼门面主要以销售阳坝特产为主，楼上建成茶楼、农家宾馆等。村内采用弯曲环形道路，外环街道采用借景布局，将梅园河清澈的河水、茂盛的植被与古色古韵的街道相融合，展现了宜居、宜业、宜游，天人合一的魅力。三排两街道的主街道和四通八达的小巷与现有的滨河西路水韵广场、茶韵广场、火韵广场和天然浴场、亲水观景平台、雕塑群、茶亭 7 个旅游景观交相辉映，动静结合，达到现代与传统的契合，在这里游客可以看到康南独有的男嫁女娶婚俗，可以品尝到康县南部特有的豆花节节、豆花珍珍、十大碗、“二脑壳”等特色美食，可以住上极具古镇风格的农家客栈，还可以买到风格各异的特产、首饰、日常用品。

（二）服务设施完善

珍爱茶山村在美丽休闲乡村建设中，聘请四川成都蓝麦田建筑设计院进行了精心的规划设计。学习借鉴了四川昭化古城和陕西宁强县青木川古镇的风貌改造经验，对原有民居进行风貌改造，改造民居风貌 296 户、740 间，总面积 27 000 平方米，将原有民居改造成了街坊式的近水建筑群体。全村建成活动广场 4 310 平方米，公厕 3 座，垃圾屋（垃圾收集设施）15 个；建成旅游景观小节点 6 个，蔬菜采摘园 1 个；新建景观河堤 300 米，仿木栏杆 210 米，栈道 50 米；建成生态旅游大门 1 座；农耕文化展示墙 2 面；民俗文化、美食美景、特色新农村展示栏 52 个；在建农家乐 2 家，农家客栈 2 家，绿化空地 1 万多平方米。街道采用了弯曲环形道路，形成多个街面效果，房屋多为两层和三层，高低错落，混凝土斜面屋顶覆盖青瓦，建筑面积在 160～240 平方米，户与户之间有一个 30 平方米的院落，有临街门面、房屋 120 间，共2 400平方米。珍爱茶山村已开办农家客栈和农家乐 16 家，土特产直销店和小吃店 130 家，第三产业从业人员有 500 人以上，周边农家乐、农家宾馆、旅游业从业人员增加 1 000 人以上。2019 年上半年，全村已接待游客 60 多万人次，旅游综合收入 8 000多万元。

（三）主要经验做法

在美丽乡村建设过程中，坚持把民俗文化与生态旅游开发、产业发展相结合，因地制宜，突出特色，整合资源，注重实效。一是坚持规划先行。邀请专业规划人员和能工巧匠，对村庄建设的整体布局、房屋风貌、休闲广场、绿化工程等按照旅游景点的要求进行规划设计，在广泛征求群众意见建议的基础上，修改完善，组织施工，确保美丽乡村建设的层次和质量。二是坚持政府主导。在建设过程中，依托阳坝镇山清水秀、物产丰富的自然资源和人文历史，成立建设领导小组，定期研究建设情况、制定建设思路、解决矛盾纠纷、突出地域特色。村“两委”班子和全体党员，充分发挥战斗堡垒作用和模范带头作用，组织发动群众投工投劳，全力参与美丽乡村建设，充分发挥了政府主导作用。三是群众齐参与。在建设过程中，基础设施由政府投资建设，入户道路硬化、庭院改造、房屋改造等采取奖补办法撬动群众参与到户项目实施改造，让群众参与到家乡建设过程中，充分发挥了群众在美丽乡村建设的主体作用。四是完善旅游设施。以地域生态产品拉动乡村旅游开发，古镇古街及一河两岸的灯光打造、酒店宾馆、农家客栈、农家乐、康南十大碗及丰富的土特产和山珍野味，游、住、吃、购旅游设施完善，形成了资源山水互动，游客远近皆往的乡村休闲游模式。五是突出地域特色。配合全县打造不要门票的生态旅游大景区，打造乡村旅游品牌，积极顺应城市居民亲近自然、热衷假日休闲游的趋势和消费心理，形成看自然风光美景、吃农家特色美食、住农家民俗客栈的乡村游模式。

青海省海东市化隆县扎巴镇本康沟村

【最佳休闲时间】 6—9 月

【主导产业】 民族服饰加工车间、旅游扶贫项目

【特色产品】 农产品

【体验项目或活动】 自驾游、服装加工体验、徒步、大棚采摘、民族射箭体验

【情况介绍】

本康沟村地处青沙山南麓，海拔 3 000 米，距离镇政府 6 千米，村中下辖 3 个社，有省司法厅选派的第一书记 1 人，驻村工作队 2 人。全村共有 112 户、447 人，其中汉族 68 户、257 人，回族 44 户、190 人；全村共有党员 29 人，其中少数民族党员 12 人；建档立卡贫困户 14 户、42 人，耕地 1 350 亩，退耕还林 502.6 亩，林地 3 864.6 亩。经济来源主要依靠传统农业种植、畜牧养殖、务工收入，2018 年年底，全村农民人均纯收入达 7 200 元，顺利实现脱贫。2019 年，本康沟村被评为青海省乡村振兴示范点、省级文明村及化隆县民族团结示范村，本康沟村党支部被评为化隆县先进基层党组织。

三提一促·奔小康党建品牌。本康沟村党支部在精准扶贫、精神文明建设、村集体经济破零过程中，逐步形成了党组织领导能力提升、党员引领发展能力提升、群众致富技能提升，促进集体经济破零的具有本康沟村特色的“三提一促·奔小康”党建品牌。在本康沟村形成以集体经济发展带动个体经济成长，以党员发挥作用带动群众广泛参与，以党的建设引领实现共同富裕奔小康的目标。一是结合精准扶贫工作，进一步夯实村级组织的工作基础，使村级组织成为群众奔小康的“桥头堡”；二是通过固定党日活动、三会一课制度等加强党员的党建知识学习，在党员当中牢固树立“四个意识”，培养农村党员实现“四个合格”，在工作生活中全力保障党的政策、路线落实到位；三是切实强化技能培训，重点结合本康沟村的旅游扶贫项目，组织村民根据村民意愿进行服装加工技能培训、种养殖技术培训、相关机械操作培训、手工艺品加工培训等，引导党员发挥带头作用，带动贫困户等需要组织帮扶的困难户积极参与项目建设。

“公司＋农民工＋小车间”的扶贫模式。为发展村集体经济，解决村里留守劳动力，2016 年，村扶贫联点单位青海省西川监狱为本康沟村捐赠了缝纫设备 42 台，村里以此为基础在镇党委的帮助下，同青海哈尼福民族服饰有限公司达成合作，成为其服装加工基地。随后，在省市县领导的直接关怀下，2017 年上半年，将 80 万元的新型服装加工设备投入厂房，由化隆县工业和商务局牵头，村里新建起了一座正规的服装加工厂。本康沟村的民族服饰加工项目的实施，是采取“公司＋农民工＋小车间”的精准扶贫模式，将村中的贫困户、非贫困户、残疾人等特殊人群吸纳进来，建立“双赢”的利益联结机制，实现了农忙顾家和打工赚钱两不误，既增加收入，又有效地解决了留守老人、留守妇女、留守儿童等社会问题，而且极大地降低了贫困户务工风险，使贫困户的收入得到有力保障。2019 年，康沟村被评为“全国巾

帼建功先进集体”。

“农业＋乡村旅游＋农户”造血模式。依托本康沟村山清水秀、空气清新、无污染的环境优势，距离省会西宁市不到1小时的区位优势和本康沟村民风淳朴、忠厚的人文优势，在本康沟村打造集花海观赏、“本康神泉”、观光采摘园、传统农家乐、民俗文化体验、民俗演艺、乡村民宿、民族服饰加工体验、户外射击运动、户外摄影等休闲娱乐于一体的旅游服务产业民俗旅游村，并着力打造“一沟一道二环三山”的精品旅游线路，成为化隆县旅游扶贫项目样板村、示范村。同时，全村共打造农家院6户，小吃摊位15个，带动贫困户13户、20余人，带动非贫困户30余户、50余人，就业率达到90%左右，增加农户经济效益5万元左右，为全村提供就业岗位50个，每户平均增加3 000元左右的收入。

通过多种举措，本康沟村依靠扶贫小车间、旅游扶贫等项目，群众积极发展生产，致富意愿突增，全村实现了由输血式扶贫向造血式扶贫的积极转变。

青海省西宁市湟中县上五庄镇包勒村

【最佳休闲时间】 5—10月

【主导产业】 乡村旅游业、种植业、养殖业

【特色产品】 锅盔、酸奶、野菜、牛羊肉等

【体验项目或活动】 成人拓展训练、儿童娱乐、滑道等

【情况介绍】

湟中县上五庄镇包勒村是“十三五”期间青海省省级建档立卡的重点贫困村，是西宁市旅游局联点扶贫单位，并被列入2018年脱贫目标。包勒村位于湟中县西北部，距西宁市55千米，地处上五庄水峡森林公园边缘。全村共有住户123户、423人，是以藏、汉两个民族形成的自然村。全村党员27人，其中在村党员9人，贫困户17户、57人。全村共有山地1 548亩，山林地9 000余亩，产业以种植小麦、油菜、洋芋等农作物和牛羊养殖为主。包勒村地处偏远，且耕地多为山坡地，不利于耕种，养殖产业也未能形成规模。

2016年，以西宁市旅游扶贫工作组为依托，招商引资青海高原爽现代农业科技开发有限公司，对水峡地区上五庄镇包勒村进行旅游扶贫开发。公司与扶贫工作组共同建立了“扶贫工作组引导＋公司建设运营＋贫困户参与受益”的工作模式，推进乡村旅游示范村建设，即扶贫工作组项目引导，企业组织实施项目，培训引导贫困户参与乡村旅游经营服务，实现农户收益。按照专业人士做专业事的方针，快速推进。一是加大宣传力度。为了扩大影响，包勒村每年都承办由湟中县委宣传部、县文化旅游体育局、上五庄镇政府主办的稻草人文化创意艺术节，制作的稻草人憨态可掬，深受游客欢迎，每年累计接待游客20万人次以上。二是做好农民培训。公司安排贫困户学习烹饪技能、餐饮服务知识，快速提高村民的接待能力和农家乐服务质量。通过积极争取上级部门的支持，包勒村安排村干部分别到北戴河、潍坊、成都等地培训。组织本村农户到其他乡村旅游接待点学习考察，学习乡村旅游管理经验。三是引导农民参与旅游经营服务。分别给开展农家乐的农户补贴2万元，用于购置餐饮设备、接待设施，引导农户带动贫困户一起经营。组织召开村民大会，指导村民合理安排旅游经营项目，规范经营行为。

包勒村现已建成农家乐、生态园8家，可为游客提供大众餐和清真餐服务，每天餐饮接待人数达460人次以上，营业收入3万元以上，累计营业收入82万元。从事农家酸奶、馍馍、饮料等经营的农户20家，直接从事乡村旅游经营和服务的农户有30余户。贫困户赵永清家销售自产炕馍；铁富海、董发

林卖酸奶、小吃、饮料，每天收入都在 200 元以上；钟成山、董发齐家销售自产酸奶，一天最多时卖 200 碗，收入上千元；贫困户张世兰与村干部合伙开农家乐，收入近万元；贫困户赵宗海家在村上务工打扫卫生，月收入 2 000 元。同时，包勒村还带动建档立卡贫困村纳卜藏村的村民李鹏在包勒村经营清真生态园，效益明显。如今，长期外出的媳妇也回到家中；外出的农户也有回村盖新户创业的；以前村民间流转不要钱的宅基地，现在多少钱都不卖。全村发展乡村旅游，增强了包勒村民的文化自豪感和自信心，成为了村民脱贫致富的有效手段。

新疆生产建设兵团第九师团结农场 4 连

【最佳休闲时间】 5—10 月、12 月至次年 3 月

【主导产业】 农家乐餐饮、采摘果蔬、休闲观光

【特色产品】 特色农家乐餐饮、草莓等果蔬采摘

【体验项目或活动】 采摘园、特色农家乐

【情况介绍】

团结农场 4 连距离九师师部 10 千米，是九师所有团场中离师部最近的，交通便利。连队距离场部 1.5 千米，东临加依勒玛村，南靠八一队和小农场，连队西邻团结砖厂，北临红旗农场。连队现有户籍人口 617 人，250 户，常住总户数 115 户（其中居住在本连队的有 10 户）；职工 117 人，其中党员 20 人；少数民族 14 户，27 人，其中哈萨克族 16 人、回族 5 人、维吾尔族 1 人、满族 2 人、土家族 2 人、蒙古族 1 人。

4 连全连耕地 4 084.62 亩，可分配面积 3 432 亩，主要农作物结构为玉米 2 817 亩、番茄 264 亩、食葵 522 亩、苜蓿 96 亩、瓜菜 58 亩。

4 连设施大棚 291 座，主要以种植西红柿、辣椒、黄瓜、彩椒为主。

连队的大棚优势。4 连有多座采摘观光园，包含草莓、水果西红柿、桃树、葡萄、瓜果等，可供游客采摘。由于种子包括土壤都是从其他省份，甚至国外引进，经过多次在本地的实验，最终选出适合本地的产品，所以采摘效益可观，还带动了其他的种植户也加入其中，增加了收入。连队的特色农家乐也是人来人往，例如，有一家自己养鸡，并加工做辣子鸡，很受游客欢迎，后来自己养的鸡不够卖，还带动了身边养殖户鸡肉的售卖，增加了收益。如今，农家乐规模有 5 个蒙古包、5 个卡座，每年的效益非常可观。

新疆生产建设兵团第九师 165 团 3 连

【最佳休闲时间】 春季、夏季、秋季

【主导产业】 旅游业

【特色产品】 民宿

【体验项目或活动】 住宿观光旅游

【情况介绍】

165 团是 1962 年“伊塔”事件后，为了维护国家领土完整和边境安全而成立的一个边境团场，位于新疆塔城额敏县塔额盆地东北部，与哈萨克斯坦共和国一山之隔，驻守着 82 千米边境线，距额敏县城 72 千米。

（一）基本情况

165 团自然生态原始，草原风光秀美，民族风情浓郁，民俗文化突出，边境风光独特，有着“云上草原，天边净土”之美誉，也是“春看百花，秋望月；夏沐清风，冬赏雪”美好意境的旅游佳地。团场旅游区占地面积 750 平方千米，核心区占地面积约 345 平方千米。旅游资源涵盖自然资源和人文资源，包括军垦文化、河谷森林、草原风光、

历史文化、民族风情、生态农业观光六大类型，其中以自然风光尤为突出。

巴依木扎拥有优美的自然风光，承载着悠久的历史文化和兵团红色文化，以及别具特色的边境风情。这里有中国最优质的草原之一巴依木扎草原、野生花卉天堂十里花海、草原奇湖无底湖、地上银河九曲十八弯、原始生态林老水磨（狗熊沟、蝴蝶谷）、天然冰水冷水泉、大地景观地图山（锦绣中华）等美丽壮观的自然风光；这里有古老神秘的万年古岩画、中俄古商业通道老水磨、樊梨花点将台等悠久的历史文化景观；这里有巴依木扎边防哨所、地堡、91 号界碑等独特的屯垦戍边文化景观。

（二）165 团旅游发展现状

旅游业发展获得的各项殊荣。2016 年 6 月，165 团被授牌成为国际摄影学会兵团分会创作基地、新疆兵团摄影家协会创作基地、石河子大学文学艺术创作基地。达因苏生态旅游小镇入选《2017 年全国优选旅游项目名录》。2017 年 1 月，165 团获得兵团特色旅游名团（镇）称号、巴依木扎景区已成为新疆 35 个自驾房车营地之一。2017 年，巴依木扎 4 连被命名为第二批中国少数民族特色村寨。2017 年 12 月 18 日，巴依木扎旅游景区获得兵团旅游局批复，正式成为国家 4A 级旅游景区。2018 年 7 月，165 团 3 连石岩画遗址群被列入文物保护单位。

旅游发展区位优势。随着国家“一带一路”倡议建设的形成，新疆生产建设兵团在丝绸之路经济带核心区的“排头兵”优势日显突出。第九师 165 团正处于丝绸之路经济带核心区，是北通道的“前沿”和“桥头堡”，区位优势明显。随着丝绸之路经济带的建设和 219 国道的打通，165 团旅游景区将融入新疆旅游北环线，因此来 165 团旅游将成为北疆旅游的必经之地。

（三）旅游业发展的做法和成效

坚持规划引领，打造特色旅游产品。按照“旅游兴团”的发展战略，本着实施“大景区和统一营销”战略，打造区域旅游精品，促进团场旅游产业发展。近年来，165 团先后委托专业设计单位编制了《新疆生产建设兵团第九师 165 团旅游发展规划（2014—2025 年）》《新疆生产建设兵团第九师 165 团·达因苏小镇概念设计》《第九师 165 团巴依木扎景区古道探秘区域修建性详细规划》《新疆生产建设兵团第九师 165 团团部（达因苏镇）风貌改造规划及重点地段详细设计》等规划设计文件，为 165 团旅游业发展进一步明确了发展方向。

合作共建，狠抓旅游基础设施建设。进一步解放思想、开阔思路，充分利用团场优势资源，开展融资合作开发共建。通过招商引资、争取援疆资金、国家投资等方式，有效突破项目建设的资金瓶颈。

实现交通网络化和公共服务设施全覆盖。配合师相关部门，做好团场旅游市场的引导和服务工作，借助 219 国道建成之际，将巴依木扎旅游景区纳入塔城地区旅游北环线。团部全民健身广场提升改造、老水磨景区、客服中心、帐篷营地、巴依木扎景区、2 连美丽中心连队、5 连提升改造等项目的竣工，将有效提升团场旅游产业要素品质，完善团场旅游景区配套设施和公共服务设施，为游客更好地提供吃、住、行、游、购、娱“一条龙”服务。

以全域旅游为引领，以“特色小镇”“一连一品”创建为重点，加强兵地融合、集聚功能项目、丰富旅游业态、打造核心吸引物，实现旅游业从观光型向休闲度假型转变，从数量扩张向质量提升转变，从单一发展向多元融合转变，努力打造国家 5A 级景区。

品牌创建，打造旅游产品供给新业态。结合美丽乡村建设、“一连一品”发展旅游业。引导团场职工群众发展乡村旅游业、特色种植业、特色餐饮业，开发农业体验、亲子互动、参与劳动等形式多样、特色鲜明的旅游产品，形成农庄游、花季游、采摘游等新业态。

积极推进星级农家乐创建活动。165 团现已成功创建四星级农家乐 1 家，三星级农家乐 3 家，农（牧）家乐特色体验 30 余家。

深度开发文化旅游产品。依托团场少数民族人口基数大，民族风情浓郁，民俗文化突出的特点，按照“月月有活动、场场都精彩、天天能发团”的思路，常态化举办民族体育（赛马、叼羊、姑娘追等）、民族文化（阿肯弹唱、手工艺品等）和饮食文化（手抓肉、风干肉、烤肉、奶茶、酥油等）等特色旅游活动，用特色旅游产品、旅游活动拉动旅游消费。通过提高游客的参与度，让游客留下来、住下来。

共享富民，推动旅游产业深度融合。依托团场独特的民族文化，开发民族风情旅游，从民族娱乐、民族文化、民族美食等方面推动特色民俗旅游。全面贯彻“结构围绕旅游调，产业围绕旅游转”的发展思路，为游而建、为游而种、为游而养，协助连队转型升级，整团推动旅游转型，夯实基础设施建设，做大旅游市场营销。大力实施“一连一品”营销战略，重点打造：1 连蒙古包风情；2 连绿色有机农副产品；3 连军垦文化手工艺品、民族手工艺品等；4 连哈萨克民族风情园；5 连野蔷薇花茶、香包、达因苏山花蜜等旅游产品；6 连特色有机风干牛、羊、马肉产品；7 连天然有机树莓、树莓饮料等产品；8 连水库特色水产品。

（四）推介连队旅游业发展情况

165 团 3 连位于团部，全连总户数 142 户，总人口 383 人，其中少数民族 55 户、157 人（其中，哈萨克族 135 人、回族 11 人、其他民族 11 人）。景区内规划设计的旅游线路为古道探秘旅游线，该旅游线从二道桥游客服务中心起，终点可连接至云上草原旅游线，全程 18 千米，是巴依木扎景区内一处幽深的山谷景区，保持了相对原始及完整的自然生态环境。依托其河流、森林岩石山地景观以及丰富的动植物资源，建设水磨客栈、水磨药材店、万年石岩画展示中心、森林探险基地等特色旅游项目，打造一处集旅游服务接待、特色住宿、购物娱乐、展示展览等功能于一体的旅游休闲度假区。节点设计为：巴依木扎景区游客服务中心→老水磨客服中心→观赛台→万年石岩画→帐篷主题营地→中俄交易市场遗址→户外扩展基地→登高亭→冬窝子驿站→连接至云上草原游线。

休闲农业经典案例

北京市密云区金巨罗村
北京市通州区仇庄村
天津市蓟州区西井峪村
河北省石家庄市正定县新安镇吴兴村
山西省忻州市岢岚县宋家沟村
内蒙古自治区锡林郭勒盟太仆寺旗宝昌镇边墙村
辽宁省辽阳市弓长岭区汤河镇柳河汤村
吉林省通化市辉南县三合村
吉林省延边朝鲜自治州龙井市琵岩山文化旅游风景区
黑龙江省同江市街津口赫哲族乡
黑龙江省齐齐哈尔市铁锋区查罕诺村
上海市青浦区朱家角镇张马村
江苏省无锡市惠山区阳山镇桃源村
江苏省昆山市锦溪镇计家墩村
浙江省台州市仙居县
安徽省合肥市长丰县杨庙镇马郢社区
福建省泉州市安溪县国心绿谷生态茶庄园
江西省抚州市乐安县金竹乡大通村
山东省济南市长清区万德街道马套村
河南省信阳市光山县文殊乡南王岗乡村会客厅
河南省信阳市商城县河凤桥乡田湾村
湖北省宜都市五眼泉镇弭水桥村
湖南省岳阳市平江县欢乐果农场
广东省珠海市斗门区莲洲镇
广东省茂名市高州市根子镇元坝村
广西龙胜各族自治县龙脊镇大寨村
海南省琼中县黎族苗族自治什寒村
重庆市綦江区中华村
重庆市城口县平溪村乡村旅游带动脱贫
重庆市八龙莼乡乡村旅游专业合作社
四川省成都市郫都区战旗村
四川省攀枝花市米易县龙华村
贵州省六盘水市盘州市盘关镇海坝村
云南省普洱市宁洱县同心镇那柯里村
陕西省榆林市榆阳区古塔镇赵家峁村
宁夏稻渔空间乡村生态观光园
新疆维吾尔自治区阿克苏地区拜城县康其乡

北京市密云区金叵罗村

【基本情况】

密云区溪翁庄镇金叵罗村，位于密云水库南侧 1.5 千米，因三面环山，形似笸箩状，盛产“黄金小米”，故得名“金叵罗”。全村村民 1 130 户、人口 2 450 人。村域面积 7.83 平方千米，耕地 3 000 亩，山场 7 000 亩，平原造林 1 000 亩，特色综合种植园区 1 000亩，樱桃园 600 亩。

2014 年，该村成立合作社，发展小米特色产业，实施有机种植，成功打造“金叵罗贡米”品牌，2015 年被评为“全国一村一品”示范村。2016 年该村实施金叵罗村有机废弃物循环利用试验示范项目，打造全国第一个绿色低碳村，积极探索绿色低碳、生态宜居、健康舒适、和谐淳朴的美丽乡村。2018 年，该村获评农业农村部“全国美丽休闲乡村”称号。

【主要做法及成效】

（一）发展绿色产业，夯实乡村产业发展基础

金叵罗村的小米，以谷粒晶莹、口感细腻著称，清朝时曾被奉为贡品。2014 年为发展特色产业，调整农业产品结构，提高组织化程度，村内成立了北京禄存小米种植专业合作社，通过签订流转协议的方式流转土地 1 700 亩，将小米种植面积扩大到 1 000 亩，入社成员 932 户，涵盖全村 89%以上的农户，解决村内富余劳动力 100 余人就业。合作社在村“两委”的指导下，找政策、找技术、找市场，使用有机肥，严格按照绿色有机标准统一种植管理并统一经营、统一收购、统一销售，成功打造“金叵罗贡米”品牌。

（二）改善人居环境，加强美丽乡村建设

积极响应市委、区委关于开展“落实乡村振兴战略 推进美丽乡村建设”专项行动的有关要求，村“两委”根据村内实际情况制定村“两委”包片、党员、村民小组长包户管理制度，对村内环境进行地毯式清理，对乱堆乱放、违章乱建进行整治，做到村内垃圾日产日清，彻底改变了村内脏乱差现状，有效改善了村内环境质量。

努力探索、打造全国第一个绿色低碳村。在北京低碳农业协会、北京土肥工作站、北京畜牧环境监测站等单位的帮扶下，2016 年开始实施金叵罗村有机废弃物循环利用试验示范项目，践行全国第一个绿色低碳村建设。一是实现整村废弃物内部循环利用，改良提升土壤质量从而提升作物品质，开展樱桃、杂粮等农产品低碳认证，带动农业产业升级发展；二是开展整村低碳化认证，通过加强宣传和培训，提高村民低碳环保意识，逐渐改变农村、农民传统习惯，因地制宜，建立生态厕所、移动式垃圾处理箱，做到垃圾源头分类、垃圾循环利用，减少区域垃圾产生量，促进垃圾循环利用，提升村容村貌，建立符合低碳循环的发展模式，示范带动周边乡村，推动打造绿色低碳、生态宜居、健康舒适、和谐淳朴的美丽乡村。

扎实推进新“三起来”工程，硬化田间路 11 千米，建设排洪沟 1.7 千米，平原造林 1 000 亩，实施了土地护坡、铺设管道场地回填绿化等工程，村内基础设施得到了有效改善。为打造良好旅游接待环境，增建风车、牌楼、跷跷板、攀爬梯、长秋千等设施，打造田园景观，推动土地流转起来、资产经营起来、农民组织起来。

（三）发展休闲农业和乡村旅游，引导乡村产业创新

2014 年 10 月，千亩小米丰收在望，该村通过分析市场行情，摸清消费群体，充分发挥贡米的品牌效应，将特色农产品和民俗旅游相结合，开展了以体验农事、融洽亲情为主题的“金谷开镰节”，吸引市民游客参与

开镰节活动，体验推碾子、轧谷子等农事活动，品尝具有本村特色的贡米打包饭。2014年当年，民俗户收入超过50万元，直接受益村民932户。目前，该村已连续举办六届樱桃采摘节、金樱谷开镰节和两届农民丰收节等旅游文化活动，先后举办了农耕体验季、“金叵罗的春天”摄影大赛等活动，丰富了乡村旅游的文化内涵。

该村不断探索发展方式，建设以农耕体验为主的现代休闲园。合作社投资50余万元，在流转的土地中，建成30亩的开心农场，共划分为“一分田”200块。通过对外出租的形式，吸引城市人群到村中的“开心农场”开心种菜，将网络中虚拟的世界得以实现。让市民体验农耕的乐趣，食用放心蔬菜。这种方式每亩收益可达1万元，在丰富城市人群生活的同时，进一步增加了农民的收入。

（四）聚集人才，促产业融合发展

金叵罗村农业专业合作社与多位在社会公益、生态农业和儿童教育领域有长年专业经验的专家、学者合作，携手创建体验式农场，加强电子商务、网红代言等销售渠道建设，以“这些菜是我看着长大的”为口号，宣传销售樱桃、蔬菜等有机产品；以“田野中度过的时光才是主产品”为主题，提供民俗游、面点烘焙体验等产品和服务，满足各类游客不同体验需求，拓展休闲农业新业态。

（五）传承农耕文化，为民族振兴铸魂

该村将农事、农耕、农艺巧妙结合，创办社会实践活动基地，为城市孩子打造自然大课堂。2015年5月，北京市朝阳区教育研究中心附属学校的600名学生进驻金叵罗村，以“播种梦想、撒下希望”为主题开展社会实践活动；9月丰收季，学生们返村收割他们的劳动成果。通过社会实践活动的文化熏陶和亲身实践，孩子们增加了对农耕文化的参与感、获得感、认同感，为传承5 000年农耕文化，助力文化自信建设发挥了积极作用。

【经验启示】

金叵罗村有三宝，古井、小米、大樱桃。为振兴乡村产业，村党政领导班子，坚决贯彻“两山”理论，充分利用地理及自然资源禀赋，以绿色理念发展特色种植业，夯实乡村产业发展基础。结合美丽乡村建设，落实全国第一个绿色低碳村实践，打造绿色低碳、生态宜居、健康舒适、和谐淳朴的美丽乡村。以民俗、农耕文化为基础，通过推进产业融合，建设以农耕体验为主题的现代休闲园。发展高端民俗旅游，坚持在挖掘中保护，在利用中传承，在传承中创新的原则，充分利用农耕文化资源，助力文化自信建设，增加乡村振兴新动能。

北京市通州区仇庄村

【基本情况】

仇庄村隶属通州区于家务回族乡，是通州区的南大门，距通州城区31.5千米，村域面积3 500亩，全村户数282户，人口987人。1998年之前的仇庄村是个有名的“乱村”，村里打架斗殴、上访闹事的，比比皆是，整个村子贫穷落后、乱象丛生。为改变村庄面貌，仇庄村以弘扬孝德文化、礼树村风为切入点，以“法”树标尺，用“德”聚人心，以“孝”敦民风，全面提升了村庄治理水平，村庄面貌发生了翻天覆地的变化，村风民风更加文明和谐。该村先后荣获了全国文明村、全国民主法治示范村、全国美丽乡村等12项国家级荣誉，并入选了全国村级“乡风文明建设”优秀典型案例。

【主要做法及成效】

（一）依托传统节日，发扬孝道文化

仇庄村将孝道文化作为促进家庭幸福、村庄和谐，涵养社会主义核心价值观的重要途径，以春节、重阳节等节日契机，打造“腊月二十老人节”“美德传家，共度重阳”等特色节日文化活动。自1999年起，创立腊月二十老人节，村“两委”干部到全村所有60岁以上的老人家中走访慰问，并送慰问金、慰问品，给老人拜早年，了解老人的身心状况和需求，带头践行孝道，带动村民关心家里的老人与长辈，有效将“孝德”文化与“尊老、敬老、孝老、爱老”传统美德相结合，使“孝德”文化深入人心、扎根仇庄。借助“孝德”文化这把钥匙，仇庄村打开了村民的家庭和谐幸福之门，村内风气得到根本好转。

（二）开展道德讲堂，树立良好家风

为继续深化孝德文化体系，使村民都能享受到孝道家风带来的幸福改变。2014年，仇庄村创造性地将社会主义核心价值观与孝德文化相融合，使其仇庄化、家庭化，率先启动“追寻家训家规，呼唤良好家风”主题教育活动，聘请传统文化有关人士组建专家组，开创了道德“大讲堂＋小课堂”的模式，组织开展村民集中学习。其中，“大讲堂”主要聘请专家教授做中华优秀传统文化、家风文化、孝亲敬老、邻里守望等方面的讲座；“小课堂”则针对每个家庭的特点，开展一对一的指导。同时，成立以“村贤”为主要力量的村民宣讲团，让身边人讲身边事，学习身边的模范，不断升华道德境界，通过“我听、我看、我讲、我议、我行”的宣讲模式，进一步丰富宣讲内容，有效弘扬了爱国敬业、孝亲敬老、邻里互助等传统家风文化。

在村“两委”的全力推动下，现在全村193户家庭都有了自己的家风、家训、家规，村“两委”研究独创的《家道三字经》，让村民找到了立家之本、齐家之道。2017年，仇庄村组织专人编写了《仇庄家风故事》书籍，进一步深化孝德家风的影响力，全村呈现出“大树底下谈家道，农家院里话家风”的良好局面。

（三）弘扬先进典型，促进村民广泛认同

仇庄村注重发挥身边好人、道德模范的影响、感染和教育作用，每年组织开展“优秀党员”“好媳妇”“好婆婆”“孝老爱亲之星”和文明家庭等评选表彰活动，用榜样的力量带动全村村民践行孝德家风文化。全村先后评出了高启财、张振来等一批先进人物，又接连挖掘了杨瑞云、王金颖等家庭转变的典型人物，提炼了“三七墙”等正能量故事，以模范引领、典型推动的方式，实现了后进变先进、先进更先进的良好局面，进一步激发了村民的道德情感，使孝德文化成为村民的广泛认同和自觉行动。

（四）借助网络媒体，拓宽学习渠道

仇庄村非常注重村民的学习教育培训，先后建成法德文化街、党建教育馆、孝道馆等场馆，2017年，成立了仇庄书院，开办了村民夜校，为村民学习搭建平台，系统打造孝德文化和精神文明教育基地；为适应村民喜欢新媒体的趋势，村“两委”建成了“美丽人生”妇女群、“仇庄书院”读书群、党员学习群等微信群，运营了“孝心仇庄”公众号，每日由专人推送党史知识、传统文化等文章，定期开展线上活动交流。通过文化随时讲、村民随时学，实现了村民学习教育的经常化，将优秀传统文化和孝德家风潜移默化融入村民日常生活，使村民学习氛围日渐浓厚，村风民风更加和谐向上。

【经验启示】

仇庄村已走出一条以党建为引领，以孝德文化为核心的美丽乡村治理的新路子，形成了以“德、法、礼、孝、情”为核心的治村理念，现在的仇庄村，以美丽乡村建设和人居环境整治为契机，依托村庄孝德文化特色，不断提升产业发展思路，全力打造集文化展示、体验、教育于一体的传统文化教育基地和乡风文明的道德学习胜地。该村先后成为中组部、民政部、全国妇联的教育基地，并成为部分中小学、高等院校的学习实践基地和企事业单位党员培训实训基地。近几年，中央和国家机关十几个部、委、团体及全国20多个省市、10余万人次的各界人士，相继前来仇庄参观学习和相互交流。如今的仇庄村，各项工作井然有序，整个村庄生态美、人心齐、精神足，百姓安居乐业，呈现出欣欣向荣、蓬勃发展的喜人景象。

天津市蓟州区西井峪村

【基本情况】

西井峪村位于天津市蓟州城区以北，府君山半山腰处，紧邻中上元古界国家自然保护区，与京平、京秦、津蓟、塘承、首都环线五条高速公路相通，距北京、天津和唐山核心城区分别为80千米、110千米和120千米。西井峪村明末建村，有核心村、下庄、后寺和山前4个居住点，共280户，778人。西井峪村由石头垒砌，村内是石头院、石头胡同、石头广场、石头戏台、石桌石墩儿石板路、石磨石碾石头房、石栏石槽石头墙，故称石头村。村内旅游资源丰富，包括东井峪古村落遗址、鹰嘴崖、飞来峰、万卷石书、西崖晚眺等景点；皮影坊、缝绣坊、石磨坊、草编坊、漏粉坊、剪纸坊、泥人坊等独具特色的民俗文化；小米、柿子、核桃、板栗等优质农产品。

近年来，西井峪村以抢抓京津冀协同发展重大机遇、创建全域旅游示范区为契机，牢固树立"两山"理念，坚持生态环境、建筑风貌、村庄肌理、民俗文化、风土人情保护与利用相统筹的五大保护利用理念，有序推进乡村振兴，实现华丽转身，由此获得了一系列殊荣。2005年，该村成为京津第一个民俗摄影村；2010年，被国家住建部、文物局命名为"中国历史文化名村"；2012年，被国家住建部、文化和旅游部、文物局、财政部列入首批中国传统村落；2017年，被评为最美丽休闲乡村；2019年，被文化和旅游部评为"全国乡村重点旅游村"，是天津市唯一获此殊荣的村。

【主要做法】

（一）坚持生态优先，让绿色成为高质量发展的底色

强化生态保护，擦亮绿色底色。为保护好生态环境，该村关停了村内的矿山开采企业，实施了矿山创面综合治理，对废弃矿坑进行治理，恢复山上原有植被，对原有山林进行保护，加强对林区安全管理，防止破坏森林资源。

加大环境整治，提升村容村貌。以现代科技生产为基础，以市场为向导，运用现代科技化种植、生态学、生态经济学原理和系统工程方法，以科学技术作支撑，结合本村实际情况，将保护水资源、村庄绿化融为一体，辅以独特生态的设计，保持与周围自然景观和人文景观的高度协调；利用园林化手法，进行林木种植、草地绿化，提高草地绿地率及林木覆盖率。同时，加大污水处理和回用力度，实现污水资源化，使生产生活废水、污水得到最大化利用。

（二）坚持保护优先，让绿色村庄成为经济发展活力点

保持村庄肌理，打造精品民宿。西井峪村自2007年开始，对村内部分院落进行改造，发展乡村旅游。为解决传统村落保护与旅游发展之间的矛盾，渔阳镇政府于2007年开始，以政府采购第三方服务的方式，正式启动"蓟州西井峪村传统村落保护与乡村旅游产业复兴全程委托运营计划"，开始了乡村旅游转型发展的实践探索。专业团队从优化产品结构着手，构建精品民宿、优选农舍、标准农家院三个层次的居住产品，形成产品结构化、梯度化。

保护历史建筑，延续村庄风貌。为了保

护村庄原有风貌，村里制定了《西井峪村庄建筑导则》，引导村民在建筑风格、经营思路上保护村庄人文环境，对保存完好的历史建筑进行保护及修缮，在传统院落的基础上进行提升改造，对与村庄历史风貌不协调的建筑进行拆除或改造，调整村庄风貌整体性，打造具有自身产品优势的特色民宿，在保护石头村原貌的基础上推动旅游发展。

传承乡土人情，共庆丰收喜悦。2019年，西井峪村以农民丰收节为契机，举办中国·天津西井峪第四届“庆丰宴”，借助主流媒体向全国直播庆丰宴，该期节目成为全国70个最具特色和代表性的乡村庆丰收活动现场之一，使得国庆期间全村的旅游收入同比增长40%。

保护民俗文化，留住村庄“根魂”。西井峪村坚持发展与保护并重的原则，积极整合村内自然、人文、历史等资源，深度挖掘村内皮影坊、缝绣坊、石磨坊、草编坊等独具特色的民俗文化，对村庄民俗文化进行保护性开发，讲好西井峪绿色故事，不断完善村内业态，保护传统民俗文化，留住乡村的根与魂，让游客感受到西井峪人从独特的石头中继承的雄厚、淳朴、与世无争、乐观积极的乡土人情。

实行联农带农，探索利益联结机制。西井峪现行的村企联合、产业连片、责任连体的模式将村集体、企业、农民连成一个共同体，成为带动农民脱贫致富的示范样板。与此同时，该村也带动了周边地区的旅游、餐饮服务、种植等相关产业的迅速发展，对推动蓟州区经济发展和周边新农村建设起到示范带动作用，具有十分良好的社会效益。

（三）坚持创新发展，谱写西井峪村发展新篇章

加强组织领导，推动高质量发展。近年来，镇村两级多措并举，加强组织领导，推动西井峪高质量发展。2018年，西井峪村成立天津君山井峪农家院旅游专业合作社，负责旅游服务、服务培训、委托经营、统一推广等。合作社为入社成员提供标准化服务，对民宿实行酒店化管理服务，解决西井峪村民的宿运营问题。2019年，该村成立了天津西井峪旅游发展有限公司，负责项目招商、融资、推进、策划包装等。通过完善村庄基础设施，引进资本对村庄进行改造，实现村庄的提档升级。2020年，成立天津蓟州井峪物业管理有限公司，负责对公共区域进行统一管理，为游客提供优质的旅游环境。

强化宣传引导，达成价值共识。对于乡村的保护，不仅是村庄物质环境的保存、修复，更重要的是唤起村民对于传统建造、乡土景观的一种价值认同，并且与高质量发展、高品质的生活并不矛盾。更要让村民认识到绿色发展的特点，是村庄持续发展的重要保障。多年来，把西井峪建的更像西井峪已成为西井峪村设计和发展的共识。

【主要成效】

西井峪村由于宣传推广得力，精品民宿由原来的8家增至26家。2019年西井峪村民宿收入约为700万元，2020年预计将达到1 500万元以上。截至2019年，西井峪村已改造提升26家精品民宿、5家农舍、12家农家院，民宿入住率达80%。2020年游客人数有望突破20万人次，旅游收入较2019年翻了一番，预计人均年收入可增至30万～50万元，部分村民年收入将突破百万元。

西井峪村发展以旅游产业为基础，配套观光休闲农业的开发，从根本上改变了传统的农业生态结构，极大地拓展和提升了土地利用综合效益，更好地保证农民收入持续稳定增长，达到生态、经济和社会三大效益的有机统一。尤其是自党的十九大以来，西井峪村积极落实乡村振兴的重大战略部署，牢固树立“两山”理念，坚持开发和保护并重的原则，合理布局产业结构，推动绿色发展、高质量发展，创新经营模式，对农家院进行

提档升级，建设以休闲度假、观光旅游为主体，与周边农产品的种植、深加工、销售产业相融合的发展模式，成为集观光旅游、养殖、育苗基地和智能化农业等功能于一体的高标准旅游示范区域，发挥引领全区乡村旅游转型升级的示范带动作用。

【经验启示】

（一）坚持保护优先，提升生态效益

多年来，西井峪村以建设特色鲜明、宜居宜业、惠及各方的特色地质小镇为目标，在保护、开发、培育资源与环境的过程中，遵循自然生态规律，实现旅游资源的开发和利用，确保村内景观的完整性、原始性和生态性。

（二）促进产业融合，形成产业链条

西井峪村的发展经历了从低质低档的同质化时期到村民改变自身院落原有的建筑风格来吸引游客的转变，村里通过多种途径构建核心吸引物体系，强化西井峪村历史人文景观和自然景观的核心吸引物地位；全产业要素融合延展，上下游产业带动，全方位带动产业，形成相关产业链和产业集群。

（三）完善业态布局，助力经济发展

西井峪村前期进行顶层设计，根据村内经济发展情况，对村庄进行改造提升，进行多业态布局，在民宿业态的基础上，形成文化类（化石王国、村史馆等）、休闲类（茶馆、咖啡馆、KTV 等）、商业类（小超市、水吧、文创产品售卖等）、民俗类（皮影坊、缝绣坊、石磨坊等）、特色餐饮类（大食堂、小鱼馆、八大碗等）等多业态，不断满足游客和村民的悠闲娱乐生活。

河北省石家庄市正定县新安镇吴兴村

【基本情况】

（一）历史悠久

吴兴村位于正定县城正北，东经114°34′25″，北纬38°12′53″。吴兴村是历史名村，是正定县三大村庄之一。据考证，春秋时代，已有先民在此居住；战国至先秦时期，已初具村落规模。唐朝谓恒府寿阳原，明朝初年始称吴兴屯，至民国时期改名吴兴村。吴兴村历史悠久，村风淳朴，村中有三大节日，传统三月三庙会、正月十一民间文化艺术节、九月十五洗脚节。从行政变革看，1953 年置吴兴乡，1959 年改管理区，1961 年改公社，1984 年改吴兴乡，1989 年更名新安镇。吴兴村已被列入河北省农村综合改革示范村建设。

（二）林地资源多

吴兴村总面积 7 800 亩，其中农田 5 600亩（2019 年数据），村庄占地 2 200 亩。农田全部为林地，现正在申报河北省森林乡村。

（三）华北平原区典型示范村

吴兴村是习近平总书记在正定县工作时，亲自抓的“连茅圈”改造工作试点村。1982 年 10 月 20 日，习近平同志在吴兴村主持召开了文明村试点工作座谈会，提出了文明村建设意见。自此，正定县精神文明建设由点到面在全县铺开，掀起了创建文明村和文明单位活动热潮，开创了“两个文明”并蒂花开的新局面。1978 年，加拿大电影摄影组在吴兴村开始拍摄纪录影片《华北平原一个公社》，是让中国农村基层体制组织传播给西方国家的最早最直接的记录影像。

（四）基础硬件设施较好

吴兴村路、水、电等基础硬件较好，能支撑综合改革示范村建设。

在道路建设方面，吴兴村形成了一环三路五街的交通网络，一环是村外环，三路是东西向的三条主路，五街是南北向五条大街，且所有主要道路全部实现了硬化。

在饮用水供给方面，安装了 9.2 千瓦潜水泵和无塔供水装置，可满足居民用水需求。在农田水利方面，有机井 156 眼，村东、村南排水沟 2 条，集雨坑 1 个，基本能满足农业生产用水需要。

在电力设施方面，村中有变压器 45 台，可满足村民的生产、生活用电需求。开展了“厕所革命”整村推进工作，全部改建成了三格化粪池式的卫生厕所。

【主要做法】

（一）完成了农村产权股份制改革

农村产权制度改革是中央部署的一项重大改革工作，对于农村发展、农民增收、农村稳定，实现乡村振兴具有重大而深远的意义。吴兴村成立了农村集体产权制度改革领导小组，设立了政策宣传组、清产核资组、资产股份量化组，成立了股份制村集体经济合作社，以增强集体经济发展活力、增加集体及农民的收入为目标，通过前期准备、实际操作、成立组织、总结完善 4 个阶段，完成了农村产权股份制改革。截至 2019 年，已全部完成清产核资、人口界定、股权分配、成立村集体经济合作社及经验总结工作。

（二）科学编制村级产业规划

按照“产业兴旺、生态宜居、乡风文明、治理有效、生活富裕”的总要求，立足村农业资源现状、城郊区位优势、特色产业基础、民俗文化等资源禀赋，以生态经济、乡村旅游为乡村发展功能定位，结合农村自身优势，聘请河北省农科院专门编制了村级产业发展规划，为实现“生态美、产业富、农村强”的农村建设目标提供了发展依据。

（三）调整结构，绿色发展

以吴兴村生态环境承载力为基准，充分利用生态林等农业产业基础，针对吴兴村耕地相对集中、位于省会周边等资源特征，结合乡村旅游需求，打造“樱花＋农田”的“林下生态经济”，提高土地产值，实现农业经济的生态建设。

（四）紧跟时代，协调发展

以吴兴村环线观光铁路沿线为依托，以促进农业产业发展、三产高效融合为目标，以实现乡村“建设美、经营美、传承美”为目标，结合樱花林、农业景观等旅游资源，融合“一带一路”“社会主义核心价值观”“习语近人”等文化形式，吴兴村构建以环线游览铁路为串联，集农业景观、农事体验、农林生态科普为一体的乡村特色休闲旅游产业区。

（五）乡村文明，可持续发展

以吴兴村社会、经济、文化、资源、环境、生活等资源禀赋为基础，按照“生产发展、生活宽裕、乡风文明、村容整洁、管理民主”的建设要求，以农村环境整治、村容村貌提升为主线，以村内街道硬化、公共绿化等建设为主要内容，提升村庄环境，打造孝善文化林等公共设施，实现宜居宜业的美丽乡村建设。

【主要成效】

吴兴村以种植的 5 600 亩樱花为基础，通过与各规划、建设、管理方合作，建成了“古城樱花小镇”农业休闲旅游项目，招商引资专业文化旅游团队规划运营旅游项目，以“三股份”经营模式操作发展该项目，农民以土地和人口入股，按每亩地一个股份，由村集体合作社入股和旅游公司并行入股合作运营，村集体合作社负责基础建设类投入管理，旅游公司负责策划运营推广工作。项目按照发展“半城郊经济”总体思路和“全域游”发展策略，定位为服务都市人群的美丽田园和休闲旅游目的地。该项目以樱花浪漫文化和人民公社怀文化两条文化线做灵魂，串联农村物质、生态和乡村民俗文化多元资源，紧密围绕樱花树特色种植和乡土风格建设现代农业休闲园区。园区主要建设有樱花观光林、无动力田野亲子乐园、乡村动物园、耕读文化体验园、孝善文化园、红色文化餐饮街、学习典故园、轨道火车沿途农场驿站、乡村文化集装箱集市街区、樱花衍生品文化产业等，园区建成后，年收益约 3 亿元，年纳税 0.5 亿元，建成后可安置 5 000 人剩余劳动力就业。

【主要内容及特色】

以樱花小镇为载体的乡村旅游业已经成为吴兴村新型产业和最具发展潜力的产业。培育壮大吴兴村乡村旅游业，以“一带一路”国家战略为宣传基调，实施五大工程，重点沿观光火车道打造“一带一路”驿站农场和“学习典故园”，大力培育餐饮和特色商贸等服务业，创新土地流转经营模式，完善村集体股份合作制，打造集研学体验、休闲采摘、亲子康养、购物为一体，一二三产业融合的吴兴樱花小镇，逐步提高村民收入和村集体经济可持续发展能力。

（一）“一带一路”驿站农场

挖掘“一带一路”沿线主要国家风土人情，充分利用观光火车轨道沿线林下空间，建设蒙古孔雀农场、俄罗斯方块迷宫农场、白俄罗斯军事拓展、荷兰种植农场、波兰星空帐篷农场等 6 个驿站农场，展示“一带一路”沿线国家风土人情，发展林下中药材、林下食用菌、林下花卉、林下特色农产品等经济，发展林下特色采摘和体验，形成沿途看田园风景、下车游玩体验的别具特色的乡村休闲业。

（二）“林下学习典故长廊”

以习近平总书记引用的典故为宣传主体，在樱花诗林基础上，采用石刻、木刻、画展等方式进行集中体现，打造新时代以文化自信为主题的青少年研学功能区。

中心草坪、将军院、活字印刷体验、司南、日晷等多处体验项目，为青少年开拓视野、增强文化自信提供了不可多得的场地。

（三）“林下亲子养殖农场”

充分利用生态林的林下空间，引进彩兔、羊驼、波尔山羊、大耳兔、熊猫兔、魔王松鼠、四角山羊、花纹松鼠、小矮马、香猪、尼古拉火鸡、元宝鸡、珍珠鸡等呆萌可爱的小动物，打造特色亲子动物园，让小朋友们可以亲眼看、亲手摸，近距离接触、喂养萌宠，在互动体验中增长知识，培养儿童的爱心和责任心，可亲子共同参与，提高家庭幸福感。

（四）“村史走廊”和“农耕文化体验林”

利用林下空间，挖掘吴兴村文化历史资源，展示吴兴村发展历史，展示华北平原优秀农耕文化，特别展示习近平总书记 20 世纪 80 年代在吴兴驻村蹲点的系列农村改革，让村民和游客重温优秀农耕文化，增强爱农爱国热情。

（五）“孝善文化园”

为了传承传统文化，加快乡风文明建设，以孝善文化为主题，建设林间孝善文化展示与体验的特色走廊。修整路面等基础设施，打造以“吴兴村洗脚节”为主题的洗脚场景、洗脚盆等雕塑群，弘扬优秀文化，引导孝善文化的良好传承。

【经验启示】

吴兴村通过综合改革，构建乡村旅游休闲农业、生态林下经济产业体系，调整产业结构，转变产业发展方式，有效打破了城乡二元经济，推动了一二三产业融合，显著提升了产业附加值，实现了村民增收、生活共同富裕的效果。在全部规划项目完成后，可有效地改善人居环境，改良田园生态，改造水源质量，同时，进一步提升村庄规划建设水平、生态建设水平、乡风文明建设水平，加快建设资源节约型、环境友好型村庄，为农村居民实现小康水平创造良好环境，有效实现乡村振兴战略。

山西省忻州市岢岚县宋家沟村

【基本情况】

宋家沟村是岢岚县宋家沟乡政府所在地，

也是岢岚县实施易地移民扶贫搬迁重点建设的8个中心集镇之一，距县城13千米，紧邻国道209线，距忻保高速岢岚入口2.5千米，是国家3A级乡村旅游景区、全国乡村旅游重点村、山西省3A级乡村旅游示范村。全村现有户籍人口626户、1 395人，其中建档立卡贫困户248户、563人。全村总土地面积9 738.3亩，其中耕地面积2 251.89亩，林地面积6 865.5亩。全村平均海拔1 618米，无霜期105天，年平均气温6.2℃。全村不仅交通便利、四季分明、气候凉爽宜人、绿地率超过35%，而且水资源丰富，属于黄河一级支流的岚漪河就发源于本乡并环流全村。全村传统产业是农牧业，新兴产业是以大棚蔬菜、水果采摘园区为主的设施农业和休闲旅游业。到2019年年底，全村农民人均纯收入8 816元，其中人均旅游业收入占到近20%。

【主要做法及成效】

（一）立足资源，构建休闲旅游特色风貌新集镇

岢岚县宋家沟乡宋家沟村依山傍水，有丰富的原生态自然资源历史资源和民俗资源，非常适合旅游产业的开发。一是自然生态资源丰富。全村群山环绕，空气清新，气候凉爽宜人，是避暑休闲的理想场所。加之，岢岚的母亲河岚漪河又环村而过，该村是一个地地道道的“望得见山、看得见水、记得住乡愁”的好地方。二是历史文化底蕴深厚。距村5千米，处有保存较为完好的、全国仅有的，在我国长城史、军事史上都占有十分重要地位的宋代长城遗址，村庄附近还有1 500年的北齐军事遗址苏孤戍、古堡等待开发的旅游资源，临近的铺上村在革命年代曾是山西临时省委所在地。因此，2017年年初，宋家沟村结合易地扶贫搬迁中心集镇建设，聘请中国乡建院，立足乡村休闲旅游特色生态风貌进行了科学规划和设计，并按照规划设计打造实施了20多个项目，共计整合投入各类资金6 671万元，承接安置周边易地扶贫搬迁村群众14村、145户、265人，完成了集易地扶贫搬迁、特色风貌整治、基础设施提升、公共服务完善为一体的美丽乡村建设，建成了极富晋北民居独特风貌、水流穿村人家、街道整洁干净、房舍古色古香、旅游服务功能齐全的新集镇。

（二）挖掘资源，构建休闲旅游特色新名片

2017年6月21日，习近平总书记视察山西，亲临岢岚县宋家沟村走访看望群众，在发表重要讲话之后，宋家沟村成了全国闻名的新亮点。在岢岚县委政府全力打造岢岚全域旅游格局的战略部署下，和宋家沟乡党委政府的大力支持下，宋家沟村在充分调研的基础上，深入挖掘各类旅游资源，进一步形成了不同主题和特色的景点，有以体验消夏休闲度假线路；以宋代长城为核心，集历史文化遗址和革命遗址要素的红色传统线路；以领略田园风光、北方民居、民俗风情、大棚采摘园区为主线的风情体验线路。2018年6月15日，宋家沟村成功入选国家3A级旅游景区和山西省100个旅游示范村之一，真正打造形成了“乡村更像乡村”的特色，加之浓厚淳朴的民风，山环水绕的独特风景，引来观光游客不断。

（三）提档升级，构建休闲旅游度假新模式

为使宋家沟景区尽快形成特色鲜明、功能完善、服务一流、保障得力的乡村旅游好去处，宋家沟村充分运用市场机制，引入市场主体，委托天成旅游文化有限公司精心编制了乡村旅游专项规划、景区发展总体规划。进一步加强了乡村旅游策划包装开发，强化健全了旅游管理、服务、宣传相关制度，打造完善了乡村旅游公共服务体系。另外，景区又配套建设了停车场、游客接待中心、标识标牌系统，建起了兰花花客栈、集体食堂、

澡堂、演出舞台等设施，引导发展“农家乐”客栈，开发苏菇戍步道，并以宋家沟 3A 级景区为核心进行布局，以乡村美食季为引爆点，突出休闲度假的节奏和特点，培育旅游市场，厚植景区业态，资源辐射周边。以“6・21”活动推动宋家沟村 3A 级景区常态化运营，全面打造乡村休闲旅游度假新模式。

（四）利益联结，构建联农带民产业新机制

为了使休闲旅游形成规模，产业化发展，自 2018 年以来，宋家沟村正确处理产业发展与农民受益的关系。一方面，由村委牵头，先后组织 2 批次，30 多名村民到外地考察学习，帮助村民掌握开办农产品加工作坊，开发本地特色旅游商品、特色小吃、传统技艺手工艺品非遗展演等。另一方面，成立乡村旅游合作社，探索完善多元利益联结机制，让农民分享乡村旅游发展红利。围绕旅游经济，全村开办了农产品加工作坊，开发了本地特色的旅游商品、特色小吃、农家乐民居、传统技艺手工艺品非遗展演，初步形成了酒吧、茶吧等乡村休闲旅游业态，基本形成了一条龙旅游服务产业链。在此基础上，又辐射延伸链接周边旅游资源，进一步开发打造了本乡燕家村的燕山寺佛教文化游、燕家村的农家生活体验游，并利用燕家村原有的民居，将其重新打造成民居自主式旅店，既满足了游客的体验感，也成了宋家沟景区的后勤保障基地，带动了燕家村群众的旅游增收，并逐渐形成了点点相连、线线互通、面面红火的旅游网络。

（五）平台推动，构建乡村休闲旅游季新品牌

岢岚人以习近平总书记视察岢岚为豪，宋家沟村更是把习近平总书记视察宋家沟的 2017 年 6 月 21 日当作大喜的日子，所以宋家沟村为了隆重纪念这个“特殊节日”，也为了带动旅游业的发展，就以每年“6・21”作为乡村旅游季活动重要平台，隆重持续举办啤酒节、美食节、演艺季等系列乡村休闲旅游季活动，每年仅这个旅游季活动，就吸引游客 20 万人次以上。2019 年的“6・21”宋家沟乡村旅游季举办了啤酒节、美食节、演艺季等乡村旅游季活动，持续到国庆期间，吸引游客 48 万人次以上。在 2020 年的端午节期间，宋家沟共接待游客 10 万人次。乡村旅游知名度进一步提高，使宋家沟村成功创建为山西省旅游扶贫示范村。宋家沟村自从引进岢岚天成旅游文化公司指导乡村旅游运营，两年创收已达 260 万元以上，带动从事旅游服务业村民 41 户，从业人员达到 78 人，户均年增收 4 000 元。随着景区产业结构的变化，景区群众收入大幅提升，宋家沟村将以更高的激情推动旅游业的持续发展。宋家沟村的旅游业必将呈现一个淡季不淡，旺季更旺的火红局面，事实上，宋家沟已经步入了属于她的新时代。

内蒙古自治区锡林郭勒盟
太仆寺旗宝昌镇边墙村

【基本情况】

锡林郭勒盟太仆寺旗宝昌镇边墙村位于宝昌镇东南 7 千米处，下辖 3 个自然村，户籍人口 508 户、1 193 人，常住人口 465 户、980 人，辖区面积 17 807 亩，其中耕地7 700 亩、草场 6 200 亩、林地 3 000 亩。

2016 年，边墙村开始规划发展乡村旅游，依托边墙村优良的自然环境、人文历史及浓郁的农俗文化资源，较为完善的基础及公共服务设施条件和完善的光伏农业、育苗种植、中草药种植、牛羊肉制品等产业链条发展优势及国家有利政策机遇，大力建设集湿地观光、田园观光、休闲度假、果蔬采摘、民宿住宿、药材种植、民俗体验、特色餐饮和牛羊肉制品生产、加工、销售为一体的乡村振兴整村推进乡村旅游示范村和田园综合体。以旅游观光为主导产业类型，占整体产

业的 50%，整体产业营收占整体收入的 72%。同时，发展相关联动性产业特色农业种植，果蔬种植以及科技观光农业，畜牧业养殖与生产基地建设。

截至 2019 年，累计完成投资近 3 000 万元，建成了 400 亩湿地公园、特色民宿 46 户、四季温室采摘大棚 4 座、民俗博物馆 1 处、特色农家餐厅 1 处、住宿蒙古包 16 座、游客服务中心 1 处、旅游公共厕所 2 座及河槽改造、停车场等设施。完成了乡村旅游发展整体规划，旅游带动效益逐渐凸显，村民的幸福感、获得感进一步增强，成为远近闻名的整村推进乡村旅游示范村。

【主要做法】

通过乡村振兴，全面推进边墙村产业振兴、人才振兴、文化振兴、生态振兴、组织振兴。

（一）产业兴旺

做强一产、做优二产、做活三产，紧扣“农民增收、农业增效”主题，重点发展安全、优质、高效、绿色的现代化农牧业，推动一二三产业融合发展，打造边墙村绿色有机农产品生产加工基地。

构建产业体系。

第一产业——休闲农牧业：节水农业、日光温室、光伏农业、庭院经济、园林苗圃葵花、胡麻、马铃薯、小麦、燕麦、蔬菜、杂粮杂豆等现代农业；梨树、杏树、李子、123 林果及白杨树、松树、榆树等经济林种植；奶牛、肉牛、肉羊、肉驴、肉猪、肉鸡等规模化养殖三品一标绿色有机农畜产品，特色化、品牌化创建，“互联网+经验”模式。

第二产业——产品加工业：农畜产品、油料、米面、林果、肉类、羊绒、蔬菜、马铃薯等，以及铸造业加工、饲料加工、有机肥加工、农业废弃物资源化循环利用等。

第三产业——乡村旅游：发展乡村特色文化旅游、红色旅游产业，推动文化、旅游与其他产业深度融合、创新发展。

产业运营模式：乡村振兴土地盘活模式。

土地流转模式：土地互换；土地出租；土地入股；宅基地换住房，承包地换社保；“股份+合作”模式。

土地托管模式：全程托管，托管方收取一定托管费用后，为农户提供耕、种、收、管、售等系列服务；劳务托管，农户将农业生产过程中的全部劳务项目委托给托管方承担，农户负责种子、化肥、农药、水电等全部农资投入；订单托管，农户将农业生产过程中某个时段的劳务项目委托给托管方，托管方按劳务项目获得报酬。

土地入股模式主要采用以下几种模式：“农民+土地股份合作社”直营模式；“土地股份合作社+企业”社企合作模式；“农户+农业企业”土地股份公司模式；“农民+合作社+公司”，建立新公司；“农民+公司”，建立新合作社；入股农户直接成立合作社。

（二）生态宜居

垃圾处理：采取“户集、村收、乡镇（区域）处理”的集中治理模式。污水排放：建立雨污分流系统，雨水通过雨水管网或明沟，排至附近河沟或农用；生活污水（厨房、洗浴等）通过下水管道，流入污水管网。厕所改造：厕所改造水冲式，按照各村情况对现有公厕进行卫生改造，开展农牧区改厕试点工程，大力推广户用无害化卫生厕所。农牧业综合利用：利用“资源—高利用—再生资源”的反馈式流程，所有的物质和能源要在这个不断进行的经济循环中得到合理和持久的利用。村容村貌提升：对加快推进边墙村组道路、村内道路硬化，改善村庄公共环境。

（三）乡风文明

推进乡村文化发展。完善公共文化设施，配齐配全文化室、草原书屋设施设备；丰富文化活动内容，加强对边墙村自办文化项目的扶持力度和文艺精品创作、丰富群众文化生活；加强文化队伍建设，积极申请政策、资金、人才支持、扶持三区人才，提升文化队伍服务水平；挖掘优秀传统文化，加快边墙村优秀传统文化的传承发展。

建设新时代文明实践站。利用现有闲置场所改造建设新时代文明实践多功能活动室、广场、志愿服务站点，开展形式多样的群众性文化活动及志愿服务，用好腾讯“为村”移动互联网平台，提升便民服务能力，让群众得到实惠与便利。加强文明村镇创建及网格化管理落实意识形态工作。

（四）治理有效

党建工程。建设好智慧党建系统，并培养高素质人才，引领提质党建提速工程，“又实又好”建设目标。

村民自治。村委会健全各项规章制度，推进行政村法治建设，维护社会稳定，树立良好的民风、村风，创造安居乐业的社会环境。

（五）生活富裕

提升农村劳动力就业质量。拓宽转移就业渠道，大力发展乡村特色产业，推进乡村经济多元化，提供更多就业岗位。强化乡村就业服务，提供全方位就业服务。完善制度保障体系，落实就业服务、人才激励、教育培训、金融支持等就业扶持相关政策。加强就业援助，对就业困难农民实行分类帮扶。

增加农村公共服务设施供给。通过乡村振兴，促进边墙村公共教育、医疗卫生、社会保障等资源建立，继续实施危房改造和脱贫攻坚工程，逐步建立健全全民覆盖、普惠共享、城乡一体的基本公共服务体系。

【主要成效】

边墙村地势开阔，资源丰富，且紧邻宝沽公路，交通十分便利。村“两委”因地制宜，积极争取项目、引进资金，盘活土地资源，大力发展优势特色产业，将边墙村乡村振兴落实在三产融合、宜居建设、民主科学管理等发展路径上，重点发展以绿色有机农产品生产加工为主导的种养加销一体化的休闲农业产业体系及特色乡村旅游，形成一二三产业联动，特色化经营的产业融合发展格局，依托产业项目支撑、合作社带动，不断调整种养结构，大力发展林苗、马铃薯、蔬菜、中草药种植和肉牛养殖以及农业旅游产业，构建“旅游＋产业＋文化＋生活”四位一体的山水慢城休闲旅游小镇产业体系，走出了一条独具特色、集聚发展的新路子，推动了乡村振兴战略的有序实施。

【经验启示】

（一）培育村庄特色产业

根据村庄产业发展基础，培育村庄休闲农业、特色乡村旅游产业，构建产业体系。锁定核心特色产业，做特、做精、做强；挖掘市场潜力，提高要素集聚度，延伸产业链，加快产业转型发展，吸纳就业能力，有效开发、合理规划乡村旅游。

（二）构建宜居环境

整治村庄环境，增加村庄特色，加强吸引力，打造美丽乡村。空间布局与周边自然环境相协调，打造地区特色的整体格局和风貌特征，彰显传统文化和地域特色，镇区环境优美整洁，土地利用集约节约，生活工作贴近自然，美丽乡村建设突出。

（三）发展传统文化

传统文化充分挖掘、整理、记录，历史文化遗存得到良好保护和利用，非物质文化遗产活态传承，形成独特文化标识，弘扬优秀传统文化，提高居民思想道德和文化素质，发展文化旅游。

（四）完善公共基础设施

完善村庄内的公共服务设施与基础设施，满足日常生活需求。完善公共服务设施、提高服务质量，教育、医疗、文化、商业等覆盖农村，完善旅游区基础设施配套建设，垃圾无害化处理，道路交通便捷，防洪、排涝、消防等各类防灾设施符合标准。

辽宁省辽阳市弓长岭区汤河镇柳河汤村

【基本情况】

柳河汤村，位于千年古城辽阳市的西南部，伫立在弓长岭区汤河镇核心区域，将汤河国家特色小镇拥揽于怀，是汤河镇政府所在地，也是弓长岭区规划的汤泉谷康健园区。柳河汤村毗邻汤河水库风景区和大汤河滨水风光带，村域面积10.8平方千米（29 800亩），其中耕地面积2 485亩，山林面积23 240亩，主要河流有大汤河、小汤河。村民居住面积20万平方米，全村人口3 057人。自然文化资源丰富，生态环境秀美宜居，境内有全省未受污染的水库汤河水库，因有冷、热双泉而被评为全国矿泉水之乡，素有“岭岭藏宝、水水含金”的美誉。作为弓长岭区发展温泉旅游的重要承载地，柳河汤村抓住崭新的发展机遇，夯实产业发展基础，打造幸福宜居的生活环境，现已发展成为辽阳市乃至辽宁省温泉旅游的一面旗帜。2020年7月，柳河汤村喜获第二批全国乡村旅游重点村。

【主要做法】

（一）以龙头产品为核心打造全域旅游供给体系的“柳河模式”

柳河汤村利用温泉经济对乡村旅游辐射牵动，在温泉产业快速发展的带动下，初步形成了“温泉＋度假”“温泉＋康疗”“温泉＋会展”“温泉＋休闲农业”“温泉＋矿泉”“温泉＋奇石”“温泉＋餐饮”的发展模式，旅游产品类型丰富。

（二）以绿色发展为理念坚定可持续发展的“柳河道路”

围绕独立工矿区改造搬迁、国家特色小镇、国家全域旅游示范区建设等国家政策支持方向，坚持“政策项目化、项目政策化”的原则，引领旅游产业高质量发展。

（三）以筑巢引凤为手段吸引整合多种类型投资的“柳河样板”

遵循市场机制的原则，确立政府主导自主经营的模式，坚持新发展理念，创新招商引资方式方法，围绕“强龙头、补链条、聚集群”，进一步加大招商引资力度，强力优化经商环境，加速推进重大项目建设。

【主要成效】

（一）推动政策落实

为推动更多人才、技术、资本等要素向乡村汇聚，柳河汤村鼓励返乡创业，推出乡贤能人以亲招商、资源招商等一系列鼓励返乡创业。柳河村内的中小温泉洗浴企业19家，其中8家为返乡创业开办；民宿经营45家，其中37家为返乡创业村民开办经营。另外，还有合作社等其他返乡创业企业，共计68家，112人。截至2019年年底，全村经济收入12 160.3万元，年接待游客人次达到170万人次，旅游年收入8 512.2万元，旅游从业人员1 261人，村民从业人员648人，村民人均年收入3万余元，旅游收入占比70%。

（二）加强智慧乡村旅游建设

柳河汤村游客集中场所均已实现Wi-Fi、通信信号、视频监控全覆盖，且信号畅通、画面清晰。以游客服务中心为主要载体，结合基于旅游大数据中心的“一云多屏”系统，实现多屏、全网、多终端、跨平台展示；契合涉旅企业的智慧旅游多媒体终端体系，打造立体化的互动体验中心，为游客提供个性化的智慧旅游体验服务。村内主要旅游点和民宿均能提供实时信息推送、在线预订和网上支付功能，旨在为游客提供随时随地的查询和预定功能，为游客提供景区周边的吃、住、行、游、娱、购等信息。

（三）加大宣传营销和品牌培育力度

柳河汤村全力配合区委、区政府“弓长岭全域旅游”品牌形象的打造，参与区委、区政府在央视、新华网、光明网、辽宁卫视、辽宁交通广播电台等进行弓长岭区旅游品牌宣传推广200余次，为辽沈晚报等提供刊发20余篇报道资料；配合拍摄弓长岭区旅游宣传片、航拍美丽弓长岭，并在腾讯视频、优酷视频进行播放宣传。与各旅游企业合作，组织各旅游企业积极参加省内外重要的旅游交易展会，大力推介“弓长岭区温泉”品牌和特色，提高知名度和美誉度；配合区委、区政府举办了“中国辽宁百姓生活游首游式”“弓长岭首届旅游美食节”“啤酒节”“一水云天旅游节”“爱上弓长岭旅游文化周”等一系列具有本地特色的节庆活动。柳河汤村紧紧围绕“让更多游客来，让游客有更多消费”的目标，精心举办了“爱上弓长岭 快乐冬日行”“全域旅游 美好生活”“赏春花 泡汤泉 春季之旅”等节事活动，多角度、全方位地宣传了旅游资源和地区形象。进入冬游时节，戏冰雪、赶大集、品民俗、过大年，为游客提供了冬季运动、摄影、观赏的空间；重视新媒体营销，长期为“弓长岭区旅游微信公众号”提供宣传素材，牵头组织企业与驴妈妈、马蜂窝、微信等旅游网络平台签订营销合同，与抖音、微博等创新宣传方式给予政策支持；柳河汤村积极开展旅游目的地品牌与旅游商品品牌创建活动。“弓长岭温泉”“汤河温泉小镇”“汤泉谷温泉度假区”等目的地形象深入人心，登上“温泉”“温泉旅游”等关键词全国范围搜索排名前列。汤河“滋补鱼头”被省旅游系统评为“辽宁省十大风味食品”。不老莓、汤泉谷、松花石等旅游商品已经实现了产业化、品牌化发展，有机不老莓系列产品、汤泉谷矿泉水系列产品、松花奇石系列文创产品已逐渐形成体系，旅游商品的知名度和影响力也得到了极大发展，获得了多个国际、国家及省级奖项。

吉林省通化市辉南县三合村

辉南三合·乡里农创园把乡村振兴与双创有机结合，采取政府＋高校＋科研机构的模式，以“旅游＋”战略为引领，以建制镇为支点，以解决“三农”问题为导向，注重“绿水青山”与“金山银山”互促共进，搭建宽领域、广覆盖、多层次、可复制的农村一二三产业融合发展服务平台，推进农业与旅游、教育、文化、健康、养老等产业深度融合，大力发展新业态，实现农业产业链条延伸。村民返乡创业热情高涨，研学、游学络绎不绝。该村文化底蕴厚重，努力实现魅力乡村全面振兴这一富民强村目标。

【基本情况】

辉南县辉南镇三合村是辉南县有名的贫困村，全村人口1 080人，三合屯本屯800人左右，但60%以上的人口是45岁以上，人口老龄化严重，全村仅有水田300亩，旱田3 600亩，全都用于种玉米，各种资源极度匮乏。为带领村民及村集体增收致富，打造新农村建设的样板村，辉南县成立了辉南三合·乡里农业服务有限公司，主要任务是建设村级产业孵化平台，引领村民从事研学培训，生态种植，现代养殖，手工作坊，农副产品加工、销售，休闲旅游等活动。同时，建设了三合·乡里农创园，农创园建设占地面积5 000余平方米，已经投资600余万元，建成主体培训中心1 000平方米，多功能餐厅400平方米、韩式榻榻米客房、标准间客房20多间，可接待游客住宿100人，各种加工厂1 600平方米，可生产布艺产品、农家笨榨油、手工煎饼等产品。

【主要做法】

（一）以研学为主线，把中华传统文化深植乡村

三合·乡里农创园设置了陶艺、布艺、

剪纸、扎染、编织、农民画6个系列课程，结合中小学研学内容为每个学年组安排一个相应的课程，使各年级学生在一年内，对历史延革、发展过程及现代存在形式有一个系统的学习，确保孩子在6年内掌握6项中华传统技能。建立亲子共享农场，逐步建立长白山动物、植物、特产、农作物识别认知体系，通过深度学习体验达到研学、游学目的。组织开展布艺手工、陶艺手工、共享农场、野外拓展等系列活动，使孩子们深刻认识和了解中华传统文化的博大精深。同时，把村民培养成为技能老师，为孩子们传授中华传统文化技能。沿水库建设一条研学路，在研学路上，可以观看最原始的农耕场景并参与其中，使孩子们在游玩中品味农耕文化。中华传统文化不仅能够成为村民的劳动技能，还能使村民成为其践行者与传承人，使中华传统文化深植在乡村世代相传。

（二）以创业创新为统领，建设三合乡里“双创”平台

一是大力培育“有技傍身”的社会主义新型农民。先后开展布艺、绣艺、厨艺、养殖、种植等劳动技能培训班，培训人数达2 000多人次，培训班为辉南县三合村培养了一大批新农村建设的专业人才。二是为实现人才的有效转化，农创园帮助这些村民组建了米业、布艺、豆坊、酒坊、养鸡专业合作社，以激发村民的内生动力，实现村民与村集体的增收。三是建立多渠道的土货销售平台。农创园加大力度发展电商，以三合村的各种加工企业为依托，打造三合乡里品牌效应，为三合村一二三产业融合发展奠定基础。

（三）以乡村游为基石，打造休闲乡村美丽风景线

三合村建有别具风格的民宿10座，分别以布艺、陶艺、剪纸、柳编等民间传统工艺品做装饰；建设有可接待150人的自助餐厅，引进了别具风格的可移动式炖烧锅；设计生产独具特色的乡村旅游产品，如手工布艺、私人定制陶艺等，让乡村游更具复古与时尚气息。另外，村里开设了中医理疗馆，让健康游成为现实。同时，设计了垂钓游、亲子游、农耕游等旅游路线，使休闲乡村品位游成为可能。

（四）实行“三统一”，提升乡村管理的总体水平

一是统一餐饮管理。所有到三合村就餐的游客，无论民宿，还是农创园，都实行统一农产品配送，确保产品质量。二是统一民宿经营。农创园对民宿经营实行统一管理，确保民宿的消毒、卫生。三是统一企业管理。农创园发挥村企孵化器的作用，把三合村组建的小企业及合作社组织起来，实行财务、税务等统一托管，解决了创业村民的后顾之忧，促进了村企的发展。

【主要成效】

一是培训研学学生1 500多人，参加研学的中小学生通过研学，更深入地了解到中华传统文化的内涵，并掌握了一些劳动技能和体验了传统的农耕文化。

二是举办了各类培训班23期，培训三合村及周边村民2 000多人次。很多村民通过培训掌握了一技之能，带动了15户农户创业，有100多个农户通过农创园带动实现就业与半就业。

三是解决农户的实际困难。一方面，通过创业企业平台托管，解决了村民办企业不会报财务和税务等难题，解除了村民的后顾之忧。另一方面，在新冠肺炎疫情期间解决了三合村的农产品难卖问题。2019年，三合村的笨鸡蛋形成了良性供应。帮助养鸡户卖鸡1 000多只，极大地缓解了三合农产品的销售难问题。

【经验启示】

“平台＋企业＋农户”。以农创园为主导

的“平台＋企业＋农户”的发展模式，平台为农户创业创新提供了全方向的服务，使农户在家自主创业成为可能，也为村里的内循环经济发展创造了条件。同时，这种模式也是对乡村振兴发展方式的一个全面探索，为其他乡村，特别是贫困乡村发展提供了可复制的经验和模式。

吉林省延边朝鲜自治州龙井市琵岩山文化旅游风景区

【基本情况】

琵岩山文化旅游风景区位于龙井市西南部，距市区仅 3 千米。景区树木繁茂，江水环绕、风景宜人，是龙井市天然的山体公园。琵岩山署长白山支脉一英额岭的底丘陵地，山体总面积约 4.5 平方千米，最高峰海拔高度为 494.50 米。其东坡、北坡舒缓，西坡、南坡陡峭，山体东部为细田一原，可俯瞰龙井市全景；山体西侧为平江一原与碧岩山隔海兰江相望；山体西半部、南部、东半部均为海兰江环绕。琵岩山属于温带大陆性半湿润季风气候区，年平均气温 5.2℃。登上琵岩山，东望，可俯瞰龙井市全景；西眺，连绵起伏的山坡上是漫漫无际的苹果梨园，山下海兰江两岸是肥沃的水稻生产基地，有出产“御皇米”的平岗水田。传颂几十年的著名歌曲《红太阳照边疆》，歌中“长白山下果树成行，海兰江畔稻花香”的内容，唱的就是这里的美景。

琵岩山文化旅游风景区规划投资 10 亿元，拟建设周期为 8 年，从开发背景、项目选址、面积规模、投资金额及主体、核心产品、客群定位、文化内涵、运营模式等多个方面进行了充足的市场调研和详细的规划设计。截至 2019 年，累计接待游客 310 万人次，是吉林省游客接待量可超百万却免门票的国家 4A 级景区。同时，也成了全域旅游的网红打卡地，全州旅游业的响亮名片。

【主要做法】

琵岩山文化旅游风景区的整体规划是以中国朝鲜族民族文化为背景，以突出延边的特色为主线，紧紧抓住游客心理需求，按照新颖、独特、惊险、刺激、浪漫、温馨和差异化建设为基本原则，围绕吃、住、行、游、购、娱的功能要求，规划了琵岩山文化旅游、琵岩山高丽汤泉、智慧养老长寿村三大支柱产业。主要做法如下。

免费花海深入人心。景区重点打造了一条颇具娱乐特色的免费开放趣味登山路线。森林木栈道 2.7 万米和 35 公顷的花海。花卉品种有百日草、波斯菊、鼠尾草、鸡冠花、彩叶草等 30 余种，从山顶“一松亭”等高处展望，可见朝文“爱你”、金达莱花、苹果、笑脸、熊猫笑脸、倒置屋、热气球、爱心锁等色彩鲜艳的造型。同时，在观景途中，还添加了荷兰风车，雨伞长廊，红黄蓝三色的长约 230 米、宽 6 米的风车带，卡通人物“熊大熊二”的稻草人等供游客赏花留影的景观，视觉效果强烈。徒步森林木栈道让人醉氧其间，登上山顶更能欣赏到龙井市最美的风光，远离了闹市喧嚣，令人心旷神怡，堪称一场轻松舒畅的洗肺之旅，是众多登山爱好者的最佳选择，也是广大游客及当地百姓休闲、健身的后花园。

深入根植朝鲜族民俗文化。景区不仅注重产业的发展，以获得经济利益，还积极将民俗特色文化根植其中，融合发展。如百家姓图腾区、中国朝鲜族民俗文化风情园、朝鲜族非物质文化遗产演艺舞台，还有朝鲜族民间标志长生不老的“爷爷石头群”等互动项目，都是展现新时代乡村面貌，引导游客弘扬和传承优秀传统文化，实施乡村振兴战略的强大内生动力，是打造龙井市朝鲜族民俗文化宣传的重要阵地。

爱国主义教育遗址——“一松亭”。琵岩山是挖掘民族精髓和朝鲜族抗日爱国精神的重要集结地，而“一松亭”作为重要反日斗争活动遗址之一。2002 年 4 月 1 日，“一松亭”被龙井市政府列为龙井市重点文物保护单位。因山崖上矗立着一棵高大、古老的松树，其树冠状如凉亭，故称之为“一松亭”。几十年前，这里曾是无数仁人志士和爱国青年进行抗日宣传的场所，因此，这里成为景区红色文化研学教育的重要场景。

网红娱乐体验项目。景区有东北地区首座 5D 玻璃吊桥，为游客开启一场惊险刺激的心跳之旅；悬崖秋千和高空滑索，让游客在峡谷间自由穿梭，享受强烈快感；紧张刺激的高山漂流，穿梭原始森林，在空中漂流观赏绝佳景色；林海飞龙领航丛林减压之旅；最火网红七彩速滑，刺激欢乐指数五颗星；呐喊喷泉，让游客释放压力、放飞自我；无动力亲子乐园、昆虫王国，给孩子一个色彩缤纷的童话王国；CS 射击、摩天轮、旋转木马、跳楼机等儿童游乐项目，让孩子们享受一站式游乐体验；来自国外的极限运动滑翔机，在几千米的高空中呼啸而过，御风而行，让欢脱充斥整片蓝天，让腾云驾雾的快感在云朵中肆意绽放。此外，2020 年 8 月，非常适合亲子互动的具有 40 多种珍贵动物的萌宠乐园，以及参与度超强的惊险刺激挑战项目步步惊心和网红拍照新标天空之境即将建成。

康养产品——琵岩山高丽汤泉村（建设中，中心区 2021 年 9 月投入使用）。项目总体分三个部分：温泉酒店区域、室内主题温泉区、室外玩水乐园。整体设计容量可同时满足 8 000 人以上的休闲娱乐。海兰江畔四周环绕，森林植被绿意葱葱，在将纯天然山水美景尽纳胸臆的同时，也充分利用了珍贵的温泉资源打造“康养＋生态＋民俗＋温泉＋顽水”概念的“琵岩山高丽汤泉村”。现在北方温泉以体验为主，而琵岩山打造的是一个文化式的中医药和康理疗为主的温泉区，游客不仅仅在这可以体验泡温泉，更能调理身体，这里也成为吉林省内一个真正的康养基地。未来琵岩山还将继续延伸至康养地产——智慧长寿养老村。

研学体验产品开发。2020 年 6 月，琵岩山被授牌首批“龙井市中小学生研学实践教育基地”。“基地参观＋体验＋实践”模式，单次可接待 332 人，最大接待住宿人数 438 人，餐厅用餐单次可接待 560 人。研究基地整体分为四大板块：自然生态科普教育、爱国主义革命传统教育、传统民俗文化教育、社会实践体验教育四大类课程，一年四季，结合不同季节的变化来变更多种类型研学课程，让学生通过研学之旅，开阔眼界、增长见识、讨论学习，培养孩子的团队观念和整体意识，将学校生活生动延伸。目前，景区已接待 2 000 余名师生前来学习观光。

休闲农业体验基地——蝴蝶谷生态园。该项目自 2018 年开始筹建，为东西部扶贫宁波援建项目，总占地面积 50 480 平方米，主要采用温室大棚模式，共有大棚 21 栋，是目前休闲农业和乡村旅游中的主流项目之一。该项目积极对接“三农”、推动美丽乡村建设，并把乡村打造成生态、宜居、美丽、和谐的生活环境。该项目还在推动乡村产业发展的同时，带动当地居民创业、就业致富，对乡村居民生活的改善提供了巨大帮助。生态园以大樱桃、草莓、圣女果、甘蓝、黄瓜、生菜等有机果蔬采摘项目为产业链，蝴蝶谷生态园里面有近 20 个品种的蝴蝶，可供孩子们观赏和制作标本，在这里还能看得到鲜活的蝴蝶蜕变过程，与松鼠、梅花鹿、小兔子等多种小动物亲密接触，非常适合周末休闲游，短途自驾游等都市家庭亲子游。2020 年，琵岩山蝴蝶谷生态园还将全面升级，将传统农业、旅游、科技相结合，实现集无土栽培、立体空中种植及温室观光休闲为一体的综合农业旅游基地。

文旅产品——民俗文化地域美食集会。包含以“朝鲜族美食”为主题的民族特色餐厅——军烈属冷面（延边最早的八大冷面鼻祖之一)、韩式烤肉饭店、中餐聚会餐厅、网红小吃街、饮品店，让游客在体验娱乐的同时，尽享舌尖上的美味。

软性服务升级。工作人员的精神风貌，直接影响项目在游客心中的口碑。景区根据市场需求，从游客心理需求角度出发，设置森林木栈道、凉亭休憩处、几十处椅子、洗手间等，合理地完善了配套服务系统。

【主要成效】

自琵岩山文化旅游风景区建设以来，给龙江村土地及林木流转补偿款 2 600 万元；扶贫效益资金 124 万元；通过占地补偿、吸纳就业等形式带动周边农户和下岗工人累计 326 户。其中，贫困村民 29 户，为助力龙井市脱贫攻坚战提供强有力的支撑。同时，中佰文旅公司高度整合公司原有的景观规划、园林建设、苗木基地三大业务板块资源和优势，发展文旅产业。对龙井市旅游资源进行深化和优化的双重提升，辐射带动周边宾馆酒店、餐饮娱乐等行业的增收创收，为当地经济发展提供新方向。

琵岩山文化旅游风景区已成功举办了为爱公益行大型登山比赛活动、唱支山歌给党听歌唱比赛、延边州国际荷兰郁金香花海节和延边州首届秋季菊花展，承办了第二届中国农民丰收节暨龙井第十届中国朝鲜族农夫节。先后荣获全国休闲农业与乡村旅游四星级企业（园区）、吉林省休闲农业和乡村旅游五星级示范企业（园区）、吉林省乡村旅游协会会员单位、龙井市中小学研学实践教育基地等荣誉称号。琵岩山凭借得天独厚的生态旅游资源优势，不断扩大“美丽中国·鲜到延边”旅游品牌影响力，以独特的魅力吸引全国各地的游客纷至沓来。同时，景区也注重保护原始林木，在不破坏生态环境的前提下，开发建设景区，森林覆盖面积达 85%，负氧离子含量可达每立方米116 000个，在不破坏生态环境的前提下开发建设，最大限度地打造人类与空气、水、地质环境循环共生的生态圈。

【经验启示】

核心业态。“精品度假＋休闲娱乐＋农产品采摘＋研学体验＋温泉康养”模式。

经验模式。整个项目采取“免入园门票＋自主选择服务体验项目”开放式的运营模式。以文旅板块顶级资源引入提升土地价值，“休闲旅游消费＋温泉康养综合盈利”模式。后期进行配套完善，做到良性循环可持续发展。

配套休闲。有旅游集散中心、农产品展示中心、美食中心、体验项目、烧烤野餐区、萌宠乐园等。

黑龙江省同江市街津口赫哲族乡

【基本情况】

黑龙江省同江市街津口赫哲族乡地处黑龙江南岸，距同江市区 45 千米，是赫哲族的主要聚居地，现有赫哲族群众 210 户、548 人。这里山林资源和鱼类资源丰富，具有独特的旅游资源，被誉为黑龙江的“边陲胜地”。街津口赫哲族乡依托农村绿水青山、田园风光、民族文化等资源禀赋，践行“让人民过上好日子”的执政理念，大力发展生态休闲农业，拓展农业多种功能，坚定发展信心，打民族牌，走特色路，蹚出了一条一二三产业融合发展、带动农民脱贫的致富路。

【主要做法及成效】

（一）聚焦党建＋脱贫攻坚，构建联农、带农产业链

“发展扶贫产业，重在群众受益”。街津口赫哲族乡不断强化党建引领作用，发挥“头雁”作用，组织开展“村级致富带头人培育计划”，发展村级产业（新型经营主体）242 个，持续深化“千米万园”电商、“农贸

市场”扶贫、“扶贫超市”激励、“孝善基金”敬老、“六改一扶”优居5种扶志模式。通过技能培训扶“智”，探索参与式的正向激励机制持续加大产业项目投入，以贫困群众稳定增收为目标，持续拓展产业发展，不断建立健全项目管理、产销衔接、到村到户、利益联结机制，做到“因需而整”，确保贫困人口稳定增收，巩固脱贫成效。

（二）聚焦项目＋旅游产业，延伸联农、带农产业链

“脱贫摘帽不是终点，而是新生活新奋斗的起点”。街津口赫哲族乡注重原始人文风貌，围绕“三面环山水一湾”，美丽的钓鱼台景观带，在60多米高的街津山上建设3D玻璃栈道，栈桥落差25米，年可接待游客10万人次。为了让绿水青山、冰天雪地变“金山银山”，街津口赫哲族乡积极建设总占地面积80万平方米的德勒乞河民俗体验休闲度假区，建造了富有民俗特色的集餐饮、娱乐、民俗体验为一体的休闲度假区。2019年，街津口赫哲旅游度假区被列为国家4A级旅游景区。为推进“醉美龙江331项目”，度假区谋划了自驾游营地、赫哲特色民宿等重点旅游项目，延伸旅游产业链，同时，延伸与乡村旅游、休闲农业相关的上下游产业，建设鱼皮工艺品加工厂建设项目、山猪红肠加工项目、中草药加工厂、林下有机无公害养殖园、休恩湖立体养殖等，不断完善街津口乡旅游支柱性产业架构，富乡富民，让百姓的腰包越来越鼓，日子越过越红火。

（三）聚焦基地＋特色产品，创新联农、带农产业链

“路子选准了就要坚持下去”。街津口赫哲族乡村依托赫哲民俗个性化优势，深挖休闲旅游文化内涵，建设以“住渔家屋”“吃渔家饭”“干农家活”“品农家味”为主要特色的民俗旅游，引导和鼓励农民借助旅游资源优势，自主改造庭院，发展农家乐、渔家乐、宾馆共28个，解决就业人员339人，农户受益62%，其中全村农民人均从旅游获得收入14 800元。探索文化＋资源驱动的休闲旅游体验，举办了渔猎文化节、“呼日堪”文化节、“乌日贡”节，年吸引游客4万多人次，推动旅游业持续增收。以“探寻神秘赫哲，邂逅静美街津”为主题，打造了赫哲族特色小镇，开发建设了壁画小镇，成立了赫哲族鱼皮服饰及手工艺品加工基地，研发了民族工艺品和旅游纪念品，带动鱼皮衣制作、鱼皮工艺、鱼皮粘贴画、桦皮画、剪纸艺术等相关产业，形成了一道民族文化的靓丽风景。

（四）是聚焦村集体＋利益链接，拉长强农、带农产业链

“加快培育乡村发展新动能，让农民合理分享全产业链增值收益。”街津口赫哲族乡积极培育新型经营主体，发挥寒地黑土优势，将绿农现代农机专业合作社种植的200亩玫瑰园打造成重要的“打卡”景点，农户每亩增收3 000元，共增收60万元。2019年，街津口赫哲族乡将继续引进玫瑰产品生产线，实现玫瑰产品深加工，带动中草药种植、红柳、寒地小麦等产业；带动贫困户104户，吸纳25名贫困户务工，年可提供绿农大豆25吨，销售后可增加贫困户收入440元，种植鲜食玉米300亩，村集体经济收入达到70多万元。同时，针对中俄边境优势，招引诚斯鱼产品加工有限公司，共同生产熏鱼、鱼松、鱼子、鱼罐头等鱼系列产品，年可提供赫哲风味鱼松15吨，高压灭菌鱼子4吨，销售后每户贫困户年可增加收入760元，打造出特色产业与龙头企业结合、现代农业与观光采摘为一体的产业振兴综合实践区。

【经验启示】

在振兴发展的道路上，街津口赫哲族乡坚持农业旅游文化“三位一体”，生产、生态、生活有机结合的思路和理念，抢抓机遇，创新联农、带农机制，全方位、多元化、立体式加快发展乡村各类产业，开启乡村旅游

新模式，实现了更有质量、更可持续、更有保障的发展。

（一）找准发展思路，下好“先手棋”，让发展更有质量

街津口赫哲族乡坚持以高质量的项目力促高质量的发展，对产业布局、旅游发展、文化传承和村寨特色进行合理定位，着力构建“生产、生活、生态”相融合、产业发展和宜居、宜业、宜游相得益彰的乡村旅游产业，在联农、带农中不断闯新路辟新径，让群众的获得感更强。街津口赫哲族乡、村先后获得国家特色景观旅游名镇、中华民族文化艺术之乡、国家级生态乡镇、全国休闲农业与乡村旅游示范点、美丽宜居小镇、中国生态魅力乡、中国渔业文化第一村、中国少数民族特色村寨、国家级最美渔村等称号。

（二）拓宽增收渠道，出好“组合拳”，让发展可持续

街津口赫哲族乡厚植“靠山吃山，靠水吃水”优势，多点发力，让产业发展“遍地开花”，充分利用林木资源丰富，水域广阔等自然优势。另外，赫哲族具有著名的食鱼文化，在发展休闲农业、“舌尖文化”上持续发力，大力发展以大球盖菇、药用玫瑰、蜂蜜、鲟鳇鱼产业为主的菌类、中药材、蜂、鱼类等种植、养殖业。街津口赫哲族乡依据山水特产，发展旅游农副产业，开发野山菌（榛蘑、木耳、猴头菇等）、寒地葡萄、江鱼、土鸡、土蛋等特产为旅游纪念品，打造天然绿色水果蔬菜采摘等旅游休闲农业。同时，大力发展以特色猪及江鱼为主的“赫哲十大碗”，年产值 0.94 亿元，纯利润 1 000 万元，全乡 80%的农户都参与到民族休闲旅游业上，共享发展的成果。

（三）强化先行示范，打好“主动仗”，让发展更有保障

街津口赫哲族乡紧扣“文旅融合、民俗休闲、生态观光”融合一体推进乡村旅游产业思路，积极打造一二三产业融合发展先行示范乡村。这里建设了鱼展馆，充分展示渔猎文化风韵；扶持和培育怡园农庄公司发展葡萄酒，陆续开发葡萄产品系列保健品、绿色无公害农产品、旅游产品，努力打造“北纬 47°黑龙江边原生态酒庄酒”品牌，将生态产业做活做靓。同时，谋划赫哲风情养老服务中心、休恩湖娱乐园、惠多星街津口旅游开发项目、街津口北山项目景、玻璃滑道旅游项目、爱国主义红色路线旅游项目、卫丰民宿（雪村）建设项目，在联农、带农中，打造振兴发展新样板。

黑龙江省齐齐哈尔市
铁锋区查罕诺村

【基本情况】

齐齐哈尔市铁锋区查罕诺村位于齐齐哈尔市东南 9 千米处，蒙语意为“白色的湖泊”。全村总户数 420 户、人口 1 400 人，总辖区面积 3.57 万亩，其中耕地 1.1 万亩。2019 年，全村经济总收入 3 300 万元，人均收入达 23 500 元，年接待游客 35 万人次，带动产业收入 870 余万元。该村现已评为 3A 级国家级旅游景区、全国乡村旅游重点村、全国生态村等。

【主要做法及成效】

（一）明确思路，科学目标规划

多年来，查罕诺村坚持把发展休闲农业和乡村旅游当作头等大事来抓，充分发挥齐齐哈尔市郊地域优势，立足村内自然风光优美，围绕打造世界大湿地、中国鹤家乡做文章，发展乡村旅游业，全力创建突出旅游特色新村。坚持规划先行、分步实施原则，对旅游产业发展和建设进行规划。依据建设目标，按计划、分阶段、有步骤地实施，在完成重点建设项目的基础上，分阶段完成查罕诺村的重点旅游项目建设工作。坚持因地制宜，科学指导原则。从全村实际出发，从村

民需要出发，充分尊重村民意愿，加大对农家乐、旅游基础设施的投入，提高了旅游业的科技含量，实现旅游带动经济、社会可持续发展的多重目标。

（二）加大投入，提升景区品质

查罕诺村水上公园是这幅渔家乐的点睛之笔，碧草蓝天、湖泊波光粼粼的美丽风景，宛若一幅真实版的渔家乐画卷，开阔的水面上有一座小岛，以九曲桥与陆地相连，中式婉约的凉亭、长廊、风雨桥、观鱼池，与天高地广的北国好风光相映成趣，游人在九曲桥上信步或是乘坐游船饱览湖面风光，亦是画中人。水上公园南侧的月牙湖，波光粼粼，芦苇茁壮，随风涌起绿色波浪，时有竹排荡漾水中，湖面上犹如一幅美丽的画卷，呈现出一派江南水乡的景象。殊不知，几年前这里还是一片臭水坑，正是随着这些年村书记带领全村发展旅游，重视景观建设，才有了眼前此景。2019 年春，全村又投资 20 余万元，对村牌楼、亭、阁、长廊、桥等设施进行了刷新，并安装了彩灯对水上公园进行了亮化。如今，查罕诺村的景观已成为周边市民周末聚会出游的“打卡”点。

（三）政府重视，加强培育指导

铁锋区委、区政府践行“绿水青山就是金山银山”的发展理念，按照习近平总书记“优质、高效、生态、安全”的发展要求，紧紧围绕城郊型农业特点总体定位，全力推进绿色食品建设。查罕诺村在上级部门和村干部的指导带领下，大力发展绿色有机农业，利用村资源优势，发展水稻种植和水产养殖，先后建立了大米加工厂、渔场，成立了合作社、公司，并注册了商标，同时积极申请认证了查罕诺水稻、查罕诺大米、查罕诺鱼 3 个有机标识，并获得了“扎龙鲫鱼”国家地理标识授权使用资格。该村吸引农户加入合作社，让农民参与日常的生产及管理活动，打造自己的品牌，在坚守品质的同时，带动农民致富增收，美丽休闲乡村“新业态”产业发展拉动作用逐渐显现。

（四）扩大优势，发展特色产品

查罕诺村集体利用全村旅游资源发展水稻产业，发展有机、绿色水稻生产，种植面积 7 500 亩、年产水稻 350 万千克、收入 1 050万元，打造了“查罕诺”“扎龙硕果”等优质品牌，“查罕诺大米”已经成为外地游客必买产品之一。美丽的资源促进了查罕诺旅游业的大发展，在旅游旺季，这里车水马龙，游人川流不息。水草丰美的查罕诺村，盛产鲢鱼、胖头鱼、鲤鱼、草根鱼、鲫鱼，鱼鲜味美，每年的冬捕节会吸引成千上万的游客前来品尝。本村依靠发展休闲农业实现了村庄美丽化、生态化，村经济发展迅速，村民家庭富裕，全村实现了小康水平。

（五）全民参与，打造良好氛围

查罕诺村村民全程参与村庄建设，他们既是建设者，也是受益者，村民幸福感十足。查罕诺村注重从强化村级管理入手，从实际出发，依据国家法律、法规，制定和完善了本地的村规民约，其中有《思想道德公约》《治安公约》《计划生育公约》等 12 项、65 条。村规民约的执行，改善了村风民风，推进了依法治村的进程。全村现已成为无赌博、无酗酒、无封建迷信活动、无辍学、无违法生育、无重大刑事案件等的“十无”村。通过组织村民常年搞文化娱乐活动，发展民俗文化，制定村规民约，该村的村民讲卫生，爱家园，尊老爱幼，邻里和睦。全村达到了村民幸福，乡风文明。保持卫生环境，道路卫生管理。执行村规民约，大家定的规矩，大家执行，使每个村民都爱护道路，爱护景区、景观，自觉维护自家责任区道路管护、道路卫生，保持室外及村屯景区的环境卫生，保持常年卫生不走样，村庄卫生靓丽。通过美丽休闲乡村建设，查罕诺村实现了村庄美丽化、生态化，达到宜居、宜业、宜游，是集观光、休闲、度假、健康等为一体的美丽休闲乡村。

查罕诺村通过大力发展休闲农业和乡村旅游，持续巩固发展集体经济，增加村民家庭经济收入，提高全村家庭生活水平，实现旅游兴村。群众在美丽乡村中感受着家乡日新月异的变化，内心的幸福感和满足感油然而生。

一方面，村容村貌得到改善。村内外主路有绿色景观，道路、房前屋后、渠道两旁也种植了美化树木和鲜花，基本实现了乡村绿化、美化和亮化，彻底改善了村内环境，打造了黑龙江新农村建设新形象、新亮点。全村全面达到园林化标准，带动了经济发展和美丽休闲乡村建设。

另一方面，农民获得实惠。解决当地劳动力就业 210 人，带动村民增收 320 万元。现在查罕诺村的每一名村民还享受着村里“八免费”“七补贴”的政策（“八免费”即：村民免费饮用自来水、免费洗浴、免费收看闭路电视、学生免收学杂费、节日免费为村民搞福利、建房免费提供彩钢瓦、塑窗、铝合金门；“七补贴”即：村民电费补贴、建房用砖补贴、老年人养老补贴、安装电话补贴、学生购买校服补贴、稻田改造补贴、建院墙用砖补贴）。

上海市青浦区朱家角镇张马村

【基本情况】

张马村位于上海市青浦区朱家角镇最南端，距离朱家角古镇景区仅 6 千米。上海文明始于“三泖九峰”，张马村就形成于悠悠三泖汇合之地，三泖是上海母亲河黄浦江的水系源头，水质优良，属于国家二级水源保护区。张马村，村域面积 3.12 平方千米，其中景区面积约 2.714 平方千米，区域内小桥流水，风光秀丽，沈太公路南北贯穿村庄，水陆交通十分便捷，水系发达，河网交错，具有“东方田园威尼斯”的美誉。

2014 年，创建“美丽乡村”是张马村发展的关键转折点，通过挖掘张马村的地域历史文化、自然风貌特色，来建设村庄。历经多年的村庄改造，张马村的村容村貌焕然一新，变得更加秀美了，呈现出一片白墙黛瓦、河水浩渺、小桥轻卧、杨柳青青、田肥林茂的新景象，宛如一幅浑然天成的水彩画卷。2014 年，张马村成为第一批上海市美丽乡村，先后获得全国最美休闲乡村、全国美丽乡村百佳范例、全国生态文化村、全国文明村等荣誉。

【主要做法】

（一）加强规划引领，统筹产业布局

根据发展农事旅游的产业定位，以及《淀山湖地区中长期发展规划》《青浦区西部休闲旅游发展规划》等上位规划，张马村先后制定了《张马村村庄规划》《张马村美丽乡村建设规划》《张马地区美丽乡村旅游发展总体规划暨张马创建国家 4A 级景区提升规划》，通过“多规合一”统筹景区创建，充分利用农、林、水等有效政策资源，在各个建设环节中叠加政策，进行基础设施建设。

张马村以“游学张马·寻梦田园”为主题，“一轴、两心、三环、五园”为总体布局，集田园观光休闲、乡村社会实践、自然文化教育、家庭亲子教育、户外拓展运动、健康养生度假等功能于一体，通过美丽乡村开放式景区的创新发展模式，以美丽乡村建设促进旅游区开发，以旅游区建设带动区域乡村人文、环境、经济的可持续发展，致力打造美丽乡村旅游休闲新天地。

（二）加强产业融合，构建“三一”融合发展

培育、发展乡村旅游业。以农事旅游为切入点，积极引进专业团队与合作企业，构建农村一二三产业联动、融合发展体系，丰富农业的非生产功能，提高农业全产业链收益。张马村现已经引进了巴布洛、大司田等

专业团队，重点打造“四园一岛”农事旅游点，构建生态旅游产业格局。

“四园”建设。400 亩寻梦园，以薰衣草等多种香草花卉种植为主，突出田园观光特色。300 亩蓝莓园，践行自然农法，以蓝莓种植为主，还种植了樱桃、石榴等有机水果，突出农事采摘特色。150 亩农情园，主要以蔬果种植为主，打造中小学生学农基地，并配套农家乐经营。500 亩野保基地，养殖虎纹蛙，突出科普特色。

民宿建设。大司田公司承租近 40 栋民房进行改造，以“去设计”理念为核心，保留张马民居原有的白墙黑瓦风貌。张马村的民宿主要面向企业，每栋民宿的背后还是一个企业、产品的引入，例如，有一栋以菌菇文化为主题的民宿，是与大司田合作的一家大型菌菇生产、销售企业，通过民宿这一窗口平台，实现消费购买的新型模式。

另外，大司田公司还成立了木船俱乐部，以会员制的经营方式，吸引游客来制作船模和进行水上划船体验，突出了实践体验的特色。

培育、发展生态农业。加快培育新型农业经营组织的发展。鼓励和支持专业合作社，积极引进社会资本力量，开展多种形式的农村产业融合发展。2019 年，张马村相继组建了稻米、蔬菜、蓝莓等 5 个合作社，形成了泖塔、泖荡、浦江蓝等农产品品牌，多元化的生产、经营主体，新理念、新科技、新方式的种植与经营，也打开了农产品的销路，提高了价格。如上海顺澄稻米专业合作社采用“合作社＋基地”的方式，按照全程不施用化肥、农药的栽培模式，进行了有机水稻的试验、示范，并取得了显著成效。

2019 年，张马村农业生产进一步转型，村 1 600 余亩水稻田全部委托村集体统一经营管理，由上海泖荡稻米专业合作社经营，为更好地提高水稻种植效益，张马村通过与上海交通大学青浦教授工作站的专家对接，确定了张马村优质稻米产销一体化经营建设项目，并在上海交通大学青浦教授工作站的专家指导下，形成了水稻种植品种、种植管理技术、销售策略等方案；同时，合作社申报“绿色食品”认证，按照要求做到统一规划、统一管理、统一销售，真正做到产供销一体化管理。

为进一步打开卖谷向卖米转型，张马村申请注册了“张马”品牌大米，同时与上海朱家角实业发展有限公司建立联结机制。由朱家角实业公司负责张马大米的总经销。张马鲜米在专业团队的打造下，已通过微信、电商等平台进行销售，初步打开了市场，并得到了市场认可，大幅提升了优质农产品的生产供应能力，有力地促进了农业产业的发展和乡村振兴。

创建 4A 级景区。通过近几年的努力，张马村的经济和社会发展正发生着日新月异的变化，获得了不少国家级、市级荣誉。为了巩固和延续这一建设成果，保持可持续发展的良好势头，朱家角镇党委、政府于 2017 年年初研究决定，美丽乡村张马村创建 4A 级景区，与朱家角古镇旅游区创建国家级 5A 级景区同步进行。

2017 年 12 月，张马村成立了上海张马旅游发展有限公司，由古镇旅游公司、角里农业公司、镇资产公司、张马村委会共同出资。通过全面提升改造景区硬件设施、服务水平及环境质量，完善区域内旅游六要素配套和功能提升。2019 年 10 月，上海张马景区成功创建国家 4A 级旅游景区，本次一期创建范围面积约为 1.02 平方千米，包含莫家村和施家浜两个自然村，寻梦源和农情园两个园区，以及游客服务中心和泖塔文化广场。同时，2019 年全年接待游客量约达 55 万人次。

（三）加强联结模式，助推村民获益增收

一是盘活村民闲置用房。村委会利用村民闲置用房进行统一规范流转租赁，进一步

增加农民收入。二是鼓励村民自产自销。利用空地，打造田园集市，鼓励村民将家中吃不完的农产品，当地手工艺品等进行销售。三是提高土地流转费。对租赁给各景点的土地流转费进行适当提高，平均相比一般土地流转，费用每亩增加 150～300 元。

【主要成效】

（一）村民收入逐步增加

张马村农民通过“四园一岛”（太阳岛）再就业，包括 136 人全职（每月 3 000 元）、142 人兼职（一天 120 元），实现岗位适配，增加工资性收入；通过开设餐饮店、杂货店以及建立 5 家合作社，增加经营性收入。

发展乡村民宿，利用农民闲置房屋规范流转到张马村村民委员会平台，现有的 40 余栋民宿以每年每栋 3 万元的收益进行出租（每年环比增长 3%），由民营专业公司统一规划民宿选址、建设及规范运营。同时，张马村民宿发展还与木船俱乐部及新型零售等品牌业态布局相结合，带动了当地就业人数 30 余人。另外，张马村还吸引了大学生创业及乡村青年回乡创业。

（二）公共服务不断完善

整合管理资源，全面提升公共服务，提高村委综合管理水平和办事效率，包括健全和加强村民小组长队伍建设、“两委”班子“下沉式”办公；建设张马游客接待中心、卫生和老年人日间照料中心、“一站两中心”、农家书屋、百姓戏台、综合文化活动中心等。开设“张马频道”，社区信息化平台让村民可以监督、参与村务村事，足不出户就能享受就业、交通、社区事务办理等各类信息和服务，切实提升村民的获得感、幸福感和安全感。

张马村良好的生态环境和休闲农业产业园、泖河文化、泖岛遗址、泖塔旅游资源丰富，规划清晰，既有村庄规划又有旅游、农业发展等相关专业规划。通过张马村不同的投资主体，“镇村企业＋合作社＋农户＋民营企业”共同发展，来带动整村的建设和发展模式。发展中的张马村正在践行“产业兴旺、生态宜居、乡风文明、治理有效、生活富裕”的乡村振兴总体要求，努力打造富有江南特色的乡村振兴示范村。

江苏省无锡市惠山区阳山镇桃源村

【基本情况】

桃源村位于无锡市惠山区阳山镇旅游度假区核心地带，区域面积 4.1 平方千米，25 个村民小组，户籍人口 3 179 人。近年来，桃源村积极探索乡村治理体系建设和产业振兴，加快提升村民参与度和游客满意度，先后荣获全国最有魅力休闲乡村、中国十佳小康村、全国文明村、中国美丽乡村百佳范例、全国生态文化村等诸多荣誉称号。

【主要做法】

绘蓝图，抓落实。桃源村坚持一张蓝图绘到底，全力合一求突破，聘请江苏省城镇与乡村规划设计院编制整村未来 10 年的发展规划，综合考虑村庄功能、产业和发展方向，将自然村划分成特色村、重点村、发展村 3 类，确保实现“一村一品牌、一村一特色”，形成“一轴一核四板块多节点”的空间结构。“一轴”是以贯穿村庄主干道形成休闲观光旅游主轴，“一核”是以“党群同行・幸福桃源”党建品牌为核心，分农享、农创、农聚、农养“四板块”，打造前寺舍观光、山南头体验等节点，为美丽乡村建设打下基础。

强治理，育乡风。全村围绕法治、德治、自治，深入推进乡风文明培育行动。树新风，通过制定《村规民约》，将百条家训制作上墙，开展家训认领活动，厚植淳朴民风。对涌现出的乡贤事迹、好儿媳、典型人物和优秀工作者加强宣传报道，推进乡贤文化建设，发挥道德感召力。每逢传统节日，党员组织家庭成员开展“过佳节、谈家训、话清廉”交流谈心，采取“面对面”交流、分户走访动员等多种有效形式，加大对“观望户”“钉子户”的思想发动，广泛动员群众积极参与美丽乡村建设。亮身份，推进自然村村民自治试点工作，一方面借前寺舍成功入选江苏省首批特色田园乡村建设试点的契机，村“两委”鼓励党员亮身份成立党小组；另一方面引导村民采用无记名、无候选人、当场唱票的投票方式成立“前寺舍村民自治理事会”。由党员和理事会带动村民积极参与村庄建设，让理事会理村中事。2019年，村民自治理事会在全村铺开，9个村民小组先后成立了理事会，开创村民自我服务、自我管理、自我决策的新局面。融三建，成立新时代文明实践站，融入党建、村建、家建三元素，成立了集党员干部远程教育点、图书阅览室、道德讲堂、志愿者服务站、党员农户学习中心点、村民议事处为一体的多功能活动室，打造了理论宣讲、书画展示、文艺演出等队伍，共同参与新时代文明建设。新时代文明乡风、社会主义核心价值观如春雨般细无声地走进百姓心里，内化于心、外化于行，逐渐改变村民的行为方式和思想观念，让百条心的老百姓拧成一股绳，带头做美丽乡村建设的实践者。

建设施，优环境。立足村民需求，开展村庄规划和环境整治提升，对自然村逐个进行全面洁化、绿化、美化、亮化“四化工程”，让农村旧貌换新颜。管网入地，2020年年底，全村340户村民的水、电、气、污水管网、强弱电管线全部入地，解决由于房屋错落导致的电线杆凌乱问题，同时完善电力、通信设施，实现电力、电信、有线电视家家入户，并通天然气，进一步提升村民幸福指数。创“最美河道”，桃源村立足村情，以全面构建“河畅、水清、堤固、岸绿、景美”水生态体系为总目标，对河道进行清淤整治，将水系沟通，种植莲花、荷花等水生植物，打造沿河绿化。种“最美月季”，种植5 000株爬藤月季，由村民认养管理，完善绿化。建“最美庭院”，通过美丽家园评比活动，引导村民从点滴做起，三月看桃花，四月看兰花，五月看月季，六月看荷花，打造四季花开桃源，以小家带动大家美，营造共创、共建、共享的浓厚氛围。

【主要成效】

产业发展，拓宽增收渠道。阳山水蜜桃是“中国名牌农产品”，也是桃源村农业发展的主导产业，全村水蜜桃种植面积4 500亩，亩均产值近2万元，人均年收入4.7万元。立足桃产业，每年组织高素质农民培训，采取“互联网+”等方式，吸引大学生返乡创业，两年内互联网电商收入每年每户均增收1万元。延伸桃产品，以“桃”为媒，开发桃花酿、桃胶、桃花茶等延伸产品，并设计商标、包装，创造了“桃源仙境”品牌。

乡贤引领，村民变股民。十多位村内有群众基础、有威望、有丰富调解经验的老支书、老村长、老干部，成立了“老娘舅工作室”，在“老娘舅工作室”、党小组、村民自治理事会的见证下，桃源村以“群众入股+合作社入股+社会资金入股+政府支持”的形式，成立了大路头水蜜桃专业合作社，以水蜜桃产业为核心，积极发展休闲观光农业，村民可以将土地、宅基地使用权进行流转从而获得资产性收入，也可以自己经营民宿、创办农家乐获得经营性收入，变单纯的“卖桃赚钱”为综合的“以桃兴业”，拓展农业新功能，发展新业态，同时也盘活了闲置宅基地，带动强村富民发展特色田园乡村、提升农村经济建设与推进创新服务。全村拥有民宿 10 家，其中 2 家正在装修中。前寺舍流转村民 6 户危旧房屋由民间资本打造成民宿、茶室、餐馆，村民每年获得 2.8 万元资产性收入，集体每年增收 1.3 万元。2020 年，桃源村将打造集桃文化创作、产品创意衍生、创作互动、主题民宿为一体的艺术体验馆。

农村资源得到了整合利用，让出去的人能返回来，把小时候住过的房子，当作一种产业来做，让农民逐渐成为乡村振兴的主力军，瓦房变民宿，农民变老板，房东变管家更是股东。民宿、茶室、餐饮、农家乐等业态不断丰富，村民的想法逐渐得到实践，村民增收渠道不断拓宽，当美丽乡村建设成为全体村民的共识时，乡村振兴将在全村掀起实干热潮。

江苏省昆山市锦溪镇计家墩村

【基本情况】

计家墩村坐落于昆山市锦溪镇南部，是由计家墩村和张南村 2 个自然村合并组成，所辖区域 1.7 平方千米，耕地 575 亩，村庄周边稻田环绕，村内河道纵横、村舍依水而建、错落有致，是一个典型的江南小村落。随着乡村振兴战略的实施和休闲观光农业的发展，现在的计家墩村变成了乡村休闲旅游的网红打卡地和强村富民的美丽新乡村。

【主要做法及成效】

（一）乡村振兴，挖掘乡村特色、突出优势产业

计家墩村最东面，是计家墩砖瓦厂经年累月烧窑形成的取土废坑。2012 年，锦溪镇党委政府秉持富民强村理念，开始探索如何通过古镇游带动乡村游，这一取土废坑借时借力，摇身一变，化为景色宜人的生态休闲公园，计家墩乡村旅游开始萌芽。

在乡村振兴的大背景下，计家墩借助时代机遇的推动力和社会资本的竞争力，深挖计家墩村毗邻上海、靠近古镇、河清水美的优势资源，计家墩村党总支按照乡村振兴“二十字”总要求，以“党建搭台、人才唱戏、品牌树立、村民受益”为工作思路，通过打造“创客、乡建、管家”三个学院，吸引人才返乡建设。

通过多年的匠心打造，实现了计家墩由内焕发出的产业兴旺。计家墩自然村以“田园＋旅游”模式，着力发展民宿集群特色产业，2020 年，村内共有 27 个特色业态，其中 12 个各具特色的民宿业态吸引了众多游客前来入住、体验。另外，围绕民宿配备了餐饮、手工体验等休闲配套设施，举办了多次亲子活动、社会实践、团建、农事活动。

（二）党建搭台，配备基础设施、完善休闲要素

为了搭建好计家墩乡村游这个农旅融合大平台，锦溪镇党委引资乡伴文旅，共建计家墩理想村。废弃的村委会大楼改造成为了文化展厅和特色餐厅，一座座闲置农村房舍通过招商引资变成了一家家独居风格的民宿。为了支持民宿业的发展，引进了具有乡村元素的手工体验、茶舍、书店、亲子乐园，每一家新业态的开张，不仅意味着丰富了观光旅游的体验，更意味着为本地居民提供了大量的劳动岗位。

为提升农田实际效益及观赏价值，计家墩村对民宿周边的 300 余亩农田进行了高标准整治，合理划分田块、有效规整田埂，并完成了高标准 U 型沟渠的改造工作。2019 年，村中种植向日葵花海、彩色油菜花花海等观赏作物，将计家墩村打造成为众多游客“网红”拍照的取景地。2020 年，种植有“不负韶华 我们都是追梦人！”彩色稻的农田，进一步提升了计家墩村的“颜值”高度。依托优美的村居环境，计家墩

村举办了各类农耕体验活动，如插秧、割稻、扎稻草人等亲子活动。

发展绿色农业，积极配合申报江苏省绿色优质稻谷基地，使用优良水稻品种，按照要求使用农药化肥。精心设计绿色农产品，利用彩色油菜花压榨彩色菜籽油，让菜籽油拥有“浪漫情怀”和“彩色故事”，提升农产品的附加值。菜籽油在各民宿广获客人青睐，进一步增加农地股份合作社的收入。

计家墩村围绕道路、水系、安全、环境开展了各项基础设施建设工作。完成了三级道路铺设，合计约 11 千米；完成污水管网铺设、天然气管道铺设等工作，生活污水纳入统一管理；完成了民宿区内的河道清淤、河岸整治、道路修整、绿化提升等一系列人居环境建设工作，为游客提供更加优美的游玩环境和更舒适的服务体验。完成村口门头的景观建设、村内道路景观建设、各类指示标志设置、民宿内垃圾分类工作，为休闲观光农业的发展提供了良好的服务，为计家墩理想村的建设奠定了坚实基础。

做优人居环境。以党员先锋“十带头”和“干净锦溪义务劳动日”为契机，计家墩村形成了“党员干部带头干，党员家庭带头清”的良好风气，累计开展党员带头整治行动 15 次以上，引导村民从一开始的“笑着看”到“跟着干”。在党员群众的共同努力下，计家墩村在 2019 年获得了苏州市农村人居环境整治示范村、苏州市高标准田园小综合体示范基地荣誉称号。

（三）人才唱戏，共建文明乡风、共享致富成果

乡村培养人才。一是持续深化“三个学院”，大力“引”“留”乡建人才。加强与同济大学、上海交通大学的交流学习，为乡村振兴提供源源不断的外脑力量。完善创客学院的引进、孵化、培育流程，为创业青年提供交流、共享、互助的平台。常态化开展保安、保洁、保绿专业化培训，让就业帮扶辐射周围更多村庄。二是成立创新创业讲师团，吸引更多青年投身乡村振兴。计家墩村乡伴联合成立创新创业讲师团，以“乡村创客的商业模式画布”等为主题，开设创新、创业公益培训班。三是打造“8090”众创空间，打通创新创业“最后一公里”。以青年创客为主体，整合社会资源，建立“青年创客”书吧、咖啡馆等阵地，定期举办项目的发布、展示、路演等创业活动，将这里打造成为创客们思想碰撞之地和梦想实现之地。

人才反哺乡村。打造“创客学院”“乡建学院”，吸引建筑设计师、企业高管、手工艺爱好者等 30 多位乡建人才返乡建设，引进社会资本 1.8 亿余元，大乐之野、溪地清舍、陶庐、爿木等知名民宿和体验项目纷纷入驻，集主题民宿、文化休闲、众创空间、田园观光等功能于一体的新乡村生活体验区已初步成型。优美的乡村风光、丰富的农田活动和手工体验，不仅吸引着亲子家庭，也获得了许多团建项目的青睐；摄影展、美术展、巴金图书展等富有文化气息的活动也纷纷落地计家墩村。2019 年，全村累计接待游客 10 万余人次。

共建文明乡村。十几家民宿开张，“三市七坊”运营为本地村民提供了众多工作岗位。此时“新村民”与“老村民”都是计家墩村的村民，共同遵守村规民约，传承发展淳朴的民风。聘用淳朴的“老村民”在高端、时尚的民宿里工作，为民宿增加了淳朴的乡村气息；民宿的优雅时尚也改变了很多“老村民”的观念，计家墩新老村民的融合促进了文明乡风的发展。“做文明计家墩人，共同推进计家墩的发展”成了新老村民心中共同的村规民约。

（四）品牌树立，乡村振兴结硕果、共同发展好前景

随着计家墩理想村这一乡村品牌的走红，不仅吸引游客前来参观游玩，许多高校、研究所也纷纷在计家墩村设立基地，同济大学

实习基地、上海市欧美同学会文化艺术与创意产业分会昆山基地、南京大学乡建联合中心纷纷落地。

在计家墩村，70 余位 50 后、60 后村民通过“管家学院”党建富民平台实现了再就业，村民每年总计增收 200 余万元。同时，计家墩村党总支以建设苏州市高标准田园小综合体和共享农庄为契机，积极探索“农旅”融合发展，打造亲子采摘绿色农场，依托民宿流量资源，输出计家墩村特色农产品，如本地菜籽油、黑玉米、西瓜等。2019 年，该村获评江苏省休闲农业精品村。通过“三市七坊”富民平台，实现“周周有集市、月月有活动、季季有产品”，拓宽村民致富渠道，2020 年可实现农业增收 40 余万元。

计家墩村，凝聚了各级党组织振兴乡村的期望，承载了各方乡建人才创新创业的理想，也汇聚了当地老百姓勤劳致富的美好愿景。接下来，计家墩村党总支将以习近平新时代中国特色社会主义思想为指导，强化党建引领，发挥堡垒作用，一步一个脚印，攻坚克难、踏实前进，不负时代机遇，党员群众同心打造计家墩理想村，全力以赴建设中国美丽休闲乡村，为实现“产业兴旺、生态宜居、乡风文明、治理有效、生活富裕”的乡村振兴的美好蓝图而不懈奋斗。

浙江省台州市仙居县

【基本情况】

仙居县立足独特的生态优势、山水资源、乡村格局和人文景观，在全域大花园建设中着力培育壮大乡村休闲产业，努力推动美丽乡村蝶变升级、美丽经济裂变发展，以产业振兴加快乡村振兴，并取得了阶段性成效。仙居县先后被评为全国休闲农业与乡村旅游示范县、中国最佳乡村旅游度假目的地、全省美丽乡村示范县。2019 年杨梅节期间，仙居县旅游总收入 9.9 亿元，油菜花节期间，旅游总收入 17.96 亿元。

【主要做法及成效】

（一）全域谋划，找准乡村休闲产业发展方向

始终坚持把乡村放到全域大花园建设的总体战略中统筹谋划、一体推进，着力为乡村休闲产业发展优化布局、找准重点、明确路径。第一，在布局上，按照“全域景区化、景区一体化”总体规划，全面优化美丽乡村“一带五线”空间发展格局。2020 年重点围绕环神仙居区域，成立专班，拨出专款，对该区域产业布局、生态环境、道路景观、村庄风貌进行系统规划和整体提升，着力打造环神仙居大花园建设示范带。第二，在重点上，以示范性农业全产业链“二二三”提升工程为牵引（杨梅、仙居鸡 2 条产业链，10 亿元；油料、华统养殖 2 条产业链，5 亿元；中药材、绿色稻米、特色干鲜果 3 条产业链，1 亿元），着力在挖掘内涵、拓展外延中培育、嫁接和衍生乡村休闲产业。2019 年，杨梅、仙居鸡产业已入选省级全产业链项目。第三，在路径上，树立现代产业经营理念，进一步淡化产业界限概念，坚定走好产业融合、绿色高端、品牌经营、新业态培育之路，通过积极争创全国农村一二三产业融合发展先导区、国家级美丽乡村标准化试点、农业农村部粮食绿色高质高效创建示范县、省级现代生态循环农业整建制推进县等载体，以工作高标准推动产业高质量发展。

（二）全景打造，厚植乡村休闲产业发展根基

始终坚持把乡村作为一个生命共同体来对待，坚定不移走好有机更新、经营乡村之路，加快推进美丽城区、美丽城镇、美丽乡村、美丽庭院协同共美，着力为乡村休闲产业发展提供土壤、培育基因、输送养分。第

一，做好远近结合文章。突出规划布局刚性执行，区分轻重缓急，科学安排建设时序，做到集中力量办大事，加快美丽乡村串点连线成面步伐，截至2019年，成功创建美丽乡村风景线7条，省级新时代美丽乡村达标村78个（其中精品村26个）、“一村万树”示范村11个、3A级景区村庄19个、市级美丽乡村精品村25个。第二，做好内外兼修文章。注重“面子”“里子”一起抓，大力推进“六个一”工作制度、负面清单图集管理办法，系统推进村庄格局脉络梳理、公共空间拓展和重要节点打造，深入实施污水、垃圾、厕所、庭院“四大革命”，稳步推进基础设施和公共服务提档升级，努力让乡村更有韵味、更具魅力、更能吸引人。第三，做好古今融汇文章。将历史文化古村落作为仙居宝贵的资源，遵循在保护中发展、在发展中保护的理念，改变“保护古建筑就是保护古村落”的认识误区，推动整个村落的形态重塑、神态重铸、活态重生，较好实现了历史与文化有机融合、传统与现代交相辉映。截至2019年，累计创建了39个传统村落（国家级35个、省级4个）、28个省级历史文化村落（重点村4个、一般村24个）。

（三）全业融合，增强乡村休闲产业发展实力

始终坚持把乡村作为一片“新蓝海”来开拓，保持定力、持续发力，以供给侧结构性改革的思维，更加注重乡村产业全业态融合、全链条培育、全方位发展，着力为乡村休闲产业发展赋能、提质、增效。第一，大力发展休闲观光农业。通过建设最美田园、深化农旅融合、打造“四季花海”、举办农事节庆活动等途径，让农业更有趣味性和观赏性。仙居县现在共有6个田园牧场入选浙江省最美田园，油菜花、杨梅等观光带入选中国美丽田园，仙居县连续举办了23届杨梅节、12届油菜花节。第二，有序推动民宿经济迭代发展。以环神仙居景区为依托，大力发展高端精品民宿区，新引进落地投资亿元以上规模的高端民宿6个。设立每年1 000万元民宿（农家乐）休闲旅游发展基金，配套制定扶持奖励政策，引导走品质发展之路。探索成立民宿（农家乐）管理协会等社会组织，不断提升经营业主标准化运维、合作化管理水平。目前，全县民宿（农家乐）经营户、床位数分别达到484家、7 816张。第三，积极创新乡村产业宣传营销模式。顺应网络销售新趋势，加强与大型网络销售平台合作，创新新型推介销售方式，实行线上线下同步进行，进一步打通城镇居民下乡、农产品进城渠道。近三年，“仙居杨梅”通过在上海举办推介会，仅顺丰快递上海流向的快件量年均提升23%。新冠肺炎疫情期间，仙居县探索尝试仙居鸡“杀白上市＋品牌销售＋超市专柜”模式，及时破解滞销问题。

（四）全面激活，强化乡村休闲产业发展支撑

始终坚持把乡村作为全面深化改革的重要阵地来攻坚，在深化农业农村各领域改革中发现问题、破解难题，着力为乡村休闲产业发展激活主体、激活资金、激活要素。第一，在激活主体上，依托政府、市场平台，深入推进“两进两回”行动计划，鼓励工商资本上山下乡，引导广大乡贤反哺乡村，依托仙居乡村振兴学院深化校地合作、提升乡村经营主体素质能力，在内育外引中强化乡村休闲产业发展的人才支撑。第二，在激活资金上，加强涉农财政资金整合，建立健全统筹使用长效机制，2019年，仙居县共整合涉农财政资金6亿元，大大提升了使用绩效。坚持问题导向，不断强化金融、保险政策创新，与相关银行合作推出美丽乡村精品贷、安居贷、创业贷等系列产品，共发放各类助农贷款2亿多元，创新杨梅采摘期降雨气象指数保险、茶叶低温气象指数保险等地方特色险种。2019年，共有6 341户梅农，投保

832 万元，中国财保理赔梅农 2 137.87 万元，帮助梅农大大规避了生产风险。第三，在激活要素上，稳步推进农村土地“三权分置”、农村土地确权等改革的同时，全面启动“一户多宅”和历史遗留非法住宅整治，2019 年，全县 38 个试点村整治工作全面完成，腾出面积 9.7 万平方米。积极探索美丽经济投资有限公司运营模式，注重对乡村优质资源的收储、开发和经营，现已有 2 个区块项目正在有序推进中。

安徽省合肥市长丰县
杨庙镇马郢社区

长丰县杨庙镇马郢社区，地处皖中江淮分水岭，地势起伏落差大，水利设施薄弱，自然资源匮乏，是典型的没有山、没有河、没有景点的“三无”村。马郢社区通过发展休闲农业和乡村旅游，在短短 4 年时间，从零游客到累计接待游客 30 万人次。社区先后获得全国乡村旅游重点村、安徽省十大乡村旅游扶贫线路、省级乡村旅游创客示范基地、合肥市休闲农业示范点、合肥市中小学研学旅行基地等荣誉称号。安徽商报全媒体小记者营地就设在社区，万达环球国旅行知学堂研学基地也在这里挂牌，安徽大学在这里成立了乡村振兴研究院，安徽商报、合肥晚报、新安晚报等几乎所有媒体记者均来过这里体验农耕生活。淮南、蚌埠、宿州的小朋友们来这里游玩，北京的高中生来这里研学，台湾地区的小朋友来这里体验农耕生活。马郢社区还在按照 3A 级景区标准完善基础设施和旅游产品，致力于打造亲子教育高地、乡村生活体验目的地，通过乡村旅游带动产业融合发展，实现脱贫致富。

【基本情况】

马郢社区全村共有 12 个自然村庄，456 户，1 801 人，村域面积不足 5 平方千米，地貌为典型的丘陵地貌。在 2014 年之前，村民主要经济收入为一年两季水稻和小麦的传统种植业。与全国的大多数乡村一样，马郢社区面临着劳动力缺失、传统农业收入较低以及基础设施匮乏等困境。2014 年，在杨庙镇党委政府和选派单位市公管局的大力支持和指导下，驻村扶贫工作队与马郢社区“两委”一起，通过深入调研、大胆尝试，结合马郢社区交通便利、农耕文化、生态良好和乡风淳朴等自身优势，主打成长教育和乡村生活两大主题体验，主攻乡村旅游中的细分市场亲子旅游。马郢社区逐步探索出发展乡村旅游，逆向驱动产业融合发展的旅游扶贫之路。

【主要做法】

回顾 4 年来发展乡村旅游的历程，马郢社区总体思路是：把村庄、田野和乡村生活作为乡村旅游的主打产品，让农户成为乡村旅游的主角，把旅游扶贫作为始终不渝的目标，循序渐进，因地制宜的发展乡村旅游。

（一）坚持政府引导，鼓励村民创客发展乡村旅游

每一个乡村都有发展乡村旅游的潜质，但并不是每一个乡村都适宜发展乡村旅游。乡村旅游需要有宽阔的场地和有便利的交通，有合适的人经营。在乡村旅游发展初级阶段，这些都需要政府的主动引导和支持。长丰县委县政府、文化和旅游主管部门、农业主管部门、杨庙镇党委政府以及选派单位合肥市公管局在马郢社区发展乡村旅游的过程中给予了极大的支持和帮助。通过制定旅游规划、完善基础设施、政策引导资金奖补、举办文旅活动等一系列措施，明确了乡村发展方向、完善了基础设施建设、增加了游客承载量、激活了村民创客发展创业的内生动力、扩大了马郢乡村品牌的知名度和影响力。

（二）坚持村民创客主体，营造浓郁乡村生活氛围

马郢社区发展乡村旅游，始终坚持以村

民创客为主体，充分激发村民创客创业兴业的内生动力，让创客根据自身资源优势，结合马郢社区发展规划，发展各自的产业。村内共有28家经营主体，其中百亩农场6个，不同主题的体验点9个，各具特色的农家乐5家，乡村民宿1家，为游客提供农事体验、自然体验、马术体验、垂钓体验、瓜果采摘、乡村美食等不同的产品，根据不同的季节开展插秧、采莲、钓虾、割稻、播种、喂羊、骑马、烧烤、土菜等，在乡村旅游过程中，村民既是产品的设计师，也是乡村体验的引导师，同时还是提供餐饮服务的厨师，游客来到村里就像是走亲戚或者回老家，在游玩体验的过程中感受浓浓的乡愁。

（三）坚持开放和分享的发展理念，广泛建立协作关系

发展乡村旅游与其他行业一样，都需要广泛的协作，充分整合资源才能顺利发展。马郢社区在发展乡村旅游之初，就明确了开发和分享的发展理念，不限定合作方，积极拓展与研学机构、亲子旅行、亲子教育机构的合作，先后与万达环球、中青旅、安徽商报、大地亲子、合肥论坛、斯达童子军等多家旅行和亲子教育机构建立合作关系，共同开发体验产品和活动。在与同机构的合作过程中，增加了关注度，丰富了产品，完善了服务能力，优化了环境。

（四）坚持让乡村更美好让村民更富裕的目标，获得村民支持

马郢社区在发展乡村旅游的过程中，始终坚持让乡村更美好，让村民更富裕的目标。坚持把乡村旅游和乡村建设有机结合，宣传引导乡村旅游经营户担任乡村环境的守护者、乡村建设的示范户、村民增收的带头人。社区提出人人都是解说员、人人都是保洁员、人人都是宣传员、人人都是安全员，并整合所有产业资源，成立乡村旅游合作社，搭建马郢社区运营和管理平台，设立乡创学堂，为创客成长和交流搭建学习平台；建立产品标准，引导和规范创客提升服务水平和产品质量；加强品牌建设，不断提升马郢乡村品牌IP；打通销售渠道，为村内产品解决销售难题。探索合作社集体股东模式，马郢社区全体村民都可以享受到发展红利，增加获得感。

（五）坚持以点带面循序渐进的发展模式，确保可持续发展

在发展乡村旅游的过程中，社区始终坚持以点带面循序渐进的发展模式，充分尊重村民创客自身意愿，充分尊重市场需求，对愿意发展乡村旅游的村民予以指导和扶持，不搞一哄而上，也不搞成片开发，根据村庄和农户自身特点发展乡村旅游。社区最先发展起来的是农事体验，游客来了之后又逐步发展了草莓、西瓜、稻虾种养殖基地和农家乐，社区现正在建设文创园和民宿，通过一个个产业点的发展，激活整个乡村的内在发展动力，让村民对家乡有信心，创业有激情，干事有动力。

【主要成效】

游客量实现指数级提升。从2014年之前的零游客，到现在的年游客量突破30万人次，发展乡村旅游的5年时间，实现了游客指数级增长。

驱动产业发展效果明显。在2014年之前，村内主要以水稻和小麦等传统农业经济为主，2019年，已经形成千亩田园综合体，拥有各类创客28家，总产值1 430万元，其中现代绿色生态农业8家、乡村体验点9家、农家乐5家、民宿1家，产业驱动效果明显。

带动村民增收成效显著。马郢社区吸纳本地200余名村民就业，带动农户直接经济收入近420万元，旅游扶贫带动40户贫困户通过创办农家乐、务工以及销售农产品，年均增加收入100万元。通过成立专业合作社，将村民纳入乡村旅游中来，2019年年底，合作社第一次分红，为全村60岁以上的老人购买了意外保险。

村容村貌和乡风持续改善。通过发展乡村旅游，在政府和主管部门的支持下，基础设施得到了大幅度提升，村庄更美、道路更宽、环境更优。为满足游客需求，各产业点通过养花种草、文创设计改善环境，成了乡村独特的风景。游客来了为乡村带来了人气和希望，社区举办“中华颂．长丰杯”“牡丹奖名家进基层”“马郢有戏”“朗读者”“村晚”“丰收喜乐会”“庐剧交响乐”“篝火晚会”“巢湖民歌交响乐”等各种文化主题活动，丰富了村民的精神生活，村民们提升了主人翁意识，自觉维护乡村环境，自觉担任志愿者，进一步促进了乡风的改善。

福建省泉州市安溪县国心绿谷生态茶庄园

安溪县地处福建省东南沿海，厦门、漳州、泉州闽南金三角西北部，人口 120 多万人，交通便捷，已融入泉州、厦门“一小时经济圈”，是世界名茶铁观音的发源地、中国乌龙茶（名茶）之乡、中国藤铁工艺之都、首批国家现代农业产业园。安溪县地处晋江源头，森林覆盖率近 70%，先后获得国家级生态县、国家园林县城、国家农产品质量安全县、十大最美茶乡、福建十大醉美县城等荣誉称号。

安溪县大力发展和扶持休闲农业和乡村旅游业，全县已建成八马、华祥苑、国心绿谷等 10 家上规模、上档次的茶庄园，创建了 25 家省、市、县级休闲农业示范点企业，休闲农业和乡村旅游产业正在安溪县掀起热潮，不断助力安溪乡村振兴发展。

【基本情况】

安溪县国心绿谷生态茶庄园地处尚卿乡黄岭村，建于 2011 年。多年来，国心绿谷生态茶庄园大力发展休闲农业和乡村旅游，经营范围涵盖吃、住、行、游、购、娱的完整旅游产业链，可为游客提供“一站式”集休闲度假、养生保健、农家体验、亲子娱乐、拓展培训、商务会议、居家住所等为一体的高标准茶文化乡村休闲旅游示范基地，也是安溪县对外宣传的一张新名片。国心绿谷茶庄园先后获得中国茶业行业综合实力百强企业、省级重点龙头企业、福建省观光工厂、福建省级养生旅游休闲基地、福建省生态茶园示范基地、福建省名牌产品、福建省智慧产业园、泉州国家农业科技园区示范基地、泉州市休闲农业示范基地、安溪县金牌茶庄园、国家 2A 级旅游景区等多项荣誉。

【主要做法】

（一）整合利用生态资源，逐步实现茶旅完美融合

依托黄岭村的山水田园自然风光和特色茶叶产业、民俗文化和农耕文化，重点打造泉厦农业观光体验、泉厦民俗风情体验等乡村旅游精品线路。

国心绿谷生态茶庄园距安溪城区仅 50 千米，距离厦门仅 2 小时、泉州仅 1.5 小时车程，海拔高度 850～1 180 米，气候温润，平均温度 17～20℃，早晚云雾笼罩，生态铁观音茶园面积达 1 万余亩，拥有峰、谷、林、溪等多样化的生态环境，不仅是铁观音最佳的生长地，也是最适宜康养人居、休闲度假的养生圣地，是安溪县十大金牌茶庄园之一。

国心绿谷通过探索未来的发展模式，将茶产业与旅游业进行完美融合，依托得天独厚的资源优势，以茶文化为魂、旅游业为体，用安溪独有的茶文化提升旅游品质，用旅游彰显茶文化的深厚底蕴，不断推进文旅融合发展。

（二）丰富乡村旅游业态，全面打造农业田园综合体

国心绿谷加强功能拓展，延伸特色产业链，累计投入 2 亿多元，建设国心堂茶文化体验厅、茶园花岗岩滑道、闽南民俗露天广

场、多功能会议厅、玻璃观景台、仿古长城、铁观音广场、国心绿谷双铁文化主题邮局、体验拓展训练基地、闽南风格的古厝生活区、网红桥、采摘体验、15 千米登山建身游步道等旅游娱乐项目。

2019 年，国心绿谷生态茶庄园田园综合体已具备茶庄园旅游、茶文化传播、书画艺术展示、康养休闲、酒店住宿、多功能宴会厅、农家餐厅、制茶体验、超市购物、培训拓展等综合项目。节假日时，酒店住宿一房难求。国心绿谷生态度假酒店，坐拥生态茶山，将绿意与茶香淌入室内，白墙飞檐与户外茶田环绕，植被葱郁的自然氛围契合无间，茶园青青，古木森森，鸟语丛林，掩映在竹林的村落，飘出缕缕炊烟，在不经意间，让人仿佛已归隐田园。

国心绿谷生态茶庄园已做好休闲农业规划，在未来 3 年内，计划再投资 5 000 万元建设 300 亩的田园综合体一站式体验服务，涵盖闽南风格的古厝生活区、闽南特色小吃、原始农耕农具体验、农副产品种植、采摘、水库垂钓等一系列体验项目。

（三）深化村企互动融合，充分发挥联农带农作用

2019 年，“村企共建”正成为新农村建设的一种潮流，国心绿谷与黄岭村共建“合作社＋基地＋茶叶种植户”新型村企合作模式，村里提供茶园、林地等资源，企业则提供资金、技术，村民自愿加入，以此拓宽村民的就业增收渠道。黄岭村村集体以及村民所属的耕地、山地，用来规划特色种养、旅游观光项目，形成项目套餐，让村民以土地入股的方式，盘活土地，农产品变商品、景色变景观，做大黄岭村旅游经济，让村民全面分享“美丽红利”。

国心绿谷生态茶庄园通过与当地农民开展各项协作，提供技术帮助，不定期组织技术顾问、专家团队与当地农民一起参观学习，积极指导茶农种植、生产茶叶，带动了周边 380 多户农民创业增收，吸纳当地劳动力达 600 人。另外，村民还可以到国心绿谷生态茶庄园就业赚钱，同时，村民大力发展农家乐和民宿，保证低收入农户的收入。经过多年的发展，国心绿谷生态茶庄园逐步探索出了一条“政府引领、村委主导、村企共建、全民参与”的乡村振兴发展路子。

【主要成效】

（一）带动乡村旅游业向前发展

随着国心绿谷品牌不断打响，安溪县黄岭村茶旅线路也被炒热，来自厦漳泉以及其他省内外的游客不断增多，率先参与或入股的村民的腰包鼓了，这让更多村民看到了希望。黄岭村在外的村民争先返乡参与建设，全村俨然成了一座可供游客欣赏茶园全景、采茶体验、烧烤、唱山歌、露宿营地等一体化的茶庄园。近几年，游客量年均达 40 万人次，年收入6 000多万元，是泉州市远近闻名的休闲度假好去处。

（二）推动茶产业茶文化融合发展

安溪县产茶、制茶、饮茶历史悠久，具有丰富而深厚的茶文化，国心绿谷茶旅的不断发展，在推动一二三产业融合发展的同时，也增加了本地茶文化的附加值，延长了旅游业的产业链。“茶＋旅游”满足国心绿谷融合企业形象、品质标准、黏合客户等多功能需求，带动当地茶产业的发展，也丰富了安溪铁观茶文化。为了传播安溪茶文化，茶庄园建设有生态茶园、国心堂茶文化体验厅、茶园滑道景观、茶文化主题邮局、铁观音广场，广大游客在此可以体验铁观音茶叶采摘、制作、品鉴等过程，茶庄园对安溪铁观音茶文化的保护传承和发展起到了积极的推动作用。

（三）助推乡村振兴实施发展

国心绿谷通过深化村企互动和充分整合利用生态资源，不断助力黄岭村，以创建“特色茶产业＋休闲旅游＋康养文化”等综合体为核心，全力打造乡村全域旅游，持续推

动实施乡村振兴。当地村民通过在茶庄园就业或发展农家乐及民宿来增收，村集体以茶园入股的方式稳定了村财政收入，村企共建让黄岭村的人居环境越来越好，村容村貌颜值不断刷新。黄岭村先后获得多项省部级以上的荣誉，2013 年，荣获福建省生态村；2015 年，荣获福建省美丽乡村建设示范村；2017 年，荣获全国美丽乡村建设示范村和福建省农村产业融合试点示范村；2018 年，荣获福建省乡村振兴试点村。

江西省抚州市乐安县金竹乡大通村

【基本情况】

结合“旅游＋”模式，以旅游促发展，大力开发大通村旅游。一是整合村集体土地资源，重新盘活旧祠堂、空闲农屋等闲置资产，打造康养度假避暑养生胜地。由政府主导鼓励民宿、农家乐产业发展，成立了旅游服务公司，引导村民建成一批畲族特色民宿和农家乐，2019 年已做规划发展 10 户民宿，8 户农家乐，免费为其做高端设计，采取分三年进行奖补。二是利用国家民委帮扶优势，柔性引才引智，大连民族大学、南昌大学乡建所在大通村建立了实习基地，带动中小学研学旅行，为村民增收。三是依托旅游发展绿色农产品，让游客在欣赏风景的同时，还能在农户家体验采摘茅苔韭菜等绿色蔬菜，享受充满“小时候的味道”的原生态农产品。

随着旅游纵深推进，生态价值实现路径也开始显现，以前“没人要”的抛荒地，现在可以“生态作价”入股分红；以前“不起眼”的土坯房，现在被旅游公司抢着租赁。“绿水青山”就是“金山银山”正在成为畲乡人民的共识共为。全村将继续团结一心，切实把种植和养殖、农旅三大主导产业做出规模、做出成效，做成能让村民脱贫和致富的效益产业。

【主要做法及成效】

（一）旅游产品开发情况

大通村结合“旅游＋”的模式，坚持以生态旅游发展生态农业，以绿色农产品促进旅游发展，培育壮大稻花鱼、兰花、茅苔韭菜、黑笋干、土猪肉、小黄牛等一批绿色产业，稻花鱼 300 亩，均价 20 元/千克；养殖冷水石斑鱼 2020 年已可出售，售价 22.5 元/千克，预计为村集体经济增收 2 万元，且已新建石斑鱼基地 40 多亩；金竹飞瀑·赵云牛肉在抚州开设 11 家售卖点，牛肉 25 元/千克；金竹年猪在南昌开设专卖店，猪肉 15 元/千克，普遍比市场价高出一半，但仍然供不应求，生态价值正在转换为经济价值。这些原生态的农产品充满“小时候的味道”，深受孕妇、产妇、儿童喜爱，下一步大通村将进军抚州各月子中心、疗养院以及杭州、上海等发达地区。同时在村里建设一个酿酒坊专门出售畲家米酒，售价 10 元/千克的农家米酒酿供不应求。村子后的 160 多亩梯田已完成复垦，准备建设一个百亩蔬果采摘园，供游客体验田园风光，享受田园乐趣。同时，大通村以休闲度假为定位，着重打造暑期康养度假中心，为中老年人提供一个既能避暑度假又能修身养性之地。

（二）民宿建设情况

整个村庄民宿建设分四大类，大通村现有 6 家民宿。一是由东部战区陆军机关援建，把村里廖氏老祠堂及党群活动中心闲置房间改建成民宿；二是由大连民族大学及南昌大学购买当地村民老房屋改建而成，既可以当作两所学校学生的假期实习基地，又能在旅游旺季时对外开放营业；三是准备对接旅游公司将村里闲置房间打包出租，由旅游公司统一装修并对外运营，村民享受分红；四是由村民将自家房屋修缮改建成民宿。

（三）基础设施和公共服务设施建设情况

在创建过程中，始终坚持“以人为本”的方针，在基础设施上大力投入，景区主要功能性服务设施有了显著改观。一是设计王家汗、大通2座生态停车场，总面积达5 100平方米，同时可容纳大巴12辆，小车93辆。二是新建旅游厕所1座，占地80平方米，有男、女和亲子卫生间。三是成立了旅游服务公司，引导村民建成一批畲族特色民宿，可同时容纳100人入住。四是增加350余块标识标牌，有景点简介牌、游览指示牌、安全警示牌、游览提示牌、规章制度牌、政策公示牌等，按国家4A级标准，含中英日韩4种文字。五是县政府投资5.2亿元，27千米的旅游公路正在加紧施工，制约旅游发展的交通瓶颈将在2020年打破。

在加大景区硬件管理设施的同时，景区还进一步细化深化景区管理，提高服务质量，着力打造旅游的软环境。一是对老百姓宣传教育，本着“来者皆是客”的心态笑脸相迎。让游客深刻体会到当地的淳朴民风，给游客留下一个好印象。二是制订培训计划，利用一切机会，随时加强服务人员与老百姓的畲族文化培训。三是引进专业人才对景区进行管理经营。

（四）体制机制建设情况

在县委、县政府及上级有关部门的大力支持下，2018年启动了大通彩绘村的建设项目。同时，东部战区陆军机关政治部帮扶大通村建起了党群活动中心、6套安居房和石斑鱼养殖基地。在国家民委搭桥下，大连民族大学在大通村建立了实习基地。乡党委、乡政府积极对接南昌大学乡建所，通过现代“马良”们近两年的努力，截至2019年年底，大通村3 000余平方米的彩绘全部完成，一个融入青山绿水的彩绘村展现在了人们面前。

大通村有茅苔韭菜扶贫基地5亩，石斑鱼基地5.5亩。2020年准备打造后山百亩有机生态蔬果采摘梯田及中小学生实践教研基地。大通彩绘村创新“帮带”模式，坚持旅游富民，将村民引入产业链条，大力发展旅游观光、农副特产、餐饮民宿、文化体验、休闲养生等项目，为112名村民带来就业机会，让142户农户收入翻番，带动效果显著。2019年，因大通彩绘村建设及旅游产业带动贫困户4户、20人，户均增收3 500元。接下来准备打造整体民宿与农产品展销平台建设，每家每户以房间及田地入股，以此增加村民收入，建成后预计户均增收5 000元，全村贫困户12户41人都能享受到该福利。同时，带动农家乐农副产品销售，整个村小组已有8户农家乐挂牌，其中贫困户4家，其中一家已营业，为该贫困户增收2 000元。随着游客及设施完善，年均增收将以30%以上的比率增加。

（五）创业就业和经济社会发展带动情况

自大通彩绘村建设以来，以“中国第一彩绘村”为宣传利用各类网络平台进行宣传，陆续登上了新华社、人民前线、《江西日报》、江西新闻网等一批有影响力的主流媒体客户端，并在网络上受到众多网友的追捧。许多网友都是慕名而来，并在这里流连忘返。大通彩绘村打造了自己的专属主题曲及宣传片，同时，县摄影协会以“畲家八子带你游金竹”为主题拍摄了一系列的宣传照片。如今，大通彩绘村的名气已经辐射到了抚州周边各市县。同时，大通村在10年前就以村集体的名义注册了“畲竹”牌商标，以后，凡是村里生产的农副产品都可以用这个商标统一销售。同时，大通村已作为金竹畲族乡“三化”建设试点村进行设计规划，就农村居家养老建设、农村精神文明生活、村民生活方式转变、村民文化素养提升与自主产业发展等方面进行探讨研究。

山是同样的山，水是同样的水。大通彩绘村带来的人流客流，让39岁村民熊国莲看到了发家致富的机遇。她把家里装饰一新，在家里办起了农家乐，她家里养的土鸡，种的菜都很受游客的欢迎，虽然游客不多，但相信以后会越来越好。在广东打工的贫困户潭洪明今年没有外出，家里建设得这么好，就舍不得出远门了，他年初购进了 2 000 多只鸭苗，在家养起了鸭子。大通村新开挖了石斑鱼养殖基地，面积有 40 多亩，作为集体经济增收的重要途径。栽下梧桐树，引得凤凰来。北京的一家旅游公司不远千里来到大通村，想在村里承租村民的房子发展民宿，目前已经谈妥了 3 家。现在村里群众的观念都转变过来了，大家都认准了走生态旅游的路。

【经验启示】

大通村凭借当地生态旅游资源和畲乡文化相结合，通过主题鲜明、创意新颖、图文并茂的标语、漫画、小故事等形式，勾勒出“美丽乡村”建设的蓝图，让这个曾经斑驳老旧的村庄，变成了“人在画中行”的自然与人文结合的彩绘新村。这样既保护传承了当地文化，又能靠山吃山、靠水吃水，直观地阐述了“绿水青山就是金山银山”的概念。依托当地绿色生态，打造成绿色旅游康养度假中心，这一发展模式在各地都有典型案例，值得推广复制。

山东省济南市长清区
万德街道马套村

【基本情况】

马套村位于济南市长清区万德街道最南端，在泰山西麓脚下，是济南的南大门，交通便利，民风淳朴，环境优美，自然田园景观资源丰富。全村 480 户、1 645 人，总面积 6.7 平方千米，其中耕地面积 1 336 亩，山场面积 7 000 余亩。

马套村强化党组织的核心领导，探索出“党支部引领＋合作社主营＋电商平台带动”的“三位一体”党建工作模式，以茶文化为主线，创新旅游产品开发。现已形成“一个中心、四大区域、八个功能分区”的休闲农业和乡村旅游格局，拥有五大系列 10 余个旅游产品，五大系列分为茶文化系列、民宿餐饮住宿、会议接待、研学教育、亲子亲情体验。2019 年，马套村共接待游客人数 65 万人次，实现旅游销售收入 1 980 万元。同时，马套村作为万德街道的扶贫基地，2018 年、2019 年向贫困村、贫困户累计分红 55.5 万元，实现了乡村旅游扶贫向乡村富民的蜕变。

经过全村上下的不懈努力和辛勤劳动，2019 年，马套村已成为全国文明村，并获得了全国乡村旅游重点村、中国美丽休闲乡村、全国综合减灾示范社区、国家 3A 级景区、山东省先进基层党组织、山东省乡村振兴齐鲁样板村、省级美丽乡村等多项荣誉称号。

【主要做法】

2009 年，马套村开始种植茶叶，截至 2019 年，茶叶种植面积已达 750 亩，在此期间，马套村开办了茶叶加工厂，由传统的“种茶—卖茶”到现在的“采茶—炒茶—包装—卖茶”，并以茶生产加工为媒介，每年吸引大量游客前来观光。为进一步促进乡村经济发展，2015 年马套村与济南市长清区将军山旅游度假合作社正式签约合作，以此开始了马套村农旅发展之路。

（一）突破瓶颈，以合作社形式发展乡村旅游

2014 年，马套村通过茶叶种植成了远近闻名的茶叶村，更是被评为山东省“一村一品”省级示范村。茶叶产品被中国茶叶协会赋予“小米汤、板栗香”的美誉，加工出的马套将军山牌长清茶，被农业农村部命名为国家地理标志产品。

在有了一定发展基础后，怎样才能更上一层楼？经村“两委”干部、党员代表、群众代表开会讨论，一致认为马套村地处泰山

脚下的自然环境，茶叶采摘、加工销售的潜在客源，加上当时国家旅游局（现改为文化和旅游部）、省政府和市政府对于发展乡村旅游一系列支持政策，为发展乡村旅游提供了强有力的支撑和保证。于是在2015年5月1日，党支部发动党员群众利用资金和闲置房屋、土地入股，采用资源整合、股份制经营，即采取“党支部＋合作社＋资金股东＋房屋股民”的方式，注册成立了济南市长清区将军山旅游度假专业合作社。全村有35户以闲置房屋入股，有107人现金入股400多万元，村子建起了不同标准、风格，可容纳300多人入住的民宿和500多人就餐的餐厅。当年就接待游客3.8万人次，旅游收入达310万元。每逢节假日，来这里游玩的市民络绎不绝，要想住宿就餐都需要提前预订。

（二）以茶为媒，农旅融合，茶马风情贯穿乡游主线

在村党支部的引领下，合作社创新发展思路，以茶产业为平台，以农耕文化为纽带，实施一二三产业融合发展战略，“文农旅商”有机结合，打造“茶马风情”特色乡村游，以产业振兴带动乡村振兴。

合作社分类指导，精心培育，将全村旅游划分为特色休闲农业、旅游服务体验、民俗文化三个类型，突出主业，完善要素，协调发展。一是打造以采摘为主线的特色休闲农业。每年春季、夏季和秋季举办采摘节，除采摘茶叶、鲜桃、核桃、板栗等当地特色农产品外，还建设高效生态农业种植大棚，供游客采摘玩耍，体验农家生活，打造全季采摘旅游新模式。二是打造以“一个中心、四大区域”为核心的旅游服务体验。围绕旅游接待中心、水库娱乐区、茶文化体验区、古槐路、民宿体验区，先后投入1 500万元，建起骑马、射箭、垂钓、划船等人文景点，循序渐进发展，不断改善基础设施建设，丰富旅游项目。同时，合作社大力发展农家民宿，按照“外表农村化、内在标准化”的要求，打造“泉城人家”精品民宿集群片区，让游客吃农家饭菜、住农家庭院、购土特产品、游生态乡村、赏田园风光、采农家果蔬、体农事乐趣。三是打造民俗文化聚集区。党支部作为乡村振兴的战斗堡垒，逐渐把工作的重心放到强化乡土文化保护传承，推动优秀乡土文化创造性转化、创新性发展上。为此，合作社投资近50万元建成了古槐路，对历史街区，传统民居院落等物质文化遗产和生产、生活、民俗等非物质文化遗产进行挖掘、保护，既保留了泰山民居的原有风貌，又保护了传统的石匠、木匠制作工艺，游客在此可以体验手工制作豆腐、摊煎饼、剪纸、泥塑等民俗活动，以铭记历史，寄存乡愁。

（三）创新旅游产品开发，茶文化产品独领风骚

合作社努力发展以生态文化、民俗文化、农耕文化为主的茶马风情游，挖掘本土饮食文化、特色小吃，吸引游客，拉长特色乡土旅游产业链条，现已拥有五大系列10余个旅游产品，即茶文化系列、民宿餐饮住宿、会议接待、研学教育、亲子亲情体验。其中茶文化系列主导产品有“马套将军山长清绿茶”和“马套将军山长清红茶”两大系列，以及茶叶采摘、加工体验、茶艺表演等。“马套将军山长清绿茶”是中国纬度最高的茶，叶片肥厚，耐冲泡，茶汤嫩绿明亮，具有独特的板栗香味，饮之回味醇美，沁人心脾，留香悠长。

（四）立体宣传，电商助力，马套乡游深入人心

借助媒体、运用网络，多渠道宣传推广马套乡游。随着上级政府部门对马套村发展的重视，包括山东农科、山东综艺、济南新闻、济南都市等电视台慕名而来，或拍摄专题报道、或拍摄综艺节目；新华网、凤凰网等知名媒体也对马套村进行了专题报道，极大地提高了马套村的知名度。2019年，马套村发展的成功经验受到了各级的关注，省电

视台把马套村党建引领促发展的经验推荐到中央电视台，并在 CCTV1 新闻联播中进行了宣传。

合作社的年轻团队建立了微信公众号“马套将军山”，探索“互联网＋乡村旅游”的新路子，推送乡村旅游的文字图片视频信息，实现客房预订、一键导航等特色功能，还成立了淘宝小店“泰山脚下的生态园”，可销售茶叶、山鸡蛋、核桃等农副产品。每年年底，推出风干鸡、香肠、五彩馒头、五谷杂粮等特色年货，销售情况极其火爆。

【主要成效】

（一）强化组织建设，实现固本强基

全村以组织振兴为引领，实施“三位一体”的党建工作模式，走出党支部引领乡村旅游、实现乡村振兴的道路，建设一支过硬干部队伍，党支部的战斗堡垒作用全面提升。随着村级组织运行更有效，基层群众的积极性得到了极大的提高，确保了村级组织议事有规、定事有据、办事有序，为广大村民参与乡村旅游发展进程、正确行使民主权利提供了重要平台。

（二）实施产业振兴，建设富裕马套

全村以茶为媒，融合一二三产业，实现了“文农旅商”有机结合。全村以“大众创业、万众创新”为突破，带动村民就业，重点解决了没有能力入股人员的就业，并通过鼓励开办小吃店、手工艺作坊、副食品制作销售等多种形式参与旅游业的发展，使得全村村民想发展就能有就业机会，在实现共同富裕的道路上都不掉队。2019 年，村民人均年收入达到 3.1 万元。

（三）搭建创业平台，招引贤才回乡

全村以将军山旅游度假专业合作社为平台，实施“召回一个人才、结交一个能人、引进一笔资金”的“三个一”人才振兴战略，成功吸引 30 余名优秀人才返乡创业，组成了一支有朝气、懂经营、会管理、爱农村的创业人才团队。

（四）改善生态环境，建设美丽乡村

全村先后投资 1 200 多万元对村庄环境进行综合整治，栽植经济林、生态公益林 3 000多亩，并对农厕、排水、绿化、美化、亮化进行综合整治，进一步提升了村居环境和旅游内涵，充分利用生态底色，保持乡村本色，使村庄空间布局更加合理、人居环境更加优美，处处彰显“鲁派民居”新范式。

（五）挖掘农耕文化，留住乡村记忆

马套村建成古槐路，引进非物质文化遗产传承人，开办剪纸、泥塑等活动，农耕传统特色文化焕发生机；与长清区图书馆联合建成农村图书馆，修建马套文体广场和马套大舞台，成立将军山演出队；组织开展“清洁人家”“美丽人家”“出彩人家”创建，培树文明新风。

【经验启示】

（一）“三位一体”的运营模式

在马套村党支部的引领下，将军山旅游度假专业合作社采取“党支部＋合作社＋电商平台”三位一体的运营模式，实行自主经营，独立核算。头两年的时间里，为了支持合作社的发展，按照“村社合一”的工作思路，党支部、村委会成立了领导小组，目的是为了更好地帮助合作社协调开展工作。同时，成立合作社招商办公室，召开党员群众代表大会，把旅游当作村级头等大事来做，集中推广、广泛宣传，举全村之力，推动旅游合作社持续发展。2019 年，又通过“下放权力，岗位责任制”，把主动权交给合作社培养的年轻团队来掌握，使得每个管理人员肩上都有任务，都能放开手脚大胆干，从而推动旅游合作社的持续发展。

（二）“专业队伍”的管理模式

组建专业队伍，实现人才振兴。一是利用鼓励在外人才返乡创业政策，挖掘人才回村创业。比如，将军山旅游度假专业合作社法人代表原来是建筑公司经理，现在负责旅游经营管理，招聘本村大学毕业的学生回来经营电商和宣传推介工作。二是鼓励村民回村就业。诚邀在城市酒店、餐饮及宾馆管理等服务行业有工作经验的外出务工人员回村就业，带回先进的管理经验，运用到餐饮、住宿等具体的服务工作中。三是加大人才培训力度。邀请山东大学旅游专业的教授和泰山酒店管理人员为合作社服务人员进行培训，有效地提升了工作人员的精神风貌和服务水平。

（三）“让利于民”的分配模式

合作社在利润上坚持让利于民的原则，采取年底按股分红的分配模式，具体分配比例为：村委会提营业收入的5%作为管理费，用于村公益事业，其余营业收入扣除成本后再进行利润分配；利润的60%分配给资金股东和房屋股东，剩余40%留合作社发展所用。其中，现金股每股一万元，保底分红15%；新建民宿按总投资30万一套算保底分红12%；老民宿村民房子按每间客房为一股一万元，保底分红15%。这种分配方式，让村民股东得到更大利益，既让群众走上富裕之路，又使村集体获得固定收入。

河南省信阳市光山县文殊乡南王岗乡村会客厅

【基本情况】

南王岗乡村会客厅位于光山县文殊乡东部，东依龙山湖国家级湿地公园，北靠九九生态园，西邻河南省历史文化名村东岳村，南与红二十五军决策地花山村接壤，是典型的大别山革命老区，距县城14千米，位于光山018县道与022县道交汇处，东连司马光油茶园、司马光小镇，西邻东岳村文化中心和猪山圈3A级旅游景区，南接泼陂河钟鼓楼亲子乐园、大苏山国家4A级旅游景区和红二十五军长征决策地。南王岗乡村会客厅为重要的交通枢纽，区位优势独特，人杰地灵，山川风物，闻名遐迩，小集镇商贸繁荣。

【主要做法】

南王岗乡村会客厅是光山县打造的乡村振兴精品旅游示范点。项目占地面积165亩，总投资约1.2亿元，重点对“撤乡并镇”后遗留闲置的原南王岗乡政府办公用房、老粮库粮仓、附近闲置建筑进行改造，将老旧街道及附近民居建筑与现代元素相结合，建设乡村休闲民居、乡贤馆、文创厅、咖啡馆、书吧、会客厅、会议室、餐厅等，打造成集会议、教育培训、文创、旅居于一体的乡村振兴示范基地，项目目前由棕榈集团团队在运营，引进了先进的运营理念和先进的团队管理经验。

南王岗乡村会客厅，所在的南王岗区域小集镇特色店铺林立，粮食加工、茶叶加工、羽绒加工、鸡苗孵化等家庭作坊共40余户，极大地带动了小集镇商贸繁荣，拥有多彩田园示范工程5个。南王岗民间文化底蕴丰富，有民间歌舞、旱船、舞狮等民俗文化。近年来，光山县结合丰富的旅游资源，大力发展全域旅游，以全域旅游促进乡村振兴，形成全域化的颇内压产品和业态，旅游与一二三产业融合发展，休闲农业、特色民宿等新模式、新业态蓬勃发展。可以看到南王岗的区位优势、民俗文化及光山发展全域旅游的大环境，为南王岗乡村会客厅的发展奠定了基础。

南王岗乡村会客厅紧邻龙山湖国家级湿地公园西岸，土地肥沃、水源充沛、气候宜人、年平均气温15.4℃，境内山清水秀，四季常青，景色宜人。“南王岗是龙山湖湿地公园腹地的天然氧吧。”便利的交通使光山厚重的历史文化资源由点成面，而中心的区位优势使南王岗乡村会客厅成为未来带动光山发展全域旅游的游客集散中心、创客中心和民宿发展中心。南王岗乡村会客厅园区含八大业态，包括党建馆、茶趣、民艺馆、伴时光咖啡、圃舍·清颐民宿、生态餐厅、原舍·仓宿、多功能会议厅。

南王岗乡村会客厅自开园以来，吃、住、行、游、购、娱、会议培训中心等文化旅游业态不断丰富，南王岗区域特色农副产品体系也日趋完善，市场规模不断扩大，游客数量不断增长，2019 年接待游客总量达 5.5 万余人次，2020 年上半年接待游客达 2.5 万人次。

【主要成效】

近两年，光山县通过大力发展旅游产业进行扶贫，成效非常显著，以南王岗乡村会客厅为点，在南王岗区域投入 5 个多彩田园示范工程，带动周边村民打造乡村“精品微民宿”客栈，发展乡村旅游带动贫困人口就业。

南王岗乡村会客厅，所有景点免费讲解，图书馆免费阅读，园区免费游览，鼓励、促进旅游消费，周边建设有“光山十宝”实体店和流动摊位“光山十宝”的展销会，农副产品应有尽有，以及“好路子”文创系列产品。附近推出的精品旅游线路分别有河南省民间艺术之乡、河南省历史文化名村（东岳村）、河南省特色景观旅游名村（东岳村）、“红色文化”资源独占鳌头。花山寨红军长征文化出类拔萃，花山寨会议对中国革命胜利的历史贡献巨大；解放战争时期，刘邓大军召开的“文殊乡南庙会议”、柿园村“土门坳会议”均载入党史，红色沃土，璀璨夺目。“绿色文化”资源丰富多娇。猪山圈诚信公司千亩油茶园已成功创建 3A 级旅游景区，千亩天然松林镶嵌在国家级湿地公园龙山湖畔的壮山村；南王岗村九九生态园，王榜马尾松林等地，山水美丽画卷足以让游人赏心悦目，流连忘返。“古色文化”闻名远近。杜槐金合欢的千亩苗木花卉林均规模壮观，杜槐村有战国时期的鲁班石器工艺作坊，被省文物专家命名为“鄂豫皖三省古代最大的露天石器加工场”。东岳寺、文殊寺、猪八戒下凡传说等纪念活动广泛盛行民间，倍受民众青睐，不少民间故事，脍炙人口。这些旅游资源为南王岗乡村会客厅以后的发展奠定了夯实的基础。

南王岗乡村会客厅拥有高端的消费场所，例如生态餐厅、自助餐厅、精品民宿、人文党建馆、书吧咖啡厅、茶趣、多功能会议厅等全域旅游业消费场所，园区网络全覆盖，积极改造提升各类配套服务设施，通过抖音、朋友圈、网络媒体、电视台等宣传，微信公众号、语音导览、电商导购、携城、飞猪等远程服务项目，为游客消费提供更多的便捷服务。

南王岗乡村会客厅于 2020 年元旦开业，现已提供适合贫困人口就业岗位 20 个以上，月工资 2 000～4 000 元；店长、管家等重要岗位也在当地人才中选用。目前，会客厅与沿路景点，已经成为光山热门的“网红打卡地”和吸引周边市县甚至湖北省、安徽省等地群众休闲游、周末游、乡村游、研学游、农事体验游的重要目的地。

南王岗乡村会客厅的建设，是国家“三农”政策和“乡村振兴战略”在光山县的生动实践。通过创建光山区域性乡村振兴示范点和原生态全域旅游标准县，进一步提升光山旅游产品整体品质，促进光山全域旅游事业的发展。示范点的建设有力辐射带动了全县乡村基础设施完善、人居环境提升、资源有效整合、产业融合发展、农民稳定增收，成为巩固脱贫成效、探索乡村振兴的示范模板。

河南省信阳市商城县河凤桥乡田湾村

【基本情况】

田湾村位于河凤桥乡东部，距县城 6 千

米，紧临 G220 国道，总面积 3.71 平方千米，辖 13 个村民组，47 个自然村庄，467 户、2 025人，其中 46 名党员，村“两委”班子成员 3 人。近年来，田湾村紧紧围绕“产业兴旺、生态宜居、乡风文明、治理有效、生活富裕”的乡村振兴战略规划，坚持“四位一体”发展新模式，以改善农村人居环境为突破口、以文明乡风为引领、以美丽乡村建设为载体，让群众共享乡村振兴发展成果，初步实现了农村美、农民富、产业强的目标。该村先后被评为全国改善农村人居环境保障基本示范村、“森林乡村”，省级“生态村”“文明村镇”，市级“乡村振兴示范村”“卫生村”“美丽乡村示范村”、先进基层党组织，县级“五好”党支部、红旗村等。2019 年 2 月 13 日上午，时任省长陈润儿和副省长霍金花一行到田湾村调研时，对田湾村发生的变化给予了高度的评价和认可。

【主要做法及成效】

（一）以合作经济组织为支撑，不断壮大集体经济实力

一是大力发展光伏发电项目。2016 年 11 月，田湾村争取省财政扶持资金 134 万元，建成装机容量 60 千瓦光伏电站 3 组，现已并网发电；2017 年 10 月，争取县财政扶持资金 50 万元，再建装机容量 60 千瓦光伏电站 1 组，也已并网发电。该村将建成装机容量 60 千瓦光伏电站 5 组，年发电量 35 万度左右，带动贫困户 60 户，每户每年可分红 1 000～4 000 元。同时，村集体每年稳定增加收入近 20 万元。二是新建竹制品加工厂。结合本地竹材资源丰富的实际，已投资 300 多万元创办竹制品加工厂，村集体和群众自发入股，各占一定比例的股份，计划生产竹筷、竹签、牙签、日用棉签等简易竹制品，逐渐开发生产竹制板材、工艺竹编等，预计年生产竹制品 400 吨，可带动本村群众务工就业。2019 年，竹制品加工厂、竹炭厂已建成并投产运营。三是盘活闲置集体资源。在丰富的党建文化引领下，外出成功人士依托本村自然资源优势，纷纷回乡创业，发展特色农业、生态农业、观光农业、乡村旅游等，带动村级集体经济发展。村集体将闲置大塘、公共服务设施等资源入股到天润田园综合体、祝家庄生态园，并拥有 10%的股份。田湾村形成成了“村有实体经济、户有增收项目、人有致富门路”的产业发展格局，村集体经济年收入 50 万元以上。

（二）以基层组织建设为抓手，不断夯实战斗堡垒作用

田湾村深入推进“严乡强村育新计划”，夯实了农村基层党建基础。一是强化队伍建设。选优配强村“两委”班子，增强基层党组织凝聚力和向心力。村“两委”班子成员 4 人（含 1 名村务监督委员会主任），实行交叉任职，党支部书记和村主任实行一肩挑。加强党员教育管理，发挥党员示范带动作用，让每一个党员成为一面旗帜。在坚持“三会一课”“固定主题党日”的基础上，开展“戴党徽、亮身份、做表率、助脱贫”主题实践活动，在 41 位党员家门口悬挂“共产党员户”标识牌；每年开展脱贫之星、带贫之星、优秀共产党员、先进工作者等评选活动，弘扬新风正气；成立党员义工队，不定期开展义务劳动等公益活动。二是夯实阵地基础。对村级活动场所进行改建，建筑面积达 400 多平方米，设有党群服务中心、党员活动室等。新建文化广场两处，其中一处建有党内政治文化大舞台，配备有 16 平方米的大型液晶显示屏。新建占地 20 多亩的红色文化公园，设置五星广场，安装商城革命史浮雕等，并在公园内新建党员政治生活馆，设置有商城县、河凤桥乡的发展历史，以及田湾村的发展历程、家风家训等。新建新时代文明实践站，设置乡村振兴、脱贫攻坚、党纪党规、文明新风等展板，将社区入口至村部广场打造成为社会主义核心价值观宣传一条路，配

置党务政务公开栏，设立文化长廊和村标等。依托社区内超市，建立“爱心超市”，定期开展积分兑换活动，设立大病救助基金和困难学生救助基金。三是脱贫成效明显。田湾村是扶贫开发重点村，该村把脱贫攻坚作为全村最大的政治、最大的任务、最大的责任抓实抓牢，不断完善基础设施建设，组组修通水泥路，路灯通到各居民组，安全饮水全覆盖，10 个居民组接通自来水，电网改造全部完成，6 个居民组接通天然气。全村未脱贫户只有 4 户 15 人，于 2015 年实现脱贫出列。

（三）以人才返乡创业为带动，不断增强带富致富能力

田湾村建立外出成功人才信息库，建立“一对一”联系机制。每年在春节期间，召开返乡人才座谈会，与外出成功人士叙乡情、交朋友、话发展。同时，组织班子成员先后到北京、深圳、东莞、杭州等地登门拜访外出成功人士，鼓励他们把市场信息、创业资金、发展项目等带回家乡，在政策上倾斜、在技术上指导、在资金上扶持、在用地上优先、在服务上高效，以“家门口”创业带动“家门口”就业，为贫困群众提供务工就业岗位，带动贫困户通过土地流转来入股分红。家乡的巨变，激发了在外成功人士纷纷回乡创业。名誉村主任、共产党员、外出成功人士熊世祥联合熊兴伟、熊兴港计划投资约 1.35 亿元，创办天润文旅田园综合体，发展集园林绿化、生态养殖、休闲娱乐、农耕体验、民俗观光于一体的乡村振兴产业。一期投资 3 000 万元打造茶园组美丽乡村示范点，整修大塘 6 口，捐助路灯 120 盏，安置景观石 1 处，栽植香樟、桂花、茶花、红叶石兰等名贵树木 500 亩，栽植冬桃、冬梨等果木 200 亩，三级动物园已动工建设。现周边已有 10 余户群众将民房改建为民宿，接待游客。共产党员祝贞峰放弃在县城的创业机会，流转土地 300 亩、林地 500 亩，以“千亩蓝莓生态园”为主题，打造集生态采摘、休闲旅游、观光体验于一体的生态乐园，倾力打造生态美食、休闲健身、农耕体验、花卉欣赏、观光采摘、休闲垂钓、儿童亲子拓展游乐园乡村旅游综合体。2018 年，共产党员赵吉宽主动将城市户口迁移到该村，整修大塘 2 口，为村集体事业多次捐款；外出成功人士赵吉风回家乡新建标准化养殖场，年产生猪 5 000 头。

（四）以改善人居环境为突破，不断加快美丽乡村建设

按照“一村一品、一点一韵”的思路，积极拓展“美丽乡村＋”的发展格局，先后打造美丽乡村示范点 4 处。投资 1 200 余万元，在荒山坡岭上建起一座占地近 250 亩、可容纳 1 500 人居住的新型社区，新建社区大门、便民中心、敬老院、文化广场、村卫生室、污水处理厂、公厕、小学操场等，整修景观大塘 26 口，新增绿地 8 500 平方米，修建下水道 4 200 米。投资 300 万元，打造茶园美丽乡村示范点，新修循环公路 3.5 千米，打造绿化小品 4 处，安装休闲凉亭 1 座，石桌蹲 1 套，铺设景观便道 300 余米，安装太阳能路灯 60 余盏。采取花园式建设，以天润田园综合体、祝家庄生态园、肖家寨生态园、天兰兰家庭农场为龙头，拓展农家乐、亲子乐园、水上乐园、草莓园等，规划建设农耕体验、农耕博物馆、动物园和民宿等项目，并打通循环道路，串点成线、连线成片，实现水中有鱼、蟹、虾，岸上有鸡、鹅、鸭，山上有果、木、花，田头有稻、菜、瓜的目标，成为宜居、宜业、宜游的全域大公园、县城后花园。

（五）以培育文明乡风为引领，不断提高乡村治理能力

田湾村党支部组织党员群众开展内容丰富、形式多样的活动，引导群众树立良好风气，形成崇德向善的文明风尚。一是开展“晒家训、立家规”活动。对社区的 14 个小

巷以“仁义礼智信”等内容进行命名，教育引导群众“知荣辱、明得失、守孝道、尊礼仪”，为44户家庭编定制作了家训牌，悬挂在家门口，以家训育家人，以家训树家风，以家风带社风，以社风带民风，弘扬优秀传统美德，倡树淳朴优良家风，推动村民移风易俗，构建文明和谐社会。二是开展感恩活动。在母亲节开展“感恩母亲，你我行动”主题活动，子女（儿媳）为母亲（婆婆）梳头、洗脚、做爱心餐，形成了孝老爱亲、尊老爱幼的社会风尚；重阳节、端午节开展慰问老人活动，为高龄和孤寡老人送去了温暖和祝福，营造了尊老、爱老、助老的良好氛围；“六一”儿童节组织了“情系教育、关爱春蕾”爱心捐赠活动，关怀留守家庭、关爱留守儿童健康成长。村中现已成功举办4届感恩母亲节活动，全县200余对母子的事迹受到表彰和宣扬。三是开展好媳妇、好婆婆评选活动。每年开展一次好媳妇、好婆婆评选活动，将孝老爱亲、家庭和谐、邻里和睦、乐于助人、热心公益、扶贫带富的好人好事推选出来，并召开群众大会进行表彰，倡导群众从小事做起，从身边人学起，弘扬传统美德，传播孝道文化，践行社会主义核心价值观，努力打造文化新村、文明新村。全村评选出好媳妇、好婆婆、好丈夫、好儿子共22人，其中，刘德华一家被评为全市文明家庭。四是完善规章制度。制定村规民约，成立村民议事会、道德评议会、禁毒禁赌会、红白理事会等，印发了《“推动移风易俗树立文明乡风”倡议书》《关于提倡文明节俭制止农村婚丧事大操大办的倡议书》《关于清明节文明祭扫的倡议书》等，进一步规范广大群众的日常行为，培养科学文明、健康向上的生活习惯。

如今，一个业兴、家富、人和、村美的乡村振兴愿景蓝图徐徐绘制，勤劳勇敢的田湾人民正在乡村振兴道路上鼓劲扬帆，奋力前行。行走在田湾村内，处处透着产业之美、环境之美、文化之美，在乡村振兴这份考卷上，田湾正以乡村振兴让这片土地绽放出梦想和希望，让高质量发展的步伐在这里更加坚定有力！

湖北省宜都市五眼泉镇弭水桥村

【基本情况】

弭水桥村位于宜都市西南，因穿村而过的拖溪河上有一座清代四跨石板桥而得名，辖10个村民小组，有810户，2 439人，总耕地面积5 304亩，茶叶、柑橘、旅游为本村的主导产业。该村地理位置优越，交通便利，陆渔一级路贯穿全村，距宜都城区22千米、宜岳高速宜都出口18千米，距宜昌中心城区、宜昌东站、三峡机场均在1个小时车程内。

村党总支共有党员106人，下设4个党支部。自2014年以来，村“两委”班子励精图治，开拓创新，利用三峡九凤谷景区等优势，大力推动农旅融合，发展乡村旅游经济，村容村貌焕然一新，走出了一条农业发展和旅游开发相结合的路子，发展美、生活美、生态美、人文美“四美”并进，全面建设宜居、宜游的美丽乡村。2018年村党总支被宜都市组织部推介为“磁铁支部”，其先进事迹在全市乃至全省得到宣介推广。该村先后被授予全国民主法治示范村、湖北省旅游名村、湖北省“百佳村民委员会”、湖北省宜居村庄、省级生态村等荣誉称号。2019年，弭水桥村入选中国美丽休闲乡村名单和全国乡村治理示范村镇名单。

【主要做法】

（一）突出特色　抓目标定位

近年来，在镇党委、政府和市旅游局的大力重视、支持和帮助下，结合实际，充分利用和挖掘本村旅游资源，按照“全域旅游”思路，建景区（点）、抓服务、引游客，形成了“组组是景区、家家户户是景点、人人是游客”的乡村旅游格局，为旅游名村创建工作奠定了坚实基础。

一是规划先行，彰显特色。坚持“保护优先，开发有序；先规划、后开发”的原则，根据《宜都后山片区旅游规划》及《宜都市五眼泉镇旅游总体规划》，制定了《弭水桥村旅游发展规划》，确定了“一区三园”的旅游产业发展思路，即依托“两溪两桥”（拖溪、丑溪，弭水桥、望佛桥）山水峡谷和乡村自然风光，全面开发三峡九凤谷景区；依托主导产业，打造千亩高效茶园和千亩精品柑橘园，做大做强乡村生态旅游产业。

二是立足实际，盘活资源。弭水桥村地理优势得天独厚，拖溪、丑溪穿村而过，丑溪名字虽“丑”，却风景极佳，站在樟树包高处俯瞰，村内高山、丘陵、平地相间，小桥流水随处可见。村内山林14 070亩，百年古藤、野生栾树群、冰臼散布各处；形态各异瀑布 9 处、大小溪流 14 处、跨溪石桥 9 座，峡谷清新、泉水甘洌；紫薇花园 800 亩，四季可观花海（春观樱花紫荆、夏赏月季紫藤、秋品紫薇红叶、冬探蜡梅山茶）。除水体、地貌、花卉景观外，还有鲜明的人文景观，如古桥遗址、美食文化、手工艺品、古村落等均已经纳入村级旅游资源名录。

三是狠抓乡风，提升素质。在发展旅游业的同时，弭水桥村始终把凝聚民心、打造文明乡风同步放在重要位置，大力提升乡村文明素质与旅游繁荣的匹配度。通过寓情于景、图文并茂的形式，手绘出以“忠、孝、礼、义”、爱国、农居生活等为主题的一批富含深意的代表性文化墙 30 面，弘扬社会主义核心价值观。村中坚持每年评选“五美之星”（勤、孝、净、诚、和），将群众公认的草根明星评选出来，以多种形式礼遇“五美之星”，通过典型带动，营造和谐乡风。

（二）依托资源　抓核心产品

一是夯实基础，抓旅游设施建设。以前村委会班子办公环境差，办公场所为 20 世纪 80 年代老旧建筑，且已成为危房，镇村两级共投入 400 余万元，新建了党员群众服务中心、文化广场、卫生室、会议室、老年人日间照料中心，改善了人民群众基本生活的需求；为切实打通旅游通道，弭水桥村极力争取上级支持，市委市政府投资 2 000 余万元，修建了长 6.2 千米、宽 8 米的彩色公路（配备了 2 米宽的自行车道），直接通往弭水桥村三峡九凤谷景区，也全面拓宽了村里丑溪区域的对外通道；2019 年政府预计投资 1 700 余万元对丑溪、拖溪两条河流进行流域治理（正施工中）；投资 600 余万元进行农田整治，完善了 80%的通户公路和田间作业道；先后完善了村级、九凤谷景区导览图设置；市内外交通标识标牌协调设置；村规民约、讲文明树新风公益广告覆盖到组到户；规划兴建了 5 处旅游公厕；建有大型生态停车场，可同时容纳停放 550 台以上车辆；水电路等设施设备不断完善，村村响广播，进村到组，户户通晴雨路，覆盖率达 95%以上，85%农户安装网络宽带，95%以上农户具备网络接入条件。文明旅游、安全提醒、生态保护等宣传提示标牌得到全面完善。

二是突出优势，兴旅游拳头产品。弭水桥村通过招商引资和全力扶持三峡九凤谷景区的兴起和发展，引领了弭水桥村的蜕变。充满惊奇和挑战的三峡九凤谷景区每天都有不一样的惊喜，自开业以来，总接待游客达 98 万余人次。弭水桥村以三峡九凤谷为“拳头”，紧密抱团，不断扩大提升弭水桥村在三峡地区乡村旅游的影响力；依托“金拖溪、银丑溪”这一响当当的地域文化优势，打造山水休闲度假旅游品牌；借助紧邻道家圣地梁山、胡敌故里拖溪村、廊桥文化村望佛桥的优势，做好旅游融合文章，积极打造三峡地区乡村旅游和民俗旅游的目的地村。

三是依托景区，造旅游宣传声势。为提升弭水桥村的旅游知名度，以三峡九凤谷为平台，先后举办了三届紫薇花节、紫荆花节，承接了宜都市文化艺术节、端午文化节、中国长江骑行节等大型旅游活动和赛事；该村被宜昌市旅游委纳入宜昌市乡村旅游目录；2016年，中央电视台英语新闻频道《旅游指南》栏目组到弭水桥村拍摄旅游专题片，将村子的历史文化、风土人情和秀美山川向海内外推介。还通过发放宣传单、组织开展志愿服务活动等各种手段，促进全民参与旅游名村创建、支持旅游产业发展，增强群众对创建工作重要性的认识，不断营造良好的创建氛围。

（三）围绕产品　抓协调服务

发展旅游，目的是实现民富村强，首先是要得到群众的认可，引起共鸣，始终坚信发展旅游能斩断弭水桥村的“穷根”，共同致富奔小康，展现社会主义新农村的良好风貌。

一是争取群众支持，力抓项目服务。方向明确后，村“两委”坚持把旅游项目服务放在第一位，及时解决建设中遇到的问题和困难，确保各类项目顺利实施并尽快发挥效益。2014年年初，引进宜都市三川旅游开发有限公司，对丑溪（九凤谷）进行开发。九凤谷项目共征占、流转土地490亩，山林832亩，村民主动放弃土地征用及青苗补偿，积极配合，30天内全部达成协议。6.2千米的旅游公路项目，由原来的4米延长到8.5米，需新征地40亩，村民主动放弃各项补偿，全力支持建设，不到一周完成征地工作，项目得以快速推进，从而也直接引来了市政府2 000万元的投资。美丽家园项目，因为群众的支持，也引来了市政府三年300万元的资金支持，完成庭院“四化”（美化、靓化、净化、文化）改造100户，相关经验经市委《参阅件》，在全市推广。

二是探索新模式，突出农旅互动。九凤谷项目启动后，弭水桥村与三川绿化公司达成发展意见，按照“先改善环境，再合理发展”的步骤，对九凤谷区域千亩农田进行美化绿化，采取“公司＋村委会＋基地＋农户”的合作模式，由三川绿化公司出资出苗，村委会和农户代种代管，以套种形式在茶园定植紫薇苗木800亩，形成山边有茶、茶中有林、林中有花、花中有溪的格局，推动了景区大环境建设。公司为200余户村民免费发放7 000余株水果树苗，既增加景区观赏价值，又提高群众收入。

三是找准创收点，实现富民强村。弭水桥村立足与景区合作全方位、互助共赢的思路，打造景村、景民深度融合发展模式。景区土地年固定租金收入10万元；以土地租赁流转方式入股九凤谷景区，门票收入的2%归村集体所有，村集体年增收在40万元以上；村民代种景区花卉苗木13.7万余株，村民每株得5元，村集体得1.2元管理费，村集体年增收17万元；群众增收渠道多而广，土地流转490余亩，租金收入30万元，苗木代种70万元，带动周边群众就业、创业，景区周边新开办农家乐26余家、商铺4家，按每年接待游客超过20万人次算，带动农户增收超过500万元。同时，农家乐的发展还带动了周边农户土特产的销售，农民增收渠道进一步拓宽。

【主要成效】

“拳头”景区九凤谷的兴起，真正让弭水桥村凤凰涅槃，实现了翻天覆地的变化。群众说：“过去是：‘住在丑溪口，山里的女子往外走，找个媳妇家家愁’，现在是‘家住丑溪口，八方宾客这里留，城里的姑娘来了不想走’。”

（一）建设丑溪易地扶贫安置点

在精准扶贫的过程中，弭水桥村着眼产业扶贫的长远规划，将精准扶贫、易地扶贫集中安置点选址在景区附近，着力依托旅游产业的带动帮助贫困户脱贫，集中安置精准扶贫户14户，33人。

（二）农民就近就业成为现实

在景区以及周边农家乐的用工中有27人

是在册贫困户，有 2 户精准扶贫户通过开办农家乐实现脱贫。景区维护用工、花卉苗木代管、农家乐服务，为本村及周边农民提供近 200 人的就近就业岗位。

（三）生态民俗体验馆助力精准扶贫

弭水桥村、拖溪村、望佛桥村三村携手合作，在丑溪精准扶贫集中安置点附近，投资 150 余万元，规划建设生态民俗体验馆，为集中安置点的精准扶贫户提供直接就业和创业机会，真正让贫困户搬得来、留得住、能致富。

湖南省岳阳市平江县欢乐果农场

湖南省平江县是著名的革命老区，绿色生态旅游资源丰富，岳阳市唯一的首批国家全域旅游示范区欢乐果农场就位于该县连云山脚下，其充分依托当地的生态优势和旅游优势，着力打造一二三产业融合发展的农旅基地，企业得到快速发展，示范带动成效显著，成为当地乡村振兴中的一张闪亮名片。

【基本情况】

欢乐果农场兴建于 2012 年，共投资 5 000余万元，现已形成了三大产业版块。一是种植产业，建成了 2 130 亩的特色水果产业园，种植有樱桃、蓝莓、桃、李、梨、黄桃、甜柿、柑橘等名优水果，建成了 100 亩的种质资源库和苗圃，筛选引进了国内外多个前沿水果品种。二是加工产业，采用当地的原生大豆、香料加工制作高品质的国家地理标志产品——平江酱干，建设了富有历史韵味的平江酱干体验馆。三是旅游和研学产业，建设了水果科普馆、蝴蝶科普馆、丛林成长乐园、亲子童话木屋、七彩生态餐厅等，开展乡村旅游和研学实践教育，日最大接待游客量超2 000人次，年接待游客 10 万人次。农场先后获评国家级星创天地、现代农业特色（水果）产业园省级示范园、全省创新创业带动就业示范典型、省休闲农业示范点、省五星级农庄、省五星级乡村旅游点、省科普示范基地、市农业产业化龙头企业等荣誉称号。

【主要做法】

（一）模式简介

研判先行，确定农旅战略定位。2011 年，在农场成立之前，进行了深入的市场调研和分析。一是随着城市化进程的不断推进，久居高楼大厦的人们渴望生态产品和田园生活，长株潭城市群人口众多，有着庞大的乡村旅游需求。二是平江是革命老区、山区，红色旅游资源丰富，绿色旅游资源突出，已经成为长株潭城市群的“后花园”，每年到平江的游客高达千万，且呈不断增长的态势。三是在平江的旅游供给中，山水资源丰富，但乡村业态、绿色产品却严重不足。基于此，企业把“农业＋旅游”作为根本的定位战略，并在平江旅游资源最为集中、业态最为丰富的加义——石牛寨线上，选择地块落地。通过反复考察和艰苦谈判，终于在连云山脚下的杨林街村，找到了今天农场的所在地。此后，农场的总体规划、产业布局、品牌建设和运营管理，均围绕着“农业＋旅游”的战略定位来开展，致力为城市家庭提供绿色果品和乡村休闲生活。

科技引领，建立校企合作关系。科技化是现代农业区别于传统农业的关键。农场与中南林业科技大学、湖南农业大学建立合作关系，依托专家教授，积极探索南方丘陵地区名优水果种植开发。针对平江以至湖南地区优果不多的特点，在全国范围内精心选择适生的优良品种，实现北果南栽，并从挖坑、施肥、定株、修剪、套袋、采摘等环节，建立了一系列规范化、精细化和数据化的技术流程和标准。如今的农场果园绵延千亩，云集了近 10 个优良品种，“四季有花、三季有果”，从春到冬，游客都可到这里体验采摘或赏花之乐。

平台思维，汇聚能人协同创业。按照农旅发展的战略规划，在完成水果种植之后，要挖掘地域特色和乡村资源，发展第二、第三产业。这些业务，如果全由农场自主完成，在资金、经验和管理上都将是巨大的挑战。采用平台思维，邀请有志于创业乡村、有能力创新农业的能人，协同共谋事业，成为农场进一步落地实施的重要办法。酱干是平江县历史悠久的特产，建一个可视化的酱干厂，把平江酱干文化做足、品牌做响。农场把这个想法抛出去后，很快找到了做老酱干的行家，共同投资建设了原本记忆平江老酱干体验馆。按照平台思维，农场先后引入不同的合作伙伴，落地了蝴蝶探秘科普馆、丛林成长乐园，并以众筹的方式，建设了山顶童话木屋。一个一二三产业融合发展的农旅基地在大山里悄然成形。2018 年，农场被科技部评为农业孵化平台“国家级星创天地”。

共赢发展，“农场＋农民”共同致富。带动百姓发展是农场的责任。自建农场开始，就通过土地入股、工作就业、技术支持、产品订购等多种方式，支持和带动周边群众特别是贫困群众的发展。在产业扶贫领域，更是和贫困农户落实了利益联结机制，确定了就业帮扶、委托帮扶、基地＋农户产业帮扶、流转土地分红等多种产业帮扶模式，通过产业发展，带动了 2 316 名建档立卡贫困农户持续受益。农场先后获评平江县产业扶贫示范基地、湖南省重点产业扶贫项目。农场还与所在地杨林街村的 30 多位村民达成了种植水果协议，由农场免费提供果苗、肥料、农资、技术服务，并提供三年每亩共 1 000 元的抚育费用，待水果成熟，为村民提供销售支持，带动村民共同发展水果种植，现种植面积超过 300 亩，丰产后年收入将超过 200 万元。同时，对有条件、有意向发展果业的贫困村，农场提供建设特色水果园整体解决方案，从品种选择、规划整地、栽培技术到果品销售，进行全方位的支持。2019 年，通过农场支持，带动了加义镇五星村、泊头村、丽江村等村种植南方沙梨、猕猴桃、桃等特色水果 2 000 余亩，2 年后可获益，5 年后亩产值可达 3 500 元，总产值超过 700 万元。2020 年 7 月，农场还扶持杨林街村居民成立了“杨林街民宿”，注册了民宿合作社，帮助将民宿上线携程、途家等多个平台，争取了床单被罩、洗漱用品等物资支持，从商标注册、民宿销售、经营策划、物资提供等多方面提供支持，带动村民发展致富。

（二）利益联结机制

一是直接就业带动增收。作为田园综合体，在种植、养殖、农产品加工和旅游服务等方面，需要大量务工人员，农场长期聘用建档立卡贫困对象 36 人，2018 年，短期务工超过 1 000 人次，带动贫困户年增收 100 多万元。

二是发展水果种植业带动增收。充分发挥自身技术优势，对有条件、有意向发展果业的贫困村，提供建设特色水果园整体解决方案。现已支持带动加义镇杨林街村、五星村、泊头村、丽江村等村种植南方沙梨、猕猴桃、桃等特色水果 2 000 余亩，丰产后亩产值可达 3 500 元，总产值超过 700 万元。

三是发展加工业带动增收。农场建设了平江老酱干体验馆，生产中国地理标志产品“平江酱干”。农场提供种子，由贫困户种植本地原生大豆，并与贫困户签订协议，以高于市场价 20%的保底价收购。带动 35 户贫困户，每年户均增收 1 800 元。

四是发展旅游业带动增收。农场依托自身的田园休闲度假和研学教育，带动村民进行民宿经营、乡村餐饮经营、蔬菜种植及土猪、土鸡养殖，2018 年贫困户增收 60 余万元。

【主要成效】

经济效益。企业通过产业融合发展，接待能力大大加强，年接待游客超过 10 万人次，果品销售收入达 600 万元，一二三产业融合年产值达 2 600 万元。通过解决农民就业和带动农民发展产业，实现贫困户脱贫、农民增收，经济效益明显。

社会效益。一是培育新型农民，解决社会就业。企业招用本地就业困难农民就业，可新增就业岗位 100 个以上，直接解决本地区农民参与就业，有助于解决当地剩余劳动力的就业问题，并通过规模化、标准化、科技化的新型农业产业经营模式培养和提升农民的职业素养，培育现代农民产业工人，提高农民工作的技术含量和劳动价值，促进农业产业的长效发展，同时良好的就业形势可以保障农民增收，促进社会稳定。二是带动贫困户精准脱贫。带动百姓发展是企业的责任。自农场建设以来，就通过土地入股、工作就业、技术支持、产品订购等多种方式，支持和带动周边群众特别是贫困群众的发展。在产业扶贫领域，更是和贫困农户落实了利益联结机制，确定了就业帮扶、"基地+农户产业"帮扶、流转土地分红、产业带动等多种帮扶模式，通过产业发展，带动了 2 316 名建档立卡贫困农户持续受益。农场先后获评平江县产业扶贫示范基地、湖南省重点产业扶贫项目。

生态效益。欢乐果农场项目的建设，是着力探索南方丘陵荒山荒地开发的新模式，不仅直接服务于项目区生态环境，还将为湖南省水果产业、生态农业建设贡献更大的力量。因此，欢乐果农场项目有利于森林覆盖率进一步增长，减少水土流失，促进森林质量进一步提高，生态环境逐步改善，防灾减灾能力不断增强，其生态效益十分明显。

【经验启示】

一是要定位先行。要根据当地原有的优势和市场需求，趁势而为、借势发展。不可盲目自信，好的生态产品、好的乡村业态，必须要能与消费者顺利对接。

二是要快步迭代。跨界发展农业，往往求大求快，但在实际工作碰到的问题远远比预计的要多，求大求快，很容易在资金上、管理上出现问题，不如稳一点、准一点，摸着石头过河，小规模试验，快步迭代。

三是要平台思维。农村也有许多能人，在一些特定的领域具有专长，但在品牌建设、营销推广等方面人才比较欠缺，龙头企业要坚持平台思维、共赢思维，发挥自身的优势，利用优势，共同做大、做活、做强农业。

广东省珠海市斗门区莲洲镇

【基本情况】

莲洲镇坚持以打造乡村振兴示范镇为引领，积极融入粤港澳大湾区建设，大力构建休闲观光农业和乡村旅游发展平台，积极打造粤港澳乡村休闲旅游目的地，其中十里莲江、逸丰生态园等休闲产业迅速兴起，岭南大地国家田园综合体、益田停云小镇等特色项目应运而生，"天天惦记""沙湾小院"等一批乡村民宿成为市民朋友休闲度假的好去处，全镇逐渐形成以水产养殖、水稻、花卉苗木种植等传统产业为支撑，乡村旅游、休闲度假、特色产业、现代农业协调平衡发展的格局。其中，民宿经济更加快推动了乡村旅游发展，有效地带动了莲洲镇农村集体经济发展壮大，村民人均收入逐年递增，成为经济增长的新引擎。

【主要做法及成效】

（一）引进工商资本，唤醒农村农民"睡资源"

工商资本助推发展。一是资源流转破难题。莲洲镇是珠三角的水资源保护区和基本农田保护区，劳动力聚集企业不足，大量村民外出务工，导致农村"空心化"，房屋闲置率较高。为有效解决闲置资源利用，莲洲镇创新盘活方式，通过“农民自愿有偿提供、村集体统一出租、资本下乡办民宿”的模式，走出了“公司＋农户”的民宿经营路子。民宅改民宿，村民变管家，与村民形成利益共同体，实现二次创业。二是加大力度引客商。鼓励城市和乡村有意愿的组织、个人改造现有住房或租赁民房开办民宿，支持社会各界人士返乡创业开办民宿，鼓励“农户＋合作社”“公司＋农户”等民宿合作发展模式。目前，莲洲镇已有利用闲置小学和集装箱打造的光明村停云小镇、利用村民旧屋改造的石龙村“天天惦记”、东湾村“沙湾小院”等精品民宿，民宿经济助推乡村旅游发展，成了经济增长的新引擎。三是加强示范促提升。通过谋划打造特色民宿进行典型示范，实现了民宿从无到有、从有到优，精心打造一批集生态农业、休闲观光等产业为一体的生态艺术生活社区。

（二）倡导大众创业，促进农民增收“新源泉”

大众创业助增收。一是自愿流转增收益。按照“合法、自愿、有偿”的原则，实施闲置房收购和租赁，带动当地乡村旅游产业发展和农民增收。“天天惦记”首创“农村专业合作社＋乡创孵化服务机构＋专业投资人（机构）＋专业运营机构”的合伙人体系模式，计划分两批把石龙村的47套闲置农房改造成具备艺术韵味的特色民宿，2019年已改造8套。沙湾小院以租期30年租赁东湾村6套院子13间闲置房屋（目前可以投入运营10间），每套院子每月租金最高达1 700元。二是吸纳就业促增收。一方面，大力鼓励党员发挥示范带动作用，积极引导在外的莲洲镇有志青年、劳动力回乡创业就业，催生农家乐和旅游商品加工等新型经营主体，打造了莲溪豆沙月饼、横山鸭扎包等网红产品，增加了村民收入，并且真正使农村闲置资源成为壮大集体经济、促进农民增收的“新源泉”；另一方面，依托民宿经济大力拓展农民的就业渠道，带动村民参与旅游就业、创业，解决农民就近就业问题，促进提升村民工资收入水平，真正实现农民在家门口有景看、有活干、有钱赚的生动局面。民宿管理人员每月工资可达3 000元左右。

（三）坚持“民宿＋”理念，连接乡村振兴“产业链”

莲洲以民宿产业作为乡村振兴的突破点，大力培育特色旅游民宿，拉动产业链和服务链向“吃、住、游、购、娱、养、情”延伸，促进旅游业转型升级。

一是发挥龙头企业带动作用，搭好“民宿＋旅游”框架。“天天惦记”的“艺术＋部落”，一期围绕以石龙村核心主巷村屋展开，通过打造核心产品——“天天惦记超级民宿艺术院子”，吸引大湾区等城市居民来度假、聚会、活动，打造一个让村民更愿意返乡就业、创业、居住的乡村环境；二期进一步打造以乡村特色餐饮、特色商店、休闲商业、艺术中心、公益书吧为配套的乡村“艺术＋”生活社区，吸引更多的艺术家及艺术工作者进驻“艺术＋部落”，营造一个新经济、新产业的乡村旅游目的地。停云小镇现有“集装箱”、民宿等16种房型，共39间客房，项目以“农业”为核心产业，融合旅游、文化、教育、康养进行产业布局，以“一带一环四区”为结构，规划打造文化康养区、珈蓝艺术酒店区、大地艺术休闲体验区、农林田园生态体验区四大区域，以“沙湾小院”民宿为突破点，建设涵盖吃、住、行、游、购、娱等多个层面的深度休闲度假目的地。

二是推动产业融合发展，搭好“民宿＋产业”框架。莲洲镇统筹实施乡村民宿项目建设，着力擦亮“中国禾虫之乡”“中国黄沙蚬之乡”品牌，加快发展现代农业、生态旅游以及农产品展销、深加工和仓储物流等产业，促进农业增效和村民增收。粉洲禾虫、横山鸭扎包、横山粉葛、上横黄沙蚬、莲溪豆沙月饼等莲洲美食，也顺着民宿的开业、红火的旅游业而纷纷“走出家门”，村民的“土货”找到了销路。停云小镇引进并在自有莲塘处种植了九品香水莲花，不仅可美容可泡茶，还携带精确烘烤的干莲花茶与莲花饼，以及九品香水莲花烹饪而成的特色私房菜走进乡村民宿游客的内心。尤其是莲花特色菜，秘制的调料、精确的火候，制作成让人垂涎欲滴的九品香莲浸走地鸡、老北京莲花烤鸭、停云莲花三杯鸡等。将莲花的清香味道渗入到菜中，让人回味无穷。同时，莲洲充分利用自然资源优势，在旅游业发展的过程中，大力提倡“乡村旅游＋生态农业＋采摘体验”，成功打造十里莲江、停云小镇、岭南大地国家田园综合体等特色旅游品牌。

莲洲镇以后将依托生态优势，坚守山清水秀的生态环境，坚定不移地发展民宿经济等特色产业，以“乡村让生活更美好”为目标，努力在“绿水青山就是金山银山”的发展道路上越走越坚定、越走越宽广，真正实现“既有面子、又有里子，既有颜值、又有气质”的新发展。

广东省茂名市高州市根子镇元坝村

【基本情况】

元坝村位于高州市根子镇西南部，辖 12 个自然村，共有 519 户、2 522 人。该村地处大唐荔乡核心区，是世界上最大的连片荔枝林中心地带，也是国家森林乡村、首批广东省美丽乡村精品线路、广东外语外贸大学外国留学生体验中国基地、茂名市乡村振兴“精彩 100 里”的精华所在地。

元坝村始建于东晋年间，是岭南道教先驱、东晋名医潘茂名行医制药之地，有木偶戏、山歌、粉皮、豆饼角等众多非物质文化遗产。该村的荔枝种植历史达 1 300 多年，桂圆肉生产历史 500 多年，全村有 1 000 年以上树龄的古荔树 11 株、300 年以上树龄的古荔树 200 多株。

高州市委、市政府和根子镇委、镇政府统筹整合资源，以实施乡村振兴为契机，依托元坝荔海风光，加快村容风貌改造，大力发展乡村休闲旅游，走出一条农文旅融合发展的路子。2019 年，元坝村已成为具有独特文化特色、荔乡风情的美丽休闲乡村，形成了十里生态碧道、百户精品民宿、千年荔枝文化、万亩甜美果海的美丽休闲乡村游格局。

【主要做法及成效】

（一）以荔枝产业为龙头，带动一二三产业融合发展

元坝村是远近闻名的荔枝专业村、加工集散村、电商村、文化旅游村。该村的拳头产品是获得广东省早熟荔枝第一名的白糖罂，该村有悠久的荔枝种植和桂圆肉加工历史传统，荔枝年均产量约 6 800 吨，有元肉加工设备 150 多套。通过推进“龙头企业＋农民合作社＋专业户＋农民”的发展模式，整合村中种植、仓储、物流等资源，打造农民专业合作社联盟和国内首个新农人驿站，实现“统一技术、统一加工、统一品牌、统一宣传”四个统一，打造了“根子贡荔”“根子有荔”“蒸姑娘”等荔乡品牌。元坝村在推动荔枝产业纵深发展的同时，结合当地丰厚的历史文化、荔枝文化、红色文化以及当地的民俗风情，大力推进农文旅融合发展，深入推进“三变”改革，接受村民以资金、土地、果树等入股，引导群众发展观光采摘、民宿、康养、特色餐饮等新业态，走出了“一果兴，诸业旺”的生态发展、富民兴村之路。2019 年，元坝村休闲农业年经营收入达 9 500 万元，农民人均纯收入 5.8 万元，休闲农业从业人数1 100人，休闲农业直接或间接带动农户数 510 户。自 2020 年以来，该村接待游客超 80 万人次，在荔枝季的周末，每天接待游客超 3 万人次。

（二）以环境整治为突破口，打造美丽休闲乡村

元坝村以6千米的荔乡景观大道和5千米的根子河碧道为主轴，发动村民无偿献地280亩，无偿砍掉荔枝树6 000余株，整合空地、闲地约3.5万平方米，投工投劳扩改公路6千米，新建双车道水泥路3.5千米，新建停车场8个，建成了红荔胜境、水墨桥头、书房古荔园、同心公园、石磨大观园、潘茂名文化廊道、农民博物馆生态旅游景观节点7个。村民们积极参与推进精品民宿、特色土作坊建设。同时，该村出台村规民约，对村内农房进行层数和建筑面积的管控，引导农户按岭南中式风格进行装修，发动村民在自家庭院打造“小三园”265个。全村道路全部硬化、亮化，污水集中处理，并实施湿地绿植吸附，群众全部用上干净卫生的冲水式厕所，公厕和共享厕所干净整洁，建立垃圾不落地、集约圈养家禽的长效机制。将全村统筹打造成具有岭南乡村风貌和粤西山水田园风光的美丽乡村。

（三）以基层治理为抓手，实现共建共治共享

一是以乡规民约规范村民行为。元坝村将社会主义核心价值观、当地特色文化、家风家训等相融合，制定了通俗易懂好记的乡规民约、荔乡谚语、“好心”顺口溜，如“外来人，全是客，表欢迎，多微笑”等标语村中随处可见。组织各村开展“最美家庭”“好心某某村人”“模范好家婆”和“好媳妇”等评选活动，并在各村好心广场设置“好人好事榜”进行宣传，有力促进了乡风文明，农耕文明、民俗文化的传承发展。

二是抓好平安建设、法治建设。为深化平安村庄建设，该村大力推进“雪亮工程”建设，装设监控摄像头50个，将村级重点场所纳入监控视线，进一步提高了村民的安全感。该村还建设了融合先进现代化信息技术的司法惠民服务中心，通过该中心，村民可实时互连和实时连线县级中心，获得法制宣传、诉前调解、诉讼服务等，真正享受到家门口的司法服务。

【经验启示】

（一）充分发动群众参与

仅仅依靠政府财政资金的投入，远远不足。元坝村十分注重发动社会各界和当地群众参与，重点是发动群众献地、捐资和投工投劳，带动村民增收。元坝村为了帮助群众增产增收，积极探索多元产业，在荔枝种植、加工、销售方面，实现整村产业“统一技术、统一加工、统一品牌、统一宣传”四个统一；在第三产业方面，元坝村拥有深厚的荔枝文化、农耕文化和红色文化，结合元坝村纯朴的民风，开辟了红荔胜境、书房古荔园等“红色、古色、绿色”的三色农业生态观光旅游线路。这些产业的优化整合，不仅壮大了农村经济的发展，同时还切实地帮助了群众提高收入。

（二）坚持党建引领

为更好地推进乡村振兴工作，元坝村党总支创新党建工作模式，整合党建资源力量，在项目核心区探索实施“联村党建”模式，成立了大唐荔乡核心区建设工程临时党总支，将农村基层党组织建设延伸到农村工作的最前沿。临时党总支的党员在推动工作开展和项目建设中起到了“八带头”作用，争当“八先锋”，并带动乡贤群众积极投身到乡村振兴的热潮当中。

（三）坚持全域推进项目

元坝村以全域旅游理念，把6个国家级、省级项目的规划，统筹整合成一个规划来整体实施，致力于推进环境、空间、产业和文明相互支撑，一二三产业整体联动。

（四）坚持发展生态旅游

元坝村以荔枝文化为依托，以大唐荔乡核心区项目群为主要载体，把红荔胜境、水墨桥头、望仙亭、风雨廊桥、同心公园等景

点连点连线，逐步形成了集生态观光、度假休闲、康体养生、文化展示、示范推广、科普教育于一体的旅游景区。

广西龙胜各族自治县龙脊镇大寨村

大寨村委是一个瑶胞村落群，地处高山和半高山地带，境内山体陡峭，地势险峻，地理位置偏僻，曾长期在贫困线上挣扎，十多年前，村里的人均年收入还不足 700 元，当地流传的一句民谣“半边铁锅半边屋，半边床板半边窝”就是对大寨村民生活状况的真实写照。而自从村里搞起旅游开发，实行旅游扶贫以来，大寨村就发生了翻天覆地的变化。

随着外来游客的逐渐增多，大寨村家家户户开起了农家饭店和旅馆。大寨村因为曾经有金矿，故又称作“金坑”。可惜金矿太少，加上大寨村交通不便、信息闭塞，金矿并未使大寨人致富。在旅游开发（2003 年）之前，大寨人均收入不足 700 元。开发乡村旅游之后，村民收入稳定提高，连翻数番并实现整村全民脱贫。2019 年，大寨村各家各户除了自营旅游收入和农业收入之外，仅在旅游扶贫成果分红仪式上，全村 280 余户就共同分红 672 万元，最多一户潘应芳获得分红 5.3 万元，最少一户也获得了 9 000 元分红。大寨村村民如今成了“扛着犁耙种田地，唱着山歌搞旅游”的“两栖农民”和“富裕农民”。现将大寨村旅游脱贫的经验分享如下。

【基本情况】

大寨村位于龙胜各族自治县东部的龙脊梯田景区内，村委所在地大寨屯海拔高度 964 米，距离县城 36 千米，距离镇政府 23 千米。全村共有 16 个村民小组，286 户，1 288人，98%以上人口为瑶族，全村有耕地面积 1 209 亩，其中水田 755 亩。大寨村村民世世代代在山坡上开垦水田，日积月累，形成了气势恢宏的梯田群。2003 年前，村子未通公路，非常闭塞，全村仅有一条羊肠小道穿过层层山岭通往山外；2003 年秋，村庄通公路并开始与旅游公司合作开发乡村旅游；2007 年年底，该村荣获由国家环保总局（现改为环境保护局）、国家建设部、国土资源部（现改为自然资源资源部）等部门联合评选的“中国经典村落景观”称号；2014 年，被评为第十五批自治区文明村；2019 年 7 月 28 日，入选全国首批重点旅游村名单。

【主要做法及成效】

（一）充分利用土地资源，将水田变成旅游业资源，成为发展旅游的资产

大寨村人深知，保护梯田就是保护他们的未来，而梯田只有年年种田才能得到有效保护。龙脊旅游有限责任公司以每亩每年 1 000元补贴水稻种植农户，全村入股水田 755 亩。另外，按照景区门票收入的 7%提取梯田维护费给全村的水稻种植农户，全村的土地资源实实在在地变成了他们的入股旅游资产。

（二）引进农业企业，全方位开发乡村旅游资源

为切实带动景区内的群众早日脱贫致富，让更多的群众参与到旅游开发中来，2016 年，龙胜县农业局引进“聚丰园”公司发展种植优质大米，政府组织动员群众以梯田景观资源为股份，在观赏区内按要求种植龙脊大米，并与公司签订种植收购协议，达到共同保护龙脊梯田——“春来，水满田畴，如串串银链山间挂；夏至，佳禾吐翠，似排排绿浪从天泻；金秋，稻穗沉甸，像座座金塔顶玉宇；隆冬，雪兆丰年，若环环白玉砌云端”四季美景的目的。大寨村与该公司签订种植龙脊大米的村民占 70%以上，水田成了入股“聚丰园”的资产，村民收入更上一层楼。农民不仅以梯田入股龙脊旅游有限责任

公司，还保证了种植龙脊大米的销路，真正实现了农民变股民。

（三）政府引进企业，建设金坑索道，农民多渠道入股，坐实“股民”

2012年，县政府引进企业，在大寨村建设金坑索道，金坑索道公司与大寨村签订了旅游合作协议，按索道门票收入的4%分红给当地的村民。2014年，全村获得分红39.6万元；2015年，获得分红96万元；2016年，获得分红99.36万元，如今分红已超百万元。

（四）“公司＋农户”助力群众家门口就业

充分利用在大寨景区内经营的旅游公司的特点和经营范畴，吸收了大量的群众，特别是贫困群众从事旅游业，在保障群众切身利益的前提下，开展旅游经营活动，取得了良好的效益。同时，还引进农业产业发展公司，通过土地流转方式开发观光农业和旅游农业，吸引当地贫困群众就业。据统计，龙胜县旅游直接从业人员已达2.5万人，间接从业人员达5万人。2019年，在大寨村景区从事旅游的从业人员多达2 800余人。

【经验启示】

（一）村干得力是基础

村干部做村民的思想工作，推动零散的梯田资源得到有效整合，入股企业，村里与企业签订协议，村民以梯田入股，企业整体包装，统一管理。村民可从门票收入中获得梯田维护费、种田补贴等旅游分红。大寨村2003年正式与桂林龙脊旅游有限责任公司签订梯田维护、种田补贴等有关协议，全村正式进入旅游合作模式。村干部提出并实施的“再创一个黄金周”工程，全村统一延迟稻谷收割时间，国庆“黄金周”之后再造了一个“黄谷周”，使大寨村旅游旺季延长了半个月，旅游收入成倍增加。

（二）龙头企业牵头是关键

桂林龙脊旅游有限责任公司为区级扶贫龙头企业。1998年开发龙脊梯田景区，2011—2016年共贷款2 000万元，对整个龙脊梯田景区的旅游基础设施进行改造和建设，雄厚的经济实力和先进的管理理念，加快推动了当地的旅游发展，大寨村村民分红年年攀升，正是得益于这样的先进企业牵头，村民成了名副其实的“股民”。

（三）红利分配合理是保障

大寨村旅游分红方案经全体村民代表大会通过，分配比例为：70%按水田面积分、12%按户籍人口分、12%按户数分、3%按原修公路本村占用的水田分、3%留给村委作为公益事业开支。分配方案深受村民拥护，为稳定和净化旅游环境提供了基本保障。大寨村旅游扶贫成果分红：2014年分红297.2万元，2015年分红403万元，2016年分红473万元，2017年530万元，2018年673万元，2019年672万元。

大寨村充分开发旅游资源，发展休闲农业和乡村旅游，家家开旅馆、户户农家乐、全民搞旅游，全面实施资源变资产、资产变资金，实行村民即股民，充分分享旅游发展红利，做到了“脱贫路上不落一人，致富道上齐头并进”。大寨村的华丽蜕变离不开全国旅游业兴旺的大环境，离不开党委政府持之以恒的引导和政策扶持，也离不开群众“穷则思变”的思想和“向往美好生活”的内生动力。

20年前，龙胜各族自治县大寨村还是一个十分贫困的小山村，不少年轻人靠双脚走出大山，去外打工。如今，“旅游＋扶贫”模式，让村民回归家中，创造年年攀高的经济收入，实现高质量脱贫，走上了一条可持续发展的康庄大道。

海南省琼中县黎族苗族自治什寒村

“天南幽境出什寒，平湖高峡意阑珊，琼浆欲饮羡美眷，林下仙草露溥溥”，这是

2014 年“海南十大最美乡村”颁奖会上对琼中什寒村的盛赞。什寒村作为琼中一个曾经极度贫困的村庄，什寒村依托“党员驿站”党建服务品牌，通过实施生态休闲旅游脱贫工程，走出了一条具有琼中特色，符合琼中实际的乡村休闲旅游扶贫新路子，实现了“党建实、百姓富、产业强、生态美”的目标，什寒村从昔日的贫困小村庄蜕变成“中国最美休闲乡村”，成为琼中生态休闲旅游脱贫的成功典范。

【主要做法】

琼中县委、县政府认真贯彻落实富美乡村建设，以休闲旅游带动当地经济发展，结合什寒村特点，因地制宜，坚持以旅促农、以旅富农。整合各类涉农资金 4 000 多万元，将什寒村打造成第一个“奔格内”乡村休闲旅游示范点。

（一）以扶贫增收为根本，促进农业产业结构调整升级

因地制宜，大力发展益智种植、养蜂等特色产业，全村种植益智 2 200 多亩，2019 年其产值 101.1 万元；养蜂 1 000 箱，其产值 112 万元，带动农户户均增收 3 000 多元。

将“奔格内”乡村休闲旅游品牌打造和乡村休闲游线上线下相结合，创建“奔奔云集市”网上销售平台，将旅游商品放入“奔格内琼中旅游”和“什寒旅游”公众号进行展示和网上销售，促进什寒村、便文村、堑对村等旅游扶贫重点村的推广营销力度，促进旅游产品线上线下同步销售。同时，通过产业融合和创新，围绕“吃、住、行、游、购、娱”休闲旅游六要素，深入挖掘黎苗文化内涵，策划发展乡村休闲旅游，有效增加了农民收入。

（二）以利益分配为导向，创新建设经营管理模式

创建“政府＋公司＋农民合作社＋农户＋品牌＋基地”的“奔格内”什寒乡村休闲旅游发展模式，实现“产业＋生态保护＋文化传承＋环境整治＋休闲旅游＋高效农业＋品牌农业”的融合发展，改造经营驿站、客栈、民宿、露营地、茶吧，民宿经营收入 60%归农户所有、35%归投资公司所有、5%归村集体所有，实现了多方互利共赢局面。通过利益共享机制的建立，充分调动了群众的参与感和主人翁意识，全村共有 300 人不同程度地参与到乡村休闲旅游的建设经营管理中。

（三）以扶能扶智为先导，推动村民意识从要他致富向他要致富突破

通过帮思想、帮资金、帮技术、帮门路的帮扶方式，帮助村民改变思想意识、提供产业发展资金和技术支持。琼中宾馆在什寒村开展民宿统一经营管理，从早期的 2 家农家乐，增至现在的 18 家，共吸纳 20 名村民（含 13 名贫困户）参加工作，平均月工资约 2 000 元，共扶持建设 12 间民宿、18 家农家乐和 20 家特产店，其中有 5 户贫困户参与民宿经营，有 8 户贫困户参与农家乐和特产店经营。什寒乡村休闲旅游的软件服务逐渐提升。

（四）以整合资金为手段，完善乡村休闲旅游基础设施

坚持“政府主导、企业参与、金融支持、依靠群众”的共建原则，结合“富美乡村”和乡村公园建设，整合各类涉农资金 2 000 万元，投入到什寒村的环境卫生、村容村貌、村道户道、景观景点、文化广场、游客咨询中心等基础设施建设。2018 年，在原有设施的基础上，建设排水沟 700 米、挡土墙 45 米、户户通 80 米，进一步完善了什寒村的基础设施，为什寒村发展乡村休闲旅游奠定了良好基础。

（五）以生态保护提升为前提，确保人与自然可持续发展

建立环卫治理模式，采取“户集→村收→乡镇运→县处理”的方式，科学处理垃圾，保持村庄清洁。同时，利用什寒村保存较好的黎族、苗族传统民居和美丽的田园风光，打造山

水园林式的特色民族村寨绿色生态休闲旅游，并受到越来越多游客的青睐。

（六）以党员驿站品牌为抓手，开创基层党建工作新局面

为增强村级组织在乡村休闲旅游发展中的“纽带”作用，本着“服务群众、服务党员、服务进山游客”的宗旨，将什寒村村级基层组织活动场升级打造成为“党员驿站”，让其充当在乡村旅游中的信息咨询、用品供应、露营日常饮食补给等多功能角色，实现了基层党建和“奔格内”乡村休闲旅游的有机对接，初步形成了基层党建和乡村休闲旅游发展融合的服务体系。

（七）以黎苗文化为传承，构建民族融合发展新风尚

为更好地传承和发扬什寒村黎苗文化，提升琼中“奔格内”乡村休闲旅游文化品牌形象，琼中通过建设奔格内广场、乡村大舞台、黎锦苗秀坊等平台，不定期组织村农民文艺队开展黎、苗歌舞表演，以及利用黎锦苗秀坊展示黎、苗非物质文化遗产，让来此的游客体验什寒丰富的黎苗风情，感知少数民族独特的文化内涵。

（八）抓好旅游宣传推介，提升品牌影响力

充分利用活动、旅游联盟、媒体联盟等多渠道宣传琼中“奔格内”乡村休闲旅游品牌，精心策划了一系列旅游推介、宣传营销活动，实现多样化、信息化营销宣传。一是派专门人员赴西安、厦门、浙江和内蒙古等地参加休闲旅游推介会，发放宣传资料 4 万余份；二是加强琼中休闲旅游宣传推广，结合旅游资源的优势，与海南日报、湖南卫视、海南旅游频道等媒体合作进行拍摄推广，逐步创新、扩大休闲旅游营销力度。

【主要成效】

什寒村坐落于琼中黎母山和鹦哥岭之间的高山盆地中，海拔 800 多米，是海南海拔最高的村庄之一，居住着黎苗同胞 108 户、522 人，其中黎族 182 人，苗族 340 人（其中，贫困户 40 户、186 人，低保户 6 户、10 人，特困户 1 户、1 人，残疾户 7 户、7 人），是全省为数不多的黎苗混居村庄。

长期以来，受气候低寒、交通闭塞、生态开发限制等因素影响，该村曾经是琼中最偏远、最贫困的村庄之一。当时村庄中满是破旧瓦房，道路泥泞，人畜混居，环境脏乱，村民懒散，2009 年的农民人均纯收入仅为 946 元。多年来，什寒村结合生态环境、资源禀赋、民族风情等独特优势，依托“党员驿站”党建服务品牌，推行“旅游＋扶贫”模式，大力发展乡村休闲旅游，探索出了一条开发休闲农业和乡村生态旅游与山区生态小康新农村建设良性互动的新路子，引领农户逐步走上了旅游致富之路。自 2013 年 8 月正式开门迎客以来，什寒村累计接待游客 80 多万人次，实现旅游收入超过 5 000 万元，村庄旅游从业人员达 300 人，占全村人口的 57.6%。农民人均收入由 2009 年的不足 1 000元增至现在的 18 374.4 元，增长超过 19 倍，有效地带动了什寒农民群众脱贫致富。截至 2017 年，什寒村贫困户全部实现脱贫摘帽。什寒村先后荣获 2013 年最美中国乡村、海南最佳婚庆旅游目的地、2014 年中国最美休闲乡村、2014 年中国最美乡愁旅游村寨、2014 年中国最美休闲乡村历史古村、全国生态文化村、全国民族团结进步模范集体等多项殊荣。2016 年 9 月，什寒黎苗山寨被列入全国旅游扶贫示范项目，是全省开发乡村旅游点经验交流点。2017 年，什寒黎苗山寨获得“全国‘景区带村’旅游扶贫示范项目”荣誉称号；2019 年 7 月，获得“全国乡村旅游重点村”荣誉称号。

【经验启示】

（一）生态保护是前提

“绿水青山就是金山银山”，保护生态环

境是实现脱贫致富的重要前提。在什寒村的建设过程中，坚持以居民零动迁、生态零破坏、环境零污染为宗旨，以村民不失业、不失地、不失居为基础，不搞大拆大建，使什寒村以其原生态的自然环境、优美的田园风光吸引八方来客，实现什寒村开发乡村休闲旅游增资产、增就业、增收入的目标。

（二）规划先行是基础

规划是行动的先导。琼中县先后出台《什寒村委会联手扶贫规划》《什寒村危房改造实施规划》《什寒村村庄建设规划》等文件，为什寒村建设和发展提供了全方位的支持和保障。

（三）产业发展是支撑

产业发展是实现贫困群众增收致富的关键所在。琼中县坚持把产业发展作为什寒村扶贫的重要抓手，依托什寒村得天独厚的资源和黎苗文化优势，以乡村休闲旅游为重点，因地制宜发展林下经济，这样不仅拓宽了村民的财路，获得了村民的支持，也为什寒村发展提供了永续动力。

（四）基层党建是保证

脱贫攻坚既是民生工程，也是党建工程。县委通过选优配强什寒村“两委”班子，开展“农村示范党支部”创建、选派第一书记等活动，进一步提升了什寒村党支部扶贫工作水平，实现了基层党建和“奔格内”乡村休闲旅游的有机对接，初步形成了基层党建和乡村休闲旅游发展融合的服务体系。

（五）农村改革是动力

改革是推进农业农村发展的强劲动力。什寒村顺应发展趋势，积极谋划发展出路，主动承接农村各项改革任务，充分激发村民的主人翁意识，树立正确的发展观念，自行“造血”发家致富。如村民通过抵押贷款获得产业发展和建设资金支持；以土地、劳务等入股企业获得分红。该村建立了政府、企业、村民利益连接机制，不断增加村民收入。

（六）黎苗文化是依托

文化是休闲旅游的灵魂，休闲旅游是文化的载体。在县委、县政府的引导下，什寒村的村民逐渐认识到黎苗文化的价值，充分开发利用黎苗婚俗、三月三、苗族冬至节等传统习俗，对传统纺染织绣技艺、船型屋建造技艺、原始制陶技艺等传统黎苗非物质文化遗产进行生产性保护，让到来的游客体验和感受什寒村丰富的黎苗风情。

重庆市綦江区中华村

【基本情况】

綦江区永城镇中华村位于重庆市綦江区东部，紧邻永城场镇，綦万高速公路、三南铁路、303 省道、渝黔高速复线贯穿全村，距綦江城区 21 千米、重庆主城 58 千米。全村辖区面积 4.87 平方千米，辖 8 个村民小组、1 033 户、3 684 人。中华村内有明嘉靖年间綦江知县任宪亲笔题写的“凤冠石”“綦风士气”石刻，有金鸡报晓、乌龟戏豚等组成的凤冠山人文公园景区；有始建于清朝，四合院布局的古建筑；有被习近平总书记称赞“英勇善战、屡建功绩”的红四军军长王良的故居，被周恩来总理赞誉为“霍氏三杰”的霍坤镛、霍栗如、霍步青等革命先驱红色文化；有建于清道光十八年的芙蓉书院；有 300 余年历史的国家级非物质文化遗产——以“刘家乐班”为代表的“永城民间吹打”；有水资源蕴藏量丰富、品质上乘、正在开发的地热温泉；有建于清乾隆年间，光绪二十七年培修的中华观；有石刻雕刻工艺精细，历史文化艺术价值较高的老瀛山摩崖石刻等。

2019 年，中华村村民人均可支配收入突破 2 万元，比 2018 年增长 21%；2020 年，全村人均可支配收入可实现 2.3 万元。中华村先后荣获全国文明村、全国 100 个特色村庄、全国特色景观旅游名村、全国乡村治理示范村、全国最美乡村等称号。中华村围绕本土特色，以规划、设施、产业、文化为抓手，大力发展休闲农业。

【主要做法及成效】

（一）坚持规划引领，打造美丽乡村

一是全区一盘棋发展。编制《綦江区休闲农业和乡村旅游规划》，围绕“养生、养老、养心，想来、想留、想念”主题，重点把握“全产业链、全域旅游”两条发展主线，积极推进旅游产品线路、旅游营销策划、旅游基础设施、旅游服务设施和旅游开发运营保障工程建设，2018年成功创建“全国休闲农业和乡村旅游示范区”。二是特色化差异化定位。编制《永城镇中华村乡村振兴示范村发展规划》，以“将军故里·醇美中华”为主题，致力于将中华村打造为产业兴旺、生态宜居、红色旅游、文化丰富的乡村振兴示范村和乡村旅游特色村，该村已纳入全市首批乡村振兴试验示范重点镇村打造。三是科学合理规划布局。全村立足资源禀赋，因地制宜，按“一心二轴三片区”发展，依托新建中华村委会形成的综合服务中心，沿旅游环线形成纵向发展轴和横向发展轴，打造北部现代山地农业示范区、西南部乡村旅游体验区、东南部红色文化教育基地体验区，全面推进宜产、宜业、宜游、宜居、宜人的现代化新农村。

（二）提档配套设施，改善人居环境

一是基础设施完善。全村通公路、户户连大路，道路全部硬化，环村大道油路化；家家通自来水、户户通天然气，白天广播声声、夜晚路灯通明。二是旅游配套齐全。建成永丰河自行车骑行步道和旅游环线两条道路，配套建设游客服务中心、停车场、游憩设施、标识标牌等旅游设施。中华村内部设有导游全景图，主要路口设有方向指引标牌以及服务设施标识牌，设有相关安全警示标识，景点设有景物介绍牌。三是生活环境宜居。C、D级危房全部改造，“残垣断壁”整治已近尾声，房屋风貌别具一格，内外装饰朴素大方。全村建设一个公交车站、2个停车场、1个污水处理站、10个垃圾分类收运箱，每户设垃圾桶，85%的农户新建卫生厕所，排水沟通畅，室内外整洁。全村修安全围栏1 100米，四周植树15 000株，栽种花草3万多株，60%的农户修建小花园。

（三）培育特色产业，推动农旅融合

一是引进培育农业经营主体。立足自身资源禀赋，引导青年人才返乡入乡、创新创业，培育发展农业企业15家、家庭农场1个、专业合作社4个；科学包装项目，大力招商引资，引进嘉多喜等6家企业入驻中华村。二是壮大特色效益农业。利用每亩补助2 200元的柑橘发展政策，发展2 000亩优质晚熟柑橘，成功创建市级“一村一品”示范村。以柑橘主导产业为引领，配套发展草莓葡萄400亩、香桃800亩、苗圃1 500亩、锦鲤150亩，建成年存栏20万羽蛋鸡养殖基地，全村土地流转率达80%，初步形成以农业观光采摘为主的特色效益农业产业带，“凤冠橘”享誉市内外，锦鲤养殖基地规模位居西南地区第一位。三是大力发展休闲农业。结合特色农业，打造凤冠橘、香桃、三红柚、顺尧草莓、中华锦鲤、嘉多喜鸡蛋等多个特色农业品牌，推出“辣子陈皮肥肠”“竹筒竹叶鸡”“草包牛肉”“橘盅芙蓉蛋”“泥鳅钻豆腐”“酸萝卜老鸭汤”“老腌菜土豆汤”“厥粑炒腊肉”等中华村乡土美食，建成中华村荷花园、中华村锦鲤园，配套发展草莓采摘园3个、柑橘采摘园6个、特色农家乐5家。2019年，游客超过10万人次，销售额1 200余万元。

（四）保护传统文化，增强历史底蕴

一是对王良故居、明清古建筑、明清石刻、中华观等多处文物加大保护力度，重点修缮保护王良故居和凤冠山石刻，完成保护性修缮“王良故居”，并对外开放，筹拍一部以“王良”为主题的电影，讲述王良故事，传承革命精神和红色文化。二是建成“永城吹打”展览馆和“吹打排练厅”，让游客近距离感受国家级非物质文化遗产的魅力，依托“吹打学校”传承保护非物质文化遗产“永城吹打”。三是中华村游客接待中心全面升级改造，让游客亲自参与“老黄牛”农民大学实践课堂，和村民一起学习体验唱山歌、跳民舞、讲故事、五禽戏、画簸箕、绣鞋垫、打络子等传统文化，并在田间地头参与农事耕作和溪头池边垂钓等。

（五）打造成熟体系，展示特色文化

中华村乡村旅游以自然禀赋为基础，围绕人文底蕴，形成以“一故居”“一吹打”“三个园子”为主的休闲旅游体系。“一故居”即王良故居，是一座具有川东特色的三合院民居，红四军军长王良出生和成长的地方，被评为重庆市文物保护单位、优秀近现代建筑，是有名的红色爱国主义教育基地。“一吹打”即“永城吹打”，永城吹打源自明末清初，至今已有300多年历史，是国家级非物质文化遗产，已传承十九代。永城吹打以唢呐演奏见长，音域宽广，音色高亢，气势恢宏，在民间吹打乐中别具一格。永城吹打按活动形式可分为“坐堂”和“行路”两种，按演奏形式可分为“贯吹贯打”“夹吹夹打”两类，按音乐风格则可分为“悲调”“喜庆”和“通江”三类。永城吹打拥有上千首曲目，代表性乐曲有《哥哥送亲》《闹新娘》《吊丧》《懒蛇上坡》《焰灯蛾》等。“三个园子”指中华锦鲤园、凤冠山人文公园、凤冠橘采摘园。中华锦鲤园占地面积108亩，养有锦鲤、草鱼、鲫鱼、鲤鱼等多种鱼类，是观赏和垂钓的好地方。凤冠山人文公园是中华村的精神文化圣地，山顶的将军亭，以及“綦风士气”“凤冠石”主题石刻，彰显出中华村历史文化底蕴厚重，人文故事流传甚广。山顶的观景台是游客俯瞰故居，一览全村山水田园盛景的最佳观景点。千亩凤冠橘采摘园，由百亩柑橘科技示范园形成的柑橘产业带，是中华村特色农业采摘的主要地点，凤冠橘已成为市民颇为青睐的中华村“土特产”，冬春时节，花果同树，来此采摘的游客络绎不绝。

（六）加强宣传推介，营造良好氛围

一是借助红色文化资源——王良故居，大力发展红色旅游。同时以王良故居为轴心，向周边拓展延伸休闲观光农业。二是新媒体与传统媒体齐发声，营造良好氛围。运用微信、微博等新媒体，配合广播、电视、报纸等传统媒体，全方位宣传推介中华村旅游产业，通过开辟专栏、拍摄宣传片等方式为休闲农业发展营造良好的环境。三是充分利用重点地域宣传。通过在车站、码头、公路沿线等重点地域张贴标语、横幅、挂画等，加大宣传力度。

重庆市城口县平溪村

【基本情况】

平溪村位于城口县河鱼乡北部，北与岚天乡接壤，下辖10个村民小组476户，其中贫困户52户，辖区面积18.98平方千米，海拔在1 000～1 250米，森林覆盖率达80%。村内群峰参天，岭谷交错，波流清澈，溪水流淌。平溪村依托自然资源禀赋，发挥生态优势，大力发展以生态旅游、生态农业为主导的生态休闲经济，实现了从短板到样板的蝶变，以及经济效益、社会效益和生态效益的共赢，走出了一条将自然恩赐的“绿水青山”转化为脱贫致富的“金山银山”的正确道路。

【主要做法及成效】

（一）发展路子从“迷茫”到“清晰”

以前的平溪村，农户多以种植苞谷、养

猪等为家庭主要经济来源，绝大多数农户传承着“种粮为糊口、养猪为过年、养牛为耕田”的传统农耕模式，日复一日，年复一年，辛苦不说，收入甚微，可谓枕着“金山银山”受穷。烂房子多、贫困户多、单身汉多，交通差、环境差、习惯差，“三多”“三差”是彼时平溪村的真实写照。难道子子孙孙都要走我们的老路？究竟路在何方？这些问题考验着平溪村“两委”一班人的智慧和担当。近年来，平溪村“两委”一班人大胆解放思想，对发展路子进行苦苦求索，在摸清资源优势、产业基础、群众意愿等家底的基础上，提出了打好生态牌、走好生态路、依靠生态富的发展思路，重点发展以生态旅游、生态农业为主导的休闲生态产业，让群众吃上“生态饭”、走上“致富路”。通过面对面讨论商议、背靠背听取意见，全村干部群众形成了广泛共识，发展思路就这样定了下来。思路找准了，人就成了决定性因素，如何打破传统小农生产、调动方方面面的力量，走好走实生态路，成为摆在村“两委”面前的一道难题。

（二）集体经济组织从“空壳”到“实体”

随着农村产权制度改革的深入推进，集体经济组织走进了人们的视野，村“两委”一班人仿佛从中看到了商机，通过潜心研究政策，争取乡党委、政府对上衔接沟通，平溪村集体经济组织在全乡第一个挂牌成立，成为全县第一批成立集体经济组织的贫困村。“集体经济组织光有壳子不行，还得有实体。”集体经济组织一班人如是思之。集体经济组织成立伊始，便主动承担起本村“三变”改革主推力量的角色，着力做好盘活资源、理活资产、用活资金三篇文章，推动资源变资产、资金变股金、农民变股民，通过集体经济收益，让农户直接分红受益。在盘活资源方面，集体经济组织依托生态资源、土地资源，立足生态文化、农耕文化，建成占地 11 亩的农耕体验场 1 个、占地 5 亩的农耕广场 1 个，建成占地 883 平方米、展出农耕老物件 1 000 余件的农耕博物馆 1 座，依山建成特色森林小木屋 9 栋，傍水建成占地 3 亩的生态鱼塘 1 个，这些“硬件”的落成，开启了以农耕文化为主题的生态旅游之路，形成了有价值的集体资产。在理活资产方面，集体经济组织把农耕体验场、农耕博物馆、森木小木屋、生态鱼塘等集体资产交予市场主体运作，建立与市场主体的紧密利益联结机制，每年有“保底分红＋收益提成”，解决了集体资产闲置问题，保障了集体经济收益。在用活资金方面，实行试点资金入股市场主体，市场主体以本地资产作抵押模式，每年保底分红，在保证资金安全的前提下，拓宽了集体经济收益渠道。2019 年，平溪村集体经济组织收益近 16 万元，贫困户股均分红 160 元，一般农户股均分红 110 元，在全县排名前列。

（三）合作社“对内对外”双向发力

基于对产业发展愈发深层的思考，村“两委”一班人认识到，在产业发展上，传统小农生产、单打独斗已经行不通了，必须要有“龙头”带动，提升产业组织化程度，对内带动农户、对外对接市场，在龙头企业引进难的条件下，专业合作社顺势成了这一“龙头”。着眼于发展壮大生态旅游和生态农业两大主导生态产业，平溪村规范成立旅游专业合作社、农民合作社。旅游专业合作社吸纳 8 家大巴山森林人家、民宿和本土手艺人，共 21 人入社，实行抱团发展，对内承接经营集体经济组织交予的农耕体验场、农耕博物馆、生态鱼塘、森木小木屋、民宿等资产，指导民宿酒店、大巴山森林人家规范发展，牵头举办“山恋·河鱼”的旅游节庆活动，对外开展旅游宣传营销，对接旅行社，拓展客源市场，在党委、政府的领导推动和合作社的直接带动下，平溪村常年旅游综合收入在 800 万元左右，带动户均增收 3 万元。2020 年 5 月、6 月，平溪村实现旅游综合收入 300 万元左右，带动户均增收 13 000 元，生态旅游业已然成为群众增收致富的支柱产业。农民合作社一改过去“一社带几户”的合作经营模式，吸纳全村实际从事农业生产的农户悉数入社。在角色扮演上，合作社成员负责生产端，具体负责产业发展、产品生产，合作社负责销售端，具体负责对接市场主体、搞好产品销售，同时提供生产资料集中购买、技术指导、产品运输等服务，合作社成员和合作社共同建立起从生产到销售的产业链。在农民合作社的带动下，全村农户大力发展以林下养鸡、林下中药材为代表的生态农业，全村年出栏城口山地鸡 5 万羽以上，年产值超过 700 万元，带动户均增收 12 000元左右；中药材常年在地面积 1 100 亩，年产值在 300 万元左右，带动户均增收 5 000 元，以山地鸡、中药材为主材的山地鸡宴、药膳宴备受游客青睐，山地鸡俨然变成了“金凤凰”。

（四）市场主体从“请都请不来”到“志愿走进来”

囿于区位、交通等客观因素，过去平溪村引进一个市场主体难如登天，要么引不进来，要么留不住，这也成了村“两委”一班人最大的“心病”。没有市场主体带动、资本注入、人才推动，哪来的又好又快发展？“‘生态梧桐’再好也要有‘凤凰栖息’才行啊！”支部书记周金权感慨道。随着生态旅游、生态农业等生态产业的快速发展，潜在的巨大商机逐渐显现，平溪村开始在县域内“崭露头角”，人们开始关注这片热土。2017 年，平溪村成功引进高瞻旅游合作社，不到一年的时间，合作社以传统民居为基础，建成“遇见·31 涧”民宿酒店，该酒店原乡原味，树立起了旅游食宿新标杆，酒店很快成为远近闻名的网红“打卡点”，年接待游客 3.2 万人次，年收入 300 余万元。高瞻旅游合作社的引进好似打开了市场主体进入的“大门”，截至 2019 年 6 月，累计引进市场主体 2 家，在市场主体的强势带动下，生态旅游、生态农业发展势头迅猛，真正驶入了“快车道”。

（五）贫困户从“一穷二白”到“全面小康”

在村“两委”、集体经济组织、合作社、市场主体的“四轮”驱动下，贫困户有了稳固的收入支撑，生产生活条件发生了质的变化。建档立卡的贫困户刘明翠，腿脚行动不便，从事农业生产受限，收入十分拮据。两年前，高瞻旅游合作社将她的两层土坯房进行加固改造，一度潮湿脏乱的房间有了卫生间、窗户和阳台，一跃“升级”成为一间充满乡野情调的乡村民宿。刘明翠谈到，“现在房屋由市场主体负责运营，我什么都不用管，每租出去一个房间，自己就有一定比例的分成，对家庭收入大有保障。”市场主体的引进，创造了更多就业岗位，全村 105 人实现本村就地就业。54 岁的村民韩书敖如今是民宿酒店的“掌勺”，做出的饭菜深受游客欢迎。“由于要照顾 10 岁的孙子，我和老伴儿没办法外出务工。现在本村上班，不仅能照顾到家里，一年还能挣 2 万～3 万元。”韩书敖兴奋之情溢于言表。刘明翠、韩淑敖只是全村 52 户贫困户的典型代表，2019 年 1 月，全村 52 户贫困户全部脱贫越线，摘掉了沉甸甸的贫困户帽子，如今轻装上阵，向着更加幸福的明天而不懈奋斗。

重庆市八龙莼乡乡村旅游专业合作社

【基本情况】

重庆市石柱土家族自治县冷水镇八龙村地处神奇的北纬 30°，位于渝鄂边界，辖区面积 17.4 平方千米，境内海拔 1 420～1 680 米，森林覆盖率 85%。依托八龙村独特的莼田农业资源和山水风光，村集体成立了八龙莼乡乡村旅游专业合作社，引领该村发展休闲乡村旅游，走出了一条“山上种莲、水下种莼、家中迎客”的立体式产业发展路子。因为有八龙莼乡乡村旅游合作社的带动，八龙村先后被评为全国美丽休闲乡村、中国少数民族特色村寨和全国文明村。

【主要做法及成效】

（一）用好“凉”资源

八龙村夏季平均气温 21℃，随着沪渝高速公路的建成通车，冷水镇至重庆主城的距离缩短至 2 小时，八龙莼乡乡村旅游专业合作社大力发展乡村旅游，改造农房 300 户，整治院坝 300 户，改造入户便道 300 多户，改厨改厕 300 多户。合作社吸纳入社会员 97 户，其中贫困户 13 户、45 人，按照“四统一”基本要求（统一标识、统一宣传、统一管理、统一服务），对本村乡村旅游接待户从接待礼仪、服务质量、餐饮技术等方面进行分类指导和统一培训，不断促进全村乡村旅游接待能力和服务水平的全面提升，2019 年，八龙村实现乡村旅游收入 1 200 万元，户均旅游收入 12 万元。

（二）念好“花”字经

结合独特区位优势，依托乡村旅游专业合作社引进企业，利用八龙村的荒山荒坡成功打造了 3 000 亩西南第一高山花海——云中花都，2019 年合作社接待游客 40 万人次，实现综合收入 8 000 万元。同时，该项目通过股权、基金、信贷三种资产收益扶贫模式带动全镇贫困户 159 户、545 人，实现年户均分红 2 573 元，带动全村 261 人实现常年就近就业，人均务工收入9 000元，其中贫困户 17 户、61 人。

（三）创好“雪”品牌

为全面解决旅游季节性强的短板，从单一的夏季避暑纳凉向四季旅游转变，八龙莼乡旅游专业合作社与重庆康旅滑雪旅游开发有限公司联合经营，在八龙村大力开发冬季冰雪旅游项目，建成西南最大的高山滑雪场——Let′s go 游乐世界，雪场配套国际专业赛事滑道、七彩旱滑、水上乐园等游乐项目，成功举办“全国大众越野滑雪挑战赛”。2019 年冬季，雪场接待游客 17 万人次，实现综合收入 3 400 万元，带动周边群众就近务工 87 人，其中贫困户 10 户、24 人。

（四）做好“莼”文章

依托八龙村美丽的莼田风光，巩固发展莼菜种植 2 800 亩，积极打造中国（石柱）莼菜农业公园，以八龙莼乡乡村旅游专业合作社为主体，以莼菜产业一二三产业融合发展为重点，建成以乡村旅游接待、农产品电子商务、教育培训为重点的莼菜公园接待中心（占地 10 亩、建筑面积5 750平方米，总投资 27 148 万元），建设莼菜加工厂，着力打造集全市青少年农事体验、特色农业教育培训实践、乡村振兴讲习所和居家养老、休闲养老于一体的乡村休闲旅游综合示范基地。

（五）建好“联”模式

围绕“三变改革”建立紧密的产业链利益联结机制，不断壮大村集体经济，发挥农旅融合效益，探索“212”乡村休闲旅游产业发展模式。即：统筹两个资源，资源之一是八龙莼乡乡村旅游专业合作社与县属国有企业农业发展公司共同成立八龙村乡村旅游股份经济联合社；资源之二是按照“一村引领、四村联动”的方式，整合全镇 5 个村各类集体资金 400 万元，组建石柱莼菜产业投资公司，重点投资以休闲乡村旅游为主的产业，实现统筹产业发展财政资金与当地乡村产业资源，围绕产业链经济体建设发挥带领、调控与服务功能，形成一个利益共同体，由莼菜产业投资公司负责莼菜公园接待中心资产管理，并推动产业链在莼菜农旅融合、产品研发供给、技能培训、品牌提升、消费体验等多维度升级，形成产业链利益共同体；依托投资公司成立酒店经营管理公司、八龙村莼菜管护公司两个经营主体，围绕莼菜公园酒店经营、莼菜产品开发、莼菜产业研训示范教育开展市场经营与服务。2019 年，村集体经济实现经济收入 8.7 万元。八龙莼乡乡村旅游专业合作社与农业发展公司合股联营的莼菜公园接待中心已正式投入运营，2020 年村集体经济收入会实现 30 万元以上。

2019 年，八龙莼乡乡村旅游专业合作社正围绕石柱县全国生态康养胜地总体定位，着力配合建设冷水特色康养小镇，加快推进达成“春可品莼赏花、夏可避暑纳凉、秋可露营摘果、冬可滑雪泡泉”的四季皆游目标，全力推进农旅融合发展，奋力把八龙村建设成为国家级康养旅游度假区。

四川省成都市郫都区战旗村

【基本情况】

“九天开出一成都，万脉千流源望丛”。成都市郫都区是古蜀文明的重要发源地，是长江上游农耕文明的源头。3 000 年前，望帝杜宇在此教民农桑，留下了布谷催春的动人传说；丛帝鳖灵在此治水兴蜀，奠定了泽被后世的千秋功业。中国首个农家乐诞生于此，川菜之魂“郫县豆瓣”闻名于世，战旗村距离成都市区 30 千米，位于成都市“中优”“西控”发展区，拥有发展休闲农业与乡村旅游的良好基础，是成都市推进城乡融合发展、促进乡村振兴的重要阵地。

2018 年 2 月 12 日，习近平总书记在视察郫都区战旗村时称赞“战旗飘飘、名副其实”，殷切嘱托乡村振兴要“走在前列、起好示范”。郫都区牢记嘱托，感恩奋进，在中央、省、市、区各级政府的关心帮助下，充分整合区域生态、文化、民俗等资源，按照“特色精致、规模适度、绿色融合”的发展思路，以战旗村为试验田，农商文旅体深度融合发展为路径，培育乡村休闲农业与旅游发展新动能新优势，系统推进“五大振兴”，加快农业升级、农村进步、农民发展步伐。2019 年，战旗村集体资产达 5 600 万元，实现村集体经济收入 520 万元，休闲农业与乡村旅游业产值突破 6 500 万元，同比增长 2 倍，带动全村全年人均纯收入达 2.8 万余元。

【主要做法及成效】

（一）践行“两山”理论，促进生态价值转化

一是厚植绿色生态本底。关闭铸铁厂等 9 家污染企业，搬迁规模养殖场 4 户，常态化落实“河长制”，实施垃圾分类收集处置，投资 60 余万元改造雨污管网，实现污水全部进入管网收集处理，建成柏条河生态湿地，持续保持优美的乡村景观，乡村自然资源不断升值。

二是发展壮大特色农业，提升品牌价值。积极发展绿色高端种植业，全村建设高标准农田 1 000 亩，有绿色有机蔬菜基地、薰衣草种植基地，被誉为“川西普罗旺斯”，形成集生态观光、休闲度假、亲子体验、会务接待为一体的生态旅游模式。建成精彩战旗馆，成立“绿色战旗·品牌创新”中心，开展“战旗”品牌包装设计，实现线上线下精准营销，战旗村农产品的生态价值、市场价值和品牌价值得到极大提升。战旗村承办了国际社会生态农业高峰论坛暨第十届中国社会生态农业大会，参会中外嘉宾 1 000 余人。

三是培育农业新业态，开发农事体验旅游。大力发展观光农业，推动水旱轮作稻鱼共生，打造大地景观，建成蓝莓基地等农业项目，建设生产体验观赏通道，完成修复打造吕家院子等特色林盘，建成 5.3 千米生态绿道。该村以绿道体系有机串联周边特色林盘和田园综合体，开展泛战旗横山村山地自行车运动赛事、热气球等活动，打造“两线一团精彩连连”乡村振兴体验精品线路，实现农业发展和农业景观化双重效应。战旗村被农业农村部评为 2018 年中国美丽休闲乡村。在改革开放 40 周年中央电视台《我们一

起走过》节目中，专题报道战旗村5分钟。

（二）发掘特色文化资源，促进深度融合发展

一是发展红色文化开发感恩教育主题旅游。强化习近平总书记视察战旗村的红色记忆，广泛开展“牢记嘱托、感恩奋进”主题教育活动，开发红色旅游线路，激发广大干部群众干事创业激情，并与中央电视台合作完成了30分钟的纪录片《人民的勤务员》的拍摄工作，从而吸引了大批游客来战旗村重走感恩道路和开展主题教育。2019年正月初五，《新闻联播》以“一枝一叶总关情”为题报道了习近平总书记视察后，战旗村一年来的新变化。

二是深挖农耕文化推动农商文旅体融合发展。将川西民风民俗、特色手工艺、传统特色产品集成展示，让游客体验原汁原味的传统川西乡村文化。建成战旗村村史馆、豆瓣文化博物馆等，第五季·香境、乡村十八坊、吕家院子等项目全面运营，建成战旗村4A级景区，举办大地艺术节、半程马拉松、农民丰收节等品牌赛事活动，吸引20余万游客前来体验传统巴蜀农耕非遗文化。2019年，该村年接待游客量约85万人次，实现休闲农业与乡村旅游业产值收入6 500多万元。具有浓厚川西传统文化风韵的“乡村十八坊”，郫县豆瓣、蜀绣、“三编”等多项非遗传统技艺入驻，游客既可以品尝美食，购买特产，也可以观看其生产过程，体验传统民俗工艺。战旗村打造以传统工艺酿造、非遗传承为核心的旅游商业文化综合体。战旗村村史馆荣获四川省金熊猫创意设计奖·美丽乡村创想奖银奖。

（三）创新经营发展机制，促进市场主体发育

一是外引内培扩容升级。引进“观筑堂”“运动大玩家”等文旅项目，与四川旅游投资集团及四川迈高旅游公司合作，实现战旗4A级景区高效运营管理。大力实施创新创业，吸引返乡大学生和创业人才120余人，创办蔬菜种植、花卉种植等农业企业和合作社30余家，新增市场主体约80个。二是农民转型实现增收。推动农业生产方式转变，促进传统农民向产业工人转型，鼓励妈妈农庄、榕珍菌业等企业改造升级，鼓励村民利用闲置房屋资源发展民宿、茶馆，新增就业岗位200余个，实现土地租金收益与务工收益叠加、财产性收入与经营收入同增长的增收格局。三是创造新的共享机制。加强“村与村”合作共享，主动融入五村连片打造，建设全城景区，共享战旗品牌。加强“村与企业”合作共享，与国投公司合作建成四川战旗乡村振兴培训学院，已开展各类培训102期，培训15 139人次，全国乡村旅游培训基地落户战旗村。四是补齐功能设施短板。健全水电气讯等基础设施，完善文化教育、医疗卫生、农业科技、社会保障等公共服务体系，探索建立集农村产权交易、电商服务、人才服务、双创服务等于一体的农村共享服务综合体，为村民和游客提供更优质便利的生活保障服务。

（四）深化土地制度改革，促进发展方式转型

一是深化农村集体经营性建设用地改革。将产权归属村委会的原村委会老办公楼等地块共计13.5亩，以每亩52.5万元的价格出让四川迈高旅游开发有限公司，成功敲响全省农村集体经营性建设用地入市“第一槌”，村集体获得收益705.9万元，在盘活沉睡资源的同时，健全产业功能配套，推动产业转型升级。二是深化农村集体产权制度改革。成立集体资产管理公司，组建农村土地股份合作社，实行与国有土地同等入市、同权同价，并统一对外招商、统一竞价谈判、统一管控形态，实现1 930亩土地规模化、景观化打造。2019年，全村90%以上的农户加入合作社，80%以上的农户承包地进行了流转，

80%以上的流转土地实现了集中经营。三是创新土地增值收益分配机制。对于农村集体经营性建设用地入市形成的土地增值收益，探索建立了在国家征收调节金后集体与个人按照 8∶2 分配的办法，即将土地净收益的 20%用于集体成员现金分红，80%作为村集体公积金、公益金等（其中 30%的公益金用于为股东购买新农合医疗保险、养老保险以及老人补助，50%作为公积金交由资产管理公司统一运营，用于集体股权增值、经营性项目再投入等），确保村民长远生计，实现集体经济可持续发展。

四川省攀枝花市米易县龙华村

【基本情况】

龙华村辖区面积 16.3 平方千米，辖 15 个村民小组，有 973 户、3 673 人。党总支下设 3 个党支部，有党员 96 人。近年来，龙华村因地制宜推进集旅游观光、休闲度假和农事体验于一体的农文旅产业融合发展，先后被评为全国乡村治理示范村、全国“一村一品”示范村、全国科普惠农兴村先进单位、四川省乡村振兴示范村、四川省城乡环境综合治理环境优美示范村庄、四川省绿化示范村、攀枝花市四好村，是中国园艺学会枇杷分会第九届全国枇杷学术研讨会暨产业论坛现场参观点。2019 年，龙华村成功举办了“中国·米易首届阳光枇杷采摘节”。

【主要做法及成效】

（一）突出规划引领，打造农文旅融合示范村

按照农文旅融合发展的思路，编制《草场乡龙华村乡村振兴规划》《米易枇杷生态园规划方案》，深化“特色产业＋康养”“特色产业＋旅游”“特色产业＋文化”等发展模式，充分挖掘乡土人文、生态田园、民俗乡村等资源，因地制宜推动龙华村枇杷农业与文化、旅游、康养等产业深度融合。产区变景区，龙华村投资 3 500 多万元建成核心示范区“米易枇杷生态园”主题公园，枇杷果园中花道、风车长廊等穿插其中，游客服务中心、主题门牌、标识标牌、游步道、叶型和枇杷型休憩亭、驿站、观光厕所、景区分类垃圾箱、停车场、康养床位等服务和旅游设施完善。2019 年，龙华村已申报 3A 级景区。资源变资金，龙华村利用现有基础设施，积极引进人才力量，开发龙华枇杷宴等具有地方特色的菜系，强化礼仪培训，发展特色餐饮，盘活集体资产。建设集碾坊区、磨坊区、枇杷文化区、手工枇杷膏加工展示区、手工区、亲子做饭区、水车赛区、独轮车赛区、耕读区、传统农具展示区等传统农耕文化、枇杷文化、农耕体验、科普教育等于一体的综合性农耕文化园，让游客来得了留得下。2019 年，全村乡村旅游收入达 30 万元。

（二）突出枇杷产业特色，打造“一村一品”示范村

米易县龙华村，属南亚热带干热气候，非常适应枇杷生长。独特的气候条件，使得全村枇杷果大、味甜、皮薄、肉厚、上市早（每年 12 月陆续上市），素有龙吟果乡之称。龙华村的枇杷以大五星、早钟六号为主推品种，引进示范三月白、贵妃、香妃等白肉系列品种，全面推广冬春枇杷控时成熟技术、高效节水灌溉技术、枇杷绿色防控技术，突出发展枇杷特色主导产业，现种植枇杷 7 000 余亩，平均单产每亩达 800 千克，高产果园每亩可达1 000千克，全村枇杷产量达 5 700 吨，平均销售价格每千克达 20 元，最好销售价格达 50 元/千克，全村枇杷年销售收入达 11 830 万元，该村认定为第八批全国一村一品示范村。

（三）完善产业基地基础设施，提升综合生产能力

村内水电路讯等基础设施完善，路相连、

渠相通，全村耕地面积 5 901 亩，高标准农田面积达 5 800 亩，高标准农田占比达 98.3%。全村枇杷种植面积达 7 000 亩，高效节水灌溉面积达 6 300 亩，高效节水灌溉占比达 90%。农用机械普及率高，移动互联网信号全园覆盖，建成智慧物联网示范园 1 个，农业综合信息化水平达 65%以上。

（四）突出新业态综合发展，打造特色农产品品牌

龙华村在枇杷产销上，突出抓分级包装、电商物流、土法加工、品牌建设等新业态，打造特色农产品品牌。村内冷链物流设施配套，枇杷销售分级贴牌等初加工率高，外销产品分级贴牌包装初加工率达 98%。“三品一标”产品认证成效突出，注册“多美龙华”农产品商标，已获有机枇杷认证品种 3 个、绿色枇杷认证品种 3 个，米易枇杷被国家市场监督管理总局认证为国家地理标志保护产品。“阳光米易”区域公用品牌＋企业品牌的产品销售率达 98%。实行产品追溯机制，开展品牌培育工作。延伸枇杷产业链，建设土法加工作坊，就近加工枇杷膏、枇杷酒、枇杷茶等农产品。结合枇杷文化，制作系列文化创意类产品。积极发展农产品电子商务，推行“党组织＋电商”销售模式，有 53 家电商销售势头强劲，年电商销售额达 5 200 万元，网上运营直接助农，年增收达 1 200 余万元。

（五）涵养淳朴民风，推动产业融合可持续发展

龙华村村委会牵头，村民代表决议，制定“诚信红线”制度和“阳光用水”制度，有效解决了过度使用农药、提前上市扰乱市场等问题，破解了灌溉管理难题，成为乡村治理的有效形式。结合扫黑除恶专项斗争，引导村党组织制定“行为规范十条”，列出负面清单，制定违约强硬措施，乡镇举办训诫班，整治乡村乱扔垃圾、侵害集体资产、吵架斗殴、酗酒、赌博等不良行为，引导村民自觉规范行为。深入挖掘本土传统家风家训文化，结合爱国、爱党等内容，引导农户总结提炼家庭文化、家风家训，统一制作家风家训门牌，亮相在农户家门前，让好家风成为每个家庭对子孙立身、处事、持家的教诲，以家风带民风、以民风助村风，释放传统文化“正能量”，促进乡风文明建设。深入开展“最美家庭”、米易好人、道德模范、“好公婆”和“好媳妇”等系列评选活动，树立爱党爱国、爱家乡爱家庭、勤俭持家、邻里团结的家庭美德。整村推进户用厕所改造，探索出依托沼气池或三格式化粪池实现粪污分离、厕污共治的有效模式。同时，加强生活污水源头减量，并以房前屋后河塘沟渠为重点，实施垃圾清理、清淤疏浚，强化河长制管理，采取综合措施恢复水生态，消除农村黑臭水体。开展人居环境整治评选活动，制定评选办法，设立示范栏和曝光栏，每月组织评比 2 户环境示范户，引导村民对标先进共创美好家园，文明乡风、良好家风、淳朴民风蔚然成风，这也让乡村不断焕发出新的活力。

贵州省六盘水市
盘州市盘关镇海坝村

【基本情况】

盘州市海坝村位于盘州市的盘江镇东部，是乡村振兴“十百千”试点村之一，全村辖 11 个自然村，15 个村民小组，共 760 户、2 718人，农业人口 2 559 人，劳动力 1 732 人。海坝村是一个多民族居住区，村内有汉族、布依族、彝族、蒙古族、白族、仡佬族等 7 个民族，少数民族占总人口的 25%。近年来，作为国家美丽乡村标准化建设示范村，海坝村以乡村振兴为统揽，以党建为引领，以营造邻里和睦、和谐互助的文明风尚为宗旨，大力推进自治、法治、德治相结合的“三治”社会体系建设，成功打造了集经济发展富裕村、社会治理示范村、服务保障幸福村、文明和谐治安村、乡村旅游示范村的样

板典型，使海坝村走出了一条以乡村旅游推动乡村振兴的发展之路。

2015年之前，海坝村还是一个交通闭塞、靠天吃饭、房屋破旧的贫困村，村民种的东西卖不掉，新的东西进不来，村民们的生活条件极差，整体人居环境脏、乱、差现象严重，属于贵州省一类贫困村。自2015年8月启动“四在农家·美丽乡村”建设以来，通过房屋立面改造、室内功能完善、环境综合整治、产业结构调整、乡村旅游发展、民风习俗改变等方式打造美丽乡村。截至2019年，海坝村已完成庭院硬化760户，共2.2万平方米，改造房屋主体775栋，串户路硬化2万平方米，实施改厕121个，建设公厕23个，改灶673个，改圈211个。海坝村绘制美德文化墙、民族风情壁画185幅，700余平方米。2018年，海坝村农村居民人均可支配收入10 924元，比2015年增长了50.92%。海坝村推动优秀传统文化融入乡村生活，表彰“十星级”文明户174户，进一步凝聚了道德力量，构筑起了风尚高地。2015—2017年海坝村先后荣获全省文明村、六盘水市民主法治示范村、六盘水市文明家庭创建评选活动示范社区（村寨）等荣誉称号。

【主要做法】

（一）统筹特色产业布局

利用独特的地理优势，根据海拔、土质、气候等要素，因地制宜，在不同海拔区位布局特色产业，在较低海拔的山脚种植樱桃、五星枇杷、软籽石榴等精品水果；在较高海拔的山腰、山顶种植核桃、刺梨等，进行科学合理的产业布局。2019年，海坝村农业产业园建有刺梨标准化基地4 000亩、核桃1 000亩、樱桃650亩、五星枇杷200亩、软籽石榴168亩、蜂糖李100亩，打造集生产、生态，观光、体验于一体的“百果采摘园”。

（二）大力发展乡村旅游

依托卡河水库自然环境优势，在各项政策的支持带动下，海坝村瞄准乡村旅游这片“蓝海”，利用“三变”机制，盘活当地自然风光、民族文化等优势资源资产，相继建成了东湖码头、新民码头、大岔河布依风情广场、海坝彝族风情广场、老公山观光廊道等旅游基础设施，吸引外出务工人员返乡创业，农家乐、乡村旅馆等新产业、新业态纷纷涌现。自2019年“千家万户小康菜园”“四个一”建设以来，村寨面貌、房前屋后环境卫生得到进一步提升，已基本实现“四有目标”。海坝村的外出务工人员也从2014年的495人下降至2018年的74人。

（三）共享产业发展

海坝村抓住农村“三变”改革机遇，通过“三变”模式打造产业平台，带动群众增收致富。海坝村按照“三变”改革“保底分红（每年每亩400元）+收益二次分红”（园区85%、农户10%、村集体5%）的分红方式，村民通过土地入股合作社标准化刺梨基地2 300亩，基地达产后，入股农户年均分红92万元，推动园区、集体、农户形成利益共同体，汇聚合力共同推进海坝村农业产业规模化、标准化、集约化发展。2018年，海坝村刺梨园区带动贫困群众稳定务工120人，通过卡河景区生态旅游解决困难群众就业岗位32个，海坝村入股农户分红160万元，村民人均可支配收入10 924元，比2015年增长了50.92%，村集体增加80万元。

（四）统筹联动创文明和谐治安村

海坝村最大限度整合人力资源，明晰工作流程，强化统筹联动，为乡村治安、文明创建等工作提供最强保障。以群众大会、网格院坝会、广播、黑板报等作为教育宣传的载体，结合全市开展“三送三促”（送政策、送技能、送文化，促素质、促脱贫、促发展）活动。制定“十倡导十严禁”村规民约，将群众不文明行为在公示栏、群众大会上“曝光”，引导群众自觉除陋习、树新风。同时，大力开展移风易俗，培育文明乡风，提升群众文明素养，努力打造乡村新风尚。根据群众的不同需求，海坝村开展了形式多样的文体活动，全年开放村民活动室和文化书屋，开展脱贫示范户、十星级五好家庭、书香家庭、农耕文化家庭和民族文化传承十星级评选等文明创建活动，共表彰文明户 174 户，发放光荣牌 174 块。同时，开展领导包保制度，驻村干部带头进村入户开展乡风文明宣讲，村干部、网格员、环境监督员带头倡导道德文明风尚“双带双促”工作，实现村民文化素质和道德素质双促进。

【主要成效】

（一）道德文明明显提升

海坝村通过文明创建，孝老爱亲、邻里互助、勤俭持家等文明风尚已蔚然成风，总计表彰“十星级”文明户 174 户，发放光荣牌 174 块。

（二）村容村貌大改观

通过美丽乡村、“千家万户小康菜园”建设，海坝村村容村貌发生了翻天覆地的变化，主次干道绿树掩映、沥青道路宽阔畅通、家家户户干净整洁、新房老屋错落有致，全村人居生活环境改善推进成效明显，实现了“房前屋后不留渣、庭院内外果蔬花、农村不比城里差”的目标，促进了物质富与精神美的有机统一。

【经验启示】

（一）“三变”改革是重大机遇

依托“三变”改革，整合农村土地、劳动力等资源，盘活各种资源要素，促进经济、社会资源聚合，并形成叠加效应，实现经济社会效益最大化。通过“普惠股”奖优罚劣，激发村民参与社会治理的积极性和主动性。

（二）打造高素质基层党组织“领头羊”

常言道：“村看村，户看户，群众看着村干部”，在推进治理能力提升工程中，坚持党建引领，狠抓基层组织建设，从组织体系、干部队伍、基础保障等方面提升农村基层党建工作质量，健全完善各项规章制度，倡导文明新风，破除陈规陋习，引导群众养成维护村容村貌、继承传统美德、弘扬公序良俗。

（三）坚持规划先行

按照“不规划不设计、不设计不施工”要求，因地制宜，立足资源禀赋、生态底蕴和比较优势，对全域乡村空间形态、产业布局、生态保护、基础设施、乡村旅游、公共服务等进行全面规划、系统设计，形成以美丽乡村建设总体规划为龙头，县域村庄布局规划、村庄整治建设规划相互衔接的规划体系，为乡村全面振兴奠定坚实基础。

云南省普洱市宁洱县同心镇那柯里村

【基本情况】

那柯里村作为普洱茶的原产地和集散中心，当地人创造性地开通了一条与外界商贸交流、沟通的路线，以马为主要交通工具，以崎岖山路为载体的民间商贸通道——那柯里茶马古道。从唐代开始，古普洱府（宁洱）就因普洱茶和磨黑盐的产销成为商贾云集、马帮络绎不绝的重镇。茶马古道的拓展带来了茶业的兴盛，马帮也成了促进普洱茶名扬天下的传递者。茶马古道沿途的地域风光、民风民俗、文化差异，形成了中国独特的普洱市茶马古道旅游黄金线路。那柯里村就是这条黄金旅游线路上的一颗珍珠。

宁洱县同心镇那柯里村深入践行习近平总书记“绿水青山就是金山银山”的生态发展理念，转变思想观念，拓宽发展思路，做到生态文明建设与乡村旅游相结合，积极打造“留得住乡愁”的美丽旅游村，高标准规划、高起点建设，来此的旅游人数逐年增加，村民靠发展乡村旅游业实现了增收致富，全村生态、经济、社会三效益凸显，那柯里村已初步建成一个集文化旅游、休闲、餐饮、体验为一体的休闲度假村，实现了茶马驿站上“少数民族村”的历史性发展巨变。

那柯里村的“农家乐”由 2007 年前的 3 家发展到现在的 18 家，有旅店 9 家、36 个床位，商铺 4 家，舂粑粑 3 家，手工艺品店 3 家，茶庄 3 家，凉拌、小吃店 2 家，烧烤店 1 家。全村日均接待游客 700 余人，每年可实现营业收入 2 000 万余元。实现了新农村建设和产业发展的成功对接。2018 年，那柯里茶马驿站接待国内外游客就达近 27.1 万人次，实现产值 2 050 万元，同比增长 12%。那柯里村人均纯收入达 15 000 余元，该村发展乡村旅游增收致富的经验成为普洱市的一张亮丽名片，为当地村民脱贫致富奔小康增添了新动力。

【主要做法及成效】

（一）生态效益凸显

依托茶古道驿站上的自然生态景观、古道文化、普洱茶文化、民族文化等生态景观和文化资源，对茶马驿站进行提升式打造。自 2007 年以来，全村累计投资 8 581.44 万元修建风雨桥、马鞍桥、茶马驿站、古道风雨桥、特色民居、绝版木展室、古道原生态栈道、古道客栈等 17 个人文景观旅游景点，深入挖掘每一个景点背后蕴藏着的一个个或凄美、或留恋、或励志的故事。

完成了景区道路、农村饮水、网络通信、污水管道等项目建设，对驿站周围的美化、亮化、净化和生态化进行提升打造，通过实施乡村旅游打造，那柯里村实现了“民居特色化、庭院洁净化、道路硬化、墙体文化、村庄绿化、环境美化”，达到旅游开发与新农村建设相统一。同时，那柯里村乡村旅游开发是对茶马古道文化、马帮文化的传承和延续，通过文化旅游互动、以旅促农，使乡村旅游成为当地群众增收致富的有效措施，当地群众切身感受到了历史和生态环境带来的财富，因此保护生态环境的意识得到了极大提升。

（二）经济效益显著

昔日人迹罕至、贫穷落后的茶马古道驿站，通过保护生态环境、发展特色乡村旅游实现了华丽转身，有力带动了贫困群众脱贫增收致富，用生动实践诠释了“绿水青山就是金山银山”的生态发展理念。如今，成就了一个民族特色浓郁、民族文化厚重、民族风情淳厚的那柯里村，打响了以茶马古道文化、马帮文化、民族风情文化为特色的乡村生态休闲旅游品牌，那柯里村的知名度和美誉度不断攀升。结合当地的历史文化、民俗风情、自然景观创新发展，开展以“吃农家饭、住农家屋、干农家活、享农家乐”“亲近自然，感悟山水”“亲近田园，感悟民俗”“亲近马帮，感悟文化”为主题的旅游文化活动，将自然景观与人文景观相结合，满足游客回归自然、享受田园风光、体验农民生活的愿望，同时，积极拓宽产业领域，坚持发展旅游、餐饮等农村第三产业。

（三）社会效益明显

乡村旅游开发，使得那柯里村呈现百花齐放、姹紫嫣红的社会效应。2009 年，那柯里村被列为云南省第二批省级旅游特色村；2012 年，被国家地理栏目评为云南三十佳最具魅力乡村；2013 年，那柯里村入选中国传统村落名录；2014 年 9 月，被农业部（现改为农业农村部）评为“中国最美休闲乡村（历史古村）之一”，被列为“市级生态村”；2015 年，被中央文明办评为全国文明村，被住房和城乡建设部、国家旅游局（现改为文化和旅游部）评为“全国第三批特色景观旅游名村”，被国家旅游局评为“中国乡村旅游模范村”，被省文明委评为“第七批云南省文明村”，被中国生态文化协会评为“全国生态文化村”；2016 年，被住房和城乡建设部评为全国美丽宜居村庄示范；2017 年，被国家民委命名为第二批“中国少数民族特色村寨”；2018 年，被国家民委评为“全国民族团结示范村”。

【经验启示】

（一）注重乡村旅游的内涵发展

提升茶文化、古道文化、民族文化、绝版木刻文化内涵、电商科技内涵、产业内涵，积极推进乡村旅游的高质量发展，促进旅游产业转型升级，让乡村旅游成为“有奔头”的朝阳产业。推进“互联网＋乡村旅游”实践和创新，创造旅游新业态，有力促进那柯里村一二三产业融合发展，构建农业新的产业优势。

（二）挖掘打造文化产业

人迹罕至、贫穷落后的村寨，通过挖掘打造文化产业，积极发展乡村旅游实现华丽蝶变，建设以民族风情文化为特色的乡村生态休闲旅游品牌，提高自身知名度和美誉度，有力推动贫困群众脱贫增收致富，用生态实践诠释了“绿水青山就是金山银山”的生态发展理念。实践证明，旅游业是推进乡村振兴的重要引擎，实现乡村振兴的特色路径。乡村旅游的蓬勃发展，能够让农村更美丽、让农业更兴旺、让农民更富裕、让城乡居民生活更幸福；新时代，乡村旅游担当着助力乡村振兴的新使命。

陕西省榆林市榆阳区
古塔镇赵家峁村

【基本情况】

赵家峁村位于榆林城区东南 30 千米处，属典型的黄土丘陵沟壑区地貌，辖区总面积 17 平方千米，耕（林）地面积 5 300 亩，人均耕地 3.3 亩。全村辖 5 个村民小组，总人口 261 户、800 人，农作物以玉米、小杂粮、马铃薯、林果等为主。多年来，赵家峁村一直以传统小农经营为主，村集体经济一穷二白，多数青壮年劳动力进城务工，耕地闲置荒芜，村庄“空壳”、集体“空心”、居民“空巢”的“三空”现象十分严重。

2013 年，自该村“两委”换届以来，在返村能人张春平的带领下，新一届村班子充分发挥党建引领作用，深入推进农村集体产权制度改革，以流转农户土地经营权、发展村集体经济为突破口，引导村内“三资”全面整合，发展特色现代农业和乡村旅游，破解了山区土地零散、贫瘠撂荒、资源利用率低下和村集体经济薄弱难题。经过 7 年来的改革探索，赵家峁村已经成为远近闻名的乡村旅游度假村、全省农村产权制度改革的试点村、全省村集体经济发展的示范村。2019 年，村集体资产突破 5 000 万元，农民人均可支配收入达到 20 160 元，是 2013 年的近 7 倍；同年 11 月，该村被农业农村部评选推介为“中国美丽休闲乡村”。

【主要做法及成效】

（一）探索产权改革，盘活沉睡资源

以深化农村集体产权制度改革为突破，通过开展清产核资，将 5 300 亩耕地、5 座拦河大坝和村委大院等资源性资产，以及村民自愿筹资 432.5 万元，作为集体总资产 1 890 万元，以此成立了股份经济合作社，确定总股数22 534股、股民 630 个。由村集体经济组织对资源性资产进行统一管理和运营，从而建立起“归属清晰、权责明确、流转顺畅、保护严格”的现代农村产权关系，有效地激活了沉睡资源，盘活了集体经济，实现了集体经济从无到有。

（二）创新体制机制，优化资源配置

运用“三确”方法，明确农户土地的承包权，将农户承包地经营权入股村股份经济合作社，农户承包地入股后不再经营原来承包地的具体地块，而是按照村股份经济合作社的统一规划进行经营。推进“三权”分置，通过开展农村土地确权登记颁证工作，进一步落实土地所有权、稳定承包权、放活经营权，实行“三权分置”，实现土地规模化经营。通过“三确”由上百个经营主体变成1个经营主体，有效解决土地的撂荒问题，降低了农业生产成本，提高了土地产出效益，实现土地规模化经营和集约化发展。

（三）推进产业融合，增强发展动能

赵家峁村立足村情，充分利用区位、村情风貌、生态文化等优势，调整产业结构，建成40亩设施果蔬、150亩葡萄、150亩山地苹果和30亩酥梨的设施农业，以及时令水果采摘区和占地35亩的现代养殖小区。实施以“难忘乡愁、老家记忆”为品牌的休闲度假项目，建成300亩的葡萄酒酒庄基地、1 000亩的旱作农业体验区和1 500亩的杏树文化观光区，开发出了以高空滑索、水上游乐、森林穿越、玻璃栈道、小吃街区、民俗客栈、培训研讨等新兴业态为代表，集“吃住行、游购娱、研学旅”为一体的乡村旅游综合体。2016年7月，合作社开始试运营，2017年实现旅游收入200万元；2018年旅游收入达到320万元；2019年旅游纯收入突破1 000万元，其中村集体收益350万元。

（四）建好利益链接，促进增收致富

赵家峁村以“股份经济合作社”为纽带，形成了连股、连利、连心的“三连”利益共同体。将一般农户、贫困户全部纳入合作社，变“单家独户脱贫”为“抱团发展致富”，变输血式扶贫为造血式扶贫，变被动脱贫为主动脱贫。村民（贫困户）的收入来源由原来的传统小农经营转变为现在的经营性收入、财产性收入（分红）及务工收入等，农民的收入水平大幅度提高。经过几年的发展，赵家峁村贫困人口从81.7%下降到0.3%，村民人均纯收入由2013年前的不足3 000元提高到2019年的20 160元。着力构建“村党支部+经济合作社+农户（贫困户）”的发展模式，将集体积累资金、财政涉农资金、专项扶贫资金有效整合起来，实现集约化经营、共享化发展。

（五）优化人居环境，提升乡村品质

全面贯彻区委、区政府提出的“美丽乡村、文明家园”建设要求，2014年10月，争取国家京津风沙源二期移民搬迁项目，投资1 800多万元实施集中移民搬迁，建成美丽农居112套，配建完善的公共服务设施，道路硬化、绿化和亮化工程都已经完成，“水、电、气、网”全面“到村入户”。村卫生室和老年幸福院配套完工并投入使用，全村65岁以上的老年人，都可以在幸福院免费吃饭，极大地增强了村民的归属感和幸福感。

【经验启示】

（一）党建领航是改革顺利开展的前提

针对赵家峁改革，顶层设计是基础，坚强有力的支部班子是核心，通过开展产权制度改革理顺了股份经济合作社与村党支部、村委会的关系，建立了村党支部管方向、强保障，村委会保民生、促服务，股份经济合作社抓经济、谋发展的全新体制，形成了凝心聚力抓改革、通力协作促发展的良好局面。

（二）选好带头人，配好班子是关键

赵家峁村党支部书记张春平，致富不忘家乡人，自2013年担任村党支部书记以来，着力谋划村子发展蓝图，大手笔率先推行资金入股股份合作模式，积极对接各级各类支农惠农政策，发动村里的能人自愿入股，移山填沟，整合农田，开展设施农业建设。

（三）党委政府高度重视，相关部门强力配套是基础

区委、区政府在改革顶层设计上超前谋划、严格把关，主要领导亲自抓，从整体规划到具体落实，每一个细节都不放过，及时研究解决实际问题。在建设初期，区委指定一名区级领导负责包抓，为改革顺利推进提供了大力支持。在改革发展过程中，榆阳区

委、区政府始终坚持超前规划，严格把关，层层传导压力，专题研究问题，总结推出了如山区土地流转、设施农业、合作社经济、涉农资金整合、农业与乡村旅游融合发展等一批可复制推广的模式经验。

（四）产业融合发展是支撑

乡村要振兴，产业必须得先行。近年来，赵家峁村积极推进一二三产业的融合发展，一产发展现代设施农业、二产发展葡萄酒加工业、三产发展乡村旅游业。一二三产业融合发展极大地提升了村集体经济收入水平，集体经济日益壮大，“空壳”村转变为远近闻名的富裕村。

（五）把握好改革的关键环节是保障

一是清产核资。通过清产核资，全面摸清了集体所有资金、资产和资源的存量、结构、分布等情况。二是股权设置。只有合理设置股权，确定各股的享受对象和股权比例，产权制度改革才能顺利推进。三是股权管理。赵家峁村采用的是人口变动调整股权的静态管理模式，即“生不增，死不减”的股权固化管理模式。四是成员界定是难点。集体经济组织成员界定是整个产权制度改革过程中最难、最复杂的事情，所以在成员界定上一定要把握好方向、处理好关系。

宁夏稻渔空间乡村生态观光园

宁夏稻渔空间乡村生态观光园以现代农业建设为核心，以农事活动为基础，以农业生产经营为特色，充分挖掘利用生态资源，丰富乡村休闲旅游业，推动经营管理模式创新，实现了现代农业和休闲旅游的融合发展。

【基本情况】

宁夏稻渔空间乡村生态观光园位于贺兰县常信乡四十里店村，占地面积 2 000 亩。主要经营观光农业开发、旅游项目开发、农作物的种植及销售等。观光园是由自治区农业产业化重点龙头企业宁夏广银米业有限公司投资，依托农业原生态田园景观打造的休闲旅游景区。2017 年 5 月，观光园被评为宁夏休闲农业三星级企业；2018 年 8 月，观光园被评为宁夏休闲农业四星级企业；2018 年 10 月，观光园被农业农村部评为中国美丽休闲乡村。2020 年 6 月 9 日，习近平总书记视察了宁夏稻渔空间乡村生态观光园，对这里的现代农业和乡村旅游融合发展给予高度评价，说“这里是个好地方”。

【主要做法】

（一）充分整合资源，推动一二三产业融合发展

观光园充分利用田园景观、自然生态、农业资源及环境资源，结合农牧渔业生产和经营活动，通过以休闲农业内涵挖掘为主体的规划、设计及施工，把农业生产、科学管理、农艺展示、农产品加工等项目融入园区内，完善道路及绿化等基础设施建设，吸引周边市民到园区从事农耕体验、作物收获等活动，使游客充分领略“塞上江南、鱼米之乡”的优美景色。

园区通过开展有机水稻种植、稻渔综合种养、旱育稀植栽培、“互联网＋农业”、粮食收储、优质大米生产、乡村休闲旅游、农业社会化综合服务等，形成了种植、养殖、加工、流通、电商、社会化服务等互相渗透、互相提升的一二三产业深度融合发展模式，不断拓展延长产业链条，实现了农村一二三产业融合发展，提高了农产品附加值，培育了农村新业态，拓展了农民增收渠道，让农户更多分享第二、第三产业利润，保持了农业的可持续发展，促进了特色产业提质增效，带动 2 000 多个农户实现增收 3 200 万元，进一步促进了农民增收、农业提质增效。

（二）大力发展特色旅游，实现乡村振兴产业兴旺

园区建设有稻田画景观区、玻璃栈道、

爱粮节粮及科普教育展示长廊、休闲娱乐及垂钓餐饮区、有机瓜果采摘园、植物及风车长廊，休闲小木屋、农耕文化展示厅、传统农机具及稻草人展示区，稻田养鸭、鱼、蟹、虾等农事活动观赏和体验区，有机水稻认养认购区，稻田低碳高效循环流水健康养殖技术观赏区，农业生产物联网及产品质量可追溯信息平台等农业生态景观和游客综合服务中心，旅游卫生间，停车场等基础设施。同时，园区积极参与了银川市农业嘉年华的各项活动，成功举办了三届农耕文化插秧节、摄影大赛、丰收节等，这里原生态的农业田园和稻田画景观给参与嘉宾和游客留下了深刻的印象。通过举办中国农民丰收节、银川市农业嘉年华、贺兰县农耕文化“插秧节”、“稻渔空间”摄影艺术大赛等活动，进一步扩大了“稻渔空间”的知名度，使之成为在宁夏乃至全国具有一定影响力的“网红”景点，还被 CCTV-7 及宁夏卫视和各类报刊等媒体多次报道过。园区先后接待了农业农村部及区市县各级领导考察调研和各类学习观摩等 100 多次，同时为市区居民提供了一个观光、休闲的好去处，对当地旅游观光农业发展起到积极示范推动作用。

（三）“稻渔空间”产业模式丰富，进一步促进农民增收致富

园区为游客提供各种水果、蔬菜，同时游客还能进行烧烤、垂钓、采摘等活动，使农产品在各种休闲娱乐的项目中就地消费，其效益和容纳的劳动力是普通种养业的 5～10 倍，每年入园游客达 20 多万人次，吸引城镇居民开始走出城市，回归大自然，领略独具特色的乡间风情，因而乡村旅游成为增加农民就业，提高农民收入的重要途径。

为实施乡村振兴战略，有效探索财政支农方式转变，实现政府扶持、社企发展、农民增收、集体壮大的多方共赢局面，更好地惠及广大农户，提高农业整体效益，园区积极争取政府“投改股”资金，作为常信乡四十里店村集体经济组织资金，按照“资金变资产、资产变股权、农户有股份、农民得权益”的思路，投入到“稻渔空间”改造提升建设和胚芽米生产线技术改造中，构建“村集体经济组织＋农业新型经营主体＋农户”的紧密利益联结机制，形成按股分红、利益共享、风险共担的利益共同体，让资产成为带动农民增收的权益保障。同时，公司与四十里店村集体及科海生物、天荣现代农业等 5 家企业合作成立了“情系田园”公司，开发民宿民居 18 户，大力发展乡村旅游项目，壮大村集体经济实力，每年分红比例达 4％以上，增加收入 10 万元。

（四）以“互联网＋休闲旅游＋产品销售”助推产业发展

自 2019 年以来，依托宁夏广银米业有限公司的电商平台进行企业品牌推广和产品销售，使“稻渔空间”品牌出现在大家的视野中，以创始人赵大米在种植技术上的创新为主，加上稻田养鱼、养蟹、养螺的新型种植模式的故事，带动产品的销售与品牌的宣传。网上销售渠道不断扩大，新的渠道正在建设之中，线上子品牌的运营规划也正在落实。一个以“稻渔空间”为龙头、七个子品牌为抓手，横向到边、纵向到底的互联网营销网络正在形成，公司将在未来的运营和实施过程中逐步优化，使“稻渔空间”优质农产品和丰富多彩的特色旅游项目借助“互联网＋”的翅膀实现腾飞。让农业成为有奔头的产业，让农民成为有吸引力的职业，让农村成为安居乐业的美丽家园。

【主要成效】

（一）带动农民就业增收

观光园接纳游客、观摩团、学生达 40 多万人次，解决周边农民 80 余人就业，园区内 188 户农民通过土地入股得到保底分红和二次分红，每亩平均实现增收 850 元，使农民获得稳定收入。观光园不仅给企业带来可观

的经济效益，还带动农民增收致富共同富裕，更为企业赢得了口碑。

（二）经济效益显著

观光园的稻渔综合种养示范区经济效益显著，实现产值463.4万元，亩均产值2 896元，与水稻单作亩均产量600千克、售价2.6元、产值1 560元相比，亩均产值提高1 336元，利润增加700元。

（三）销售渠道多元化

以“稻渔空间”为品牌的线上销售，自上线一年获得了5万+的粉丝和469.8万元的销售额，销售人群遍布北上广一线城市。除和原有的有赞、淘宝平台继续合作外，2020年，“稻渔空间”已经和京东、天猫谈合作，不日上线，通过线上线下融合，促进产业多元化发展

【经验启示】

“稻渔空间”以“现代农业＋乡村旅游”为主营模式，以农村田园景观、农业生产娱乐活动和特色农产品为休闲吸引物，通过开展一系列不同特色的主题休闲活动来满足游客体验农业、回归自然的心理需求。同时，开展农业科技教育基地，并在此基础上，以科研设施为景点，以高新农业技术为教材，向游客和中小学生进行农耕、农事、农业技术教育，形成集农业生产、科技示范、科研教育、休闲旅游为一体的新型农业生态公园。

新疆维吾尔自治区阿克苏地区拜城县康其乡

拜城县康其乡紧紧围绕总目标，因地制宜，因村施策，充分发挥资源区位优势，乡村自然资源优势，挖掘乡村经济发展潜力，坚持“产业兴旺，生态宜居，乡风文明，治理有效，生活富裕”20字方针，大力实施乡村经济振兴战略，以发展乡村旅游为抓手，有力推动和促进农业产业结构调整、农村人居环境治理、拓宽农民增收渠道、转变增收方式。采取“旅游＋扶贫”协同推进的模式，不断推进农业全面升级、农村全面进步、农民全面发展，逐步形成以“醉美拜城”为核心的“一乡一村，一品一规划”的乡村经济振兴战略构架。

【基本情况】

康其乡位于拜城县以东，直线距离2.5千米，总面积为635.15平方千米，辖区12个行政村，耕地面积52 000余亩，全乡以农为主。该乡扎实做好乡村振兴各项工作，大力推动旅游产业全域布局、旅游服务全面配套、旅游环境全域提升、旅游市场全面拓展，瞄准离城郊15千米、20分钟的交通“黄金圈”，利用康其湿地、菜篮子工程，绿化覆盖率高、农作物品种丰富、水土条件优越的绿色“生态圈”，紧连城市辐射周边的“朋友圈”，积极整合优势资源，突出地域特点，统一规划布局，吸纳资金2 000余万元初步建成以湿地景区、农家乐、小吃一条街、面粉厂、滑雪厂、旅游超市产业链为中心的旅游休闲区，提升了贫困村和贫困户的带动力。

【主要做法】

（一）旅游产业与推动脱贫攻坚互动发展

科学的规划布局是快速发展的重要前提条件之一，康其乡结合其旅游发展需要和脱贫攻坚任务要求，科学引领，坚持多“规”相融，把旅游开发与脱贫攻坚政治任务同步规划、同步落实，把“绿水青山”变为“金山银山”，实现“造血”式扶贫，确保了群众可持续增收。

（二）以优势资源为基石，打造乡村旅游

康其乡牢牢抓住湿地旅游扶贫示范点建设，充分发挥湿地、河流、草地等特色资源优势，建设宜居、宜业、宜游、宜休闲生态旅游观光的康其湿地旅游景区。“康其湿地”位于康其乡阿热勒村辖区内，占地面积5 000亩，2018年5月开建，总投资2 000多万元，

以体验民俗文化，吃在康其人家农家乐，住在林间，乐在儿童乐园、冬季滑冰滑雪、7D电影院，吃在吃货街，喝在缘来饮吧，玩在拓展训练营，购在农村淘宝，驰骋在青年牧场，休闲在渔家乐等为主要形式，积极探索发展乡村旅游助推脱贫攻坚新路子，推动贫困村集体经济发展，助推群众增收致富。项目的实施覆盖了全村贫困户和其他困难群体100余户、600余人，其中贫困户36户、59人，极大地推进了康其乡乡村振兴战略和美丽乡村建设，以及农业强、农民富、农村美的建设步伐。

（三）以乡村旅游带动，助推乡村旅游全域发展

以打造田园综合体为契机，充分发挥示范带动效应，着力打造“一村一品”特色，构筑“旅游＋扶贫”新常态，康其乡墩艾日克（1）村“康其茶馆”；阿热勒（2）村“康其湿地”“康其人家”；赛比墩（7）村康其院子、康其园子；康其（8）村“康其客栈”“康其农庄”（尼格尔庄园）；库尔马（9）村花卉、蔬菜零售市场；和谐（12）村采摘园，连点成线、连线成带、连带成全域旅游的新构架，坚持做精点，做出特色。自2019年以来，康其乡全面实施湿地景区品质提升工程，提高景区建设水平和品牌影响力，2019年7月，康其乡被授予国家3A级旅游景区，从而提升了景区对周边贫困村和贫困户的带动作用，在景区的就业创业人员达到153户、347人，其中贫困户41户、107人。2019年，景区接待游客24万人次，实现旅游全口径收入近1 000万元，户均增收5 000元以上。2020年上半年，共接待游客16万人次，实现旅游全口径收入700多万元，户均增收近3 000元，实现了农牧民就地就近在家门口创收致富的愿望。

（四）以旅游产业引路，助推脱贫致富奔小康

康其乡针对当前扶贫工作困境，经过认真研究发现，养羊成活率不高，解放不了劳动力，小拱棚种植自给自足，优势不突出，对于各种项目因缺乏劳动力和技术支持难以对接，为解决扶贫工作质量低、易返贫等问题，康其乡紧紧围绕乡村经济振兴战略，结合乡情实际，大力推进“党建＋旅游＋扶贫”工作，针对旅游景点、旅游产品稀缺、旅游服务项目少、从业人员少的实际情况，努力实施“一个点子致富一个家庭”项目。通过鼓励乡机关干部筹措资金，动员全乡干部职工每人筹资1 000～20 000元不等，共筹集10万余元资金，用于从淘宝网上购买有新意、易销售的产品，创建乡村淘宝实体店，农民从店里批发并代销产品（售后付款），收回款项后淘宝店将回收的资金进行再投入，循环运转，壮大贫困户经营实体的群体，让农民从中获利。同时，康其乡还积极争取上级智慧农业扶贫项目资金40万元，支持群众发展植物多样性基地科技示范项目、特色电商平台的接入及建设、先进植保设备项目建设等，扶持康其特色旅游商品打造和农村电商产业发展，制定与贫困户利益连接机制，解决部分贫困人口就业并带动脱贫，增加村集体经济收入。“一个点子致富一个家庭”项目以打造智慧农业、精品旅游产品的形式解决21余名贫困户就业，同时带动周边群众共同参与、共同发展。

（五）紧紧围绕乡村旅游，调整农业产业结构

按照《习近平在正定》书中提出的“半城郊型”经济，康其乡充分发挥城郊15千米核心圈的作用，以“牛、羊、菜、花、果、苗”为主导产业，发展城郊经济，做实基地、调整产业，将城市人群需求与农业产业精准扶贫通盘考虑，由“输血”救济到“造血”自救，创造条件让贫困户通过采摘、农业示范等活动参与到地方特色产业发展中来，并共享产业发展带来的收益。运用援疆资金100万元打造牛羊托养所，托养牛135头，

羊1 628只，解放劳动力。农业形成产业化，核桃种植8 000亩，挂果6 000余亩，其中贫困户有550亩，每亩产值约2 000元。

（六）农业基地与田园观光融合，保证产业增收

把农业产业基地作为“田园综合体”的重要组成部分，以专业合作社为“龙头”，发动广大群众，建成西甜瓜、紫皮大蒜、油菜等农业产业基地，配套发展大长腿土鸡、肉牛等养殖业；以田园风光、绿色康养、农事体验等为主题，组织有条件的群众开办农家乐，增加经济收入。2020年，康其乡从事休闲农业经营主体150个，农家乐15家，乡村民宿22个。

【主要成效】

（一）农牧民收入大幅增长

始终把群众增收作为推动脱贫攻坚、引领致富奔小康的重要途径，以旅游盘活村级发展资源，以旅游促进农业产业规模化、精细化，以旅游引导群众自主创业和择业就业，实现可持续增收目标。乡村旅游就业创业人员达153户、347人，其中贫困户41户、107人。2019年，景区接待游客24万人次，实现旅游全口径收入近1 000万元，户均增收5 000元以上；截至2020年，景区共接待游客16万人次，实现旅游全口径收入700多万元，户均增收近3 000元。

（二）富民产业发展壮大

在产业发展中突出农旅互动、文旅互动，景区建设初见成效，年接待游客量成倍增长，从事休闲农业经营主体150个，农家乐15家，乡村民宿22个，2020年可实现旅游收入1 000万元以上。

（三）村容村貌焕然一新

伴随着乡村旅游建设与脱贫攻坚的同步推进，绿水青山得到了有效的保护，新村得到了比较合理的规划和建设，农牧民住上了安全房、踏上了大马路、喝上了放心水、连上了宽带网、用上了安全电，村容村貌洁净美丽，昔日的“脏、乱、差”成了过去式。

（四）文明新风向上向善

充分发挥农民夜校教育引导群众的作用，开展“讲文明、树新风”等各类主题活动，群众感恩意识不断增强，文明新风逐渐形成，良好的村风民风带动了乡村旅游业的大发展，旅游服务水平不断提升，使康其乡形成了和谐奋进的良好局面。

领导讲话

在全国休闲农业和乡村旅游大会上的讲话
在2020年中国美丽休闲乡村旅游精品景点线路推介活动上的致辞
在2020“一带一路”美丽乡村论坛上的讲话

在全国休闲农业和乡村旅游大会上的讲话

农业农村部部长　韩长赋

（2020 年 9 月 17 日）

同志们：

前不久中央召开全国抗击新冠肺炎疫情表彰大会，再过几天又将迎来第三届中国农民丰收节和中秋国庆长假，在这个特殊时候，农业农村部、文化和旅游部决定联合召开全国休闲农业和乡村旅游大会，是在关键节点召开的重要会议。会议的主要任务是，贯彻落实习近平总书记重要指示精神和党中央、国务院决策部署，深入研判形势，总结交流经验，研究部署疫情常态化防控下休闲农业和乡村旅游发展工作，推动产业提档升级高质量发展。

刚才，江西、四川省农业农村厅和辽宁、甘肃省文化和旅游厅以及浙江德清县、河南新县作了交流发言，讲得都很好，工作有力，措施着实，值得各地借鉴。特别是德清县和新县的发言介绍，给我们带来了清新之风、美好愿景，增强了工作信心。文化和旅游部是旅游事业综合管理、牵头领导部门，张旭副部长做了讲话，对休闲农业和乡村旅游工作做出部署，各地要认真贯彻落实。下面，我讲三点意见。

一、准确把握形势，深刻认识当前和今后一个时期抓好休闲农业和乡村旅游发展的特殊重要意义

休闲农业和乡村旅游，是促进农村一二三产业融合发展、带动农民就业增收、满足城乡居民美好生活向往的重要民生产业。党中央、国务院对此高度重视。习近平总书记强调，现如今，乡村不再是单一从事农业的地方，还有重要的生态涵养功能，令人向往的休闲观光功能，独具魅力的文化体验功能；要向开发农业多种功能要潜力，发挥三次产业融合发展的乘数效应，抓好休闲农业、乡村旅游等新产业新业态，实现乡村经济多元化。李克强总理明确要求，发展个性化、特色化乡村旅游，支持大学毕业生、返乡农民工等通过乡村旅游自主创业。近几年中央 1 号文件都对发展休闲农业和乡村旅游作出部署。

休闲农业和乡村旅游最早起源于 20 世纪 90 年代的“农家乐”，经过 30 多年发展，实现了从无到有、由小到大。近年来，随着工业化、城镇化快速推进，城市居民对田园风光、诗意山水、乡土文化、民俗风情、农家美食等越来越向往，田园当“公园”、农房变客房、劳作成体验正在成为时尚。农业农村休闲观光、文化教育价值日益凸显，休闲农业和乡村旅游快速壮大，成为“绿水青山就是金山银山”的重要实现途径和生动写照。一是产业规模不断扩大，据调查，2019 年，全国休闲农庄、观光农园等各类休闲农业经营主体达到 30 多万家，乡村休闲旅游接待游客约 32 亿人次，营业收入达 8 500 亿元。二是业态形式拓展丰富，从原来摘农家果、吃农家饭、住农家屋，拓展到卖产品、卖风景、卖文化、卖体验、卖健康，出现了休闲农庄、农业公园、农业嘉年华等多种业态。三是吸纳就业增收能力显著提升，直接带动吸纳就业人数 1 200 万，带动受益农户 800 多万户。很多贫困地区依托独特的生态优势开展旅游扶贫，带动大量贫困人口脱贫增收。四是溢出带动效益明显，休闲旅游发展不仅带动乡村产业高质量发展，也拉动了农村人居环境整治、乡村基础设施建设和公共服务改善，促进了传统农耕文化发掘和农民文明生活习惯养成，成为城乡融合发展的一个重要抓手。

今年突如其来的新冠肺炎疫情，给休闲农业和乡村旅游摁下了“暂停键”。一季度是乡村旅游的传统旺季，但今年景点大多停摆，营业收入同比减少 80%以上。自 5 月以来，各地有序重启乡村休闲旅游市场，目前不少

地方乡村旅游已基本恢复，但全面恢复还面临一些困难。一是消费需求总体不足，当前国内零星散发病例和局部暴发疫情的风险仍然存在，消费者普遍存在安全避险心态，乡村游客流量恢复还需进一步努力。二是产业恢复较慢，应季土特产品销售明显受阻，产业链后端的餐饮住宿、科普教育等复苏比较缓慢，目前各类室内项目客流量恢复还不到八成。三是经营主体面临较大困难。疫情停业期间各类经营主体的地租房租、贷款利息等刚性支出并没有减少，复工后又增防疫消毒等多方面支出，小微企业支持政策还没有很好覆盖乡村旅游主体，大多数主体资金链比较紧张、面临较大经营压力。这些问题，不仅制约休闲农业和乡村旅游发展，也对农民就业增收和贫困户脱贫带来直接影响，必须下大力气解决。

今年是决战脱贫攻坚、决胜全面小康最后收官冲刺的关键年份，受新冠肺炎疫情影响，上半年农民人均可支配收入实际下降1%，近3 000万农民工返乡留乡，农民就业增收形势比较严峻。总书记指出，要增强信心、鼓足干劲，奋力把失去的时间抢回来，把疫情造成的损失补回来。中央明确提出要牢牢把握扩大内需这个战略基点，着力构建以国内大循环为主体，国际国内双循环相互促进的新发展格局。休闲农业和乡村旅游横跨一二三产业，一头连着城市，一头连着农村，既能引领乡村产业延长产业链、提升价值链，带动农民就地就近就业增收，又能促进城乡资源要素循环流通，形成经济发展新的增长点。加快休闲农业和乡村旅游发展，是破解当前农业农村发展难题的一个重要手段，也是扩大内需的重要着力点。我们要切实提高政治站位，从做好“六稳”工作、落实“六保”任务，全面实施乡村振兴战略、推动城乡融合发展的高度，来充分认识发展休闲农业和乡村旅游的重要性和紧迫性，以高度的自觉、务实的作风，有力的措施，加快乡村休闲旅游业全面恢复和持续发展，推进产业提档升级，为促进农民就业增收和加快农业农村现代化提供有力支撑。

二、努力克服新冠肺炎疫情的影响，积极推进休闲农业和乡村旅游全面恢复

我国抗疫斗争取得重大战略成果，国内经济社会秩序全面恢复，休闲出游将迎来恢复性增长，乡村是重要目的地。各级农业农村部门要统筹疫情防控和产业发展，抓紧研究拿出务实管用的措施，着力提信心、保主体、稳就业、促增收，最大限度降低疫情影响，有序推进乡村旅游恢复发展。

一是强化指导服务，狠抓常态化防疫措施落地。这是全面恢复的前提，也是底线。乡村休闲旅游是典型的人员密集型行业，一旦因防控不力导致发生病例或扩散蔓延，那后果不堪设想。各地对此不可有丝毫懈怠，要坚持产业恢复和疫情防控两手抓，把指导建立休闲农业常态化防控工作机制，作为扶持乡村旅游发展的前提条件。要分类分区针对性制定恢复营业指导手册、防控预案和应急预案等，压实各类经营者疫情防控主体责任，落实必要的防控措施和设施设备，努力把风险降到最低。加强食品质量安全监管和从业人员健康管理，严防出现疫情扩散和食品安全事件。

二是加大政策扶持，有效化解产业发展痛点。针对乡村休闲旅游经营主体当前所面临的突出问题，落实落细中央出台的各项普惠扶持政策，推动出台地方个性化政策措施。要强化资金和信贷支持，落实好贷款展期、无还款续贷、支农支小再贷款等信贷政策，开辟信贷绿色通道，给予利率优惠。推动落实免收缓收社会保险单位缴费、减免房租等优惠措施，积极探索对经营主体防疫、消防、食品安全等公共支出给予适当补贴，帮助经营主体渡过难关。要推动把停车场、充电桩、旅游厕所等基础设施纳入农业农村补短板的重要内容，指导地方在发行的专项债中加大支持力度。

三是提振消费信心，加速释放产业发展潜力。随着生产生活秩序的逐步恢复，城乡居民被抑制的“回归自然、健康生活”需求将持续释放，山清水秀、生态优美的乡村比以往任何时候都更具吸引力。要推动地方政府通过发放乡村休闲旅游消费券、交通补贴券等方式，刺激乡村休闲旅游消费。支持鼓励旅行社与乡村休闲旅游经营主体建立稳定合作关系，开发多种形式的城乡复合旅游线路，不断拓展消费市场。引导公众人物带头到乡村休闲消费，消除居民顾虑，形成示范带动效应。同时，要指导经营主体适应消费需求，改造提升农家乐、采摘垂钓、精品民宿等传统经营项目，加快发展休闲农庄、康养基地、教育农园等新模式新业态，增强对消费者的吸引力。

四是加强宣传推介，拓展休闲农业市场空间。农业农村部一直高度重视乡村休闲旅游品牌建设和宣传工作，近年来已陆续推介1 216个美丽休闲乡村、1 000条精品旅游线路。针对当前特殊形势，要继续举办“春观花、夏纳凉、秋采摘、冬农趣”系列推介活动，宣传推广一批精品景点线路，提高乡村旅游品牌知名度和影响力。运用好电视宣传、新媒体推广、视频直播等手段，定向推送乡村休闲旅游信息，多角度、多形式宣传推介乡村田园风光、绿水青山、农耕文化，展现乡村风貌，讲好乡村故事，吸引更多城镇居民到乡村望山看水忆乡愁。

五是增加就业岗位，发挥对农民就业增收带动作用。休闲农业主体要带动而不是代替农户，让更多农户参与经营、跟着致富。落实吸纳农民工就业的财政、税收、信贷等扶持政策，鼓励乡村旅游经营者采用就近用工、共享用工等方式，吸纳农民灵活就业、兼业就业。要把乡村休闲旅游作为农村创新创业的重要方面，落实返乡留乡人员的创业补贴和贴息贷款，支持以出租、合作等方式盘活利用空闲农房院落及宅基地，发展农家乐、民宿、创意农园等，扩大农民就近就业增收渠道。

三、着眼高质量发展，扎实推进乡村休闲旅游提档升级

今年我国即将全面建成小康社会，“十四五”将开启全面建设现代化国家新征程。随着城乡居民生活水平持续提升和乡村振兴战略全面实施，乡村休闲旅游发展面临重大历史机遇。我们要顺势而为，乘势而上，以乡村振兴为总抓手，紧扣乡村产业发展和农民持续增收两大目标，坚持特色化、差异化、多样化、个性化发展路径，以提升设施水平、服务水平、管理水平为重点，着力促进乡村休闲旅游业转型升级，实现更高层次、更高水平发展，尽快将乡村休闲旅游打造成超万亿元的大产业。

一是坚持规划引领。目前一些乡村旅游景点同质化现象还比较突出，不少地方一个模子套到底，千村一面、千景一版，缺乏精准科学的规划指导，针对不同收入群体、不同年龄段、不同消费需求的市场细分不够，独特生态优势、文化资源、民族风情没有充分开发，创意花样不多、乡土气不足，缺少叫响又叫座的“独门绝活”。要立足当地资源禀赋、基础条件，科学编制好农村休闲产业发展规划，注重与自然资源、城乡建设、文化旅游等规划相衔接，优化产业布局，明确产业定位，引领产业发展。规划要突出差异性，在区域特征、文化特点、民族特色上下功夫，开发地域特色鲜明、乡土气息浓厚的乡村休闲旅游服务产品。要突出多样化，培养发展田园养生、亲子体验、民宿康养、共享农庄、线上云游等多种业态，努力形成竞相发展、精彩纷呈的格局。

二是抓好主体培育。乡村休闲旅游是一片投资的热土，各方面参与热情很高。但从业主体大多实力不强，经营方式、产品结构较为单一，还不能够很好满足日益升级的消费需求。要发挥好乡村投资指引的作用，进一步完善扶持政策，吸引更多文旅企业、农业企业等下乡投资兴业。推广契约型、分红型、股权型等多种联农带农模式，引导农民深度参与乡村休闲旅游业发展，出台优惠政策吸引各类人才投身乡村旅游产业。用地难是各地普遍反映的突出问题，我们正在会同自然资源部门研究，探索通过点状供地方式，着力盘活闲置农房、农村宅基地和集体建设用地，努力破解用地瓶颈，各地也要积极研究，拿出切实可行的办法。这里我也要强调，发展休闲旅游，绝不能滥占耕地，更不能违法在耕地上建房，对于违法违规搞别墅大院的，要严厉整治。

三是实施精品工程。休闲旅游是高档次的服务产品。目前乡村休闲旅游业产业体系还不健全，大多还是以传统的农家乐为主，吸引消费者留宿、特别是能呆住玩几天的元素不多，“吃住行、游购娱、文教养”一体化产业链还没有完全打通，一些景点比较分散，这些都降低了消费者的旅游舒适感、获得感。要着力在文化内涵、服务设施、功能定位等方面提升品质，集聚乡村风貌、民俗特色、历史文化等元素，打造一批区域特色鲜明、文化底蕴厚重、乡土气息浓厚的乡村休闲旅游精品景点，以点串线带面，形成“两日游”“三日游”“五日游”等精品旅游线路。支持各类休闲旅游主体融合发展、抱团发展，打造一批服务多样、功能齐全、布局合理的休闲农业精品园区和农庄，建设一批资源优势明显、产业发展领先、示范作用突出的全国休闲农业重点县。针对老中青幼等不同对象，细分目标市场，精准功能定位，让不同年龄段的人群各有所得，有不一样的旅游体验。

四是推进设施提档升级。现在游客对标准化旅游服务设施的要求越来越高。要抓住当前国家加强农村基础设施建设的机遇，针对乡村休闲旅游的设施短板，积极推动加快健全完善旅游点的水、电、路、讯、网络等基础设施建设，让城市居民去乡村“养眼洗肺、解乏去累”更加便利、更为经常。推动出台金融支持政策，通过贷款贴息、低息长期贷款等方式，支持经营主体加大服务设施建设投入，改善餐饮、住宿、停车、厕所等设施条件。各地要结合农村人居环境整治，将中国美丽休闲乡村和全国休闲农业重点县作为项目重点，支持建设卫生厕所，做好垃圾污水等废弃物治理，加强日常管理维护。设施建设不仅要突出乡土文化特点，还要融入文化、教育、康养、云体验等新要素新内涵，特别是要突出抓好村容村貌改善提升，展示新时代乡村的田园美、景观美、生态美、产业美。

五是提升管理服务水平。管理服务水平的高低是打造好口碑、赢得回头客的重要因素。目前服务还是乡村旅游业的突出短板，人员素质、行业标准等都需提升完善。要进一步梳理乡村休闲旅游服务标准体系，加快修订制定一批技术规程和服务标准，用标准化服务创响知名品牌，用品牌汇聚要素资源，让消费者有形式多样的玩头、有再来一次的念头。要加强服务人员培训，提高服务从业人员服务意识、规范服务礼仪、提高服务水平。强化高端人才培养，着力提升管理者能力素质，培养一批既懂农业农村又通晓旅游业务、擅长营销创意、经营管理的复合型人才。同时，还要规范乡村休闲旅游业发展，严厉打击宰客、欺诈等行为，促进产业持续健康发展。

休闲农业和乡村旅游前景广阔、大有可为。希望地方各级政府认真贯彻落实全国深化“放管服”改革优化营商环境电视电话会议精神，简化审批程序，改进政府服务，大幅度减税降费，强化政策扶持，激发市场主体活力创造力，促进产业更好更快发展。希望各类经营主体弘扬企业家精神和工匠精神，丰富业态、提升水平，打造更多的旅游精品。希望新闻媒体多到乡村打卡休闲，宣传推介好产品好典型，让视觉美丽、内涵美好、体验美妙的美丽休闲乡村广为人知、深入人心。

同志们，抓好乡村休闲旅游，功在当代，利在千秋。让我们紧密团结在以习近平同志为核心的党中央周围，坚定信心、凝心聚力，推进乡村休闲旅游全面恢复，加快产业转型升级，为乡村全面振兴和农业农村现代化作出应有贡献。

在2020年中国美丽休闲乡村旅游精品景点线路推介活动上的致辞

农业农村部副部长　刘焕鑫

（2020年9月17日）

同志们：

在全国休闲农业和乡村旅游大会召开之际，我们在北京市顺义区龙湾屯镇柳庄户村，举办2020年中国美丽休闲乡村旅游精品景点线路推介活动，观赏乡村美景，品尝乡土美食，体验乡韵乡情，很有意义。在此，我受韩长赋部长委托，代表农业农村部，向2020年中国美丽休闲乡村旅游精品景点线路推介活动的举办表示热烈祝贺！向长期以来关心支持休闲农业和乡村旅游发展的各界人士表示诚挚谢意！借此机会，我讲三点认识和体会，与大家共勉。

一、休闲农业和乡村旅游已成为推动乡村振兴的朝阳产业、绿色产业、富民产业

休闲是心灵的体验，旅游是对美的感受。随着人民生活水平的提高，对休闲旅游的需求不断扩大，对望山见水忆乡愁的渴望越来越多，美丽休闲乡村带给人们视觉美丽、体验美妙、内涵美好等多种感受，成为城乡居民新的“打卡地”。

近年来，顺应消费结构升级的趋势，在农业供给水平稳步提升的同时，农业多种功能得到新的拓展，乡村的多重价值得到充分彰显，乡村休闲旅游蓬勃兴起，成为连接城乡两头的乡村产业，也成为一种健康时尚的消费。2019年，全国休闲农业和乡村旅游营业收入超过8 500亿元，接待游客超过32亿人次。

休闲农业和乡村旅游的发展，带动了乡村繁荣和农民增收。主要体现在“三变”上，即农区变景区，增加工资性收入；农房变客房，增加财产性收入；产品变礼品，增加经营性收入，带动农民跨域获利、跨界增收。

休闲农业和乡村旅游的发展，推动了乡村产业高质量发展。主要体现在“三跨”上，即功能跨界拓展，拓展农业的文化传承和生态涵养功能；业态跨界融合，在农业中融入旅游、文化、教育、康养等元素，交叉重组、渗透融合；价值跨界提升，把“绿水青山”的生态价值转化成“金山银山”的经济价值。

二、加快推进休闲农业和乡村旅游恢复发展

今年，受新冠肺炎疫情影响，休闲农业和乡村旅游受到严重冲击。当前，抗疫斗争取得重大战略成果，休闲农业和乡村旅游逐步复市复业。但从目前看，仍然存在游客流量不足、产业链衔接不畅等问题，需要加大提振信心、引导扶持力度，促其加快恢复发展。

要推进休闲农业和乡村旅游全面复市复业。在做好疫情防控的同时，通过加强宣传、改善服务，引导城乡居民到乡村观光旅游，促进休闲农业和乡村旅游复市复业。

要推进游客流量全面提升。积极采取刺激消费政策，让城乡居民“有钱”“有闲”“有意愿”到乡村休闲消费。

要推进产业链条全面贯通。落实纾困扶持政策，完善公共服务设施，开发上下游衔接的旅游产品，提升管理服务能力。

三、加力推进休闲农业和乡村旅游转型升级

休闲农业和乡村旅游是乡村产业的重要组成部分，横跨一二三产业、兼容生产生活生态、融通工农城乡，发展前景广阔。要按照党中央、国务院部署要求，紧扣乡村产业振兴目标任务，创新思路、强化措施，促进休闲农业和乡村旅游高质量发展。

要强化理念创新。依托绿水青山、田园风光、农耕文化等农业农村资源，引导休闲农业和乡村旅游健康发展。突出特色化，开发特色资源、特色文化、特色产品。突出差异化，把握定位差异，瞄准市场差异，彰显功能差异。突出多样化，推进主体多样、业态多样、模式多样。

要推进融合发展。因地制宜走“景区、村镇、通道、产业、康养、文化＋”乡村旅游的新路子，促进产业兴旺有市值、生态宜居有颜值。

要打造精品工程。设计要精美，把“乡、土、俗、古”等要素充分体现、融会贯通。设施要精致，把文化、教育、康养、云体验等新的内容融入进去，在“土”中体验乡情，在“乡”中品味乡愁。功能要精准，细分目标市场，精准功能定位，让人们感受不一样的消费体验。

要提升服务水平。改善服务设施，丰富产业业态。完善服务标准，让消费者玩得开心、吃得放心、游得舒心。

要加强宣传推介。运用网络直播、图文直播等，打造“永不落幕”乡村休闲旅游推介平台。

同志们，休闲农业和乡村旅游潜力巨大、生机无限。我们要认真贯彻落实党中央、国务院的决策部署，把握机遇、乘势而上，精心组织、狠抓落实，凝心聚力、锐意进取，推进休闲农业和乡村旅游加快恢复和高质量发展，为深入推进乡村全面振兴和农业农村现代化作出新的更大贡献。

最后，祝全国休闲农业和乡村旅游大会圆满成功！祝中国美丽休闲乡村旅游精品景点红红火火、蒸蒸日上！

在 2020“一带一路”美丽乡村论坛上的讲话

农业农村部副部长　刘焕鑫

（2020 年 12 月 22 日）

尊敬的孙伟副书记、宋亮常务副省长、孙雪涛副省长、余欣荣理事长，尊敬的段强主席、丹尼斯・岚明主席、马亨德拉・巴哈杜尔・潘迪大使、阿塔育・习萨目大使、莫因・哈克大使，各位来宾、各位朋友：

今天，我们相聚在如诗如画的“如意甘肃”、美轮美奂的“美丽陇南”，举办 2020“一带一路”美丽乡村论坛，共商美丽乡村建设大计，很有意义。在此，我受中央农办主任、农业农村部党组书记唐仁健同志委托，代表农业农村部，对 2020“一带一路”美丽乡村论坛的举办表示热烈祝贺！对多年来关心支持美丽乡村建设的社会各界人士表示诚挚谢意！

自然与田园是人类文明的灵感源泉，乡村则是其重要载体。在乡村，人与自然和谐共处，文化与生活呼吸相闻。“暧暧远人村，依依墟里烟。狗吠深巷中，鸡鸣桑树颠”。这是东晋诗人陶渊明笔下勾勒的一幅余韵悠长的乡居生活图景。即便跨越千百年，乡村田园的理想依然在人们心中回响。

顺大势遂民愿，前路繁花似锦。近年来，中国以实施乡村振兴战略为抓手，拉开新一轮美丽乡村建设序幕，已推动广袤乡村发生全方位历史性变化。美丽乡村是人们对美好生活的期待，特别是对诗意栖息田园的向往，为人们打开了一扇寄情田园的门，为乡村开辟了一条全新的路，更为人们共绘大美画卷

备好了笔墨纸砚。

美丽乡村建设具有显著的外部效应和溢出效应，主要表现在五个方面：一是催生美丽经济新产业。美丽乡村建设，发掘农业多种功能和乡村多重价值，培育了30多万家乡村休闲旅游经营主体，年接待游客达30多亿人次，营业收入将接近1万亿元。创建了10万个乡土品牌，形成了3 274个全国“一村一品”示范村镇。这不仅让乡村资源优势变为经济优势，而且让资源要素循环流通，形成乡村产业新的增长点。二是实现美丽生态新蝶变。美丽乡村建设，促进青山常在、绿水长流、空气常新，推动乡村景观靓起来，既能为居民提供各种服务，让人们享受“好山好水好风光”的视觉愉悦，而且还让绿水青山“可移动、可变现”，找到绿水青山转化成金山银山的“金扁担”。三是塑造文明和谐新风尚。美丽乡村建设，结合当地文化符号、文化元素，挖掘当地的民俗乡土文化、农耕饮食文化、图腾文化和民间工艺，将其激活、保护、传承和弘扬。同时，还拉动了农村人居环境整治，促进了传统农耕文化发掘和农民文明生活习惯的养成。四是形成共建共治新格局。美丽乡村建设，将先进的管理模式和理念引入农村，完善基层组织管理方式，促进自治、法治、德治“三治”体系的建立，激发了基层组织自我调整和创新的活力。五是提升生活富裕新品质。美丽乡村建设，大幅提升农产品附加值，增加农民收入，扩大就业容量，让农业“有干头、有赚头、有奔头、有念头”，让农民的钱包鼓起来、笑脸多起来。如今，美丽乡村不再是单一从事农业的地方，还有重要的生态涵养功能，令人向往的休闲观光功能，独具魅力的文化体验功能，成为产业最活、环境最美、文明程度最高、治理最好、生活最优、现代化进程最快的乡村。

甘肃是中国美丽乡村建设的缩影。近年来，甘肃省委、省政府以特色农产品优势区建设和农村人居环境整治为抓手，大力发展现代丝路寒旱农业，有序推进美丽乡村建设，取得了显著成效，许多方面走在了全国前列，为全国美丽乡村建设探索了路子、积累了经验、树立了样板。这次论坛的举办，必将为甘肃的美丽乡村建设注入新的生机和活力，同时，也将有力促进全国的美丽乡村建设。

不久前，中国共产党召开了十九届五中全会，通过了《关于制定国民经济和社会发展第十四个五年规划和二〇三五年远景目标的建议》，作出了走中国特色社会主义乡村振兴道路，全面实施乡村振兴战略，加快农业农村现代化的重大部署。下一步，我们将按照这一要求，加快构建现代乡村产业体系，持续用力，久久为功，推动美丽乡村更高层次、更高水平、更高质量发展。

在发展思路上，要坚持“三个原则”，抓好五项重点任务。

“坚持三个原则”：一是共享美丽资源原则。让“一带一路”沿线国家共享广袤乡村“体验美妙、内涵美好、视觉美丽”的美丽风姿，发展基于良好生态条件的乡村产业，以生态本底为产业背书，使消费者愿意付出更高价格，把生态价值内化于产业之中。二是共商美丽合作原则。让“一带一路”沿线国家加强优势互补、信息共通、渠道共享，进一步健全合作机制、创新合作平台、搭建合作平台，共同打造宜居宜业的美丽乡村。三是共创美丽未来原则。着力促进产业美、田园美、景观美、生态美、人文美，努力建设千山万水更加美丽动人、千家万户更加美丽富裕的宜居家园。

“抓好五项重点任务”：

第一，以链条延伸助力乡村产业强美，建设兴旺乡村。以拓展二、三产业为重点，一产往后延、二产两头连、三产走高端。提升农产品加工业延长产业链，促进农产品多元化开发、多层次利用、多环节增值。拓展乡村特色产业延长产业链，切实打好“珍稀牌”“生态牌”“工艺牌”“文化牌”，提升乡村特色产业的生态价值、人文价值和品牌价值。发掘乡村功能价值延长产业链，开发形式多样、独具特色、个性突出的乡村休闲旅游产品，建设一批资源独特、环境优良、设施完备、业态丰富的休闲农业重点县，打造一批有知名度、有影响力的休闲农业“打卡地”。

第二，以创业创新助力乡村生活甜美，建设宜业乡村。农村创业创新是乡村产业发展的重要动能。要培育创业主体，引老乡、回故乡、建家乡，支持“田秀才”“土专家”“乡创客”和能工巧匠创业。搭建创业平台，建设一批返乡入乡创业园，打造一批农村创业创新孵化实训基地，建设农村创业导师队伍。优化创业环境，强化创业服务，强化创业培训，通过创业创新，为乡村产业发展增添“源头活水”，形成以创新带创业、以创业带就业、以就业促增收的格局。

第三，以绿色引领助力乡村环境秀美，建设宜居乡村。绿色是美丽乡村的底色。要加强村庄环境整治，以“绣花”功夫抓细农村环境长效管理，以“标兵”姿态抓实农村生活垃圾分类，以“园丁”精神抓好美丽庭院、美丽田园、美丽山水建设，打造秀美乡村。发展绿色循环农业，打造稻鱼共作、林下经济等，建设绿色田园、绿色牧场、绿色渔场。发展农产品综合利用，推进资源循环、梯次和高质利用，引导发展中央厨房、主食加工、餐饮外卖等业态。发展跨界融合产业，推进农业与文化、旅游、教育、康养、信息等产业融合，发展创意农业、功能农业、数字农业、智慧农业等。

第四，以集群发展助力乡村民生富美，建设幸福乡村。乡村产业发展的过程，就是借力聚集效应、形成规模效应的过程，也是加快补齐农村民生短板，推进乡村善治的过程。要建设“一村一品”示范村镇微型经济圈，培育一批产值超 1 亿元的特色产业专业村。建设农业产业强镇小型经济圈，培育产值超 10 亿元的农业产业强镇。建设农产品加工园区中型经济圈，培育产值超 100 亿元的农产品加工产业园。建设优势特色产业集群大型经济圈，培育产值超 100 亿元的优势特色产业集群。

第五，以培育主体助力乡村风尚淳美，建设和谐乡村。企业是要素的集合体，是配置资源要素效率最高的主体。要发掘乡村乡土文化，以企业带动乡村精细化管理和环境系统提升，让蓝天白云、青山绿水的诗画乡村、文化乡村、美丽乡村口口相传，赢得良好口碑，真正做到清朗乡风民风、传承优秀文化、培育现代农民。引育龙头企业队伍，培育一批扎根乡村、服务乡产、带动乡亲的现代乡村企业家和“小巨人”乡村企业家，扶持一批龙头企业牵头、家庭农场和农民合作社跟进、广大小农户参与的农业产业化联合体。建立利益分享机制，引导乡村企业与小农户建立紧密利益联结机制，做给农民看、谋划蛋糕，带着农民干、做大蛋糕，帮着农民赚、分好蛋糕。

各位来宾，各位朋友：牵手“一带一路”，共建美丽乡村，功在当代、利在千秋。让我们携起手来，进一步加强交流与合作，努力推动美丽乡村建设，共同谱写“一带一路”建设新篇章。

主要活动

农业农村部办公厅关于开展2019年休闲农业和乡村旅游精品推介活动的通知（农办产〔2019〕2号）
农业农村部办公厅关于开展中国美丽休闲乡村推介活动的通知（农办产〔2019〕9号）
农业农村部办公厅关于公布2019年中国美丽休闲乡村的通知（农办产〔2019〕11号）
农业农村部办公厅关于开展中国美丽休闲乡村推介活动的通知（农办产〔2020〕8号）
农业农村部办公厅关于公布2020年中国美丽休闲乡村的通知（农办产〔2020〕11号）
当前形势下休闲农业发展面临的机遇与挑战
撬动“两山”转化的“金杠杆”
乡村休闲旅游为乡村产业拓展新空间
发展休闲农业 助力乡村振兴

农业农村部办公厅关于开展2019年休闲农业和乡村旅游精品推介活动的通知

农办产〔2019〕2号

各省、自治区、直辖市及计划单列市农业农村（农牧）厅（局、委），新疆生产建设兵团农业局：

为深入实施休闲农业和乡村旅游精品工程，推介一批休闲农业和乡村旅游精品景点线路，提供高品质休闲旅游服务，我部组织开展2019年休闲农业和乡村旅游精品推介活动。现就有关事宜通知如下。

一、推介内容

（一）精品景点线路

根据春夏秋冬四季特点和节假日时点分布，以全国休闲农业和乡村旅游示范县、中国美丽休闲乡村、中国美丽田园、全国休闲农业与乡村旅游星级企业（园区）及地方品牌和农事节庆活动为重点，推介精品景点线路（附件1）和农事节庆活动（附件2）。

（二）影像资料制作

根据各省（区、市）推介的精品景点线路，推介可以制作宣传影像的拍摄地点（附件3），由中国农业电影电视中心（CCTV-7）拍摄美食、美景、特产、民俗、文化等影像资料，制作《全国休闲农业精品地图》系列节目，并在CCTV-7《乡土》栏目播出，每集播出时长30分钟。

二、推介方式

（一）线下推介

通过举办休闲农业和乡村旅游精品推介等活动，大力宣传旅游精品景点线路，提升影响力和关注度。

（二）线上推介

在发挥好报刊、电视等传统媒体作用的同时，充分利用网站、“中国休闲农业”微信公众号等新媒体平台，加强宣传，扩大影响。

三、有关要求

每省（区、市）推荐的精品景点线路10条以内，农事节庆活动5个以内，于3月10日前汇总发送至：cysxxnyc@163.com。同时，配合做好影像资料的拍摄工作。

联系方式：

农业农村部乡村产业发展司休闲农业处

辛　欣　010-59192271

易　能　010-59193256

附件：1.省（区、市）休闲农业和乡村旅游精品景点线路推荐表

2.省（区、市）休闲农业和乡村旅游农事节庆活动推荐名单

3.省（区、市）休闲农业和乡村旅游拍摄地点推荐名单

农业农村部办公厅

2019年2月21日

附件1

__________省（区、市）

休闲农业和乡村旅游精品景点线路推荐表

线路名称	
所属季节	春□　　夏□　　秋□　　冬□
线路图	＊＊市区→精品点1（距离＊公里）→精品点2（距离＊公里）……

（续）

推荐行程	*天
精品点 基本情况 介绍	精品点 1 名称 园区介绍： 休闲特色： 年货产品： 特色餐饮： 人均消费： 休闲时间： 门票情况： 住宿条件： 周边景点情况： 行车及交通路线和示意图： 地址： 联系电话：
	精品点 2 名称 ……

备注：每个点附 300 字左右的文字说明和 5 张照片（每张照片不得小于 2MB，并根据内容加以命名，如 XX 园区大门、果园春色、夏日荷塘等），请将电子稿发送到 cysxxnyc@163.com，如有照片请以附件方式发送，勿贴在 Word 文档里。

附件 2

__________省（区、市）

休闲农业和乡村旅游农事节庆活动推荐名单

序号	活动名称	举办地点	举办时间（具体到月）
1			
2			
3			
4			
5			

备注：推荐的每个活动同时附 2019 年策划方案，请将电子稿发送到 cysxxnyc@163.com，如有照片请以附件方式发送，勿贴在 Word 文档里。

附件 3

__________省（区、市）

休闲农业和乡村旅游拍摄地点推荐名单

序号	拍摄季节	拍摄地点名称	最佳拍摄时间（具体到月、日）	特点（相关节庆活动）	联系人	联系电话
1	春					
2	夏					
3	秋					
4	冬					

备注：推荐的系列节目拍摄地点要区分四季，突出农业产业、生态保护、民俗文化、活动特色等，注重电视播出的可视性和传播效果，每个点附 300 字左右的说明。请将电子稿发送到 cysxxnyc@163.com，如有照片请以附件方式发送，勿贴在 Word 文档里。

农业农村部办公厅关于开展中国美丽休闲乡村推介活动的通知

农办产〔2019〕9号

各省、自治区、直辖市及计划单列市农业农村（农牧）厅（局、委），新疆生产建设兵团农业农村局：

近年来，各地充分发掘乡村多种功能和多重价值，加强村镇整治，促进乡村田园美、景观美、庭院美、生态美、产业美建设，涌现出了一批视觉美丽、内涵美好、体验美妙的美丽休闲乡村。为贯彻落实《国务院关于促进乡村产业振兴的指导意见》，实施休闲农业和乡村旅游精品工程，培育一批美丽休闲乡村，我部继续开展中国美丽休闲乡村推介活动。现就有关事宜通知如下。

一、推介条件

中国美丽休闲乡村以行政村为主体单位，依托种养业、田园风光、绿水青山、村落建筑、乡土文化、民俗风情和人居环境等优势，发掘新功能新价值、培育新产业新业态、搭建新平台新载体，改造提升乡村休闲旅游旅居业，功能特色突出，文化内涵丰富，利益联结机制紧密，具有较强的示范带动作用。

（一）特色优势明显

自然环境优美，生态资源丰富，村落民居原生状态保持完整，产业特色突出，生产生态生活资源得以整合，农业生产功能与休闲功能有机结合，一二三产业加快融合，“人、地、钱”资源开始整合，就地吸纳农民创业就业容量大，乡村休闲旅游旅居业联农带农成效显著。

（二）服务设施完善

吃住行游购娱学等休闲旅游旅居要素统一协调，餐饮、住宿、体验、康养、文化展示等基础设施功能齐全，配置合理。能够结合自然生态文化特色资源，合理利用闲置农房村舍等发展乡村特色民居、精品民宿。村容村貌整洁，乡村人居环境得到改善。

（三）乡风民俗良好

制定了乡规民约，农耕文明、民俗文化得以传承发展，民风淳朴，社会和谐；村民尊老爱幼、邻里和睦、热情好客、诚实守信。近3年，无群体性上访和恶性治安案件发生，无擅自占用耕地和基本农田行为，未发生破坏生态环境的事件，未发生安全生产事故。

（四）品牌效应突出

在全国知名度、美誉度以及游客满意度较高，具有不可替代的稀缺资源优势和口口相传的乡土符号，休闲农业和乡村旅游示范带动作用强。已成为中小学及各类大专院校的培训实训基地或获得省级以上奖励和荣誉称号的优先推荐。

二、推介程序

由各地农业农村部门推荐，经我部汇总和第三方评估后，遴选确定最终推介名单。推介活动不收取任何费用。

（一）主体申请

申请主体对照具体推介条件，在进行自我评估的基础上，填写《2019年中国美丽休闲乡村申请表》（附件），并附相关证明材料，提交至县级农业农村主管部门。

（二）县级审核

县级农业农村主管部门负责对本县申请主体进行审核，符合条件的向省级农业农村主管部门推荐。

（三）省级推荐

省级农业农村主管部门审核后择优向农业农村部乡村产业发展司推荐拟列入推介的乡村。每省（区、市）及新疆生产建设兵团可推荐8个美丽休闲乡村，计划单列市可推荐3个。请将名单排序后，报送我部乡村产业发展司（包括纸质版推荐材料和电子版推荐材料）。2019年度各地向农业农村部推荐名单的截止时间为 2019 年 9 月 20 日。

（四）部级推介

我部将组织专家对各地提交的推荐材料进行审核，遴选确定一批拟推介的中国美丽休闲乡村。经复核后，对拟推介的中国美丽休闲乡村在农业农村部官网上公示 5 个工作日。公示无异议后，形成名录，我部将利用各种媒体公开向社会宣传推介，并优先纳入相关涉农项目支持。

三、组织保障

（一）加强组织领导

各级农业农村主管部门要精心组织安排，按照标准严格、从优遴选、从严控制、宁缺毋滥的要求，确保推荐的村具有示范带动作用。

（二）加强政策扶持

以推介工作为契机，进一步增强服务意识，完善服务体系，拓展服务领域，增强文化内涵、提升创意水平、加大奖补力度、明确扶持措施。

（三）加强宣传推介

加大宣传力度，通过美丽休闲乡村推介活动，树立一批典型、探索一批模式、打造一批品牌、带富一方百姓，营造休闲农业和乡村旅游高质量发展的良好氛围。

（四）加强监督监测

对推介的中国美丽休闲乡村加强指导，强化监测分析。同时，我部将组织开展考核评估，不断完善能进能退的动态管理机制。

联系方式：

农业农村部乡村产业发展司休闲农业处

联 系 人：辛 欣 赵博雄

电　　话：010-59192271．59193109

电子邮箱：xqjxxc@agri. gov. cn

通信地址：北京市朝阳区农展南里 11 号

邮　　编：100125

附件：2019 年中国美丽休闲乡村申请表

农业农村部办公厅

2019 年 8 月 29 日

附件：

2019 年中国美丽休闲乡村申请表

乡 村 名 称：

省（区、市）：

中华人民共和国农业农村部乡村产业发展司制

村庄简况	省（区、市）　县（区）　镇（乡）　村	
	联系人	姓名：　职务：　手机：
	乘车及行车路线	
	最佳休闲时间	
相关配套	通水□　通电□　通路□　通气□ 通讯□　Wi-Fi□　邮递业务□　停车场□ 游客中心□　展览馆□　医务室□　休息座椅□ 消防设施□　垃圾桶□　公共卫生间□　污水处理设施□ 消毒设备□　指引牌□　防护警示标识□　安全员□	
主导产业		
特色产品	名称： 数量：　个	

（续）

<table>
<tr><td>体验项目或活动</td><td colspan="3">名称：
数量：　个</td></tr>
<tr><td rowspan="3">集体经济情况</td><td>集体经济主体</td><td colspan="2">龙头企业□　农民合作组织□　其他□</td></tr>
<tr><td>农民人均可支配收入　　万元</td><td colspan="2">带动农民就业　　人</td></tr>
<tr><td>年集体经济可支配收入　　万元</td><td colspan="2">年接待游客　　万人次</td></tr>
<tr><td>基层组织建设情况</td><td colspan="3"></td></tr>
<tr><td>情况介绍</td><td colspan="3">主要包括地理位置、人口情况、特色之处；建设美丽休闲乡村的成效、做法、经验，以及对当地经济社会发展带动状况等，字数不少于 1 000 字。同时，附 5～8 张体现村容村貌的照片，每张照片不小于 3MB。（照片电子版不要放在 Word 文件中，请打包作为附件报送。）</td></tr>
<tr><td>自查意见</td><td colspan="3">经自查，符合中国美丽休闲乡村的推荐条件，请审核。
负责人签字：　　　（盖章）
年　月　日</td></tr>
<tr><td colspan="2">县级农业农村主管部门（盖章）
年　月　日</td><td colspan="2">省级农业农村主管部门（盖章）
年　月　日</td></tr>
</table>

农业农村部办公厅关于公布 2019 年中国美丽休闲乡村的通知

农办产〔2019〕11 号

各省、自治区、直辖市及计划单列市农业农村（农牧）厅（局、委），新疆生产建设兵团农业农村局：

为贯彻落实 2019 年中央 1 号文件精神和《国务院关于促进乡村产业振兴的指导意见》部署，大力实施休闲农业和乡村旅游精品工程，培育一批美丽休闲乡村，我部 2019 年开展了中国美丽休闲乡村推介活动。经地方推荐、专家审核和网上公示等程序，推介北京市怀柔区渤海镇六渡河村等 260 个村为 2019 年中国美丽休闲乡村，现予以公布。

希望获得中国美丽休闲乡村荣誉称号的乡村，继续弘扬务实创新精神，完善配套设施，提高服务水平，打造更加美丽的“一村一景”、更加美妙的“一村一韵”，成为城乡居民观光旅游、休闲度假、健康养生、生活居住和留住乡村记忆的好去处。

各级农业农村部门要加强指导服务，加大政策扶持，强化宣传推介，培育知名品牌，优化乡村旅游业，加快建设创新引领产业美、生态宜居环境美、乡土特色风貌美、人文和谐风尚美、业新民富生活美的宜居宜业宜游美丽休闲乡村，不断满足人们对美好生活向往，为全面建成小康社会和乡村全面振兴作出新的贡献。

农业农村部办公厅

2019 年 12 月 12 日

附件：

2019 年中国美丽休闲乡村名单

北京市怀柔区渤海镇六渡河村

北京市门头沟区雁翅镇淤白村

北京市密云区古北口镇河西村

北京市顺义区北小营镇前鲁各庄村

北京市昌平区十三陵镇仙人洞村

北京市通州区于家务回族乡仇庄村

北京市延庆区大庄科乡铁炉村

北京市房山区史家营乡莲花庵村

北京市平谷区山东庄镇桃棚村

天津市宝坻区黄庄镇小辛码头村

天津市北辰区西堤头镇赵庄子村

天津市西青区辛口镇第六埠村

天津市蓟州区下营镇东山村

河北省保定市阜平县龙泉关镇骆驼湾村

河北省邢台市宁晋县贾家口镇小河庄村

河北省廊坊市永清县刘街乡土楼胜利村

河北省石家庄市平山县岗南镇李家庄村

河北省邯郸市峰峰矿区和村镇集贤村

河北省秦皇岛市北戴河区戴河镇西古城村

河北省沧州市河间市景和镇丰尔庄村

河北省衡水市阜城县霞口镇刘老人村

山西省忻州市岢岚县宋家沟乡宋家沟村

山西省运城市永济市城西街道水峪口村

山西省晋城市阳城县润城镇中庄村

山西省晋中市平遥县段村镇横坡村

山西省晋城市高平市东城街道办事处沟北村

山西省阳泉市平定县岔口乡甘泉井村

山西省临汾市安泽县府城镇飞岭村

山西省太原市迎泽区郝庄镇董家庄村

山西省临汾市乡宁县关王庙乡大河村

内蒙古自治区呼伦贝尔市额尔古纳市室韦村

内蒙古自治区通辽市奈曼旗青龙山镇四一村

内蒙古自治区鄂尔多斯市伊金霍洛旗乌兰木伦镇哈沙图村

内蒙古自治区赤峰宁城县小城子镇长皋村

内蒙古自治区巴彦淖尔市五原县塔尔湖镇联丰村

内蒙古自治区阿拉善盟腾格里额里斯镇乌兰哈达嘎查

内蒙古自治区兴安盟扎赉特旗好力保镇五道河子村

内蒙古自治区包头市土右旗沟门镇西湾村

辽宁省盘锦市大洼区田家街道大堡子村

辽宁省沈阳市辽中区刘二堡镇皮家堡村

辽宁省本溪市桓仁县向阳乡和平村

辽宁省沈阳市铁西区彰驿站街道彰驿站村

辽宁省锦州市黑山县段家乡蛇山子村

辽宁省鞍山市海城市马风镇祝家村

辽宁省朝阳市喀左县平房子镇小营村

吉林省通化市辉南县金川镇金川村

吉林省松原市前郭县查干湖镇妙音寺村

吉林省四平市伊通满族自治县河源镇保南村

吉林省延边州敦化市雁鸣湖镇腰甸村

吉林省吉林市桦甸市桦郊乡先锋村

吉林省长春市双阳区太平镇肚带河村

吉林省延边州图们市石岘镇水南村

吉林省辽源市东丰县东丰镇太和村

黑龙江省哈尔滨市宾县宾州镇友联村

黑龙江省牡丹江市穆棱市下城子镇孤榆树村

黑龙江省鸡西市虎林市虎头镇虎头村

黑龙江省七台河市勃利县青山乡奋斗村

黑龙江省齐齐哈尔市富裕县龙安桥镇小河东村

黑龙江省大兴安岭地区呼玛县白银纳鄂

伦春族乡白银纳村
黑龙江省伊春市铁力市工农乡北星村
黑龙江省绥化市北林区双河镇西南村
上海市闵行区浦江镇革新村
上海市青浦区金泽镇莲湖村
上海市宝山区罗泾镇塘湾村
上海市嘉定区马陆镇大裕村
上海市金山区朱泾镇待泾村
上海市浦东新区川沙镇连民村
上海市奉贤区柘林镇南胜村
上海市崇明区港沿镇园艺村
江苏省南京市江宁区谷里街道双塘社区大塘金村
江苏省盐城市大丰区大中街道恒北村
江苏省无锡市宜兴市张渚镇善卷村
江苏省徐州市铜山区汉王镇汉王村
江苏省苏州市吴江区同里镇北联村
江苏省扬州市邗江区方巷镇沿湖村
江苏省泰州市泰兴市黄桥镇祁巷村
江苏省南通市如皋市城北街道平园池村
江苏省常州市武进区雪堰镇城西回民村
浙江省湖州市安吉县递铺街道鲁家村
浙江省丽水市莲都区大港头镇大港头村
浙江省杭州市西湖风景名胜区西湖街道龙井村
浙江省金华市磐安县尖山镇乌石村
浙江省温州市洞头区东屏街道东岙村
浙江省舟山市嵊泗县花鸟乡花鸟村
浙江省嘉兴市南湖区凤桥镇联丰村
浙江省绍兴市新昌县东茗乡下岩贝村
浙江省衢州市开化县音坑乡下淤村
安徽省黄山市黟县碧阳镇南屏村
安徽省安庆市岳西县黄尾镇黄尾村
安徽省宣城市宣州区水东镇前进村
安徽省马鞍山市当涂县护河镇桃花村
安徽省宣城市绩溪县长安镇梧川村
安徽省芜湖市南陵县烟墩镇霭里村
安徽省六安市金寨县油坊店乡西莲村
安徽省蚌埠市五河县城关镇沟东村
安徽省池州市贵池区梅村镇霄坑村
福建省漳州市南靖县梅林镇官洋村
福建省福州市晋安区寿山乡九峰村
福建省平潭综合实验区流水镇北港村
福建省宁德市蕉城区赤溪镇赤溪村
福建省三明市泰宁县梅口乡水际村
福建省龙岩市武平县城厢镇云礤村
福建省南平市建阳区麻沙镇水南村
福建省泉州市安溪县芦田镇福岭村
江西省宜春市宜丰县黄岗山垦殖场炎岭村
江西省南昌市湾里区太平镇合水分场
江西省景德镇市珠山区竟成镇三宝马鞍岭自然村
江西省吉安市青原区文陂镇渼陂村
江西省赣州市赣县区田村镇坪内村
江西省九江市修水县杭口镇双井村
江西省新余市分宜县钤山镇金鸡布村
江西省赣州市赣县区韩坊镇樟坑村
江西省吉安市万安县高陂镇田北画村
山东省威海市环翠区张村镇王家疃村
山东省济宁市梁山县大路口乡贾堌堆村
山东省临沂市蒙阴县旧寨乡杏山子村
山东省枣庄市滕州市洪绪镇龙庄村
山东省烟台市龙口市芦头镇庵夼村
山东省泰安市新泰市新甫街道办事处上松山村
山东省济南市南山区西营街道藕池村
山东省淄博市博山区池上镇聂家峪村
河南省郑州市二七区侯寨乡樱桃沟社区
河南省平顶山市宝丰县赵庄镇大黄村
河南省信阳市光山县文殊乡东岳村
河南省开封市祥符区西姜寨乡西姜寨村
河南省南阳市南召县云阳镇铁佛寺村
河南省三门峡市卢氏县官道口镇新坪村
河南省栾川县陶湾镇协心村
河南省济源市坡头镇栗树沟村
湖北省武汉市黄陂区姚集街道杜堂村
湖北省孝感市大悟县新城镇金岭村
湖北省宜昌市宜都市五眼泉镇弭水桥村

湖北省恩施市盛家坝乡二官寨村

湖北省荆州市石首市桃花山镇李花山村

湖北省随州市广水市十里街道办事处观音村

湖北省武汉市新洲区仓埠街道项山村

湖北省黄冈市黄梅县濯港镇栗林村

湖北省恩施州利川市建南镇联合村

湖南省长沙市长沙县果园镇浔龙河村

湖南省湘潭市韶山市韶山乡韶山村

湖南省郴州市汝城县文明瑶族乡沙洲村

湖南省岳阳市临湘市羊楼司镇梅池村

湖南省株洲市天元区三门镇响水村

湖南省怀化市鹤城区黄岩旅游度假区管理处白马村

湖南省益阳市资阳区黄家湖新区紫薇村

湖南省永州市双牌县茶林镇桐子坳村

湖南省常德市桃花源旅游管理区桃花源镇汤家山村

广东省广州市从化区温泉镇南平村

广东省汕头市潮阳区金灶镇桥陈村

广东省韶关市始兴县马市镇红梨村

广东省梅州市蕉岭县三圳镇东岭村

广东省肇庆市德庆县官圩镇金林村

广东省河源市龙川县赤光镇大洋村

广东省梅州市平远县泗水镇梅畲村

广东省汕尾市陆河县水唇镇螺洞村

广西壮族自治区柳州市三江侗族自治县良口乡和里村

广西壮族自治区桂林市秀峰区甲山街道办事处桥头村委会

广西壮族自治区梧州市藤县象棋镇道家村

广西壮族自治区南宁市隆安县那桐镇定江村

广西壮族自治区桂林市阳朔县白沙镇蕉芭林村

广西壮族自治区贺州市平桂区羊头镇垒石村

广西壮族自治区贵港市港南区湛江镇平江村

广西壮族自治区百色市隆林各族自治县德峨镇三冲村

广西壮族自治区玉林市福绵区福绵镇十丈村

海南省琼海市万泉镇光耀村

海南省陵水县光坡镇米埇村

海南省澄迈县福山镇洋道村

海南省琼海市嘉积镇雅洞村

重庆市荣昌区万灵镇大荣寨社区

重庆市南川区大观镇金龙村

重庆市丰都县双路镇莲花洞村

重庆市铜梁区土桥镇六赢村

重庆市奉节县青龙镇大窝社区

重庆市北碚区柳荫镇东升村

重庆市长寿区龙河镇保合村

重庆市大足区拾万镇长虹村

重庆市秀山县石耶镇鱼梁村

四川省成都市蒲江县甘溪镇明月村

四川省德阳市绵竹市孝德镇年画村

四川省雅安市汉源县九襄镇三强村

四川省广元市利州区白朝乡月坝村

四川省宜宾市兴文县仙峰苗族乡群鱼社区

四川省泸州市江阳区分水岭镇董允坝村

四川省眉山市丹棱县顺龙乡幸福村

四川省甘孜州泸定县杵坭乡杵坭村

贵州省贵阳市花溪区青岩镇龙井村

贵州省安顺市平坝区夏云镇小河湾村

贵州省黔东南苗族侗族自治州岑巩县客楼镇下寨村

贵州省黔西南布依族苗族自治州兴义市万峰林街道办事处双生村

贵州省六盘水市盘州市普古彝族苗族乡舍烹村

贵州省铜仁市万山区高楼坪乡青年村

贵州省毕节市纳雍县库东关乡陶营村

贵州省黔南布衣族苗族自治州平塘县者密镇平河村

云南省红河州元阳县爱春阿者科村
云南省丽江市玉龙县白沙镇玉湖村
云南省怒江州贡山县独龙江乡孔当村
云南省文山州马关县马白镇马洒村
云南省楚雄州南华县龙川镇岔河村
云南省昆明市安宁市太平镇册峨村
云南省大理州南涧县无量山镇德安村
云南省迪庆州香格里拉市三坝乡白地村
西藏自治区山南市错那县勒门巴民族乡勒村
西藏自治区山南市琼结县拉玉乡强吉村
西藏自治区昌都市类乌齐县桑多镇达日通村
西藏自治区拉萨市尼木县吞巴镇吞达村
西藏自治区拉萨市曲水县聂当乡热堆村
西藏自治区山南市隆子县玉麦乡玉麦村
西藏自治区日喀则市亚东县下亚东乡仁青岗村
西藏自治区林芝市工布江达县工布江达镇西日村
陕西省西安市蓝田县小寨镇董岭村
陕西省汉中市西乡县城南街道办事处五丰社区
陕西省商洛市丹凤县武关镇毛坪村
陕西省宝鸡市凤翔县城关镇六营村
陕西省安康市白河县仓上镇天宝村
陕西省铜川市印台区红土镇周陵村
陕西省渭南市大荔县许庄镇柳池村
陕西省榆林市榆阳区古塔镇赵家峁村
陕西省韩城市金城街道办事处竹园村
甘肃省陇南市康县阳坝镇珍爱茶山村
甘肃省兰州市永登县苦水镇苦水街村
甘肃省定西市岷县麻子川镇吴纳村
甘肃省天水市秦州区平南镇苏湾村
甘肃省白银市景泰县喜泉镇大水䂭村
甘肃省甘南州卓尼县木耳镇博峪村
甘肃省金昌市金川区双湾镇陈家沟村
甘肃省张掖市甘州区长安镇前进村
青海省西宁市湟中县上五庄镇包勒村
青海省海东市化隆县扎巴镇本康沟村
青海省海东市乐都区高庙镇新庄村
青海省海东市民和县古鄯镇山庄村
青海省海南州贵德县河阴镇红柳滩村
青海省西宁市大通县斜沟乡下窑村
青海省海东市互助县五十镇班彦村
青海省海西州德令哈市柯鲁柯镇金原村
新疆维吾尔自治区巴音郭楞蒙古自治州阿瓦提农场
新疆维吾尔自治区克孜勒苏柯尔克孜自治州阿合奇县阿合奇镇佳朗奇村
新疆维吾尔自治区哈密市伊州区回城乡阿勒屯村
新疆维吾尔自治区乌鲁木齐市乌鲁木齐县水西沟镇平西梁村
新疆维吾尔自治区巴音郭楞蒙古自治州尉犁县兴平镇达西村
新疆维吾尔自治区克拉玛依市克拉玛依区小拐乡小拐村
新疆维吾尔自治区昌吉回族自治州玛纳斯县兰州湾镇八家户村
新疆维吾尔自治区伊犁哈萨克自治州伊宁县萨地克于孜乡上萨地克于孜村
大连市旅顺口区水师营街道小南村
大连市庄河市仙人洞镇天门山村
青岛市西海岸新区琅琊镇王家台后村
青岛市崂山区沙子口街道东麦窑社区
青岛市城阳区夏庄街道上山色峪社区
宁波市余姚市梁弄镇横坎头村
宁波市象山县泗洲头镇墩岙村
宁波市慈溪市龙山镇徐福村
厦门市海沧区东孚街道过坂社区
厦门市同安区五显镇三秀山村
新疆生产建设兵团第十师185团1连
新疆生产建设兵团第五师91团2连
新疆生产建设兵团第五师84团8连
新疆生产建设兵团第九师165团8连
新疆生产建设兵团第五师89团14连
新疆生产建设兵团第九师165团3连
新疆生产建设兵团第九师165团5连

新疆生产建设兵团第九师团结农场 4 连

农业农村部办公厅关于开展中国美丽休闲乡村推介活动的通知

（农办产〔2020〕8 号）

各省、自治区、直辖市农业农村（农牧）厅（局、委），新疆生产建设兵团农业农村局：

为贯彻落实 2020 年中央 1 号文件和《国务院关于促进乡村产业振兴的指导意见》，深入发掘乡村生态涵养、休闲观光、文化体验等多种功能，让城乡居民享受更多好山好水好风光，带动乡村生产生活生态价值提升，促进乡村产业振兴，我部今年继续开展中国美丽休闲乡村推介活动。现就有关事宜通知如下。

一、推介条件

中国美丽休闲乡村以行政村为主体单位，依托种养业、田园风光、绿水青山、村落建筑、乡土文化、民俗风情和人居环境等优势，发掘新功能新价值、培育新产业新业态，功能特色突出，文化内涵丰富，利益联结机制紧密，改造提升乡村休闲旅游旅居业，具有较强的示范带动作用。

（一）特色优势明显。自然环境优美，生态资源丰富，村落民居原生状态保持完整，产业特色突出，生产生态生活资源得以整合，农业生产功能与休闲功能有机结合，一二三产业加快融合，就地吸纳农民创业就业容量大，乡村休闲旅游旅居业联农带农作用突出。

（二）服务设施完善。吃住行游购娱学等休闲旅游旅居要素聚集，观光、餐饮、住宿、体验、康养、文化展示等基础设施功能齐全。结合自然生态文化特色资源，合理利用闲置农房村舍等发展乡村特色民居、精品民宿。村容村貌整洁，乡村人居环境得到改善。

（三）乡风民俗良好。制定了村规民约，农耕文明、民俗文化得以传承发展，民风淳朴，社会和谐；村民尊老爱幼、邻里和睦、热情好客、诚实守信。近 3 年无群体性上访和恶性治安案件发生，无擅自占用耕地和基本农田行为，未发生破坏生态环境的事件，未发生安全生产事故。

（四）品牌效应明显。在全国知名度、美誉度以及游客满意度较高，具有不可替代的稀缺资源优势和口口相传的乡土符号，休闲农业和乡村旅游示范带动作用强。已成为中小学及各类大专院校的培训实训基地或获得省级以上奖励和荣誉称号的优先推荐。

二、推介程序

各地农业农村部门推荐，经农业农村部汇总和第三方评估后，遴选确定最终推介名单。推介活动不收取任何费用。

（一）村级申请。申请村对照具体推介条件，在进行自我评估的基础上，填写《2020 年中国美丽休闲乡村申请表》（附件），并附相关证明材料，提交至县级农业农村部门。

（二）县级审核。县级农业农村部门负责对本县申请村进行审核，符合条件的向省级农业农村部门推荐。

（三）省级推荐。省级农业农村部门按照推介名额分配表（附件 1）数量要求，择优向农业农村部乡村产业发展司推荐拟列入推介的乡村，同等条件下可优先推荐贫困地区的乡村。请将名单排序后，报送农业农村部乡村产业发展司（包括纸质版推荐材料和电子版推荐材料）。截止时间为 2020 年 8 月 10 日。

（四）部级推介。农业农村部将组织专家对各地提交的推荐材料进行审核，遴选确定一批拟推介的中国美丽休闲乡村。经复核后，对拟推介的中国美丽休闲乡村在农业农村部官网上公示 5 个工作日。公示无异议后，形成名录，农业农村部将公开向社会宣传推介，并优先纳入相关涉农项目支持范围。

三、组织保障

（一）加强组织领导。各级农业农村部门

要精心组织安排，严格标准、从优遴选，确保推荐的村具有示范带动作用。

（二）加强指导服务。引导资源要素向示范区聚焦，加大投入力度，完善服务设施，提升服务水平。

（三）加强监测分析。对推介的中国美丽休闲乡村加强指导，强化监测分析。同时，农业农村部将组织开展考核评估，不断完善能进能退的动态管理机制。

（四）加强宣传推介。通过美丽休闲乡村推介活动，树立一批典型、探索一批模式、打造一批品牌、带富一方百姓，营造休闲农业和乡村旅游发展的良好氛围。

农业农村部办公厅关于公布2020年中国美丽休闲乡村的通知

（农办产〔2020〕11号）

各省、自治区、直辖市农业农村（农牧）厅（局、委），新疆生产建设兵团农业农村局：

为贯彻落实2020年中央1号文件精神和《国务院关于促进乡村产业振兴的指导意见》部署，加快建设一批美丽休闲乡村，我部组织开展了中国美丽休闲乡村推介活动。经各地认真推荐、专家严格审核和网上公示等程序，推介北京市门头沟区清水镇梁家庄村等246个村为2020年中国美丽休闲乡村，现予以公布。

希望获得中国美丽休闲乡村称号的乡村珍惜荣誉，继续弘扬务实创新精神，深度发掘农业功能，加强配套设施建设，不断丰富业态类型，打造乡村休闲旅游精品景点，带动乡村繁荣和农民就业增收。

各级农业农村部门要贯彻落实中央的部署要求，扎实推进乡村休闲旅游精品工程实施，加强指导服务，加大政策扶持，强化宣传推介，培育知名品牌，加快建设创新引领产业美、生态宜居环境美、乡土特色风貌美、人文和谐风尚美、业新民富生活美的宜居宜业宜游美丽休闲乡村，为乡村全面振兴和农业农村现代化作出新贡献。

农业农村部办公厅

2020年9月9日

2020年中国美丽休闲乡村

北京市门头沟区清水镇梁家庄村

北京市房山区霞云岭乡堂上村

北京市怀柔区桥梓镇口头村

北京市通州区张家湾镇西永和屯村

天津市宁河区廉庄镇木头窝村

天津市蓟州区罗庄子镇杨家峪村

天津市津南区北闸口镇前进村

天津市武清区汊沽港镇二街村

河北省承德市兴隆县安子岭乡诗上庄村

河北省邯郸市武安市淑村镇白沙村

河北省廊坊市固安县渠沟乡周家务村

河北省邢台市内丘县獐么乡黄岔村

河北省衡水市饶阳县王同岳镇王同岳村

河北省张家口市尚义县南壕堑镇十三号村

河北省秦皇岛市抚宁区大新寨镇王汉沟村

河北省保定市曲阳县范家庄乡虎山村

山西省吕梁市临县安业乡前青塘村

山西省太原市小店区刘家堡乡王吴村

山西省晋中市榆次区乌金山镇后沟村

山西省晋城市阳城县润城镇上庄村

山西省阳泉市盂县孙家庄镇禅房村

山西省晋城市沁水县土沃乡杏则村

山西省长治市沁源县灵空山镇五龙川村

山西省临汾市曲沃县杨谈乡石桥堡村

内蒙古自治区鄂尔多斯市伊金霍洛旗伊金霍洛镇布拉格嘎查

内蒙古自治区呼伦贝尔市阿荣旗新发乡东光村

内蒙古自治区呼和浩特市和林县经济开

发区台格斗村

内蒙古自治区乌兰察布市察右后旗乌兰哈达苏木七顷地村

内蒙古自治区锡林郭勒盟太仆寺旗宝昌镇边墙村

内蒙古自治区通辽市科左中旗花吐古拉镇浩日彦艾勒嘎查

内蒙古自治区巴彦淖尔市临河区干召庙镇民主村

内蒙古自治区兴安盟乌兰浩特市义勒力特镇义勒力特嘎查

辽宁省辽阳市弓长岭区汤河镇柳河汤村

辽宁省鞍山市千山风景名胜区韩家峪村

辽宁省沈阳市法库县大孤家子镇半拉山子村

辽宁省阜新市细河区四合镇黄家沟村

辽宁省本溪市本溪县小市镇同江峪村

辽宁省营口市老边区柳树镇东岗子村

辽宁省盘锦市大洼区平安镇平安村

辽宁省辽阳市辽阳县刘二堡镇前杜村

吉林省长春市九台区土们岭街道马鞍山村

吉林省吉林市桦甸市桦郊乡友谊村

吉林省辽源市东丰县小四平镇四平村

吉林省通化市集安市太王镇钱湾村

吉林省松原市乾安县乾安镇陶字村

吉林省白城市大安市大岗子镇大岗子村

吉林省延边州和龙市南坪镇柳洞村

吉林省通化市梅河口市小杨乡古城村

黑龙江省佳木斯市汤原县汤旺朝鲜族乡金星村

黑龙江省七台河市茄子河区铁山乡四新村

黑龙江省齐齐哈尔市铁锋区扎龙镇查罕诺村

黑龙江省牡丹江市海林市长汀镇哈达村

黑龙江省绥化市兰西县兰西镇永久村

黑龙江省大兴安岭地区呼玛县鸥浦乡三合村

黑龙江省双鸭山市宝清县小城子镇太平村

黑龙江省大庆市林甸县四合乡联合村

上海市崇明区港西镇北双村

上海市浦东新区惠南镇海沈村

上海市嘉定区华亭镇联一村

上海市松江区新浜镇胡家埭村

江苏省苏州市昆山市锦溪镇计家墩村

江苏省南京市溧水区白马镇石头寨村

江苏省无锡市锡山区东港镇山联村

江苏省南通市通州区石港镇睹史院村

江苏省盐城市盐都区潘黄街道仰徐村

江苏省扬州市高邮市菱塘回族乡清真村

江苏省泰州市姜堰区三水街道小杨村

江苏省连云港市灌云县同兴镇伊芦村

江苏省无锡市宜兴市张渚镇省庄村

江苏省镇江市句容市茅山镇丁庄村

江苏省淮安市盱眙县天泉湖镇陡山村

江苏省苏州市吴江区震泽镇众安桥村

浙江省杭州市余杭区径山镇径山村

浙江省杭州市富阳区东洲街道黄公望村

浙江省湖州市安吉县天荒坪镇余村村

浙江省金华市浦江县大畈乡上河村

浙江省台州市天台县赤城街道塔后村

浙江省温州市乐清市龙西乡龙溪村

浙江省丽水市缙云县舒洪镇仁岸村

浙江省嘉兴市海宁市丁桥镇新仓村

浙江省绍兴市柯桥区漓渚镇棠棣村

浙江省宁波市北仑区春晓街道三山村

浙江省舟山市普陀区白沙乡白沙港村

浙江省衢州市开化县华埠镇金星村

安徽省黄山市休宁县溪口镇祖源村

安徽省六安市金寨县花石乡大湾村

安徽省合肥市巢湖市烔炀镇凤凰村

安徽省池州市东至县香隅镇漕东村

安徽省安庆市桐城市黄甲镇黄铺村

安徽省马鞍山市当涂县护河镇兴禾村

安徽省宣城市广德市卢村乡笄山村

安徽省蚌埠市淮上区梅桥镇淝北村

安徽省滁州市定远县吴圩镇高埂村
安徽省芜湖市无为市红庙镇海云村
安徽省宣城市泾县丁家桥镇后山村
安徽省亳州市蒙城县立仓镇炮台沟村
福建省漳州市华安县新圩镇官畲村
福建省福州市永泰县梧桐镇春光村
福建省泉州市德化县国宝乡佛岭村
福建省三明市泰宁县上青乡崇际村
福建省龙岩市上杭县湖洋镇文光村
福建省宁德市寿宁县下党乡下党村
福建省南平市武夷山市兴田镇南源岭村
福建省厦门市同安区汀溪镇古坑村
江西省景德镇市浮梁县湘湖镇进坑村
江西省上饶市德兴市香屯街道办事处杨家湾村
江西省九江市永修县梅棠镇杨岭村
江西省抚州市广昌县盱江镇彭田村
江西省南昌市南昌县黄马乡罗渡村
江西省赣州市于都县贡江镇红峰村
江西省九江市庐山市白鹿镇玉京村
江西省吉安市吉州区兴桥镇钓源村
江西省萍乡市上栗县上栗镇达塘村
江西省宜春市铜鼓县永宁镇坪田村
山东省威海市文登区高村镇慈口观村
山东省潍坊市坊子区坊安街道洼里村
山东省烟台市莱阳市姜疃镇濯村
山东省德州市临邑县临盘街道前杨村
山东省淄博市沂源县东里镇下柳沟村
山东省泰安市新泰市放城镇东石井村
山东省济南市莱芜区大王庄镇王石门村
山东省枣庄市山亭区徐庄镇葫芦套村
山东省菏泽市东明县武胜桥镇玉皇庙村
山东省临沂市沂水县诸葛镇耿家王峪村
河南省信阳市商城县伏山乡里罗城村
河南省洛阳市嵩县黄庄乡三合村
河南省南阳市邓州市十林镇习营村
河南省开封市鼓楼区仙人庄街道余店村
河南省商丘市虞城县李老家乡刘庄村
河南省三门峡市陕州区张卞乡曲村
河南省济源示范区大峪镇王庄村
河南省漯河市郾城区新店镇尧河庙村
湖北省武汉市黄陂区王家河街道胜天村
湖北省黄石市大冶市保安镇沼山村
湖北省十堰市郧阳区柳陂镇龙韵村
湖北省襄阳市樊城区牛首镇花园村
湖北省武汉市东西湖区东山街道遮湖岗村
湖北省恩施州巴东县茶店子镇朱砂土村
湖北省宜昌市枝江市安福寺镇秦家塝村
湖北省十堰市竹山县文峰乡太和村
湖北省咸宁市通山县南林桥镇石门村
湖北省黄冈市浠水县洗马镇万当铺村
湖南省永州市江永县兰溪瑶族乡勾蓝瑶村
湖南省常德市澧县澧南镇乔家河村
湖南省衡阳市常宁市塔山瑶族乡狮园村
湖南省娄底市新化县吉庆镇油溪桥村
湖南省邵阳市城步苗族自治县丹口镇桃林村
湖南省郴州市桂东县沤江镇金洞村
湖南省湘潭市韶山市银田镇银田村
湖南省湘西自治州古丈县默戎镇龙鼻嘴村
湖南省怀化市中方县桐木镇大松坡村
广东省广州市从化区城郊街西和村
广东省东莞市麻涌镇麻三村
广东省佛山市顺德区杏坛镇逢简村
广东省潮州市湘桥区意溪镇桂坑村
广东省清远市英德市九龙镇河头村
广东省江门市新会区睦洲镇石板沙村
广东省云浮市罗定市苹塘镇良官村
广东省肇庆市高要区乐城镇社播村
广西壮族自治区南宁市青秀区南阳镇施厚村
广西壮族自治区柳州市融水苗族自治县融水镇新国村
广西壮族自治区桂林市灵川县海洋乡小平乐村

广西壮族自治区梧州市长洲区长洲镇泗洲村

广西壮族自治区钦州市浦北县北通镇那新村

广西壮族自治区贵港市覃塘区覃塘街道龙凤村

广西壮族自治区玉林市北流市新圩镇河村

广西壮族自治区百色市田阳区五村镇巴某村

广西壮族自治区贺州市富川瑶族自治县朝东镇岔山村

广西壮族自治区河池市环江毛南族自治县思恩镇陈双村

海南省三亚市吉阳区吉阳镇博后村

海南省文昌市潭牛镇大庙村

海南省五指山市水满乡新村

海南省海口市秀英区石山镇施茶村

重庆市万州区大周镇五土村

重庆市长寿区洪湖镇称沱村

重庆市綦江区三角镇红岩村

重庆市开州区大进镇红旗村

重庆市武隆区芙蓉街道堰塘村

重庆市城口县岚天乡岚溪村

重庆市垫江县太平镇牡丹村

重庆市云阳县清水土家族乡歧山村

重庆市奉节县平安乡文昌村

重庆市巫山县曲尺乡柑园村

重庆市巫溪县红池坝镇茶山村

重庆市石柱县中益乡坪坝村

四川省广安市岳池县白庙镇郑家村

四川省宜宾市长宁县竹海镇永江村

四川省绵阳市江油市新安镇黑滩村

四川省巴中市南江县赤溪镇西厢村

四川省成都市大邑县董场镇祥和村

四川省乐山市犍为县罗城镇菜佳村

四川省广元市朝天区两河口镇老林村

四川省雅安市名山区中峰镇海棠村

四川省达州市宣汉县三墩土家族乡大窝村

四川省攀枝花市东区银江镇阿署达村

四川省阿坝州汶川县漩口镇赵公村

四川省德阳市绵竹市九龙镇新龙村

贵州省安顺市经济技术开发区幺铺镇羊场村

贵州省黔西南州义龙新区鲁屯镇章磨村

贵州省黔东南州锦屏县隆里乡隆里所村

贵州省铜仁市松桃县正大镇薅菜村

贵州省毕节市赫章县兴发乡中营村

贵州省六盘水市六枝特区落别乡牛角村

贵州省贵阳市乌当区偏坡乡偏坡村

贵州省黔西南州兴仁市屯脚镇鲤鱼村

云南省保山市腾冲市清水乡三家村

云南省西双版纳州景洪市勐罕镇曼听村

云南省丽江市玉龙县拉市镇海东村

云南省文山州丘北县双龙营镇普者黑村

云南省大理州漾濞县苍山西镇光明村

云南省迪庆州维西县塔城镇启别村

云南省红河州泸西县永宁乡永宁村

云南省普洱市思茅区倚象镇大寨村

西藏自治区拉萨市堆龙德庆区乃琼镇波玛村

西藏自治区日喀则市桑珠孜区东嘎乡雪冲村

西藏自治区林芝市波密县八盖乡雄吉村

陕西省延安市安塞区高桥镇南沟村

陕西省安康市石泉县饶峰镇胜利村

陕西省商洛市柞水县小岭镇金米村

陕西省汉中市汉台区武乡镇吴庄村

陕西省咸阳市泾阳县安吴镇龙源村

陕西省渭南市临渭区蔺店镇蒲阳村

陕西省杨凌示范区五泉镇王上村

甘肃省陇南市康县长坝镇福坝村

甘肃省兰州市榆中县城关镇李家庄村

甘肃省酒泉市金塔县金塔镇红光村

甘肃省临夏州临夏市折桥镇折桥村

青海省西宁市湟中县土门关乡上山庄村

青海省西宁市湟源县和平乡小高陵村

青海省海东市互助县威远镇卓扎滩村

青海省海东市民和县核桃庄乡排子山村

宁夏回族自治区银川市金凤区良田镇园子村

宁夏回族自治区吴忠市青铜峡市大坝镇韦桥村

宁夏回族自治区固原市原州区张易镇宋洼村

宁夏回族自治区石嘴山市惠农区红果子镇马家湾村

新疆维吾尔自治区阿克苏地区拜城县康其乡阿热勒村

新疆维吾尔自治区阿勒泰地区富蕴县吐尔洪乡托留拜克孜勒村

新疆维吾尔自治区巴州博湖县乌兰再格森乡乌图阿热勒村

新疆维吾尔自治区博乐市贝林哈日莫墩乡决肯村

新疆维吾尔自治区哈密市花园乡卡日塔里村

新疆维吾尔自治区和田地区洛浦县多鲁乡托勒尕什村

新疆维吾尔自治区塔城地区沙湾县大泉乡三道沟村

新疆维吾尔自治区伊犁新源县那拉提镇阿尔善村

新疆生产建设兵团第二师 30 团园 3 连

新疆生产建设兵团第四师 67 团 5 连

新疆生产建设兵团第八师 121 团 7 连

当前形势下休闲农业发展面临的机遇与挑战

农业农村部乡村产业发展司副司长　刁新育

（2020 年 9 月 21 日）

休闲农业是农业旅游文化“三位一体”、生产生活生态同步改善、农村一产二产三产深度融合的新业态新模式，是以生命为基本特征的综合性的体验农业。近年来，我国休闲农业发展较快，虽然经历了疫情冲击等突发事件的影响，仍表现出强劲的发展势头。

一、要深刻认识发展休闲农业深远的历史意义和现实意义

（一）休闲农业是促进农业增值、农民增收的重要方式，发展休闲农业具有历史必然性

经过多年的发展，我国农业基本解决了我国人民的吃饭问题，可以说，生计型农业的任务基本完成。解决温饱以后，解决农民就业、增加农民收入是当前我国面临的重大课题。在未来相当长的一段时期内，仍将有四五亿人生活在农村，农业依旧是农民就业和收入的重要来源。也就是说，我国农业面临着解决农民生计和农民增收两大历史性任务。发展休闲农业，发挥农业多元功能，延长农业产业链，提高单位面积产值，是有效促进增产与增收两者有机结合的重要途径。

休闲农业能够使农业生产实现物化产品和精神产品双重增值，有效增加农业经营性收入；能够延长农业产业链条，扩大就业容量，有效增加农民工资性收入；能够把农家庭院变成市民休闲的“农家乐园”和可住可租的旅店，有效增加农民的财产性收入；能够把农业产区变成居民亲近自然、享受田园风光的景区，保障农民收入“四季不断”。2019 年，乡村休闲旅游接待游客约 32 亿人次，营业收入达 8 500 亿元，直接带动吸纳就业人数 1 200 万，带动受益农户 800 多万户。特别是很多贫困地区依托独特生态优势，推动旅游发展，成为脱贫致富的重要抓手。据初步调查，乡村休闲旅游业带动了全国近 10％的贫困人口实现脱贫增收。

（二）休闲农业是实现消费升级、满足人民对美好生活向往的重要渠道，发展休闲农业具有现实需求性

习近平总书记在十九大报告中明确指出：

"我国社会主要矛盾已经转化为人民日益增长的美好生活需要和不平衡不充分的发展之间的矛盾。"休闲需要是人民日益增长的美好生活需要中的重要组成部分，对提高人民生活质量、增强人民幸福感具有显著作用。

根据国际经验，人均 GDP 达到 1 000 美元时，旅游需求急剧膨胀；人均 GDP 达到 2 000美元时，将基本形成对休闲的多样化需求和多样化选择；人均收入达到 3 000 美元时，就会产生度假需求。2019 年我国人均国民收入达到了 10 410 美元，开始逼近高收入经济体（12 475 美元），已进入休闲旅游的快速发展期。休闲农业和乡村旅游产业以低价、短途、短时和以休闲为主的特点，顺应了大众化消费的要求。住农家院、吃农家饭、品农家情、干农家活，感怀田园生活、品味乡村情调、体验收获乐趣、欣赏乡土文化、感知农业科技等已成为众多市民周末生活的一部分。初步预计，我国居民人均年休闲旅游将超过 5 次，全国休闲旅游市场规模将超过 80 亿人次。

（三）休闲农业是传承农耕文明、推动城乡一体化发展的重要载体，发展休闲农业具有时代针对性

乡村振兴，既要塑形，也要铸魂。中华文化的根基是农耕文化，先祖的耕作方式、传统的生活方式、各种民俗风情，是我国的文化之魂。即使是生活在城市里的人们，也深含着传统文化的基因，依然对农村的文化和生活方式有着眷恋，时常引起人们的"乡愁"。休闲农业，为城市居民了解农村生产、生活方式提供了场所。发展休闲农业，可以系统地对农村文化加以整理，提供文化体验，传承乡风文明。在休闲的农场或乡村，城市居民可以通过休闲农业学习农业生产知识、生态知识、体验乡村生活、感受农民生活的优越性，反思幸福的"真谛"，逐步变得珍惜农业、羡慕农村、尊重农民。而农村居民通过与各地城市居民的接触，不断吸收城市文明的元素。在休闲农业效益的带动下，在游客需求的推动下，农村水、电、路等基础设施得以有效改善，村容村貌得到整治，农家庭院变成了丰富市民生活、增加农民收入的"农家乐"，农业产区变成了亲近自然生态、享受田园风光的景区，有效推动了城乡一体化发展。

（四）休闲农业是保护生态环境、建设美丽中国的重要路径，发展休闲农业具有客观可能性

我国水乡、平原、草原、高山，特色鲜明，为休闲旅游提供了良好条件。生物的多样性和人与自然共生的生态体系，是农村独特的魅力；鸟类、蝶类、昆虫类及其他野生动植物共生共息的田园风光，是城市居民向往大自然的理想地；优美的生态环境、清新的空气、纯净的水质、有机的食品，是休闲农业发展的核心竞争力。发展休闲农业，往往需要以田园风光、回归大自然为核心，减施农药化肥，开发农业多种功能，发挥绿色创新对经济增长的带动作用，在开发的同时保护好环境资源，实现生态治理与经济建设的融合，是将绿水青山转化为金山银山最生动的实践。

二、深刻认识我国休闲农业发展面临的挑战

休闲农业和乡村旅游是高成长性、高带动性的乡村产业。这些年，随着产业规模的不断扩大，业态类型日益丰富、产业内涵逐渐拓展、农民收入稳步增加，整个行业的体量、结构、外部条件等已经发生巨变。但是也要看到，我国休闲农业和乡村旅游产业起步晚，还是一个正在成长的新兴产业，远未到成熟发展阶段，加上受这次疫情影响，当前发展形势尤为严峻。

（一）基础设施滞后和人才匮乏，共同制约了休闲农业发展。一方面是"硬条件"还不够。很多休闲农业目的地位于经济发展水平较低的农村，硬件基础设施还不够完善。

公共卫生、道路交通、垃圾污水处理、信息网络、消防安全、医疗卫生、餐饮住宿等基础设施建设滞后，客房、餐厅、接待中心、游客服务中心、停车场等配套设施和服务设施不齐全。另一方面是"软实力"还不足。突出表现在从业人员的整体素质不高，营销理念、创设创意、服务水平都还存在较大差距。懂农业农村、会经营创意、善管理营销的复合型人才，能跨界利用"互联网＋""文化＋""体育＋"等与休闲农业融合发展的创新型人才，以及能规范化、标准化专业培训休闲农业从业人员的领军型人才都比较缺乏，难以满足行业快速发展的需要。

（二）资源挖掘不够与创意不足并存，共同阻碍了休闲农业发展。一方面是资源深度挖掘不够。目前大多休闲农业还是"吃农家饭、住农家院、体验农家生活"，仍停留在采摘、参观、餐饮、住宿这一层面。经营产品单一、经营方式单一，对乡村文化与风情民俗挖掘不够，对项目深度开发不够，很难满足游客对吃、住、行、游、购、娱的一体化消费需求。另一方面是创意高度提升不够。不少经营主体对自身资源挖掘不足，不少休闲农业项目对特色创新不够，类似陕西袁家村、浙江莫干山等令人记忆深刻的品牌形象还比较少。生态、健康、养生、科普、教育、文化等高附加值体验项目开发不够，尤其是以"文化"为根基的创新创意产品比较缺少，供消费者参与体验的创意活动产品供给不足，知识性、趣味性、回味性体现不够，导致游客引不进、留不住、难再来。

（三）规范化管理不到位和行业引领缺失，共同限制了休闲农业发展。一方面，政策法规尚不健全。在税收、用地、融资、工商管理、食品卫生、安全保障等方面政策还需要完善，休闲农业乡村旅游的规划审批、登记管理、市场监管等管理制度亟待建立。另一方面，行业发展水平不高。行业标准档次低、适应面窄、分级制度不健全，缺乏完整的行业考核指标和质量监督管理体系，对休闲农业经营主体缺少有效监督管理，难以适应新时期我国休闲农业可持续发展的需要。

三、牢牢把握休闲农业的发展方向，保持休闲农业发展的良好态势

党的十九届五中全会强调，要优先发展农业农村，全面推进乡村振兴，加快农业农村现代化。在国内大循环为主体、国际国内双循环相互促进的新发展格局下，休闲农业发展必须着力提高产业的质量效益和竞争力，着力推动城乡资源要素双向流动和产业融合，着力巩固拓展脱贫攻坚成果同乡村振兴有效衔接。应重点把握以下原则。

（一）休闲农业的发展首先要体现农业的根本属性。农业是休闲农业的根本，这是区别于其他旅游的根本点。休闲农业是农业功能的延伸，是农业在体验经济时代中转型的一种复合型产业。休闲农业的资源主要来自田园景观、自然生态、乡村文化、民居环境。休闲农业的目的主要是提供人们休闲，增进人们对农业及农村的体验。休闲农业的功能主要是经济、教育、游息、环保、文化、健康、社会、城乡交流。发展休闲农业，不但不能离农业，更要紧紧围绕农业的生产过程、农村风情风貌、农民劳动生活，突出"三农"不动摇。要始终把农民利益放在第一位，积极鼓励农民参与休闲农业和乡村旅游，使休闲农业和乡村旅游成为农民增收致富奔小康的有效手段。

（二）休闲农业的发展要体现休闲旅游的独特性。休闲农业与观光产业既有相似性，更有其独特性。休闲农业主要来自田园景观、自然生态和环境资源，因此休闲农业性质属于自然生态的休闲旅游业，具有鲜明的独特性。核心资源的性质不同。休闲农业主要基于农业与农村资源，具有天然性及乡村生活性；而观光产业主要运用娱乐设施、现代化服务设备，具有人工性及娱乐性。旅游形态不同。休闲农业以亲近大自然，体验农村生活为主，季节性及地域性影响较大；而观光产业一般具有特定主题，旅游形态较为精致，受自然因素及地区影响较小。经营形态不同。休闲农业由农民利用自己的土地经营，或有农业机构投资经营；而观光产业多为企业、财团，有独资、加盟、连锁等形态。另外，休闲农业投资相对较小，更加倾向于自然、淳朴，更加体现自然风貌，更加需要“接地气”与当地互动联系。因此，在发展休闲农业时，要注意深度挖掘区域特色农业资源潜力，培育区域优势特色产业，发展特色农业集聚模式，按照区域化布局、产业化经营、专业化生产的要求，在地域与空间上形成高度集聚发展。

（三）休闲农业的发展要充分体现管理的规范性。休闲农业是伴随各地经济发展过程中自发形成和发展起来的，这也是我国休闲农业发展无序、建设重复、市场混乱等问题的深层原因。因此，迫切需要发挥政府主管部门的宏观管理和调控职能，培育规范的休闲农业市场，引导各地加快行业管理标准建设，推进产业提质升级。完善发展标准，从资源、环境、市场、服务、交通、效益等多方面进行规范管理。逐步建立科学、统一、全面的休闲农业和乡村旅游统计调查制度及统计指标体系。建立规章制度，从项目审批、人员上岗、安全和卫生保障、价格制定、经营管理、接待服务等各方面都按规章办事。加强人员培训，提高管理人员的服务意识、业务能力及服务水平。做好监测评估，根据规范标准，定期进行评估，尤其是在用地和环保方面要把好关，实行优者奖励和支持制度。定期信息发布，增强市场供求信息透明度，引导理性经营、理性消费，促进休闲农业和乡村旅游健康有序发展。

（四）休闲农业的发展要充分体现产品的创造性。创造性是休闲农业发展的不竭动力，也是休闲农业发展的生命力所在。农业资源的共同特性是“生物性”，延伸出季节性、地域性、生长性、活动性、景观性、实用性等基本特征，以及知识性、生态性、文化性等衍生特征。农村资源的共同特性是“生活性”，延伸出产业性、传统性、情感性、审美性、文化性五项特性。休闲产品的创造性就要围绕这些特性来挖掘。要在休闲产品文化内涵的挖掘上下功夫。农文旅结合，文化应该从哪里来挖掘呢，很多地方都没有挖掘出来，要从历史之中去挖掘；要在更加适应旅游者需求多样化上下功夫。亚里士多德认为，休闲分为娱乐、游息和沉思三个层次。要根据休闲的特性设置不同的休闲内容。要依靠农业的特色资源，在特定时间内，针对特定对象的需求，予以充分而有效率地安排内容，形成系统的动态活动。只有充分发挥了创造性，休闲农业才有生机和活力。

撬动“两山”转化的“金杠杆”

——大力挖掘休闲农业和乡村旅游价值

农业农村部乡村产业发展司

（2019 年 2 月 20 日）

任何产业的诞生与发展，其根本动力无外乎人的需求。休闲农业和乡村旅游产业的应运而生，成为撬动“绿水青山”转化为“金山银山”的“金杠杆”，正因它满足了人们对美好生活的需求，特别是对诗意栖居田园的向往。

作为乡村产业的新业态，异彩纷呈的休闲农业和乡村旅游迎合了现代人精神休憩的消费需求，也给发展较落后的乡村注入了无限活力。近年来，农业农村部指导各地因地制宜发展休闲农业和乡村旅游，截至目前，已创建了 388 个全国休闲农业和乡村旅游示范县，推介了 710 个“中国美丽休闲乡村”和 248 个“中国美丽田园”。据测算，2018 年，我国休闲农业和乡村旅游接待超 30 亿人次，营业收入超 8 000 亿元，呈现出产业规模化、经营集约化、内涵多元化的发展趋势。

顺大势遂民愿，前路繁花似锦。在城市化进程加快的今天，休闲农业和乡村旅游为城市居民打开了一扇寄情田园的门，为乡村产业振兴开辟了一条全新的路，持续升级的产业发展态势，更为城乡居民联手共绘大美画卷备好了笔墨纸砚。

大有所为——休闲农业如日方升，乡村旅游欣欣向荣，谱写一曲昂扬激越的田园交响乐。

自古以来，自然与田园就是中华文明的灵感源泉，乡村则是其深厚载体。数千年来，在乡村，人与自然和谐共处，文化与生活呼吸相闻。

“暧暧远人村，依依墟里烟。狗吠深巷中，鸡鸣桑树颠”。东晋诗人陶渊明笔下勾勒了一幅余韵悠长的乡居生活图景。

传承与共鸣，即便跨越千百年，乡村田园的理想依然在人们心中回响。休闲农业和乡村旅游在当代中国的蓬勃发展之势，便是最好的注脚，产业规模上，从散兵游勇、小打小闹的农家乐，到以农民为主体、社会资本广泛参与，形成多模式推进、多产业形态打造、多要素发力的格局；空间布局上，从零星分布向集群分布转变，从城市郊区和景区周边向更多适宜发展的区域拓展，凸显了组团化、生态化发展的规模效应。

创新元素纷纷聚集，社会资本广泛参与，新的业态形式不断涌现，休闲农业和乡村旅游已成为我国最具活力的经济增长点之一。

在天津，休闲农业融入科技、互联网基因，培育了众筹农业、定制农业、电商农业等新型发展模式，让都市居民同时乐享乡间之野趣与技术之便利。

在海南，共享经济的海风刮热了 159 家“共享农庄”，使农民变股东、农房变客房、农产品现货变期货、消费者变投资者，让乡村也抓到了“风口”上的红利。

乡村于我们而言，不只是社会群落、行政区划、经济组织，还是乡愁寄处、文化原乡，由此，休闲农业和乡村旅游的产业内涵也愈加丰富多彩，不仅有休闲玩头、有景观看头、还有文化说头，意趣盎然，让体验过的人有再来的念头。

在江苏省溧阳市，“公路＋”的系统化思维打通了全域旅游的神经末梢，全长 365 千米的“溧阳 1 号公路”，如同一条生态珠链，将全市所有乡村旅游点、美丽乡村串联起来，将沿线乡村的农副产品带向千家万户，成为火爆的网红打卡地。

在远隔数千里的黄土高原上，一个个名不见经传的小乡村，虽经济水平与自然环境不比区位优越的溧阳，却也在另一个维度上挖掘出了休闲农业的潜力。陕西省佳县的赤牛坬村，靠着老物件进入博物馆、传统民俗变身文艺表演，擦亮了农耕文化传承的新招牌，一批批慕名而来的游客，把这个原本闭塞的无名小村带向了广阔天地。

休闲娱乐、健身康养、科普教育、农事体验，乡村休闲游满足了城市居民消费的需求，也为城市反哺农村提供了合适的出口，撬动了城乡融合发展的杠杆。

就地就业、创业的农民靠着经营性收入、财产性收入、工资性收入的持续增长，“钱袋子”越来越鼓。特色农产品变礼品，特色民俗文化变商品，特色餐饮变服务产品；农房变民宿，庭院变乐园，田园变公园，农区变景区，劳动变运动，空气变人气……一系列的嬗变把成千上万小农户吸引到三产融合“大棋盘”中，产业实现了华丽转身，也让农民富了起来。

大有可为——顺应消费升级之势，抓住政策推动机遇，奏响气势磅礴的乡村产业发展主旋律。

消费结构快速升级是休闲农业和乡村旅游产业发展的根本驱动力。国际发展经验表明，人均 GDP 达到 5 000 美元之后，健康性、休闲性、娱乐性消费支出会大幅增加。2018 年，我国人均 GDP 接近 1 万美元。居民的钱包鼓起来后，消费动力自然变强，消费层次也由过去的吃饱穿暖升级到文化旅游、健康养生。

国家整体实力的增强，技术水平的提高，带薪休假制度落地见响，国人的劳动节奏逐渐慢下来，闲暇时间“余额”充足起来。从“耐用消费品时代”进入提高生活品质的“后置业时代”，到乡村“养眼洗肺、解乏去累”的需求强烈，休闲农业和乡村旅游正在变成普通百姓的必需品。

可以说，随着我国居民收入稳步增加，承载着人民对美好生活向往与追求的休闲农业和乡村旅游，市场空间必将持续扩大，产业的总体规模必将持续扩张，这是经济发展的规律，也是看得见的发展趋势。

与此同时，多年来乡村建设补齐了农村基础设施和公共服务短板，特别是人居环境整治、公路和信息高速路建设，既为发展休闲农业和乡村旅游带来了机遇，又让农民有了抓住机遇的能力。

作为高成长性、高带动性的朝阳产业、绿色产业、富民产业，持续释放的政策利好让休闲农业和乡村旅游迎来史无前例的黄金发展期。近年来，中央 1 号文件持续关注休闲农业发展。2018 年中央 1 号文件明确提出实施休闲农业和乡村旅游精品工程，建设一批设施完备、功能多样的休闲观光园区、森林人家、康养基地、乡村民宿、特色小镇。

顶层设计密集出台。2018 年，国家有关部委联合出台《促进乡村旅游发展提质升级行动方案（2018 年—2020 年）》《关于促进乡村旅游可持续发展的指导意见》，明确要求加强乡村旅游基础设施建设，加大对乡村旅游用地、债券融资、产业投资基金、贷款等方面的支持力度。农业农村部和财政部深入推进农村一二三产业融合发展，开展产业兴村强县示范行动，中央财政通过以奖代补方式对休闲农业和乡村旅游发展予以支持。农业农村部出台《关于开展休闲农业和乡村旅游升级行动的通知》，推动乡村休闲旅游高质量发展。

除此之外，乡村振兴战略的实施更是为休闲农业和乡村旅游提供了战略利好。特别是“坚持农业农村优先发展”这一战略思想，将进一步调动各种资源要素进入农业、投入农村，基础设施和公共服务将更加便捷，为休闲农业创造更优质的产业发展环境。

作为融合一二三产业的综合性产业，休闲农业不仅促进农产品消费和升值，也将带动更多适应市场需要的工业品开发，休闲农业正在成为各地竞相发展的热点，社会资本竞相追逐的焦点。可想而知，在实施乡村振兴战略过程中，休闲农业和乡村旅游将持续保持“宠儿”地位，继续受到各方资源的追逐和青睐、各地政府的支持和鼓励。

大展宏图——提档拓能助力振兴，务农为农，牢守底线，打造休闲农业和乡村旅游的升级版。

如同未经雕琢的原石，历经清洗、设计、打磨才能闪烁宝石的耀眼光彩，休闲农业和乡村旅游挖掘了乡村文化和资源深层次的价值，而价值的外化最终又惠泽了乡民。

2018 年 10 月中旬，龙脊梯田国家湿地公园风景如画，地处核心景区的广西龙胜县龙脊镇大寨村，村民们把自家的稻田纳入景区统一管理，获取景区收益分红，家有 5 亩水稻的潘应芳去年收到景区分红近 5 万元。“明年就能脱贫了。”潘应芳老人笑着说。

在习近平总书记“精准扶贫”方略的首提地——湖南湘西十八洞村，有古朴的苗寨风情，有秀美的自然风光。近 5 年来，村里的休闲农业搞得风生水起，2017 年成功摘掉贫困村帽子，人均年收入由 2013 年的 1 668 元增加到 10 180 元。

在全国各地，随着休闲农业和乡村旅游的大力推进，美丽乡村、生态乡村、文化乡村、富裕乡村的清新之风激荡在山水之间、阡陌之上，乡村振兴的美好图景渐次展开。

与其说这是乡村价值回归，毋宁说是一种超越。大浪逐新，如何建设让村里人热爱、城里人向往的乡村？回答这个时代之问，是迫切需要打造休闲农业和乡村旅游的升级版。

紧紧抓住现代农业这个题眼，才是站上休闲农业和乡村旅游风口的正确姿势。综合运用现代科技、管理要素和服务手段，改造提升设施水平、服务水平、管理水平。能把客源引进来，也要留得住。玩转乡村休闲旅游的“过夜经济”。成为让游客乘兴而来、尽兴而眠、满意而归的理想目的地，势必属于“软硬兼具”的景区“实力派”。

紧紧握住乡村振兴和富裕农民这两个“基本盘”，才能始终保持方向正确。往“大”了说，休闲农业和乡村旅游就是发展地域特色鲜明、乡土气息浓厚的特色产业，把资源要素、人气人脉、产业体系、利润税收留在农村、留给农民，助力乡村产业振兴。往“小”了说，发展休闲农业和乡村旅游，就是让“小农户”融入乡村振兴“大棋局”，实现自身价值的提升和经营收入的增长，更要通过建立健全带农富农利益联结机制，增强农民创富的“造血机能”。

紧紧盯住特色化、差异化、多样化的景区打造目标，才能赋予升级版的休闲农业持久的生命力。现代人对城市的厌倦很大程度上来源于水泥森林的“千城一面”，同质化之于乡村，同样是发展休闲农业和乡村旅游的大忌。在信息丰富的今天，唯一稀缺的资源就是人的注意力。保持休闲旅游的吸引力、生命力的法宝就是“我们不一样”——立足自身优势，让游客感受不一样的景观和体验，享受不一样的服务和产品，才能在品质上拉开档次，满足游客的个性化需求。

这是个不缺机遇的时代。换言之，方向正确与否决定了机遇的成色。在打造休闲农业和乡村旅游升级版的历史性机遇面前，时刻绷紧“红线”意识才能在泥沙俱下的大潮中淘沙见金。有的地方“资本下乡却代替了老乡，没有带动老乡”“农家乐光让老板乐了，没有让农民乐”；有的地方打着休闲农业的旗子，走着跑马圈地的路子，出现了“富了老板，亏了老乡”的现象；还有个别地方搞农地非农化，农业园异化为工业园，农业大棚变成“大棚房”，成为“穿农业马甲”的工业项目、房地产项目。

自律即自由。红线是高压线，更是保护线。未来，休闲农业和乡村旅游实现健康可持续发展，仍需发挥政府监管、行业自律、主体自治的合力，不离农、不伤农、不搞农地非农化，把好事办好才是真好。

潮平两岸阔，风正一帆悬。把握大势、抓住机遇，方能赢得发展先机。因势而谋、运势而动，才能推动休闲农业和乡村旅游不断迈向新阶段，为乡村振兴和全面建成小康社会作出新的贡献！

乡村休闲旅游为乡村产业拓展新空间

农业农村部乡村产业发展司

（2019年12月20日）

《国务院关于促进乡村产业振兴的指导意见》指出，优化乡村休闲旅游业。实施休闲农业和乡村旅游精品工程。近年来，随着消费结构升级，城乡居民对休闲旅游、健康养生等需求增加。为适应这一新趋势，各地以创新的思路发掘农业多种功能和乡村多重价值，推动休闲农业和乡村旅游蓬勃发展，成为横跨一二三产业、兼容生产生活生态、融通工农城乡的新产业新业态，为乡村振兴注入新动能。

更深挖掘乡村价值，促进农业从单纯衣食功能向多功能转化。休闲农业和乡村旅游适应人们对农业功能需求的变化，将农业不再局限于吃饱、喝足、穿暖的原料，而是促进“农业＋”文化、教育、旅游、康养等产业，催生创意农业、教育农园、消费体验、民宿服务、农业科普、康养农业等新产业新业态，天然地把农业生产、农产品加工、乡村服务等一二三产业融合在一起，并从零星分布向集群转变，从郊区景区周边向更多适宜乡村拓展，涌现出一大批有特色的农家乐、休闲农庄、休闲聚集村和民俗村。通过试吃体验、认识农业、体验农趣和科普讲解等方式，发挥网站、微信、公众号和电商的展示、互动、体验功能，实现消费主体的集聚，帮助消费者获取对称的信息，让农业多种功能和资源多重价值充分发挥。据监测调度，2019 年，全国休闲农业和乡村旅游接待超 32 亿人次，营业收入超过 8 500 亿元。

更广开辟增收渠道，促进农民从单纯卖农产品向更多“卖过程”“卖风情”转变。休闲农业和乡村旅游发掘稻田湿地、油菜花海、草原绿地、森林氧吧和河流海洋等绿色价值，让农业有文化说头、有休闲玩头、有景观看头，实现农业物化产品和精神产品双重增值。农民不仅需要生产出优质原生态的农产品，还要加工成游客可品尝、可观赏、可携带的商品和工艺品，不但卖产品，也可以卖体验和过程，多元化增加经营性收入。农民把农家庭院变成市民休闲的“农家乐园”和可住可租的旅店，实现空气变人气、叶子变票子，增加财产性收入。农民把农业产区变成居民亲近自然的景区，带动餐饮住宿、农产品加工、交通运输、建筑和文化等关联产业发展，增加工资性收入。据对 13.5 万家休闲农业经营主体调查，农民从业占 93%，每亩土地产出 1.5 万元，从业农民年人均收入达 5 万元以上。陕西省咸阳市礼泉县袁家村发展乡村餐饮和旅居，收入超过 10 亿元。浙江省天台县后岸村家家发展农家乐，收入超过 2 000 万元，户均收入超过 18 万元。

更强凝聚乡村人气，促进乡村从单纯农民居住向农民、市民居住转变。由于城市人居环境、生活工作压力大，名山大川、寺庙古刹等名胜古迹旅游承载能力有限，很多市民远离市区、景区的喧嚣到乡村的愿望强烈。休闲农业和乡村旅游以其新颖的产业形态和有效的运行方式，充分发掘农业的文化传承、生态涵养等多种功能，以及乡村绿水青山、清新空气等多重价值，为市民打造“离城不近不远、房子不高不低、饭菜不咸不淡、文化不土不洋、日子不紧不慢”的高品质生活，给居民提供“山清水秀人也秀、鸟语花香饭也香、养眼洗肺伸懒腰”的好去处，日益展现出产业融合、资源整合和功能聚合的独特作用和迷人魅力。目前，休闲农业和乡村旅游示范县 388 个，聚集村已达 9 万多个，美丽休闲乡村 710 个，美丽田园 248 个，也形成了南京农业嘉年华、海南共享农庄、四川省农业主题公园等品牌。这些都已成为市民农民望蓝天白云、看碧水清波、吸清新空气、品特色美食的打卡地。

更多聚集资源要素，促进城乡人才、土地、资金、产业等要素从单向流动向双向流动转变。休闲农业和乡村旅游以其连接城乡、沟通工农的独特功能，吸引外出务工人员大量回流，农村的人气和资源要素开始从城市逆向流动。大批城里的工商资本投入农业和农村改造，资金聚集效应明显，先进生产技术和管理技术得到广泛应用。乡村的水、电、路、气、讯等公共设施都得到改善，城市的基础设施和公共服务正在快速地向农村延伸，消费支出由城市向农村流动，同时也将智创、文创、农创和现代的科技、方式、理念引入乡村，吸引外部人才下乡进村创业、稳定本乡人才就地就近就业、激发各类人才努力进取兴业，成为农民市民都参与、都受益的乡村产业，实现城市和乡村融合、市民和农民互动、城镇化和“逆城镇化”相得益彰。江苏溧阳市充分挖掘了资源价值，建成 365 千米的“溧阳 1 号公路”，激活乡村旅游“细胞”。山东省夏津县开发黄河故道古桑树群，年接待游客量已超过 200 多万人次，综合收入超 16 亿元。

发展休闲农业 助力乡村振兴

——农业农村部乡村产业发展司
有关负责人
就促进休闲农业和乡村旅游
发展答记者问
（2019 年 2 月 14 日）

当前，乡村振兴的大幕已拉开，农村“创业创新”风生水起，休闲农业和乡村旅游蓬勃发展。近日，农业农村部乡村产业发展司负责人就促进休闲农业和乡村旅游发展接受了记者采访。

问：乡村振兴是国家大战略，休闲农业和乡村旅游作为新产业新业态，对乡村振兴应起到哪些作用?

答：乡村振兴，产业兴旺是基础。休闲农业和乡村旅游是乡村产业重要组成部分，它是横跨一二三产业、兼容生产生活生态、融通工农城乡的新产业新业态。在实施乡村振兴战略中，要大力发展休闲农业和乡村旅游，促进农业强、农村美、农民富、市民乐。其作用体现在以下几点。

一是促进产业兴旺有“市值”。休闲农业和乡村旅游是农村一二三产业发展的天然融合体，产业链长、涉及面广、内涵丰富。发展休闲农业和乡村旅游发展，可以发掘农业的多种功能，夯实一产的基础，推动二产两头连，促进三产走高端，让乡村资源优势变为经济优势，让农民的钱包鼓起来。

二是促进生态宜居有“颜值”。休闲农业和乡村旅游是绿水青山转化成金山银山的“金扁担”，可以让乡村的景观靓起来，同时能为市民提供各种服务，让人们享受“好山好水好风光”的视觉愉悦。

三是促进乡风文明有“气质”。发展休闲农业和乡村旅游有利于结合当地文化符号、文化元素，通过休闲养生、农耕体验等活动，挖掘当地的民俗乡土文化、农耕饮食文化、图腾文化和民间工艺，将其激活、保护、传承和弘扬。

四是促进治理有效有“基质”。休闲农业和乡村旅游以农民为主体、农村为场所，既有小农户和基层组织的自主经营，又有工商资本的参与带动，在这一过程中，休闲农业和乡村旅游将先进的管理模式和理念引入农村，影响基层组织管理方式，促进自治、法治、德治“三治”体系的建立，有利于激发基层组织自我调整和创新的活力。

五是促进生活富裕有“品质”。休闲农业和乡村旅游能够大幅提升农产品附加值，增加农民收入，扩大就业容量，从而有效提升农村产业的劳动生产率、土地产出率、资源利用率，让农业“有干头、有赚头、有奔头、有念头”。

问：休闲农业和乡村旅游是适应消费结构升级应运而生的，目前取得了哪些成效?

答：近年来，各地以农业供给侧结构性改革为主线，以农村一二三产业融合发展为路径，加强规划引导，加大投入力度，因地制宜发展各具特色的休闲农业和乡村旅游，取得了积极成效。

一是产业规模不断扩大。目前，休闲农业和乡村旅游已从零星分布向集群分布转变，空间布局从城市郊区和景区周边向更多适宜发展的区域拓展。据测算，2018 年全国休闲农业和乡村旅游接待超 30 亿人次，营业收入超过 8 000 亿元。休闲农业成为城市居民休闲、旅游和旅居的重要目的地，成为乡村产业的新亮点。

二是业态类型不断丰富。休闲农业和乡村旅游主要有三种类型：第一，以“农家乐”和聚集村为主的休闲旅游。这主要集中在城市郊区，以提供食宿、游乐、采摘、购物为主。第二，以自然景观、特色风貌和人文环境为主的生态旅游。主要集中在景区周边，提供农家饭菜、宿营房屋、农事体验等服务。第三，依托田园景观，以健康养生为主的休闲旅游。主要集中在气候宜人、资源独特、农业生产集中连片的区域，提供食宿、康养、保健等服务。此外，也形成了一些有特色的农业嘉年华、特色小镇等品牌。截至目前，全国已创建 388 个全国休闲农业和乡村旅游示范县（市），推介了 710 个中国美丽休闲乡村。

三是产业内涵不断拓展。由原来单纯的休闲旅游，逐步拓展到文化传承、涵养生态、农业科普等多个方面，更加注重开发“好山好水好风光”的农业农村资源，发掘资源潜在价值。通过拓展科普教育、农事体验的功能，让人们近距离参与农业生产，了解乡村民俗；通过拓展养生养老、健身运动的功能，让城市居民到乡村居住，感受田园和农耕生活。

四是就业增收不断增加。发展休闲农业和乡村旅游带动了周边餐饮住宿、农产品加工、交通运输、建筑和文化等关联产业，农民可以就地就近就业，还能把特色农产品变礼品、特色民俗文化和工艺变商品、特色餐饮变服务产品，增加了经营性收入。一些地方把民房变民宿，农家庭院变成农家乐园，增加了财产性收入。特别是一些贫困地区，发掘独有的稀缺资源，有效带动农民脱贫致富。

问：在实施乡村振兴战略中，如何促进休闲农业和乡村旅游持续健康发展？

答：休闲农业和乡村旅游是一个新兴产业，也是一个系统工程，需要统筹谋划，精准发力，为乡村振兴提供有力支撑。在推进思路上，要坚持“一个围绕，两个紧扣，三个突出，三个着力提升”。

一个围绕。就是围绕发展现代农业，运用现代科技、管理要素和服务手段，改造提升传统的休闲农业和乡村旅游，逐步实现生产、经营、管理、服务的现代化。

两个紧扣。一个是紧扣乡村产业振兴，让农业经营有效益，成为有奔头的产业，让农村留住人，成为安居乐业的美丽家园。另一个是紧扣农民持续增收，让农民足不出户就能获得稳定的收益，实现自身价值的提升和经营收入的增长。

三个突出。一是突出特色化。立足当地资源、区位和传统优势，打造特色突出、主题鲜明的休闲旅游产品。二是突出差异化。因地制宜、错位竞争，让消费者感受与众不同的景观和体验。三是突出多样化。设立针对不同消费需求的产品，满足消费者个性化需求，实现休闲旅游产品异彩纷呈。

三个着力提升。一是着力提升设施水平。从人性化、便利化、快捷化的角度，加强休闲旅游设施建设。二是着力提升服务水平。为游客提供休闲、观光、体验等服务，让游客玩得放心、住得安心、花得舒心。三是着力提升管理水平。创新管理理念，引进农业、旅游、人力、财务等多领域人才，实现质量效率同步提升。

围绕上述思路和要求，要重点抓好以下措施落实。一是强化规划引领。立足资源优势、产业基础和市场需求，制定好发展规划，引导资金、技术、人才等向优势区域聚集。二是强化精品打造。以行政村镇为核心，培育一批天蓝、地绿、水净、安居、乐业的美丽休闲乡村（镇）；以集聚区和经营主体为核心，建设一批功能齐全、布局合理、增收机制完善、示范带动力强的休闲农业精品园区和农庄。推介农业嘉年华、休闲农业特色村镇、农事节庆等形式多样、富有特色的活动。三是强化规范管理。对乡村休闲旅游的标准进行梳理，制定修订一系列的技术规程和服务标准，提升产业的标准化、行业的规范化；组织开展人才培训，培养一批素质强、善经营的休闲旅游人才；不定期地对休闲旅游聚集区的设施状态、安全责任、服务水平开展督促检查，保障服务规范、运营安全。四是强化业态丰富。对“农家乐”“农事体验”等一些传统业态，通过改造基础设施、提升服务水平、创新营销模式，实现“老树开新花”。适应消费升级需要，引导经营主体发展高端民宿、康养基地等高端业态。因地制宜创制深度体验、新型疗养等新型业态，发展森林疗养、音乐康养等服务。

问：促进休闲农业和乡村旅游健康发展，在工作中应注重把握好哪些问题？

答：针对当前休闲农业和乡村旅游发展中出现的新情况新问题，要加强引导，规范管理，保持良好的发展势头。重点要处理好以下几个关系。

一是要处理好政府引导与市场主体的关系。发挥市场配置资源的决定性作用。只有充分调动各类市场主体从事休闲农业的积极性，才能有效地将社会的资金、技术、人才等要素与农业特色产业、农村生态与环境、农民生活与文化等优势相结合，创造出满足城镇居民体验农业、回归自然、回报乡村需求的新产业新业态，才能在政策和规则的框架下，使得休闲农业在经营上更加灵活多样，在机制上更加充满活力，在服务上更加贴近市场需求。更好发挥政府的引导作用。政府通过制定发展规划，引导休闲农业的发展方向；通过制定优惠政策和措施，吸引社会主体参与；通过强化管理服务，促进规范服务，提档升级。如果缺乏正确的引导，就会出现诸如损害农业基础、破坏生态环境、侵害农民权益等问题。

二是要处理好农民主体与社会参与的关系。尊重农民的意愿和主体地位。发展休闲农业必须把促进农民就业创业、增加农民收入作为根本出发点和落脚点，不论是搞休闲观光还是餐饮服务，都要健全利益联结机制，让农民深度参与，这样才能持续稳定发展。引导社会资本参与，聚集更多资源要素。鼓励城市工商资本进入乡村，兴办休闲农业和乡村旅游，解决乡村产业发展中资金短缺问题，将更多的先进管理经验、信息技术和营销网络引入乡村，做大做亮这一产业。同时，资本下乡要带动老乡，不能代替老乡，更不能剥夺老乡。

三是要处理好经济效益与生态效益的关系。注重经济效益提升。休闲农业和乡村旅游是一个产业，要遵循经济规律，投资要有收益，经营要有利润，这样才能持续，否则就办不下去，留下一个烂摊子，投资损失大，农民收益得不到保障。同时，也要注重生态环境保护。发展休闲农业和乡村旅游，要坚持生态为先，践行好“两山”理念，美化山水林田湖草。严禁开山填湖、破坏生态，杜绝毁坏村容村貌，严格落实耕地保护制度。